百宝箱

中国信息化与现代农业案例及分析

郭作玉　主编

中国农业出版社

编　写　组

主　编：郭作玉

副主编：杜维成　郭永田　吴秀媛　曹庆波

成　员：郭作玉　杜维成　郭永田　吴秀媛

曹庆波　钟永玲　张博宁　娄晓岚

田　伟　汤艳丽　徐伟平　王　昕

郁跃伟　鲍　蕊　刘　涵　白　玲

徐佳男　杨　硕　张祚本　张　孺

李桂燕　王　开　闫东浩　丛　琳

张文静　李婷婷　王晓平

编务秘书：张祚本　张　孺　闫东浩

要用现代物质条件装备农业，用现代科学技术改造农业，用现代产业体系提升农业，用现代经营形式推进农业，用现代发展理念引领农业，用培养新型农民发展农业，提高农业水利化、机械化和信息化水平，提高土地产出率、资源利用率和农业劳动生产率，提高农业素质、效益和竞争力。

——见中发[2007]1号文件《中国中央、国务院关于积极发展现代农业扎实推进社会主义新农村建设的若干意见》

序言

日月运行，斗转星移，有着五千年文明史的我国农业正从传统向现代演进。这种演进，突出的标志就是现代信息技术在农业中的大量应用，信息化对现代农业发展正在发挥着越来越重要的作用。2010年11月农业部、工业和信息化部共同主办的“2010信息化与现代农业博览会”，就是这种演进最生动的真实写照。

“2010信息化与现代农业博览会”，在北京全国农业展览馆举办，参展项目有600多个，集中展示了现代信息技术在我国农业中的成功应用，全面地揭示了信息化与现代农业发展的美好前景，雄辩地说明了用信息化改造我国传统农业、转变农业发展方式具有无可比拟的重要作用。

见微知著，滴水映日。仅从该届博览会的参展内容看，现代信息技术在我国农业生产、经营、管理、服务等方面的应用精彩纷呈，前程似锦。

在农业生产方面，现代信息技术应用已经渗透到各个行业及多个环节。种植业生产，突出表现是农情监测、精准施肥、智能灌溉、设施农业智能监控、病虫草害监测与防治信息化。畜牧业生产，依靠现代信息技术实现了畜禽育种及养殖、肉蛋奶生产、饲料生产、养殖场管理、畜禽舍环境控制等方面或环节的自动化、智能化、数字化，并建立了产品的可追溯体系。草原生产管理，实现了草原遥感监测、灾害预警、草种保护、防火应急指挥等信息化。兽医领域，依托RFID等技术，实现了动物标识及疫病可追溯，建立了数据庞大的动物源细菌耐药性监测数据库及兽医微生物菌种管理数据库，对兽药产品能够进行有效的评审、监管和追溯。渔业领域，利用遥感技术，使海洋生物资源与栖息环境地理信息监测、渔船实时监测、海洋灾害性事件监测等得以实现。农机领域，安装了GPS卫星导航模块的自动驾驶拖拉机，在喷洒农药、精准施肥、收割作业和插秧耕作等方面开始应用。

在农业经营方面，农产品电子商务、批发市场信息化建设以及休闲农业信息服务等取得了明显成效。目前，我国已有农业网站3万多家，有相当一部分涉足了农业电子商务。其中致力于为农民和企业提供网上营销服务的农业部“一站通”服务平台，注册会员已超过36万人，年信息发布量超过10万条，日均点击量在18万次以上。部分省（自治区、直辖市）围绕本地重点农产品，扶持和建立了一批专业化的特色网站和交易网络。全国大部分批发市场建立了以“信息中心、检测中心和结算中心”为主的信息化系统，不少批发市场建设了先进的农产品质量检测中心、现代电子监控系统、智能IC卡管理系统，基本实现了市场管理信息化和收费电子化。与批发市场信息化匹配的现代物流体系快速发展，订单农业、连锁经营、物流配送成为新型流通业态发展的重要方式。部分地区充分利用大型连锁超市和产地农民专业合作社快速发展的有利条件，积极推动鲜活农产品从产地直接进入超市，实行农超对接，有效地解决了农产品生产与销售脱节问题。一些地方还围绕本地资源特点，积极利用现代信息技术拓展农业的多功能性，推动生态、旅游、观光、休闲农业发展。

在农业管理方面，强化了电子政务建设，农业部门以实施“金农”工程为契机，大力推进信息资源共享、决策、服务和监管等方面的信息化，开发了在线行政审批、草原监理、渔政指挥、动物疫病防控、农产品监测预警、农产品和生产资料市场监管、农业信息采集、应急指挥、视频会议、农机购置补贴、财务监管等农业管理信息系统，提升了农业部门在线行政办公、项目监管和面向公众在线办事服务的能力。部分省（自治区、直辖市）把电子政务延伸到农村社区，开发、推广、使用市镇村管理系统，推动人口、土地、企业基础数据建设，利用信息化手段开展计生、社保、就业、征兵、选举、财务、救济、基础教育等业务，提高了管理水平。

在农业服务（良种、农资、农技、农田管理、收获、流通、消费、金融保险、休闲等）方面，信息化建设取得了较大的进步。农业系统先后搭建了19个省级、78个地级和346个县级“三农”综合信息服务平台。农业部的“农机跨区作业服务直通车系统”，免费为农机跨区作业服务双方提供供需信息和配对平台，及时发布跨区作业信息，可为10万农机手提供供需对接服务。服务模式不断创新，涌现了浙江的农民信箱、吉林的12316新农村热线、上海的一站通、广西的数字农业、内蒙古的农信通、宁夏的平台上移—服务下延—资源整合、新疆的信息中心户等。涉农组织和科研院所、涉农企业，参与农业服务信息化建设，做出了扎实贡献。

由上可见，信息技术是一种全新的生产力，对农业发展具有巨大的支持能力，在工业装备农业的基础上进一步武装农业，使其自动化、智能化、可视化和泛在化，迅速地提升着农业的现代化水平，今天，我们完全可以说，没有信息化就没有我国农业的现代化。

没有信息化，就没有我国农业的现代化，主要标志：（一）信息化为农业发展提供了新鲜技术。如数字技术、遥感技术、卫星定位技术、地理信息系统、农业自动化技术、互联网络技术、多媒体技术，等。农业机械是提高传统农业的先进设备，现代信息技术则可以使农业机械实现智能化和自动化。（二）信息化在很大程度上改变了已有农业技术的推广方式并增强了推广效果。如各种数据库的建设及随时查询，远程教学及多媒体影像示范，远程实时诊断及会商，专家系统及网络查询服务，网上农民信箱、12316新农村热线。（三）信息化有利于促进农业要素的优化配置。信息化使农业技术、科学方法、信息等更好地融入农业生产经营，提供及时、便捷、高效的服务，引导土地、水、劳动力和资本等传统要素配置关系向更优的方向发展。（四）信息化有利于实现农业的规模化经营。现代信息技术提供的扁平化服务网络，有利于实现生产与大市场的有效对接，有利于农民合作组织、生产经营大户、农业产业化龙头企业、农产品批发市场等的发展，从而推进农业的规模化经营。（五）信息化有利于推进农业的专业化、标准化和集约化。信息化在工业化的基础上进一步武装农业，其数字化、精准化、智能化客观上要求农业生产经营的各领域及相关环节必须进一步实现专业化、标准化、流程化，从而也提高了农业生产经营的集约化。（六）信息化有利于农业节本增效。信息技术提高设备设施的自动化水平，节约人力成本和时间，减少要素浪费，实现农业资源高效利用与回报。（七）信息化有利于提高农产品质量和市场竞争力。利用现代信息技术对农产品生产实行产地环境质量、投入品使用、产品包装与标识、产品质量检测、质量安全追溯、年度检查制度等全程数字化监管，提供市场行情监测和预测，引导农户和企业依据国内外市场行情组织生产。（八）信息化有利于推行农产品和农业生产资料的新型流通方式。利用现代信息技术进行有关数据库的建设，构建信息服务平台，提供多种形式的电子商务模式，等。（九）信息化有利于促进农业的可持续发展。现代信息技术能够优化农业要素的投入，降低能源消耗，减少农田及环境污染，实现农业环境动态监测，有力地支持科学规划与开发。（十）信息化有利于提高政府部门的现代化管理水平。通过现代信息技术实现信息采集、处理、决策、指挥、服务的智能化、可视化、泛在化，将带来政府部门管理职责及工作方式的重大变化。

党中央、国务院历来十分重视信息化与现代农业发展。党的十七届三中全会提出，要发挥信息化为农服务作用，推进生产经营信息化。党的十七届五中全会提出，在工业化、城镇化深入发展中同步推进农业现代化。“十二五”规划纲要提出，发展农业信息技术，提高农业生产经营信息化水平。为此，信息化建设应以发展现代农业、转变农业发展方式为主线，坚持政府主导、社会参与、市场运作、多方共赢的原则，做好统筹规划，着力完善基础设施，进一步提升现代信息技术改造传统农业的能力，在加强管理和提升服务水平的基础上重点推进农业生产经营的信息化。一定要从实际需求和效益出发，注意抓两头带中间，既抓先进地区也抓落后地区，同时带动中间地区。

信息化潮流奔腾不息，席卷全球，已深刻地影响着今天人类的生产方式和生活方式。这一时代趋势，对我国工业化、城镇化、农业现代化的发展必将产生深远影响。我国农业现代化发展正值重要时期，必须进一步重视现代信息技术的应用和信息化建设。机遇与挑战并存，我们要齐心协力，努力耕耘，力争收获信息化与现代农业发展的丰硕果实。

编　者

2011年6月

目 录

序言

案 例 篇

一、农业生产信息化案例

1.1 农业部农情调度及信息报送系统 …… 3
1.2 中国农业科学院昆虫雷达系统 …… 5
1.3 中国农业科学院基于物联网技术的小麦苗情远程监控与应用系统 …… 7
1.4 中国水产科学研究院北太平洋鱿鱼资源开发利用及渔情信息应用服务系统 …… 9
1.5 中国水产科学研究院大洋金枪鱼资源开发关键技术及应用 …… 11
1.6 中国农业大学数字作物系统 …… 12
1.7 全国农业技术推广服务中心农田土壤墒情监测系统 …… 14
1.8 全国农业技术推广服务中心县域耕地资源管理信息系统 …… 15
1.9 南京农业大学作物精确管理决策支持系统 …… 17
1.10 北京海芯华夏公司设施农业物联网应用系统 …… 18
1.11 北京中农先飞农业工程公司智能灌溉施肥及环境测控系统 …… 19
1.12 天津市农业技术推广站农业基础地理信息系统 …… 21
1.13 天津市农业技术推广站智能化农业信息技术应用示范工程 …… 22
1.14 天津市气候中心设施农业气象监测预警服务系统 …… 24
1.15 内蒙古农业信息中心病虫害专家系统 …… 25
1.16 内蒙古锡林郭勒盟农牧业地理信息系统 …… 27
1.17 辽宁省农村经济委员会可视化远程专家服务系统 …… 29
1.18 辽宁省农村经济委员会温室环境监测系统 …… 30
1.19 黑龙江农垦农村集约化生产信息技术 …… 31
1.20 黑龙江恒宝公司智慧农业大棚远程监控信息系统 …… 33
1.21 黑龙江生乳质量综合管理物联网系统 …… 35
1.22 黑龙江东北高寒地区龙园智能化温室生产系统 …… 37

1.23 上海长江农场精准农业 …… 38
1.24 江苏农业科学院农作物轮作遥感监测系统 …… 40
1.25 江苏南京 GPRS 水体在线监控系统 …… 42
1.26 江苏无锡惠山区精准农业管控系统 …… 43
1.27 江苏宜兴水产养殖环境智能监控系统 …… 45
1.28 江苏张家港葡萄种植大棚智能监控系统 …… 46
1.29 江苏淮安测土配方施肥技术应用与推广系统 …… 48
1.30 浙江省农业科学院农业设施环境信息无线监控与预警系统 …… 49
1.31 浙江省农业科学院永嘉县西岙乡三维可视化作物布局系统 …… 51
1.32 浙江省农业科学院主要农作物数字化辅助育种平台 …… 52
1.33 浙江省农业科学院现代农业地理信息系统 …… 54
1.34 杭州天海水产食品公司淡水养殖信息化系统 …… 55
1.35 浙江蔬菜安全生产全程溯源信息系统 …… 58
1.36 安徽安泰克公司畜牧养殖协同管理平台 …… 59
1.37 福建深瞳农业综合信息采集系统 …… 61
1.38 山东省农业科学院温室智能化测控系统 …… 62
1.39 山东农业大学农作物生产智能测控系统 …… 64
1.40 山东农业大学集约化奶牛场繁育与饲养数字化关键技术 …… 65
1.41 武汉市农业局数字农业地理信息服务平台 …… 67
1.42 广西农垦永新畜牧集团信息化管理系统 …… 69
1.43 广西农业区划办 3S 技术应用 …… 71
1.44 广西水牛研究所奶水牛养殖繁育管理与决策系统 …… 72
1.45 广西土壤肥料工作站智能化土壤资源与安全施肥信息系统 …… 74
1.46 广西现代农业技术展示中心八桂田园现代农业设施远程监控系统 …… 75
1.47 重庆市农业技术推广站柑橘产业数字化精准管理信息系统 …… 76
1.48 贵州农业资源生态环境遥感调查及信息系统 …… 78
1.49 陕西阎良区蔬菜标准园智能监测系统 …… 80
1.50 新疆生产建设兵团精准农业信息化系统 …… 81

二、农业经营信息化案例

2.1 中国农影音像出版社网站 …… 85
2.2 “魅力城乡”休闲农业信息化服务平台 …… 86

2.3　北京农产品全程电子商务系统 …… 88
2.4　北京八里桥农产品中心批发市场电子交易系统 …… 90
2.5　猪 e 网—猪易商城 …… 91
2.6　阿里牧—中国畜牧商城网 …… 93
2.7　北京农信通科技有限责任公司农业移动电子商务系统 …… 95
2.8　山西万峻计算机软件有限公司特色农产品一卡通 …… 96
2.9　内蒙古生鲜乳收购站管理信息网 …… 98
2.10　中国优质农产品商务平台 …… 100
2.11　辽宁省农村供销通系统 …… 101
2.12　北大荒粮食电子交易市场 …… 103
2.13　中国伊春农产品网上大市场 …… 104
2.14　黑龙江省林甸县农产品网上交易信息系统 …… 106
2.15　上海爱森猪肉安全全程追溯系统 …… 107
2.16　上海“菜管家” …… 109
2.17　南京农业大超市网 …… 111
2.18　南京农业嘉年华网 …… 112
2.19　江苏宜兴天绿农特产网 …… 114
2.20　电子商务江苏“沙集模式” …… 115
2.21　苏州市南环桥市场发展股份有限公司信息系统 …… 117
2.22　常州中国园艺网 …… 119
2.23　江苏无锡朝阳集团股份有限公司信息系统 …… 120
2.24　浙江省绍兴县茶场农产品质量追溯信息系统 …… 122
2.25　吉天公司蔬菜流通信息化与农产品安全生产溯源系统 …… 123
2.26　嘉兴市蔬菜批发交易市场信息系统 …… 126
2.27　合肥周谷堆农产品中心批发市场信息系统 …… 127
2.28　中国农户网电子商务平台 …… 129
2.29　山东寿光农产品物流园信息系统 …… 130
2.30　郑州市农产品物流配送中心信息系统 …… 132
2.31　河南双汇集团供应链一体化管理信息系统 …… 134
2.32　武汉农村综合产权交易系统 …… 135
2.33　湖北荆门 G3 移动二维码绿色食品溯源系统 …… 137
2.34　武汉鑫农网—12316 农贸在线 …… 138
2.35　湖南村村通农业电子商务平台 …… 140

2.36 湖南御邦大宗农产品交易所生猪电子交易平台 …… 142
2.37 长沙马王堆农产品股份有限公司信息化项目 …… 143
2.38 湖南省常德市甘露寺批发市场信息服务系统 …… 145
2.39 广东农产品交易网电子商务平台 …… 146
2.40 广西八桂田园虚拟游网上观光平台 …… 148
2.41 南宁市五里亭蔬菜批发市场信息系统 …… 149
2.42 海南中橡电子交易市场 …… 151
2.43 海南惠农网 …… 153
2.44 重庆市农产品市场价格信息服务系统 …… 154
2.45 重庆市名优农产品网上展厅 …… 156
2.46 重庆市农畜产品电子交易系统 …… 157
2.47 云南龙城农产品批发市场电子信息系统 …… 159
2.48 西安市三维实景农家乐旅游服务展示系统 …… 160
2.49 兰州市农产品冷链物流连锁配送信息系统 …… 162
2.50 乌鲁木齐市北园春市场信息系统 …… 163

三、农业管理信息化案例

3.1 农业部应急指挥系统 …… 169
3.2 农业部农药行政审批服务系统 …… 171
3.3 农业部县域耕地资源管理信息系统 …… 172
3.4 农业部农药检定所农药电子标签系统 …… 174
3.5 全国农业机械购置补贴管理软件系统 …… 175
3.6 中国饲料工业统计信息系统 …… 177
3.7 全国草原防火信息系统 …… 179
3.8 国家兽用标准物质中心查询与决策系统 …… 180
3.9 中国兽药信息网站及兽药信息数据库系统 …… 182
3.10 动物源细菌耐药性监测数据库系统 …… 183
3.11 动物标识及疫病可追溯体系建设 …… 184
3.12 农垦农产品质量追溯系统 …… 187
3.13 农垦国有土地信息化管理系统 …… 189
3.14 中国渔政管理指挥系统 …… 191
3.15 国家防汛抗旱指挥系统工程 …… 192
3.16 中国移动现代化设施农业综合管理系统 …… 194

3.17 基层政府电子政务应用——中国移动政务易 …… 196
3.18 天津市猪肉质量安全数字化监控和可追溯技术集成与示范 …… 198
3.19 天津市渔业安全管理应急指挥中心 …… 199
3.20 天津蓟县野外林火自动监控系统建设工程 …… 201
3.21 辽宁省新农村合作医疗系统 …… 202
3.22 黑龙江省农村集体“三资”委托代理服务管理信息系统 …… 204
3.23 黑龙江北大荒农业股份有限公司七星分公司农业信息化支撑平台 …… 205
3.24 上海农业数据中心 …… 207
3.25 上海市农村土地承包经营权流转信息管理系统 …… 209
3.26 上海世博会蔬菜质量安全管理与追溯系统 …… 211
3.27 上海市境道口动物防疫监督信息管理系统 …… 213
3.28 江苏农业委员会行政权力网上公开透明运行系统 …… 215
3.29 江苏省农业信息资源数据库 …… 216
3.30 江苏省一市一县视频会议系统 …… 218
3.31 江苏省农业委员会财政支农项目管理系统 …… 219
3.32 江西省农村医疗信息平台 …… 220
3.33 江西电信村务信息管理系统 …… 222
3.34 浙江省耕地地力管理与配方施肥信息系统 …… 224
3.35 浙江省农业资源信息系统 …… 225
3.36 浙江省农林生物种质资源信息系统 …… 227
3.37 植物组培数字化管理信息系统平台 …… 228
3.38 宁波市茶叶全程质量安全管理系统应用 …… 230
3.39 河南省漯河市农机跨区作业远程控制管理系统 …… 232
3.40 湖北省农业“三品”认证与管理系统 …… 233
3.41 湖北省畜牧业统计监测预警网络系统 …… 234
3.42 湖北省武汉市农产品检测监控信息系统 …… 236
3.43 湖北神丹公司蛋品可追溯系统 …… 238
3.44 广西蚕业信息化管理系统 …… 239
3.45 广西农垦国有金光农场农用地地籍管理信息系统 …… 241
3.46 广西糖厂农务管理信息技术服务应用示范 …… 242
3.47 动物卫生监督指挥调度平台 …… 244
3.48 重庆市农业行业电子政务系统 …… 246

3.49 四川省生猪生产及价格监测预警系统 …… 247
3.50 四川省动物标识及疫病可追溯体系建设 …… 249

四、农业服务信息化案例

4.1 农业部“三电合一”农业综合信息服务项目 …… 253
4.2 中央农业广播电视学校农民教育培训现代远程公共服务平台 …… 254
4.3 农产品加工网络信息化平台 …… 256
4.4 中国兽药信息网站 …… 258
4.5 中国休闲农业网 …… 259
4.6 中国农业科学院农业信息研究所“农搜”网系统 …… 261
4.7 中国兴农网 …… 262
4.8 北京都市型现代农业“221 行动计划”信息平台 …… 264
4.9 天津武清养殖业信息平台 …… 266
4.10 山西农科 110 服务指挥体系 …… 268
4.11 山西农易通农业综合信息化系统 …… 270
4.12 山西省农业类手机报 …… 271
4.13 山西移动我爱我村网 …… 273
4.14 内蒙古镶黄旗牧区综合信息服务试点 …… 274
4.15 辽宁省信息服务站核心站建设 …… 276
4.16 辽宁省 12316 金农热线 …… 277
4.17 辽宁农信通短（彩）信项目 …… 279
4.18 吉林省“三农”综合信息服务平台（“1+N”模式） …… 281
4.19 吉林农业手机报 …… 282
4.20 吉林黑土地农村信息连锁互动网 …… 284
4.21 黑龙江农垦现代农业信息通信系统 …… 285
4.22 黑龙江农民专业合作社信息化服务 …… 287
4.23 黑龙江“三农”信息查询求助服务系统 …… 289
4.24 上海为农综合信息服务平台 …… 290
4.25 江苏为农服务网远程视频诊断系统 …… 292
4.26 江苏省有机农产品地理信息系统 …… 293
4.27 江苏省 12316 惠农短信平台 …… 295
4.28 江苏丰县中华果都网 …… 296
4.29 江苏东台市镇村农业信息服务站点 …… 298

4.30 中国园艺网 …… 299
4.31 浙江农业信息博览网 …… 301
4.32 浙江省农业科学院科技推广互动点播系统 …… 302
4.33 安徽省农业综合信息服务平台 …… 303
4.34 安徽农业信息服务技术体系建设与示范项目 …… 305
4.35 福建省农业服务热线系统 …… 307
4.36 江西省畜牧业公共服务信息平台 …… 309
4.37 江西电信公司信息田园平台 …… 311
4.38 山东省农业科学院星火科技 12396 信息服务平台 …… 313
4.39 湖北省农村综合信息服务平台 …… 314
4.40 “三网融合”基础上的湖北农村信息化服务 …… 316
4.41 广西田东县农业信息进村入户项目 …… 318
4.42 重庆市农村信息化三级示范工程及信息入乡工程 …… 319
4.43 重庆市 10 万核心用户“对点”信息服务平台 …… 321
4.44 重庆农村信息网 12582 …… 322
4.45 重庆市巴渝新农网农村综合信息服务平台 …… 324
4.46 贵州农经网 …… 325
4.47 贵州省安顺市农业信息化应用体系 …… 327
4.48 甘肃省 12316“三农”服务热线 …… 329
4.49 新疆农业信息网及维文网站 …… 330
4.50 新疆“三农”专家科技信息手机服务平台 …… 331

分 析 篇

一、农业生产信息化分析 …… 333
二、农业经营信息化分析 …… 347
三、农业管理信息化分析 …… 361
四、农业服务信息化分析 …… 375
五、信息化与现代农业发展分析 …… 387

理 论 探 讨 篇

陈晓华：推进农业信息化　促进现代农业发展 …… 405
张玉香：把握发展机遇期　推进农业信息化 …… 412

薛　亮：农业信息化与现代农业
——在首届中国信息界学术大会上的主题演讲 …… 414
周宏仁：信息化与我国现代农业的发展 …… 420
梅方权：从农业现代化走向农业信息化
——迎接新的技术革命和信息社会的到来 …… 432
方　瑜：我国农业农村信息化发展进程 …… 438
郭永田：我国农村信息化发展进入新阶段 …… 449
郭作玉：论我国农业农村信息化发展机制 …… 455
许世卫：农业信息技术发展及其对现代农业的影响 …… 464

附录
中国农村信息服务案例调研报告 …… 471

后记 …… 483

案 例 篇

一、农业生产信息化案例

1.1 农业部农情调度及信息报送系统

一、项目名称和实施主体、时间、范围

农情调度是农业部对全国农业生产动态及有关因素影响情况进行监测调查和分析研判的重大信息系统，由农业部种植业管理司牵头建设。近年来，农情调度体系逐步健全，发布实施了《农情调度月历》和《农情信息工作考核办法》，建立了信息采集、调度、会商、灾害评估和考核表彰制度，开发推广了农情调度电子网络系统，基本实现了从各县到农业部的四级联网传输。

二、所使用的信息技术及设备设施

采用计算机、网络、卫星遥感、信息处理技术及其设备设施。

三、所使用的方法和流程

卫星遥感与地面调查相结合：利用卫星遥感对主要作物面积、长势、灾情、产量趋势等进行监测，同时组织专业技术人员开展田间调查和农户调查，采集主要作物种植意向、面积落实、苗情、单产、成本、价格、效益等数据和文字信息以及有关政策落实情况。

定点监测与抽样调查相结合：在全国 500 个基点县建立 1.35 万个农情信息固定监测点，由乡村农技人员按照统一的规范要求，对主要农作物面积、苗情、灾情、产量等情况进行定点监测。同时，由县、乡、村三级农技人员根据农业部《农情调度月历》规定的时间、内容和方式，开展农户和田间抽样调查，采集信息。

灾情调度与灾后评估相结合：重大灾害发生时，各级农情机构强化应急值守，每天调度灾情动态和抗灾、救灾进展情况。抗灾、救灾结束后，组织有关专家，深入重灾区开展田间调查和农户走访，以调查数据为基础，与常年和上年同期情况比较，结合灾后补救措施和气象因素，综合评估灾害损失，全面分析灾害影响。

内部交流与部门会商相结合：农业部门内部加强与农技推广、生产管理、市场信息等机构交流，结合种子销售和技术指导服务过程中了解的情况对面积进行

校正，结合苗情监测、自然灾害发生和损失、不同生育期产量预估、田间管理、实地测产等情况对产量进行校正。对外加强与统计、气象等部门沟通会商，使形势研判更加全面、科学和准确。

四、项目实施的目标及取得的成果

农业部通过农情调度系统，组织各级农业部门，按照规定的程序、方法、时限，调度农情、灾情、行情和民情，在关键农时季节和重大灾害发生期间做到每天“对上有信息、对外有声音、对下有行动”。目前，农情调度已成为各级政府对农业生产实施动态监测和过程管理的重要手段，成为有关领导及时掌握农业灾情、组织抗灾、救灾和恢复生产的重要渠道，成为农业部门科学预测产量和正确研判形势的重要途径，在农业管理和服务中发挥着独特作用，成效十分显著。一是为领导研判形势科学决策提供了重要依据。近年来，农情调度不断适应生产发展和领导要求，内容逐步拓宽、频率逐步加快。二是推动了农业生产扶持政策及时出台。如 2009 年，针对西南地区特大干旱、北方地区异常低温和南方地区严重洪涝灾害，强化灾情调度，实行日报制度，及时反映灾情动态和抗灾、救灾进展情况。同时，针对冬小麦因低温苗情弱和生育期推迟、西南地区因旱春播困难、东北地区因低温春播推迟、南方地区因低温晚稻栽插推迟等问题，组织有关专家研究制定有针对性的技术措施，及时提出促进这些技术措施落实的政策建议，得到了有关部门支持和有关领导采纳。在抗灾、救灾和粮食生产的关键时刻，国务院先后出台了小麦弱苗施肥、西南旱区覆膜种植、东北水稻大棚育秧、水稻增施肥促早熟防病虫等补助政策。三是指导各地农业生产和科学抗灾。在春播、夏收、夏种、秋收、秋冬种等关键农时，加大农情调度力度，及时掌握收获播种进度，反映有关问题，宣传各地经验。根据不利气候和灾害对不同地区、不同作物的影响，强化分类指导，及时指导各地调整技术路线和工作思路。如 2009 年根据西南地区旱情发展，及时提出“积极救小春，全力保大春”的工作思路，统一组织旱育秧和异地育秧，做好“有雨种稻、无雨改旱”两手准备，实现“小春损失大春补”；根据北方冬小麦入冬返青苗情差，及时提出由往年“控旺”转变为“促弱转壮”的麦田管理技术路线；根据东北地区春播推迟、进度缓慢的情况，提出一系列抗低温保春播的对策措施，确保了春播顺利进行，为全年粮食稳定发展打下良好基础。

五、该项目实施的下一步打算

进一步利用高新信息技术和重视应用软件开发，不断提高农情调度及信息报送的及时性、精准化。

（供稿：陈友权　编写：张博宁）

1.2 中国农业科学院昆虫雷达系统

一、项目名称和实施主体、时间、范围

我国昆虫雷达的研究始于20世纪80年代。近年来，在国家“973”项目、国家支撑计划和国家自然科学基金等项目资助下，我国昆虫雷达建设取得了重大进展。中国农业科学院植物保护研究所、南京农业大学等多家单位开发组装了7台昆虫雷达系统，分布于我国具有代表性的观测地点，组建了一个小型的雷达监测网，对农作物重要迁飞性昆虫开展长期实时监测，研究出了具国际领先水平的扫描昆虫雷达数据自动采集分析系统，其成果“棉铃虫区域性迁飞规律和监测预警技术的研究与应用”获2008年度国家科学技术进步奖二等奖。

二、所使用的信息技术及设备设施

该雷达系统的工作原理是雷达发射机接收信号处理器发送的触发信号，使磁控管振荡，形成0.5微秒宽的射频信号，通过馈线系统到天线，形成发射到目标的笔形波束；然后昆虫目标反射回来的微弱信号经过同一天线反馈给接收机，经过对数放大处理，形成对数视频信号，信号处理器接收对数视频信号，进行A/D变换，数字视频积分后，得到回波强度信息。通过电缆与计算机相连，向计算机输出强度信息，终端作彩色图像处理和数据分析，得到不同仰角、不同方位时昆虫某一高度层的飞行高度、数量、飞行方向等信息。

昆虫雷达系统包括硬件系统和软件系统两部分。硬件系统主要由室外天线、主控柜和终端组成。该系统完成雷达整机操作与信号的发射和接收工作；软件系统包含实时程序和非实时程序，每个程序均采用相同的数据格式和图像格式。实时程序由 Microsoft Visual C++6.0 编写，主要完成雷达控制、PPI 和 RHI 扫描显示以及序列 PPI 数据采集；非实时程序用于后期数据处理分析使用，显示图像采集时间、仰角、方位角、距离、高度等参数。

三、所使用的方法和流程

昆虫雷达系统设置在地势平坦，周围无大型建筑物干扰的地方，根据昆虫迁飞高度选择1 000米、2 000米、3 000米距离档进行监测。昆虫雷达系统有室内控制台，主要包括：①电源控制台，主要用于给各系统供给电源，完成相应的功能。②伺服系统，按闭环调速系统原理构成，实现馈源的旋转运动，从而完成波束在空中的锥形扫描。③昆虫雷达信号处理，主要是接受对数接受机送来的对数信号，经过A/D变换电路，数字视频积分后，得到回波的强度信息；通过积分单元与计算机相连，向计算机输出强度信号，供计算机作彩色图像处理和事后分析；产生本系统的各种实时信号；接受天线同步机送来的三相电压产生十二角码信号；同时具有校零作用。④终端系统，对信号处理器采集的雷达回波信号进行计算，在显示器上按PPI（平面显示）和方位高度方式进行显示，并将昆虫雷达原始回波数据保存到数据文件中。同时计算出每圈的昆虫个数及所在的方位和高度，再将相邻两圈的昆虫数据进行比较，计算出昆虫飞行的方向和高度。

四、项目实施的目标及取得的成果

该项目实施目标是提高昆虫自动化监测和早期预警防控水平，保护生态安全。2008年奥运会前夕，草地螟在我国内蒙古等地暴发，并大规模迁入北京城区，威胁到奥运场馆和园林绿化带的生态环境安全。昆虫雷达研究团队与农业部、北京市有关部门密切合作，通过昆虫雷达监测、虫源地实地调查，结合空中风场和轨迹分析，明确了草地螟大规模迁入的虫源地，提出了以设置探照灯空中阻截、地面杀虫灯诱杀和奥运场馆灯光调控等应急防控措施，为北京城区奥运会场馆草地螟成虫的有效防控提供了技术支撑，保障了奥运会的顺利召开。

五、该项目实施的下一步打算

昆虫雷达系统的发展，在农业昆虫的实时监测和早期预警方面具有广阔的应用前景。在害虫迁飞通道和主要发生危害区域，建立雷达监测网系统，对迁飞害虫在特定季节、特定时间、特定方向与特定环境条件下的迁飞行为进行系统地监测，开展暴发危害的早期预警，特别是对我国发生严重的稻飞虱、稻纵卷叶螟等“两迁”害虫和发生在地广人稀、地域辽阔的草地螟、飞蝗等害虫的自动化监测意义重大。

（供稿：张云慧　编写：钟永玲）

1.3 中国农业科学院基于物联网技术的小麦苗情远程监控与应用系统

一、项目名称和实施主体、时间和范围

中国农业科学院农业环境与可持续发展研究所承担的农业部公益性行业（农业）科研专项——小麦苗情数字化远程监控与诊断管理关键技术（项目编号20090310）研究已取得初步成果，项目实施时间为2009—2013年，项目覆盖范围主要在东北春麦区、西南和西北春冬麦混合区、黄淮海冬麦区、长江中下游冬麦区。

二、所使用的信息技术及设备设施

针对我国小麦苗情监测自动化水平低、技术单一、信息获取和决策管理滞后等现实问题，面向我国黄淮海、长江中下游、东北、西北西南4个小麦主产区，通过安装部署在现场的传感器网络（WSN）、嵌入式模块等硬件设备，实时获取各类影响小麦生长发育和导致灾害的各种数据信息，经由无线移动设备（GPRS/CDMA/3G）和INTERNET无缝对接，将采集数据（包括图像视频信息）远程传输至中心数据服务中心，供各种计算和决策分析调用。小麦苗情远程监控系统的总体构架，采用基于M2M和物联网的核心技术，具有分布式监控和集中式管理的双重功能，因此不仅可精准获取局部小麦苗情综合信息，更利于总揽全局把握整体，系统原理见图1。

三、所使用的方法和流程

通过多种终端设备如PC计算机、PDA和手机等，用户不仅可主动在任何时间及任何地点连接数据服务中心（如 www. cea. net. cn 或 www. tmcadi. com），远程获取影响小麦生长发育和导致灾害的关键数据及图像视频信息，而且也可以通过移动手机自动定制和接受相关报警短信，如霜冻和干旱等报警信息。将现场监控信息与领域知识、栽培经验融合，即可对小麦苗情进行快速诊断，为进行快速决策和应急反应提供信息支持。不同用户的使用见图2。

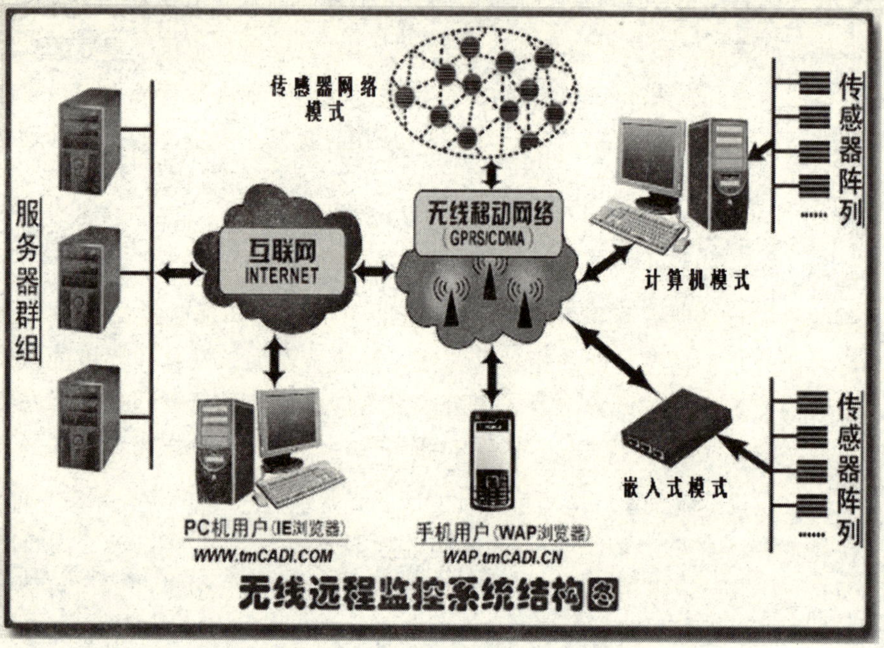

图 1　小麦苗情远程监控示意图

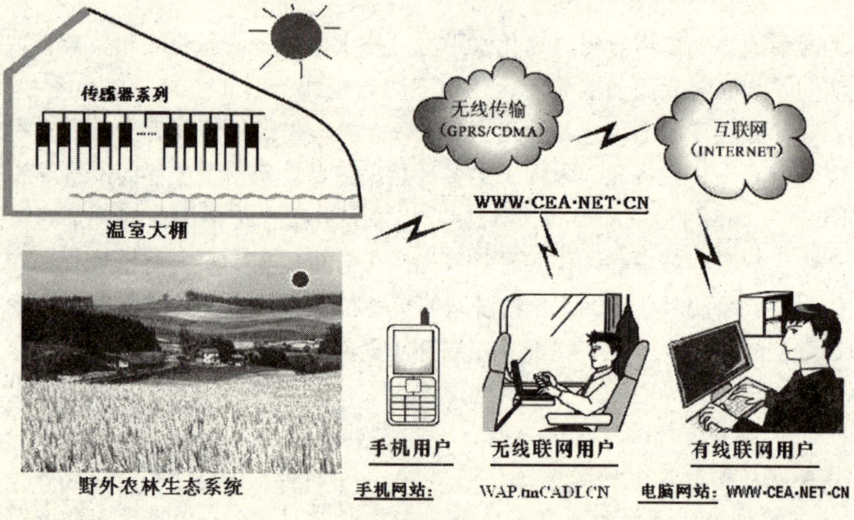

图 2　远程监控系统使用示意图

四、项目实施的目标及取得的成果

本项目采用基于现场数据信息进行诊断决策，进一步提升了服务对象的针对性、采集数据的精准性、诊断决策的时效性，快速提供信息服务，对制订应急技术方案具有重要的意义。另外，所采用的系统设计原理和实现技术方案具有通用性和开放性的功能，也为开展其他作物农情监测和诊断管理提供了重要的参考和技术储备。最终开发出基于 WEB 的实时在线远程诊断和决策管理平台，可在我国不同类型小麦产区进行测试、示范、推广应用，提升小麦生产的科学管理水平和抗灾、减灾能力。

五、该项目实施的下一步打算

目前，已经在我国主要小麦生产区部署了部分远程监控站点，为进一步提高监测数据的代表性，随着项目的拓展拟进一步加密部署监控站点。与此同时，深入研究小麦苗情诊断的指标和方法，构建小麦生长发育和环境的模拟模型，通过与监控数据的充分融合，完善小麦苗情监控与诊断管理系统，在主要麦区全面示范应用。基于该技术体系的通用性，也可在其他作物和领域展开示范应用。

（供稿：孙忠富　编写：钟永玲）

1.4 中国水产科学研究院北太平洋鱿鱼资源开发利用及渔情信息应用服务系统

一、项目名称和实施主体、时间、范围

中国水产科学研究院东海水产研究所、上海海洋大学、中国科学院地理科学与资源研究所、国家海洋局第二海洋研究所于 1992—2004 年，共同研究开发了北太平洋鱿鱼资源开发利用及渔情信息应用服务系统，装备于我国远洋渔业企业和管理部门，在北太平洋海域的鱿钓鱼场实施应用，取得较好效果。

二、所使用的信息技术及设备设施

应用系统集成技术，首次建成我国具有独立知识产权的远洋渔业信息应用

服务系统，渔情海况信息每周发布 1～2 次，可信度达 70%，表温误差小于 0.5℃，成功地应用于我国北太平洋鱿钓渔业，实现了该系统的分布式业务化运行。

三、所使用的方法和流程

项目通过对西北太平洋鱿鱼资源进行的多次综合科学调查，研究掌握了鱿鱼的鱼汛特性、渔场形成机制和资源分布状况，首次开发了北太平洋海域的鱿钓鱼场，并使之成为我国远洋鱿钓渔船从事大规模商业性捕捞的重要作业海域。揭示了西北太平洋鱿鱼产卵场和索饵场表温对其资源补充量和鱼汛迟早的影响机理，掌握了黑潮、亲潮及其空间配置左右着鱿鱼渔场形成的规律，建立了相应的渔情预测模型。首次评估了东经 165°以西海域鱿鱼捕捞群体的汛初资源量为1.99 亿～7.04 亿尾，该资源具有开发利用潜力。开发了渔场现场环境数据自动采集和传输系统，利用自主研制的船用数据仪，实现了渔场海洋环境信息、船位动态信息自动采集，温盐精度分别达到 0.1℃和 0.1；利用自主研发的 INTERSAT 通信卫星专用控制软件，在中小型渔船上实现了高质量的船基大数据量（600M/天）自动传输。研发了渔场环境遥感信息获取、传输、处理、分析与产品制作系统和生产指挥决策辅助系统，实现了海况信息产品的自动制作、生产信息的实时获取和渔船的动态管理。自主开发了北太平洋鱿鱼渔情速预报系统，实现了中心渔场智能预报。

四、项目实施的目标及取得的成果

项目实施的目标是开发利用北太平洋鱿鱼资源，建立渔情信息应用服务系统，增强我国公海渔业综合竞争力。项目已经取得丰硕成果：获实用新型专利 3 项；软件著作权 7 项；发表论文 85 篇，其中 SCI 和 EI 收录 19 篇；出版专著1部；培养博士、硕士研究生34名。研究成果已为 30 多家远洋渔业企业和管理部门应用，极大地推动了我国远洋渔业产业的科技进步，确立了我国在北太平洋鱿鱼渔业 10 万～13 万吨/年的资源利用地位。据统计，1994—2007 年累计捕获鱿鱼 132.85 万吨，产值 100 多亿元，利润 10 多亿元；近 3 年节支增收约 3.8 亿元。

五、该项目实施的下一步打算

该项目拟通过与国内大型远洋渔业企业合作，进一步深化成果水平与应用范围，为提升高技术对大洋渔业的支撑作用，增强我国大洋鱿鱼生产企业的国际竞争力，维护我国公海权益作出贡献。

（供稿：郑汉丰　编写：钟永玲）

1.5 中国水产科学研究院大洋金枪鱼资源开发关键技术及应用

一、项目名称及实施主体、时间、范围

项目名称：大洋金枪鱼资源开发关键技术及应用

实施主体：中国水产科学研究院东海水产研究所、上海海洋大学、国家卫星海洋应用中心、中国科学院地理科学与资源研究所

时间：1993—2006年

范围：我国47家企业，301艘金枪鱼渔船，7个大洋金枪鱼作业渔场。

二、所使用的信息技术及设备设施

应对全球金枪鱼资源和海洋权益的争夺，项目组从1993年起，通过产、学、研相结合联合攻关，经过14年的金枪鱼渔场探捕和资源开发，突破了大洋金枪鱼渔场预报、高效捕捞等关键技术，成功开发了三大洋7个金枪鱼作业渔场，使我国大洋金枪鱼渔业从空白发展成为世界主要捕捞国家之一，对我国渔业实施“走出去”战略和维护公海权益具有重大的战略意义和现实意义。

三、所使用的方法和流程

该项目通过对三大洋金枪鱼资源与环境连续14年的调查，获取了一大批渔场资源、环境科学数据，填补了我国公海金枪鱼渔业数据空白；应用区域海洋学、GIS空间统计等理论与方法，提出了金枪鱼渔业生物学指标体系，创建了不同金枪鱼渔场的三维环境特征模型及资源时空变动规律解析方法，为首次成功开发我国七个大洋金枪鱼作业渔场奠定了技术基础。建立了大洋金枪鱼渔业综合管理数据库，首次创建了基于贝叶斯概率原理的金枪鱼渔场预报模型，研发了具有自主知识产权的金枪鱼渔场渔情信息服务系统，实现了金枪鱼渔场的速预报。以流体力学、工程力学、鱼类行为学理论为基础，首次建立了金枪鱼延绳钓钓钩深度三维模型，开发了可视化仿真软件，自主研发了高效生态型金枪鱼延绳钓钓具，显著提高了金枪鱼捕捞效率。首次研发了我国大洋金枪

鱼渔场环境信息获取与特征提取技术，创建了自主海洋卫星海表温度、叶绿素反演算法及特征提取算法模块，为金枪鱼渔场渔情分析提供了可靠的环境信息。

四、项目实施的目标及取得的成果

项目实施目标是提升我国大洋金枪鱼资源开发利用能力，维护我国渔业公海权益。项目成果已成功推广应用到我国 47 家企业，301艘金枪鱼渔船，成果的应用在缩短探鱼时间，降低燃油成本，提高捕捞效率等方面效果显著。据用户应用证明和相关统计，1993 年以来累计捕捞金枪鱼 76.1 万吨，产值 213 亿元；近 3 年累计捕捞金枪鱼 37.28 万吨，产值 99.1 亿元，累计增收节支 17.4 亿元。

五、该项目实施的下一步打算

该项目拟通过与国内大型远洋渔业企业合作，进一步深化成果水平与应用范围，为提升高技术对大洋渔业的支撑作用，增强了我国金枪鱼生产企业的国际竞争力，维护我国公海权益作出贡献。

（供稿：郑汉丰　编写：钟永玲）

1.6 中国农业大学数字作物系统

一、项目名称和实施主体、时间、范围

2000—2010 年，以中国农业大学资源与环境学院为实施主体，与国内外研究人员合作开发完成了“数字作物系统”。该系统可用于主要作物株型的计算机设计、评估和高产栽培措施的优化等领域。

二、所使用的信息技术与设备设施

采用三维数字化技术测定植物的空间结构。采用所开发的软件系统实现植物

个体和群体形态建模、植物冠层空间光分布和光合作用的模拟，以及根系空间结构的定量化和功能评估。

三、所使用的方法和流程

该系统包括作物个体与群体空间结构特征分析系统，器官几何形态数字化设计系统，冠层空间光分布模型，植物功能—结构模型，虚拟根系模型等。

开发了基于三维数字化技术的植物形态数据采集系统；构建了可视化的植物器官三维造型通用系统和特定类型植物形态数字化设计的专用系统。通过对各种植物器官曲面类形、器官三维实体、拓扑结构的数字化设计，并基于主要农作物生长的功能—结构虚拟模型的模拟机制，模拟植株个体和群体的器官尺度的光截获、光合生产和分配、形态建成。基于数字化设计作物株形，并模拟所设计作物的生长特征，从而为超高产作物新株型的设计与评估提供定量化的工具。同时，应用该系统可精确分析与评估不同株形、不同种植密度作物的生长特征，优化农业管理措施，减少农业投入，因而也能为优化农田管理措施等提供定量化的工具。该系统在农业科普与教学等领域也具有重要的应用前景。另外，该系统也能应用于农田系统的物质与能量流的定量化研究、植被定量遥感的机理研究等。

四、项目实施的目标及取得的成果

已应用该系统在田间对玉米、水稻等作物的不同品种进行测定。与国家杂交水稻工程技术研究中心合作，对超级杂交稻苗头组合的株形特征、光截获特征、植株库—源动态关系进行了定量化研究，并进行了超级稻株形虚拟设计的探索；与国家玉米改良研究中心合作，对不同玉米杂交品种的母本进行了形态指纹的定量分析。

五、该项目实施的下一步打算

建立主要作物的形态结构数据库。改进该系统的散射辐射模拟模块和光合生产模拟模块，冠层内光谱空间分布特征对植株发育影响的模拟模块，从而提高模型的模拟精度，并能考虑全球气候变化因子的影响。改进根系吸收土壤水分、养分的模拟模块，并构建实现植株地上地下部分整体模拟的模型。进一步与作物育种、栽培人员等合作，进行多领域应用的探索。

（供稿：郭　焱　编写：钟永玲）

1.7 全国农业技术推广服务中心农田土壤墒情监测系统

一、项目名称及实施主体、时间、范围

全国农业技术推广服务中心“农业部土壤墒情监测工作”于1996年启动，目前共建设墒情监测标准站36个，依托土、肥、水农业技术推广体系在全国100多个县开展土壤墒情监测工作，带动地方近600个县开展土壤墒情监测工作，初步建立了墒情监测网络体系。

二、所使用的信息技术及设备设施

为提高墒情监测的时效性和结果表达的可视化程度，全国农业技术推广服务中心提出自动监测、无线传输、图示表达的建设思路，研究开发了全国土壤墒情监测管理平台，该系统具有多主题树状结构数据上报快速入口、方便的数据填报界面、基于角色和范围的权限管理、多样的数据源、简明的功能操作界面、可视化的数据分析等七大特点，实现了国家、省、地、县4级监测人员同平台操作，极大地提高了工作效率。组织研发和集成自动墒情监测仪器设备，优化墒情监测方法，实现墒情监测数据的远程自动采集、传输和导入。

三、所使用的方法和流程

农田土壤墒情监测是指对不同层次土壤含水量进行测定，调查作物长势长相，掌握土壤水分动态变化规律，评价土壤水分满足作物生长需要的程度，为农业种植结构调整、指导农民科学灌溉、抗旱保墒、节水农业技术推广等提供科学依据。其特点是立足田间水分监测，围绕作物需水规律和生长状况，综合考虑土壤、施肥、栽培等因素，提出农田水分管理措施，服务农业生产。

四、项目实施的目标及取得的成果

目前，全国土壤墒情监测网络每年采集数据5万多个，发布简报/报告2 000多期（次），在各级网站上发布信息2 000多条，及时提出抗旱、保墒、灌溉方案，指导农业抗旱减灾和科学灌溉，在近两年遭遇频繁大旱的情况下，土壤墒

情监测为农业抗旱夺丰收作出了重要贡献，取得了显著的经济、社会和生态效益。

五、该项目实施的下一步打算

拟在全国建立健全国家、省、县三级土壤墒情监测网络体系，标准站建设要按照“五统一”，即统一设计、统一设备、统一方法、统一要求和统一管理要求建设和管理，进一步提高技术装备水平，实现墒情监测的自动化、标准化、可视化；建立工作制度，每月 10 日和 25 日定期开展监测，在农作物播种期、关键生育期及旱灾发生期，增加监测频率和报告次数，树立良好的公共服务形象；强化墒情指标体系建设。紧密结合作物生长状况，开展土壤墒情指标体系研究，强化监测数据应用，实现结果表达的通俗化和直观化。

（供稿：钟永红　编写：钟永玲）

1.8 全国农业技术推广服务中心县域耕地资源管理信息系统

一、项目名称和实施主体、时间、范围

县域耕地资源管理信息系统依托“全国耕地地力调查与质量评价”项目建设，由农业部种植业管理司与全国农业技术推广服务中心主持，系统具体开发工作委托扬州市土壤肥料站承担。该系统从 2002 年起开始建设，历经 1.0、2.0、3.0、3.1 版等 4 个版本，目前，该系统已在全国 31 个省（自治区、直辖市）1 200个县应用。

二、所使用的信息技术及设备设施

该系统基于组件式 GIS 开发，以“全国耕地地力调查与质量评价技术规程”为技术标准，以《县域耕地资源管理信息系统数据字典》为数据标准，应用

GIS、GPS等技术构建耕地资源基础数据库和各类管理模型，对耕地、土壤、农田水利、农业经济等方面的空间数据和属性数据进行综合管理，利用该系统可进行统计分析、专题评价、施肥咨询等专业技术应用。

三、所使用的方法和流程

县域耕地资源管理信息系统，是用于管理耕地资源信息的通用类工具软件。主要流程：以县级行政区域内耕地资源为管理对象，以土地利用现状图与土壤图叠加形成管理单元；对管理单元内的空间数据、属性数据进行标准化管理，完成全国统一格式的县域及选择集数据统计、汇总、分析等操作，实现多种形式的数据统计、分析、汇总、报表输出、专题图制作；通过层次分析—模糊分析—累积曲线评价体系，进行耕地基础地力评价、耕地适宜性评价、耕地环境质量评价、土壤养分状况评价等，为农业产业结构调整、作物布局、肥料规划等提供决策支持。

四、项目实施的目标及取得的成果

通过项目实施，全面摸清全国耕地质量状况，构建耕地基础信息管理平台，为土壤改良、科学施肥、种植结构调整、土壤污染防治、无公害蔬菜基地建设等提供技术支撑。2005年至今，已在1 200个县组织实施耕地地力评价工作，涉及耕地面积近10亿亩*。利用该系统集成了1 000多万项次分析化验数据，绘制专题图件1.6万余幅，建立了规范的耕地资源属性数据库。评价成果得到广泛应用，形成专题报告4 200余篇，覆盖面积11亿亩，受益农民近6.8亿人，为当地耕地管理与可持续利用提供了科学依据。

五、该项目实施的下一步打算

拟加大系统推广力度，将系统逐步应用到全国所有的农业县，为各地农业生产服务；加强系统培训，培养一支专业化的技术队伍，提高县级人员系统操作与成果应用水平；不断更新系统数据，通过定期开展调查、检测、评价，更新耕地资源信息，掌握耕地质量动态变化规律；完善系统功能，以县域耕地资源管理信息系统为平台，逐步开发与土地适宜性评价、施肥专家系统、耕地环境质量评价等专题应用模块对接的接口，扩展系统应用范围。

（供稿：全国农业技术推广服务中心　编写：钟永玲）

* 1亩=1/15公顷

1.9 南京农业大学 作物精确管理决策支持系统

一、项目名称和实施主体、时间、范围

南京农业大学和江苏省信息农业高技术研究重点实验室在国家高技术研究发展计划项目的支持下，历时10余年研制而成“基于模型的作物精确管理决策支持系统”。它针对农业生产系统受气象、土壤、品种特性、技术措施等多种因素的影响，为农业技术推广人员、种植大户、农户等提供一套精确化和数字化的现代作物栽培管理技术，系统于2005年7月正式投入使用。

二、所使用的信息技术及设备设施

借鉴作物模拟模型、专家系统和栽培模式三者的优点，运用系统学方法，以小麦、水稻等作物为主要对象，基于作物—环境—技术之间的动态关系，构建了普适性和精确化的作物栽培管理知识模型；进一步将模型与农田空间信息相结合，构建了基于模型和GIS的作物精确管理决策支持系统（单机版、网络版、PDA版），实现了不同空间尺度下播前栽培方案设计、产中指标动态设计、因苗实时管理调控等功能，形成了面向不同用户层的数字化动态化栽培方案设计技术。

三、所使用的方法和流程

系统可用于定量确定不同环境条件和生产系统下的作物生育特征及栽培管理技术方案：包括目标产量，品种类型，播种期/移栽期，密度/播种量，移栽方案；主要生育期的茎蘖数、叶龄动态、叶面积指数、生物量等动态指标；氮、磷、钾肥料运筹；病虫害管理及主要生育期的水分管理；智能学习指导等。具体实施流程：在前茬收获前首先取土样测试分析所选田块的土壤理化特性（也可依据新近土壤普查资料），同时建立系统运行所需要的基础数据库（包括气象数据、土壤数据、品种参数和栽培管理措施等），然后由系统按不同田块的实际情况生成一套适宜的栽培管理方案。

四、项目实施的目标及取得的成果

本项目实施目标是向多层次用户提供一种能够精确化、数字化进行作物栽培种植的方法。项目自执行以来，已发表重要学术论文 100 多篇，出版著作 2 部；登记国家计算机软件著作权 12 项；培养博士与硕士研究生 26 名。技术成果在江苏、安徽、浙江和河南等省部分农区进行了试验示范和推广应用，表现出明显的增产、增收效果（一般增产 5%和节氮 10%以上），提升了作物生产系统的优化设计与管理决策水平，取得了显著的经济效益和社会效益。以该技术作为核心内容获得了 2008 年国家科技进步奖二等奖。

五、该项目实施的下一步打算

该项目将进一步简化输入参数，对系统进行升级以提高系统运行效率，同时借助农业部公益性行业计划项目等途径，进一步扩大模型系统的推广应用范围。

（供稿：刘小军　编写：钟永玲）

1.10 北京海芯华夏公司设施农业物联网应用系统

一、项目名称和实施主体、时间、范围

海芯华夏设施农业物联网应用系统由海芯华夏（北京）信息技术有限公司自主研发生产，并于 2010 年相继在内蒙古、青海、甘肃等省（自治区）投入使用。

二、所使用的信息技术与设备设施

设施农业物联网应用系统由传感设备、传输设备和服务管理平台共同组成。其中，传感设备主要采用了传感技术、温湿度传感器、风速传感器、土壤水分和温度传感器等；传输设备主要采用了无线通讯技术、DTU 无线传输模块等；服务管理平台由互联网、数据库技术、专家分析系统等组成。

三、所使用的方法和流程

设施农业物联网应用系统通过传感设备实时采集温室（大棚）内的温度、湿度、土壤水分、土壤温度、棚外温度与风速等数据，将数据通过 GPRS 通道传送给服务管理平台，该平台对数据进行分析处理，由专家分析系统给出相应的农事操作建议，并将建议以短信的形式发送到相应用户的手机上，用户也可通过互联网和手机查询相关信息。系统具备实时监测、远程控制、实时查询、异常告警等功能。

四、项目实施的目标及取得的成果

设施农业物联网应用系统可有效解决信息化在农业生产、经营活动中的深度应用。目前，该系统已经在内蒙古、青海、甘肃等省（自治区）投入使用，通过系统所提供的功能性服务内容，用户深切地体会到生产技术、市场动态的“信息化”，远程操作控制的“智能化”，使复杂的高新技术“平民化”，具有传统农业技术服务无可比拟的灵活、简洁、方便、实用、高效等优势，得到了农业主管部门、农业技术专家、通讯运营商、用户的一致认可。

五、该项目实施的下一步打算

设施农业物联网应用系统拟进一步加大生产投入，全面开展推广工作，使其在更多的地区被广泛使用。

（供稿：苏　和　编写：白　玲）

1.11 北京中农先飞农业工程公司智能灌溉施肥及环境测控系统

一、项目名称和实施主体、时间、范围

自 2001 年起，中农先飞（北京）农业工程技术有限公司致力于智能灌溉施

肥及环境测控系统的研究，与中国农业大学水利与土木工程学院、北京市天利自动化设备研究所形成科技创新联盟，联合开发了分层分布式计算机控制灌溉施肥系统。2005 年北京市科委组织专家鉴定认为，该研究成果整体上达到国内领先、部分达到国际先进水平。“智能决策精量灌溉施肥系统研发与应用”于 2008 年荣获北京市科学技术奖二等奖。该系统主要适用于温室环境调控及大田、果树、花卉、园林、高尔夫球场等灌溉工程，已在北京、河北、内蒙古、福建等省（自治区、直辖市）进行应用。

二、所使用的信息技术及设备设施

系统由下位机和上位机组成。系统末端为传感器，包括土壤水分传感器、空气温湿度传感器、二氧化碳传感器、光照强度传感器、风速、风向、雨量气象传感器等。传感器输出信号传输到下位机，下位机定时采集各个传感器信号后传输给上位机（PC 机），同时根据上位机发送的指令从而输出开关信号，驱动各类电机、水泵。

当系统运用于温室时，下位机根据上位机给定的决策条件，判断是否需要对温室环境进行调整，将田间水肥监测与管理、灌溉施肥设备、温室环境因子监测、温室自动控制装置作为一个有机整体，实现作物灌溉施肥及环境控制的自动决策。用户可以通过预先设定的决策系统自动控制设备，也可以通过键盘和鼠标操纵面板上的虚拟开关去控制设备运行、了解温室状态、读取并打印出测量结果等。

三、所使用的方法和流程

PC 端运行控制软件，主要有登录部分、控制部分、决策和设定部分、实时监控、报表统计和报警功能。控制部分可设定驱动模式，包括自动、手动、周期、定时 4 种模式，同时可显示各驱动设备的状态。决策和设定部分可针对不同的具体项目，对传感器、驱动电机的类型、数量、决策方式、决策条件进行设定。

四、项目实施的目标及取得的成果

该系统主要适用于温室环境调控及大田、果树、花卉、园林、高尔夫球场等灌溉工程，目前已在北京、河北、内蒙古、福建等省（自治区、直辖市）进行应用。与现有技术相比，运用该系统可实现节水 30%以上、节能 15%～20%、节肥 20%～30%、减少农药施用量 30%～35%，将有效降低温室高能耗以及水分、养分资源利用粗放等问题，可以通过节水节肥、减少农药的施用、提高土地利用率，全面实现节能减排、减少环境污染、高效利用自然资源的效果，有利于改善我国生态环境，阻止环境恶化，实现生态环境的良性循环及可持续发展。

五、该项目实施的下一步打算

公司将进一步对北京地区乃至全国主要绿地植物和温室作物灌溉制度进行试验，完善北京地区乃至全国主要绿地植物和温室作物耗水规律、灌溉制度相关的研究成果，建立灌溉决策控制指标数据库，完善功能，提高可靠性，力求降低系统成本。

（供稿：贾瑞卿 编写：钟永玲）

1.12 天津市农业技术推广站农业基础地理信息系统

一、项目名称和实施主体、时间、范围

天津市农业基础地理信息系统由天津市农业技术推广站于2001—2003年组织研发，整合全市自然、生产、经济等农业资源信息，结合了农学、经济学、气象学等多学科相关理论及技术。目前，该系统已经在天津市全市范围内使用。

二、所使用的信息技术及设备设施

天津市农业基础地理信息系统依托3S技术，以GIS技术为核心开发，包括了基于Internet、GPRS等网络发布应用系统。

三、所使用的方法和流程

本项目根据农业资源信息的开放程度以及天津市各区县农业资源特色，研发了5大功能子系统，应用范围既可覆盖天津市全境，涉及农业基础地理、土壤、水利、气候、作物情况及经济情况等各种资源的综合应用系统，又包括依据天津市不同区县地域特色开发的专题应用子系统，在发布类型上既有应用于单机的信息管理系统，又包括基于Internet \ Intranet的WebGIS网络发布应用系统。

四、项目实施的目标及取得的成果

天津市农业基础地理信息系统的建设，可对获取的海量数据进行高度综合及灵活的应用分析，并基于这些信息对天津市农业多种要素的动态发展与演化趋势进行所需的模拟分析和趋势预测能力，从而为天津市政府有关机构、行业及应用部门在农业资源合理开发、科学管理与规划等方面提供快速、准确、有效的信息

服务和决策支持。

该项目取得的成果：一个整体，两个应用层次，五大系统。“一个整体”，建设一个具有统一数据库平台和系统建设标准的农业管理信息系统，该系统可将面向技术开发人员的应用层次与面向普通用户的应用层次分别打包，集成为一个整体。“三个应用层次”，主要包括基于 ArcInfo \ ArcView 地理信息系统和图像信息处理平台、基于 Visual Basic 和 MapObject 和 ArcIMS 平台和农业基础地理信息与资源信息共享与交换系统。“五大系统”，主要包括天津市农业地理信息系统、天津市农村经济管理系统、宁河县水稻生产管理信息系统、西青区农业区划管理信息系统和北辰区综合农业管理信息系统。

五、该项目实施的下一步打算

在现有天津市农业基础地理信息系统的基础上向全市扩展，包括土壤、水利、气象、作物、经济等各个领域。各农业领域数据的采集、管理、标准化处理以及储存分析将广泛应用 GIS 技术，通过处理分析的结果可应用于农业区划，农业土地利用适宜性评价，农业灾害预警及灾情分析，作物种植的适宜性评价，农业资源的清查、核算、评估与监测，农作物估产与监测，农业生态环境的监测与分析。同时，还将开发具有空间属性的地理信息系统，并与开发农业实用、有效的分析模块相结合，涉及方面将包括农业生产的管理与决策全过程。

（供稿：张保岩　编写：白　玲）

1.13 天津市农业技术推广站智能化农业信息技术应用示范工程

一、项目名称和实施主体、时间、范围

智能化农业信息技术应用示范工程由天津市农业技术推广站于 1999 年开始

组织研发，经过3年的努力，目前已经在天津市全面投入使用，重点应用于农业区划、农业土地利用适宜性评价、农业灾害预警及灾情分析、作物种植的适宜性评价、农作物估产与监测等领域。

二、所使用的信息技术及设备设施

智能化农业信息技术应用示范工程采用专家系统技术、地理信息系统技术、计算机模型技术以及计算机网络技术，集成稻、麦模拟优化模型，采用农学、经济学、气象学等多学科相关理论与研究方法开发了小麦、玉米、水稻、黄瓜等13套专家系统。

三、所使用的方法和流程

项目吸收引进了国家农业信息化工程技术研究中心开发的网络化、构件化的农业专家系统开发平台PAID，顺应农业结构调整需求，本着为农业增效、农民增收服务的思路，研制开发了一套依托PAID3.0平台，具有农业生产智能决策、模拟模型预测功能的智能化专家系统，以及基于WebGIS下运行的农业基础资源可视化空间查询的信息系统，并基于单机、网络发布应用。

四、项目实施的目标及取得的成果

项目以农业增效、农民增收、提高农民科技文化素质为主要目的，建立起13套综合性、智能化的计算机决策系统。研究开发了小麦、玉米、水稻、黄瓜专家系统，建立了基于WebGis的基础地理数据库、土壤资源数据库、气象资源数据库，基于SQL Server的品种资源数据库。组织开展了包括气象信息、土壤信息、品种信息、植保信息等资源的农业技术综合服务系统的建设工作。

五、该项目实施的下一步打算

在现有专家系统、数据库等的基础上，进一步完善功能。通过开展各类技术培训，扩大推广面积和应用范围，为生产者、政府提供科学、及时的决策辅助分析，真正实现农业生产管理的信息化、智能化。

（供稿：张保岩　编写：白　玲）

1.14 天津市气候中心设施农业气象监测预警服务系统

一、项目名称和实施主体、时间、范围

设施农业气象监测预警服务系统由天津市气候中心于 2007 年组织研发，经过不断的完善，目前主要在天津市重点设施农业生产基地实施。

二、所使用的信息技术及设备设施

该项目集成了传感器技术、实时监测技术、数据存储技术、远程无线传输技术、数值分析与模拟技术、互联网信息技术、移动通讯技术等现代信息技术、多媒体技术等。主要设备设施，包括温室小气候自动监测站、LED 电子显示屏、大型电子计算机、设施农业气象监测预警服务平台、野外气象自动监测网络等。

三、所使用的方法和流程

在天津重点设施农业生产基地，建立设施农业气象自动检测站，实时监测主要类型棚室内的气象要素（空气温度、空气湿度、辐射、土壤温度、二氧化碳等）的变化，结合分布于全市的自动气象观测站，建立针对于该类棚室的设施农业气象预报预测模型。将气象台的精细化数值预报产品嵌套至设施农业气象预报预测模型中，滚动预测未来一周内的逐日设施农业气象条件，为设施农业生产提供专业的气象服务。服务产品通过电视、手机短信、LED 显示屏、互联网等媒体对农户发布。

四、项目实施的目标及取得的成果

通过该项目的实施，建立了设施农业气象自动监测网。开发了针对于设施农业的专业的农田小气候自动监测系统。该系统可观测并显示农业设施内的空气温度、空气湿度、日照、光和有效辐射、土壤温度、二氧化碳等要素，并通过 GPRS 技术将监测结果无线传输至目标服务器，实现了对农业设施内的远程实时监测。建立了针对北方日光温室的设施农业气象条件预报技术和服务业务流程。开拓了基于手机短信、LED 电子显示屏、声讯电话、电视节目、广播等多媒体的服务途径。搭建了全国第一个设施农业气象服务信息网。建立了省级设施农业

气象业务系统。开发了设施农业气象服务监测与预警技术。

五、该项目实施的下一步打算

该项目将继续完善设施农业气象监测网络，加大观测的空间和时间密度，继续修改设施农业小气候预报预测模型，增加预报频率，提高预报准确度。进一步加大产品分发途径建设的投入，力争做到设施农业专业气象预报信息的全市覆盖，实现电视、手机、广播、显示屏等多媒体手段的信息发布途径。项目还将继续加强基础研究工作，在数值分析与模拟技术方面深入机理层面。在软件开发和业务平台建设上保持高投入，迅速将科技成果转移孵化、推广应用。

（供稿：天津市气候中心　编写：白　玲）

1.15 内蒙古农业信息中心病虫害专家系统

一、项目名称和实施主体、时间、范围

内蒙古地区主要农作物病虫害诊断查询系统是内蒙古农业信息中心于2003年依托科技厅科技公关项目，针对内蒙古主要作物（玉米、大豆、马铃薯、小麦、甜菜、油菜等）的病虫害发生和防治所研发的信息化应用系统。该系统探索出了一条适合西部地区的农业科技推广新模式和新机制，把农业信息技术同现有农业推广体制有效结合，收到了很好的推广效果。该系统从知识量和功能上逐渐完善，在自治区农作物病虫害防治上将会起到越来越重要的作用。

二、所使用的信息技术及设备设施

该系统是以信息网络平台为支撑，以国际互联网为载体，以计算机为窗口，以专家知识为内容，应用专家系统理论、数据库技术、多媒体技术、网络技术建立的应用系统（图1）。它可实现对内蒙古自治区小麦、玉米、大豆、马铃薯、油菜和甜菜6种

主要农作物病虫害的智能诊断和查询，智能诊断部分是通过受害的不同部位、病虫害的特征和外部特征，分析判断是哪种病虫害，并给出可信度和相应的解决方案及相关信息。也可以通过模糊查询的方法，查找某种病虫害的防治策略及相关信息。

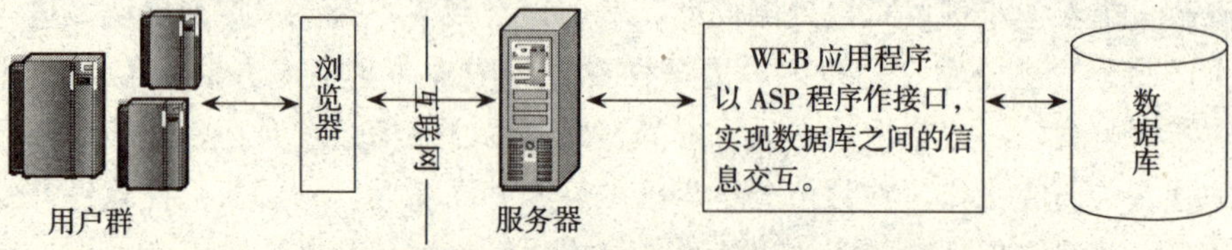

图1 内蒙古农业信息中心病虫害专家系统

三、所使用的方法和流程

该系统是充分利用专家系统理论、计算机网络技术、操作系统技术、数据库技术、信息采集技术（多媒体技术、图像处理技术）等多种高新技术，与植保技术以及植保专家知识集成而成，由数据库系统、程序系统以及网络平台系统组成。系统服务采用人机交互的形式，分为两个层面，一个是管理员对系统知识的添加及维护；一个是用户通过系统功能模块进行应用。图2为具体流程。

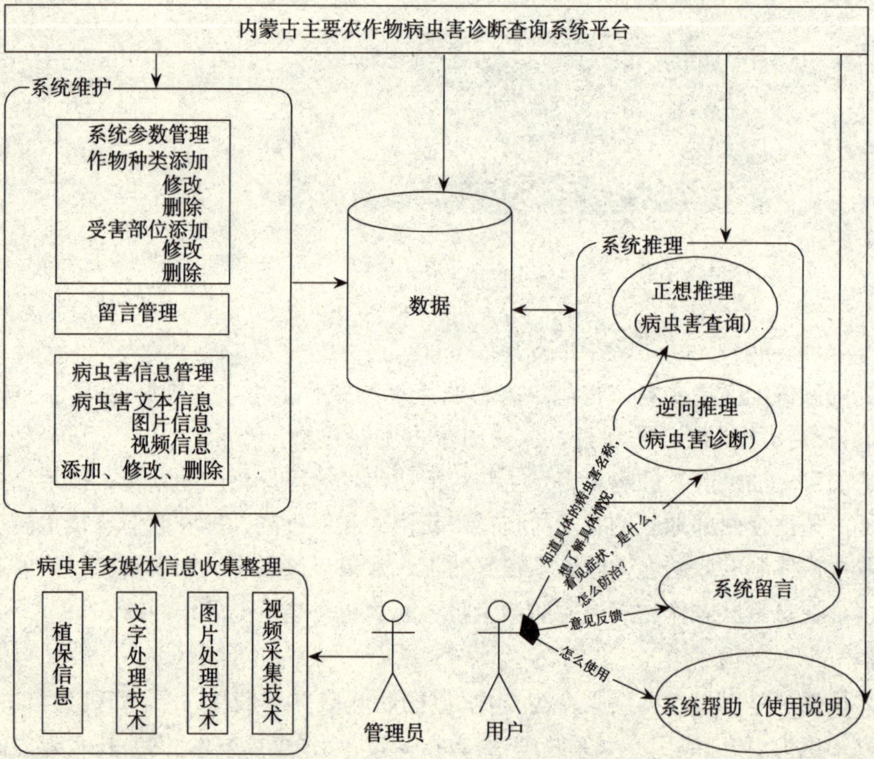

图2 内蒙古主要农作物病虫害诊断查询系统

四、项目实施的目标及取得的成果

2004—2006年，共建立巴彦淖尔市、海拉尔垦区、呼伦贝尔市、赤峰市、通辽市、乌兰察布市等6个示范区，累积推广面积1 663.21万亩。为内蒙古6种主要作物的病虫害防治发挥了积极作用，降低了病虫害的发生率，促进了农牧民思想观念的转变和整体素质的提高，有效提高了粮食的产量和品质，取得了较好的经济效益和社会效益。

五、该项目实施的下一步打算

将围绕服务现代农业发展重点做好以下工作：进一步完善系统功能，提供专家在线远程诊断等功能；完善系统的知识库，逐步拓展到适合内蒙古种植的其他作物，并进一步整合病虫害防治信息，加强农作物的营养诊断和水分诊断的系统研究与开发；扩展示范区的面积，多方筹集资金和整合资源，进一步扩展示范区的面积，提高系统的覆盖面，为自治区农业发展提供重要知识支撑。

（供稿：赵于东　编写：白　玲）

1.16 内蒙古锡林郭勒盟农牧业地理信息系统

一、项目名称和实施主体、时间、范围

锡林郭勒盟农牧业地理信息系统是锡林郭勒盟农牧业局经过3年研制出的农牧业地理信息管理产品，于2007年8月正式开通，在运行中不断完善，目前已在盟所辖13个旗县市（区）使用。盟农牧业局负责技术升级及运行维护。

二、所使用的信息技术及设备设施

该系统基于Web技术，将地理信息和农牧林水经济业务数据有机结合，通过系统内的专业智能分析模块，以地理标注、区域色彩、数理统计图、影像、视频、表格等方法，以及GPS追踪和动态监控，全面动态展示当前农业经济及项

目运行情况。硬件配置由液晶显示直播子系统、监控子系统、网络子系统组成，将计算机、通讯、视频等设备组合在一起。软件配置主要应用 Google Maps 和 Google Earth API 系列代码、开放的源代码 PHP 语言、MySQL 开源数据库、2008 SQL Server 数据库和 Adobe 的 Flex Builder4 等。

三、所使用的方法和流程

硬件基础保障。基于锡林郭勒盟现有的盟、旗县、苏木乡镇、嘎查村四级计算机网络。

信息资源保障。整合该盟草原普查数据、卫星遥感数据、农牧业区划、农业普查数据、牧区草牧场承包电子档案、奶牛电子档案、农牧林水专业统计年报等农业基础数据。整合各单位业务进展数据、月报表、季报表，影视图片资料以及其他补充调查等进度数据。横向整合局属各局站所信息源，纵向整合旗县信息源。

组织队伍保障。成立由旗县市农牧业局统一协调的农业地理信息工作组，并将地理信息工作进度纳入盟局年度工作考核中。

四、项目实施的目标及取得的成果

该系统全面动态展示了当前农业经济和项目运行情况，可实现宏观展示与微观查询、分析与评价、预测与预警等功能。宏观展示，可了解全盟农业现状和发展动态。微观检索，可查询检索每家每户的农牧户档案，档案信息基本涵盖了农牧民土地草牧场承包、生产、生活等内容。分析功能，就是将农业各种经济统计分析方法引入到系统中，进行专业分析，如草原生态建设成果分析、牲畜周转情况分析、畜产品产出效益分析、牧民收入情况分析、农业土地资源评估、农作物估产等。对比功能，可实现横向和纵向对比，即与过去历史同期和发展目标（计划）比较，与各地综合平均和先进水平比较。预测功能，主要进行专题预测，包括草原生态建设效果展望，畜产品产量、农牧业产值、农牧民收入、病虫害等预测。监测功能，主要包括草原生态监测、畜产品、蔬菜等主要产品生产监测、测土配方施肥监测、动物标识可追溯监测和农牧业项目监测。监控功能，包括标准化基地、农资监管、检验检测、质量追溯等监控，实现对辖区内农产品的产供销及加工、检测等关键环节的全程监控。预警功能，主要是建立专题分析模块，如草畜平衡预警、自然灾害预警、草原火灾、蝗灾暴发、灾害气象、牲畜突发疫病预警等。可视化分析功能，主要包括空间查询、基于空间的信息统计、专题图显示、综合报表等。

五、该项目实施的下一步打算

在继续扩展和完善电脑版农牧业地理系统的基础上，开发手机版农牧业地理信息系统。

（供稿：陈立新　编写：白　玲）

1.17 辽宁省农村经济委员会可视化远程专家服务系统

一、项目名称和实施主体、时间、范围

辽宁可视化远程专家服务系统由辽宁省农村经济委员会于2010年5月立项，2010年8月组织实施。项目最终目标是在全省范围内建立起集语音、数据、图像为一体的以视频会议系统为基础的远程视频专家系统。目前，该项目处于初步试点阶段，以沈阳、大连为基础，以点带面，逐步实现全省推进。

二、所使用的信息技术及设备设施

该项目采用Internet广域网络、选用国产设备、两级标准建设、分期集中实施的建设思路,系统配置分为两方面:省级会商中心和二三级会商中心与远端工作站。

省级会商中心。主会场由屏幕显示系统、标清解码输出的电视墙服务器作为屏幕输入信号控制系统，一台多点控制单元（MCU）、一台视频会议终端、麦克风、会议控制软件、会议录播系统、会议摄像机、网管软件以及专业应用软件作为专家支撑平台，还包括3台流媒体服务器及其他附属设备。

二三级会商中心与远端工作站。由液晶电视组成的屏幕显示系统、一台视频会议终端、一个麦克风、一台摄像机及其他附属设备组成。远端工作站是建立在信息站（农户、合作社）的农村专家可视化服务的入口。

三、所使用的方法和流程

可视化远程系统的实施,分为调查研究、选点和系统开发、试点运行、全面推进4个阶段,采用先试点后推广的原则,初步实现省、市两级视频会议会商系统,及省、市、县三级专家会诊系统。通过试点运行,节省了省市县三级会商成本,实现各地区农民远程专家会诊服务。一期试点建成后再启动二期,逐步覆盖全省14市。

四、项目实施的目标及取得的成果

本系统在一期建设中，已投入项目资金约120万，主要实现辽宁省一级中心，沈阳市、大连市二级中心，苏家屯、普兰店三级中心及8个信息站的视频通

信。该系统的建成，充分体现了政府的服务职能和理念，不但可以为广大农民提供一个强有力的专家服务平台，并且可以有效提升政府应急处理能力和工作效率，切实提升全省农村信息化水平。

五、该项目实施的下一步打算

该项目将覆盖全省各乡镇，目标是在系统内完成农委内部的远程工作会议、技术交流、远程培训等工作，为信息站覆盖的广大农民提供专业知识培训、专业技术指导和病虫害的应急处理，建立起一套由省、市、县三级共同参与的专家支持系统。

（供稿：关玲玲　编写：白　玲）

1.18 辽宁省农村经济委员会温室环境监测系统

一、项目名称及实施主体、时间和范围

温室环境监测系统由辽宁省农村经济委员会与中国移动辽宁公司合作，联合爱立信、蓝光科技公司和沈阳自动化研究所等多家单位共同实施的项目。该项目从2008年8月份起在沈阳开始试点实施。项目运作两年后已在全省范围推广实施。

二、所使用的信息技术及设备设施

该系统利用中国移动的无线通信网络和架设在温室大棚中的传感器等设备组成无线的温室环境监测系统，使用户利用手机就可以随时随地了解温室大棚的温湿度情况。每个温室监测示范点，包含8个空气温度传感器、2个空气湿度传感器、1个光照传感器、1个二氧化碳传感器、1个LED显示屏、1个集中监测终端、相应配件。该系统对农作物生产过程的各种信息（如温度、湿度、二氧化碳浓度、日照强度等）进行采集处理，每个温度和湿度传感器通过总线连接起来，采集终端把温度和湿度值通过GPRS网路传输到系统服务器，服务器通过Web

方式提供给管理者监控温室的各种数据。管理者可在互联网上通过授权实时监视各种信号，也可以以短信的形式接收。

三、所使用的方法和流程

辽宁省农村经济委员会联合中国移动辽宁公司共同推进该项目的实施，由辽宁移动提供技术解决方案，辽宁省农村经济委员会提供试点地区名单，项目一期在全省各地市选择条件较好的温室大棚进行试点建设，双方共同评估实施效果，在总结经验的基础上在全省大面积推广。

四、项目实施的目标及取得的成果

目前，该项目已在省内部分地市进行试点，通过温室环境自动化监测，使设施农业在生产过程中增强了可控性和计划性，在增加农业产量、提高农民收入等方面成绩明显。

五、该项目实施的下一步打算

该项目在2008—2010年度完成试点建设，2011年将在全省范围推广，并将成为省内长期推广的农业项目。

（供稿：万湘驰　编写：白　玲）

1.19 黑龙江农垦农村集约化生产信息技术

一、项目名称和实施主体、时间、范围

农村集约化生产信息技术由黑龙江农垦科学院、东北农业大学、东北林业大学、黑龙江农垦八五二农场、黑龙江农垦军川农场等共同研发，于2006年10月开始实施。该项技术的研究和开发是对大型国有农（林）场农业信息化集成应用研究工作的一种探索，可以利用信息化手段有效解决在农业生产、管理、经营各

个环节上制约现代农业发展的关键问题。

二、所使用的信息技术及设备设施

该项目旨在黑龙江垦区建立以信息化技术为支撑的信息化农场，以军川、八五二农场为示范基地，计划利用3年时间对示范基地的生产、管理、经营进行全程信息化改造，打造信息技术集成应用平台，整合现有农业信息资源，把地理信息技术、数据库技术、生产支持决策技术、农业生产过程管理技术、智能化农业信息技术、3S技术、电子商务技术、农产品安全生产技术、畜牧业管理、林业生产经营管理、遥感监测技术、社会服务管理技术等多学科技术融合于整个集成应用中，发挥集成应用优势，形成一个现代化农业信息技术集成应用的典型示范农场，实现信息化改造传统农业生产模式的目的，使农业生产从粗放型向集约化、现代化迈进。

三、所使用的方法和流程

针对需求，通过开发集成大规模农场生产、管理、经营信息化系统，从而实现对示范基地生产、经营、管理全面的信息化改造，使信息流在生产的各个方面进行合理流动。解决生产、经营与管理之间的脱节，加强农业生产的指导，日常办公信息化、自动化和标准化，提高办公效率、降低管理费用，实现决策支持，减小经营决策的风险。使示范区的生产、经营、管理成为一个有机的整体，为领导提供决策支持，为农户提供先进的生产经验，并进行有效的生产指导。

四、项目实施的目标及取得的成果

建立军川、八五二农场两个项目示范应用基地，以构建信息化农场为目标，农场60%以上业务实现了信息化，并建立了完整的农业信息化服务体系。通过配置软硬件设备，整合各类资源，建立和完善信息服务系统，实现业务化运行，提供综合信息服务；示范区信息化技术应用示范为水稻、大豆、奶牛等，在农作物上的应用示范面积在10万亩以上，执行期内累计辐射推广面积达到50万亩，奶牛等畜牧生产示范养殖场达到5个。

以黑龙江省尚志市东北林业大学帽儿山实验林场作为东北地区林业生产经营信息化的示范林场，在林业信息的采集处理到应用全套技术的集成化方面进行试验示范。

五、该项目实施的下一步打算

基于本项目的科研成果及经验，通过3～5年时间，研发出适用于农业信息化、集研发和系统运行于一体的综合农业信息化平台。

（供稿：黄忠文　编写：白　玲）

1.20 黑龙江恒宝公司智慧农业大棚远程监控信息系统

一、项目名称和实施主体、时间、范围

智慧农业大棚远程监控信息系统是由恒宝智能识别公司主持，中国移动集团公司参与开发的符合中国移动物联网协议的集智能化、实用化为一体的远程监控信息系统。该系统是根据市场对安全优质农产品的需求以及农民的实际需要，所推出的一种全新的科学监控技术服务模式。2007 年 1 月在山东正式采用，在运行中不断完善，目前已在山东、黑龙江、辽宁、内蒙古、陕西、安徽、江苏、河北、天津、北京等省（自治区、直辖市）使用。

二、所使用的信息技术及设备设施

智慧农业大棚远程监控信息系统利用现代移动通信技术、网络技术、传感技术、电子技术、视频技术、数据库技术和编程技术，把现代监控信息理论、农作物的生长技术、农产品安全生产技术规程、成熟的农业科研成果、环境属性、土壤属性、土壤图等有机结合起来开发的智能化安全农业大棚远程监控软件。该系统是以植物生长环境信息为手段、以传感器为基础、以计算机智能化决策为核心、以移动通信为载体、以农民的实际应用为终端的系列综合技术服务网络体系。它将农业高新技术与计算机智能化决策专家系统有机结合，具有农业知识与推理判断、高速数据处理、农业技术和监控技术指导等功能。

三、所使用的方法和流程

智慧农业大棚远程监控信息系统主要是将大棚农作物生产过程中最关键的温度、湿度、二氧化碳含量、土壤温度、光照、土壤含水率的信息实时采集，利用移动通信公司 M2M 运营支撑平台和 GPRS/GPS 网络传输，采用短信息、WEB、WAP 等手段，让从事农业生产的种植户实时掌握这些信息，并对遮帘、补光、灌溉、排风等系统进行有效控制。整个系统可以分为终端环节、业务环节和 M2M 运营支撑平台 3 大部分。

该系统的主要特点是，可以通过手机查询空气温度、空气湿度、光照强度、二氧化碳含量、土壤温度、土壤含水率等信息并接收预警信息；可以通过 WEB 浏览器软件，查询温度、湿度、光照强度、二氧化碳含量、土壤温度、土壤含水率等信息，完成统计、曲线报表等功能。农民、农技人员及农业管理人员通过点击计算机的鼠标和上网，就能查询到大棚状况、生产潜力、基本农情等信息，通过视频可以了解病虫害情况，为达到优质、安全、高产低耗目标，提供种植品种、施肥、病虫害防治等智能决策方案。

四、项目实施的目标及取得的成果

智慧农业大棚远程监控信息系统对增强农业竞争力、促进农业增效、农民增收都具有重要意义。该系统在植物生长环境、土壤属性数据库动态变化评估体系的基础上，根据不同作物的生长特点、植物生长规律和安全生产标准，编制安全应用程序，从数据库和环境动态评估体系，获取地理要素、土壤环境、生产潜力、病虫害等信息，提出了既能满足作物生长需求又对产品和生态环境无害的安全高效生产方案。目前，应用此系统的作物有育秧、育种、多种水果、水稻、玉米、蔬菜等。该系统跳出了传统的农业技术推广模式，实现了直接的现场诊断、信息查询和智能决策，为农民提供数字化的生产技术服务，使复杂的高新技术平民化，具有服务手段和服务方式灵活、快捷，传统农业技术服务无可比拟的优势和特色。

五、该项目实施的下一步打算

该系统将被进一步推广，使更多农户的生产活动实现节本增效。

（供稿：仇大鹏　编写：白　玲）

1.21 黑龙江生乳质量综合管理物联网系统

一、项目名称和实施主体、时间、范围

黑龙江生乳质量综合管理物联网系统是一个积木式的管理系统，客户可以根据不同的需求选择不同的功能模块，因此该项目的实施主体可以是多层次的，如奶畜养殖场、奶畜小区、生乳收购站、奶站站主、乳品加工企业、各级政府畜牧管理机构等。实施范围涉及乳品行业生乳产业链上的全部相关业务主体和监管部门，是一个行业性项目。该项目已经完成了个性化实验，正在进行部分地区的推广性应用，要完成全行业推广应用大约需要1～3年的时间。

二、所使用的信息技术及设备设施

该系统集成度高，操作简单灵活，包括计量瓶机械化奶站设备改造、已有计量设备和检测设备数据接口安装、手持数据采集机、无线遥控多点位计量信息采集系统、远距离无线数据传输、电子信息身份识别、集团性企业信息同步和信息资源共享等硬件设备和软件技术。特别是引入了物联网概念和技术，采用盲采盲检技术和质量追溯管理技术，对生乳产业链上全部相关事务，如奶畜、牧场、奶站、奶车、车间、站主、奶户、站长、司机、质检员等行为进行规范和记录。

三、所使用的方法和流程

该系统涉及硬件设备安装、数据接口调试等内容，实施中主要采取了专业安装、统一培训、个别辅导的原则，做好个性化调研和二次开发是项目实施成败的关键，后期跟踪服务，则是系统稳定运行的保障。项目实施的具体流程如图1所示：

四、项目实施的目标及取得的成果

通过该系统的实施建立起一个系统、规范、现代的生乳质量管理体系；为奶农、企业搭建一个公平、公正、公信的生乳交易平台；实现生乳质量可追溯管

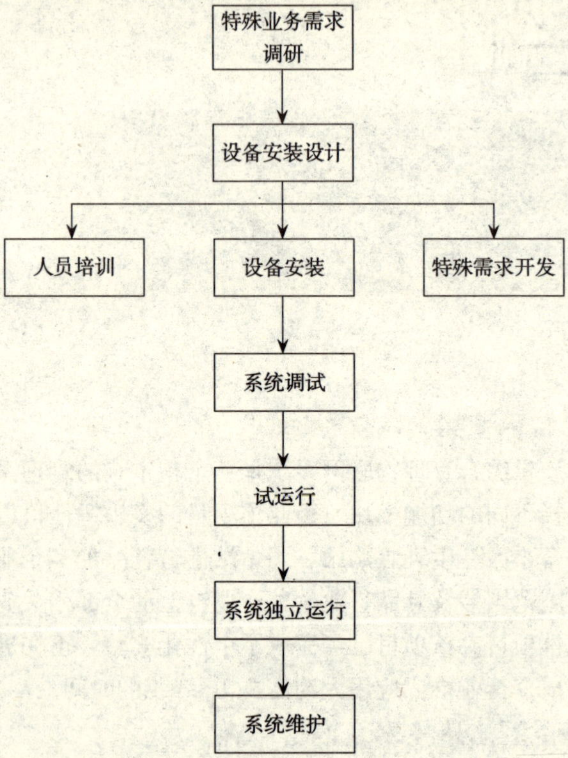

理。彻底改变生乳质量监管的被动局面，用系统的、现代化的管理办法和手段确保生乳质量安全，降低管理成本和质量控制风险成本，真正实现向管理要质量、要效益的目标。

五、该项目实施的下一步打算

随着科学技术的发展和硬件产品性能的提高，该系统将进一步完善和改进，拟逐渐向本产业链纵深发展，做到产品质量可全程追溯。同时，向相近行业发展，扩大应用领域，让更多企业受益。

（供稿：王文英　编写：白　玲）

1.22 黑龙江东北高寒地区龙园智能化温室生产系统

一、项目名称和实施主体、时间、范围

东北高寒地区龙园智能化温室生产系统，由黑龙江省农业科学院园艺分院于2002年10月开始研发，在北纬45°～47°地区试用。

二、所使用的信息技术及设备设施

该系统主要采用以色列Eldar计算机系统。主要设备，包括中央电脑控制站、室外气象站、传感器、计算机数据处理系统、EC计、手动控制系统等。

三、所使用的方法和流程

温室控制系统采用计算机自动控制系统，对温室的温、光、水、气等进行智能化调控；传动系统采用韩国齿轮齿条，内保温采用瑞典缀铝反光幕；降温系统由风机和湿帘构成；加温系统采用低温常运转热水循环系统。

四、项目实施的目标及取得的成果

龙园智能化温室把计算机技术应用于农业园艺温室的调控管理，可以有效提高管理水平，减少运行管理的劳动强度，使得温室可在最佳的植物生长条件下运行，并进行全程跟踪记录和监督，实现了工厂化生产智能化调控、集约化管理、标准化生产，即从播种、移苗、移栽到营养土的配置、穴盘组装、喷淋等均实现现代化。同时采用了无土栽培、立体栽培和长季节栽培，充分体现了现代科技在设施园艺生产中发挥的重要作用。温室功能向专业化、高档化和复合型方向发展，体现了节能建筑材料、名优品种和高新技术在设施园艺中的作用。采用智能化温室生产模式，蝴蝶兰种植实现了从优质种苗脱毒繁育到工厂化生产；草莓种植实现了组培脱毒、规模化生产；黄瓜、番茄等蔬菜品种实现了无公害生产；丽格海棠、仙客来、一品红等名贵花卉品种实现了周年生产。

五、该项目实施的下一步打算

拟以节能、环保和改善工作条件为核心，广泛采用高新技术，向实质意义上

的"工厂化"方向持续快速地发展。要努力实现环境控制从单因子向多因子控制方向发展，即根据对各个环境要素相互协调的关系，当某一要素发生变化时，其他要素自动做出改变和调整，更好地达到作物需要的最佳环境。考虑到农业工程行业的特殊性，未来的龙园智能化温室智能控制系统还要与国内外其他温室、市场营销、科研机构、气象站等相关农业团体联网，不仅实现有效控制病虫害的发生，还可以实现农产品的网上联销，并可以根据市场变化，智能决策产品的最佳产出时间，真正实现高效、节能、智能控制。

（供稿：陈立新　编写：白　玲）

1.23 上海长江农场精准农业

一、项目名称和实施主体、时间、范围

该项目由上海市光明食品（集团）有限公司主管，上海万事发实业总公司和上海农业信息有限公司联合主持，上海市农业技术推广服务中心和上海市农业科学院协作开发，经过 3 年努力研制出集智能化、平民化为一体集施肥信息系统。该系统于 2007 年 12 月 1 日正式启动，在开发及运行中不断完善，目前已在长江农场实际使用。

二、所使用的信息技术及设备设施

此项目利用先进的计算机、网络、3S 以及管理信息系统技术、GIS 技术、数据库技术和编程技术，将农业高新技术与现代计算机智能化决策专家系统有机地结合在一起，具有专门的农业知识与推理判断作用、高速数据处理本领以及针对性很强的农业技术，是土肥专家、病虫害防治专家、计算机专家、农业专家在长期生产和科研实践中的结晶。在实际生产活动中，使用凯斯系列农机，加上

RTK 自动导航设施，使生产活动更为高效。

三、所使用的方法和流程

1. 精准变量施肥 在 GPS 和 GIS 技术的支持下，系统生产过程中采集到的土壤数据结合测土配方专家系统，给出农田的精准变量施肥方案。在施肥作业时，结合测土配方专家系统生产施肥决策及 GPS 和 GIS 技术指导实施精准变量施肥。

2. 精准耕作 系统采用凯斯 MXM245 型大功率拖拉机及配套犁、耙等设备，结合生产过程中采集到的农作物分布情况并在 GIS 系统上进行展示，结合拖拉机上已安装的 GPS 自动导航设备，指导拖拉机进行农田精准耕作。

3. 精量播种 在 3S 技术的支持下，进行精量播种。播种拖拉机上安装卫星定位导航自动驾驶技术系统，实现变量施肥精量播种作业机组运行轨迹的自动控制，保证播种行距衔接准确，做到不重播、不漏播，保证作业质量，并可实现夜间进行播种，提高工作效率。

4. 精准施药 利用遥感技术和人工步行方法调查作物生长过程的长势、虫害、病害、杂草、排水等状况。步行进行田间管理调查时，用地形图和便携式 GPS 定位接收器检查虫害、病害、杂草等情况，在记录调查情况时包括相应的地理位置，将取得的信息存入地理信息系统。根据采集到的虫害、病害、杂草等情况由病虫害预报预警系统给出相应的解决方案。比如，对于虫害问题，预报预警系统结合自己内在的知识库，建议使用哪种农药，以及具体的事实农药喷洒方案，在最经济、最快速、最环保的情况下，对农田虫害情况予以有效处理。在进行农田病虫害作业时将数据卡插入带卫星导航自动驾驶的喷药机的监控器实施自动控制喷药。利用的大型宽幅自走式变量喷药机作业，以减少对作物的损伤和破坏土壤，提高效率，保证质量。

5. 精准收获 在精准收获阶段采用多台先进的精准农业技术系统设备——凯斯 6088 型联合收割机。凯斯 6088 型联合收割机是一辆载有全球卫星定位技术、传感器技术、机电液一体化技术、手机控制技术等集成设备的收割机。这辆新型收割机不仅带有水稻产量和稻谷含水量实时显示功能，而且能够自动生成整个条田的产量处方图，为改变土壤结构、防治病虫害、提高施肥效果等提供翔实数据。利用装有产量监测系统设备的凯斯 6088 型联合收割机，对小稻或小麦的产量进行监测，应用专用的 AFS 系统软件绘制成作物的产量图、水分图、大地高程图。通过对水稻或小麦作物的产量图、水分图、大地高程图的分析，分别找出影响因素，为生产决策提供依据。

6. 精准土壤数据采集 在 DGPS 技术和 RFID 技术支持下，对测产后的土地进行了定点土壤取样，在专业的土壤化验室进行土壤化验，利用专门的软件绘制成土壤特性层图，利用农作物（水稻或小麦）产量图，结合土壤特性图层，进行对应分析，找出影响作物产量的土壤或环境等因素，提供生产决策依据，完成后面的测土配方变量施肥方案，为下季度的农作物耕作提供更好的决策支持。

四、项目实施的目标及取得的成果

该项目成果目前已在长江农场综合应用，实现示范区内差分 GPS 定位，定位精度高于亚米级；建成土壤状态监测系统；建成长江农场精准农业综合数据库；建成水稻精准施肥管理信息系统；建成水稻精准施肥管理信息系统；建成基于 ARCGIS 的长江农场精准农业综合信息展示系统；调整肥料结构、减少氮肥用量 5%；在虫害常规发生年，减少农药用量 10%；节约用水 15%；水稻病虫草害诊断率达 90%。

五、该项目实施的下一步打算

拟进一步降低测量设备的成本，增加测量设备在田间的分布密度以提高农业生产过程中的作业精度，最终将该项目建成一个可以科学预测、实时监测、精准作业、快速反应的精准农业系统。

（供稿：唐敏杰　编写：张　燏）

1.24 江苏农业科学院农作物轮作遥感监测系统

一、项目名称和实施主体、时间、范围

项目名称：农作物轮作水平的遥感监测。

实施主体：江苏省农业科学院农业资源与环境研究所。

实施时间：2005—2010 年，覆盖江苏省兴化市。

二、所使用的信息技术及设备设施

该项目运用卫星遥感影像的解译结果，通过建立在统计学以及随机过程基础

上的数学模型，有效地解决了大地理区域范围内农作物实际轮作周期的分析估算问题，并且方法简单、估算精度高。

三、所使用的方法和流程

从有限多个在年份上两两连续的卫星遥感影像上解译出来的在大地理范围内分布的轮作区域中的所有同一地块上不同年份的农作物轮作的基本数据，根据地理范围的大小不同，分别按市、县、乡或村为单位来计算农作物的轮作周期，再根据从一种作物到另一种作物轮作顺序不同，他们的轮作周期也不尽相同的结论，运用在轮作为平稳随机过程基础上建立的公式来估算不同顺序农作物的轮作周期。因此，将有限多个在年份上两两连续的卫星影像的解译结果用于高精度估算大地理区域范围内农作物实际轮作周期的方法是本项目的重要发明。

首先，有限多个在年份上两两连续的遥感卫星影像是保证获取农作物轮作周期的必要条件。对轮作区域农作物的遥感影像进行解译，从影像中提取轮作农作物的信息并生成含轮作农作物图斑的解译图件，之后对该图件实地验证检查，对有问题的图斑进行修正，使图件的解译准确可靠；最后生成包含轮作农作物的矢量化解译图件，并通过地理信息系统对解译图件进行空间分析处理，获得轮作农作物的轮作数据。

其次，采用对轮作区域内所有单元的农作物轮作水平同时观察的方法，来估算一个理想化的典型单元的农作物轮作水平（对市、县可同样的讨论），要求参与估算的随机试验样本（单元）数量有多个，以便更加准确地推算区域农作物的轮作周期，因为各个单元（市、县、乡镇、农户）之间在轮作及耕作栽培管理上具有明显的相互独立性，基本符合统计学上对样本独立性的要求，农作物轮作的周期性反映在用随机过程描述的作物轮作过程时具有平稳性，在统计学上就相当于每年农作物轮作的数量应大致相同，可根据每年农作物轮作的数量估算出完成整个农作物轮作所需要的时间或周期，有限多个在年份上两两连续的多个单元的独立样本，在数量上对于研究具有平稳性的乡一级的农作物轮作过程的统计特征或周期来说是足够大。

四、项目实施的目标及取得的成果

研究轮作周期空间统计学分析理论和方法，实现目前我国区域性农作物轮作周期的估算，指导大规模的最优轮作，以提高我国农作物的整体轮作水平，为我国农产品国际市场竞争提供关键的核心技术。

研究成果具有广泛的应用前景和十分明显的经济效益，以全国著名的农业县级市江苏省兴化市为例，由连续 4 年（2001—2004 年）监测结果来看，兴化市棉稻轮作周期为 2.81 年。

五、该项目实施的下一步打算

运用新兴技术手段估算大地理区域轮作水平、不同农作物的最优轮作周期，对农作物的轮作水平进行宏观监视和调控，提高我国农业生产的总体水平。

（供稿：江苏省农业科学院农业资源与环境所　编写：张　燏）

1.25 江苏南京 GPRS 水体在线监控系统

一、项目名称和实施主体、时间、范围

GPRS 水体在线监测监控系统，由南京奇水工贸有限公司于 2008 年开发建设，项目实施范围是江宁区湖熟街道奇水园区内。

二、所使用的信息技术与设备设施

GPRS 水体在线监控系统以数据采集器为中心，通过现场数据自动收集、中心站远程控制，实现对水质监测数据采集和远程监控；采用成熟的 GPRS 无线数据传输通信方式，突破了传统的有线通信方式，传输数据安全且成本低廉，数据采集点设置机动、灵活、方便。该系统利用 SQL Server 2000 作为系统数据库管理平台，以监测工作流程为主线通过 Visual Basic 6.0 开发语言来进行系统应用软件的开发，实现对数据查询、排序、图形显示以及报表打印等功能。

三、所使用的方法和流程

系统整体分为 3 部分：远端 GPRS 数据采集，包括数据采集器、GPRS 数据传输设备、自动控制增氧机装置及供电设备；无线传输链路采用 GPRS 数据传输，由远端数据采集监测点数据传输设备发送数据到 GPRS 网络，再经服务转换进入到 Internet 网络传输到应用服务器，并将数据转发到客户端，实现中控室客户端软件和远端监测点 GPRS 数据传输设备之间的无线数据通讯；中心控制室配

置一个数据接收服务器和一个计算机客户端，利用客户端软件可对现场进行采集、监测、处理等功能，客户端软件同时要实现数据存储，折点图等功能，所有数据由电脑或外挂 LED 大型显示系统显示。

四、项目实施的目标及取得的成果

GPRS 水体在线监测监控系统的安装使用，可自动监测水体温度、pH、溶氧、氨氮等与养殖有关的主要理化因子，以便及时了解掌握水质与水体环境状况，实施现代化管理，使之保持良好的水体水质状态，促进生长，预防病害，提升青虾产品档次、养殖单产和效益。一旦发生水质问题，便可及时采取相应的技术措施，调控水质，开启增氧设施，避免浮头、泛塘、理化因子病害急发等事故的发生，避免造成重大经济损失。并可通过监控装置，随时观察了解养殖池塘的环境动态，有利于加强生产设备、材料、鱼货、物资的安全管理，了解池塘增氧、水泵等设施的运行状况和突发性事态，强化了养殖生产的现代化管理水平。该项目实施后，虾池套养品种与放养密度有所增加，套养苗种总产量可增产 15%以上，亩产量由 100 千克提高到 120 千克左右，青虾与套养品种亩增效益达到 800～1 000元。

五、该项目实施的下一步打算

拟进一步提高 GPRS 水体在线监控系统覆盖范围和应用成效，在扩大养殖面积基础上，努力控制养殖成本，探索最佳养殖模式，切实提高养殖综合成效。

（供稿：章臣牛　编写：张　燏）

1.26 江苏无锡惠山区精准农业管控系统

一、项目名称和实施主体、时间、范围

惠山区感知农业——物联网精准农业管控系统，由江苏省无锡大来互动网络

有限公司联手无锡市天蓝地绿生态农庄有限公司共同打造。由大来互动负责提供全套传感（物联）网现代农业信息化解决方案。项目实施周期为2010—2011年。

二、所使用的信息技术及设备设施

该系统整体信息平台主要由RFID电子标签、WSN过程实时监控、过程追溯平台、快速物流4大部分组成。利用温湿度、气敏、光照、化学等多种传感器结合多项新型农业专利产品，对蔬菜的生长过程进行全程监控和数据化管理，通过传感器节点实时感知生产过程是否添加有机化学合成的肥料、农药、生长调节剂和饲料添加剂等物质；结合RFID电子标签对每批种苗来源、等级、培育场地以及在培育、生产、质量检验、运输等过程中具体实施人员等信息进行有效、可识别的实时数据存储和管理。通过现代传感技术及软件信息技术对有机蔬菜从来源、生产、检测体系及现代物流等环节进行全过程可视数字化管理，并为消费者提供全过程可视追溯查询平台。

三、所使用的方法和流程

项目采用低频射频识别技术，用于标注货物相关信息，包括对每批种苗来源、等级、培育场地，以及在培育、生产、质量检验、运输等过程中具体实施人员相关信息。

通过布置多层次的无线传感器网络检测系统，对大棚蔬菜从温度、湿度、生物农药用量进行观测研究，同时监测农作物中的害虫、土壤的酸碱度和施肥状况等。

通过质量追溯系统的建设，团体客户通过年卡号、普通消费者可通过蔬菜上的二维码或者条形码登录网站，可视化查询并追溯自己所购买的蔬菜在种植过程各节点的真实数据指标。

结合企业自有动态货运物流信息和已经建立的客户资料数据库与第三方物流体系，利用信息化手段，迅速将有机农产品在24小时内送至用户手中。

四、项目实施的目标及取得的成果

使用该系统可以大幅减少用工，破解农业“用工荒”，以前1个技术人员只能管理50亩地，现在就可以管理150～200亩地；物联网使大面积机械化精准种植成为可能。由于用料等精确度提高，从生产成本角度分析，每亩地仅有机肥及人工使用成本即可下降40%左右，产量可增加30%左右。

五、该项目实施的下一步打算

以产学研相结合的方式，将项目成果孵化为成熟产品，实现工程化复制与推广，同时通过重点区域示范性运作为业务化运行提供技术基础和保障，及时合理改进技术，提高产品在相关应用领域的知名度，积极拓展市场。

（供稿：钱建伟　编写：张　嫞）

1.27 江苏宜兴水产养殖环境智能监控系统

一、项目名称和实施主体、时间、范围

宜兴市水产养殖环境智能监控系统，由宜兴市农林局组织、中国农业大学具体实施，于2010年7月初步建成。在宜兴市高塍镇为5户农户共1 000亩河蟹养殖池安装了13个水质参数采集点、5个无线控制点、5个GPRS设备，配备了1座小型气象站，建立了1个监控中心。目前，该项目已正常运行，与试点农户的互动正在正常、有序地推进。根据试点现场的实测数据，对全市455户河蟹养殖大户发送手机短信，提供农户开启增氧的精确数据。

二、所使用的信息技术与设备设施

该系统采用智能传感、智能处理及智能控制等物联网技术开发，具有数据实时自动采集、无线传输、智能处理和预测预警信息发布、辅助决策等功能。主要由水体环境监测站、水体水质控制站、现场及远程监控中心、中央云处理平台等子系统及小型智能气象站组成。

三、所使用的方法和流程

水产养殖环境智能监控系统实时采集水产养殖的各种环境参数，通过无线传输端传输到智能监控中心，监控中心进行信息集中汇总、分析、处理，当水质出现问题，监控中心自动发短信提醒农户，农户可回复短信，由监控中心指挥工控端工作，开启增氧。系统有3种智能控制方式：

1. 网络远程控制 在具有网络条件的情况下，可通过手动点击网站的开关按钮控制增氧机等设备启动、关闭。

2. 智能自动控制 根据养殖要求条件，通过设定溶解氧等参数上下限，系统将根据采集上来的实时溶氧数据与设定值进行比较，并自动控制增氧机开启和关闭。

3. 短信实时控制 系统在溶解氧等条件低于下限或高于上限时，会自动发送预警短信给户主，户主可依据该短信发送相应指令开启或关闭增氧机。

四、项目实施的目标及取得的成果

宜兴市水产养殖环境智能监控系统的应用，实现了对河蟹养殖池水质特别是溶解氧的综合监控和调节，可有效改善河蟹环境生长，提高河蟹产量和质量，预计每亩综合经济效益可增加1 000元左右，并可减少养殖过程对周边水体环境的污染，经济效益和社会效益明显，为全省信息技术应用、发展现代农业树立了样本，得到了农业部相关部门的肯定。

五、该项目实施的下一步打算

拟在宜兴市水产养殖优势地区，开展水产养殖环境智能监控系统的示范推广，在水产养殖环境智能监控系统推广成熟完善后，建设水产养殖信息感知科技示范园区，使监控水域面积达 2 万亩，监测面积达 5 万亩，信息服务实现全市 14 万亩水面全覆盖。通过手机短信为全市5 000多水产养殖户提供全天候气象服务和预警信息服务，最终实现全区域预警服务。

（供稿：蒋永年　编写：张　燏）

1.28 江苏张家港葡萄种植大棚智能监控系统

一、项目名称和实施主体、时间、范围

张家港葡萄种植大棚智能监控系统由中国电信股份有限公司张家港分公司实施，于 2010 年 7 月在神园公司福前“葡萄大世界”基地进行。

二、所使用的信息技术及设备设施

该系统平台采用开放架构实现。部署规模：6 个传感器、温湿度传感器 3 个、土壤含水量传感器 3 个；2 个视频传感器（全球眼接入），用于采集大棚内外的视频信号，监控前端包括视频监控前端和传感器、控制器前端，视频监控前

端设备包括视频服务器、网络摄像机，负责采集监控现场的视频，实现远程监控和录像；传感器负责采集温度、湿度、土壤含水量等传感器数据；系统展示客户端，基于专用客户端软件或者 B/S 架构的 Web 客户端实现，实现视频展示和传感器数据可视化展示。

三、所使用的方法和流程

该系统主要接入各种传感器，通过传感器自动采集温度、湿度、土壤含水量等葡萄园生长环境参数。实现了传感器数据采集、集中查看等应用特性，实现了农业应用部署，为葡萄研究和生产提供了基于信息化技术的有效工具。同时，系统部署了 2 个可供用户点对点查看的视频传感器（全球眼接入），一个用于采集大棚内的视频信号，一个用于采集大棚外施工情况，供用户远程查看使用。接入方式由采集器和传感器构成。

各个传感器模块将采集的实时数据以一定的周期存储到数据采集器 RTU，RTU，将模拟电信号量转化成数字量，通过 CDMA 网数据通讯模块 DTU 或网络总线转换电缆直接接入互联网，并将数据发送至平台，客户端可以登陆平台取得数据。

四、项目实施的目标及取得的成果

实施该项目是适应建设资源节约型和环境友好型社会的大背景下，实现农业现代化。目前大棚大多人工管理，缺乏有效的技术手段采集农作物生长环境参数，既耗费人力又耗费时间，出错率比较高。而该项目主要使用各类传感器采集温度、湿度、含水量等农作物生长环境参数，同时对作物生长及周围环境提供视频图像，既准确方便又节约资源。

张家港市神园葡萄科技有限公司是江苏省最大的优质葡萄品种示范及育苗基地，作为一家以人为本、倡导科技的苏州市农业龙头企业，与时俱进，用先进的科技智能化管理显得尤为重要。该项目建成后，公司在葡萄园的现场管理上得到了及时有效的各项信息，包括实时监控钢架大棚里的环境温度、湿度、土壤含水量，实时视频监控大棚内的作物生长情况，实时视频监控大棚外的建筑工程进展情况等。

五、该项目实施的下一步打算

将继续维护好各配套设施，使其能及时准确地为公司管理层提供各项参考数据，同时将此先进技术作为企业对外宣传的窗口，提升企业形象。

（供稿：张家港市神园葡萄科技有限公司　编写：张　燏）

1.29 江苏淮安测土配方施肥技术应用与推广系统

一、项目名称和实施主体、时间、范围

淮安市测土配方施肥技术应用与推广系统项目始于2005年，目前已实现全市县（区）部级项目全覆盖，近5年来覆盖全市洪泽县、盱眙县、涟水县、金湖县、楚州区、淮阴区、清浦区7个县（区），涉及耕地面积590万亩，累计在水稻、小麦、蔬菜等作物上推广测土配方施肥面积2 186万亩。

二、所使用的信息技术及设备设施

应用GIS技术和耕地资源管理信息系统软件，建立县域耕地资源管理信息系统，建立耕地资源基础数据库、各类空间数据和属性数据，开展耕地地力专题评价、施肥咨询等专业应用。县（区）配有县域耕地资源管理信息系统，在配肥点配有测土配方施肥专家查询系统触摸屏和移动式掌上电脑查询系统。

三、所使用的方法和流程

通过测土、配方、生产、供肥、施肥五大环节，整合农业土壤肥料部门资源，联合科研、配肥企业等单位，组织项目实施，通过“五个一”（县有一个系统、乡有一幅施肥分区图、村有一张施肥推荐表、户有一张施肥建议卡、配肥网点统一供肥）模式推广配方肥料。充分发挥信息技术在技术推广中的作用，运用耕地资源管理信息系统开展空间数据和属性数据管理，耕地质量监测预警预报和配肥设计、信息查询、施肥指导等。

四、项目实施的目标及取得的成果

通过开展测土配方施肥，提高农户科学施肥水平，控制氮肥过量施用，优化施肥结构，防止农田土壤面源污染，保护农村环境，促进农民节本增效，推动农业可持续发展。成效主要体现在以下几方面：一是经济效益明显。2005年以来，全市共推广测土配方施肥面积2 186万亩，节约肥料51 814.4吨，亩均节本增效30元以上，氮肥利用率提高了3%。二是土肥服务能力增强。完善了以“五个

一”模式为基础的配方肥推广体系；建立了以市土肥站为核心，县（区）土肥化验室为补充的现代化土肥检测服务体系，服务范围覆盖无公害农产品、产地环境、耕地质量、肥料等领域203个不重复参数。三是基础工作扎实。基本摸清了不同土壤类型土壤肥力、理化性状，建立了不同土壤主要作物施肥指标体系。形成了市、县、乡层层开展培训的测土配方施肥培训体系，培训县、乡、村各类技术人员26 865人次，培训肥料经销商9 713人次，提高了专业人员技术水平。五是社会影响力大。2008年5月，全国测土配方施肥工作会议先后在淮安召开；广东省、湖南省、上海市奉贤区土肥站先后组团来淮安考察学习测土配方施肥工作经验。

五、该项目实施的下一步打算

充分发挥农业信息技术的先导作用，做好技术示范和配方施肥推广模式创新，提高技术普及率和技术物化率。

（供稿：淮安市土壤肥料技术指导站　编写：张　熵）

1.30 浙江省农业科学院农业设施环境信息无线监控与预警系统

一、项目名称和实施主体、时间、范围

针对精准农业生产需要及时了解温室大棚、养殖场等设施农业生产环境情况的需求，2009年浙江省农业科学院数字农业研究所研发设计了农业设施环境信息无线传感节点、农业设施环境信息无线监控与预警系统（AWSN）等一整套农业无线传感软硬件产品，并予推广应用。

二、所使用的信息技术及设备设施

基于无线传感器网络平台UNIT技术体系和低功耗MSP430芯片及传感器设

备集成开发，形成农业设施环境信息无线监控与预警系统（AWSN），由多个无线传感子节点、无线传感主节点、传感器集线器、智能控制开关和远程数据中心软件、手持移动采集终端等组成。

三、所使用的方法和流程

AWSN 可根据农业环境采集数据要求，在保护地现场布置温度、湿度、光照、二氧化碳、土壤温度、湿度、水温、溶解氧、pH、有害气体等环境信息采集节点，通过 UNIT 无线局域数据汇聚、GRPS 无线广域数据汇总的方式，实现环境信息本地与远程同步显示、数据存储、图文分析、智能控制和短信预警。AWSN 支持节点数多、抗逆性强、功耗低、稳定性高、应用成本小。

无线传感子节点：负责监测区内环境信息的采集、数模转换和传送，内置 SHT 温湿度、ROHM 光照度传感器，RJ11 外接多种传感器，实现多个环境参数一点式测量和屏显。节点体积小，可选择按无线（UNIT）或有线（COM）传输数据，外接电源或内置电池供电，通过设置无线功率、休眠时间降低整机能耗，延长作业时间。

无线传感主节点：负责与同网内其他子节点进行无线通信，汇集各子节点数据，通过 RS－232、RJ45 数据接口连接 PC、蓝牙数传模块现场监测信息，也可通过 GPRS 等广域网数传模块连接远程上位机，基于 AWSN 实现更复杂和高级的应用服务。

四、项目实施的目标及取得的成果

AWSN 已在浙江省农业科学院数字农业实验室和网络中心建立系统应用示范点，于 2010 年 5 月亮相中国杭州电子信息博览会物联网产业应用主题展，为发展基于无线传感网的农业物联网和农业精准监控研究应用奠定了关键技术基础。

五、该项目实施的下一步打算

AWSN 将支撑构建浙江省农业科学院海宁杨渡科研创新基地农业物联网应用示范平台，实施农业环境—作物（畜禽）信息无线监测、种养核心区辅助管理应用。同时，在解决完善 AWSN 硬件稳定性和低功耗性的基础上，增加 AWSN 与农业作物生长模型、病虫害发生预测模型等结合，使系统更加贴近农业生产需求。

（供稿：浙江省农业科学院数字农业研究所　编写：张　熵）

1.31 浙江省农业科学院永嘉县西岙乡三维可视化作物布局系统

一、项目名称和实施主体、时间、范围

浙江省农业科学院2009年为浙南山区乡镇——西岙乡设计开发了“永嘉县西岙乡三维可视化作物布局系统”，主要为当地的乡镇领导及相关职能部门提供可视化农业规划应用服务。

二、所使用的信息技术及设备设施

通过对西岙乡1∶10 000高程图扫描数字化，应用Arcgis空间分析模块对所生成全乡DEM模型进行空间分析，提取坡度因子、坡向因子和地形遮蔽信息，最终分析得到各个区块的日照时间分布规律、海拔分布规律、坡度分布规律，建立了在这么一个水土流失敏感区比较完整的土地利用决策支持系统；结合西岙乡的主导经济作物（西瓜、辣椒、生姜等）的生长特性，将全乡可耕土地区域按照不同类型作物生长特性进行分级，采用对应的生产策略，对水土流失敏感区进行退耕还林，以取得西岙乡农业生产的最大经济效益和生态效益。

三、所使用的方法和流程

1. 全乡高程图、行政区位图、土地利用现状图和遥感影像图的收集。

2. 基本图件的数字化、拼接、校准、投影转换。

3. 以Arcgis Server ＋ ArcgisExplorer为应用模式，建立DEM三维模型软件界面。

4. 基于三维模型空间分析作物生长模型的组件与C#程序代码开发。

四、项目实施的目标及取得的成果

西岙乡地处永嘉县西北部山区，平均海拔达700米，拥有广阔的山地面积和丰富的小气候资源，在发展优质高山蔬果产业方面具有很大的潜力。然而，地形起伏多变所引起山地光照、温度和水分的不均匀分布，造成土地生产力的截然不同。如果缺乏对全乡地貌全局的正确了解，很容易引起土地资源利用的盲目性，

甚至可能造成水土流失土地退化等生态问题。该项目针对西岙乡现有土地利用现状，应用地理信息系统（GIS）技术，将空间决策支持系统与土地综合利用相结合，实现将空间分析工具、专业空间分析模型与决策支持模型相结合，以寻求更合理的土地利用结构，也为进行有效防治水土流失、开展区域水土保持规划及生态环境建设规划提供重要的科学依据。

五、该项目实施的下一步打算

拟实现以该系统为载体的西岙乡三维电子政务系统，每年定期以人工辅助GPS到现场进行地物空间数据的矫正。

（供稿：浙江省农业科学院　编写：张　熵）

1.32 浙江省农业科学院主要农作物数字化辅助育种平台

一、项目名称和实施主体、时间、范围

主要农作物数字化辅助育种平台研究是浙江省农业科学院主持研究完成的浙江省科学技术厅立项的农业科研项目，实施时间为2007—2008年。主要用于制种科研单位和制种企业。

二、所使用的信息技术及设备设施

该项目利用作物育种数据库、计算机数字图像处理、网络技术，研究开发2个系统平台，分别是主要农作物数字化辅助育种平台和数字化光学识别辅助考种工具平台。

三、所使用的方法和流程

对作物育种数据库、计算机数字图像处理技术进行有机整合，运用遗传学原理和作物育种理论研究开发具有育种资讯（国内种质、国际种质、种子计数、记

载分析、系谱追踪、性状查询、虚拟育种)，田间管理（气象信息、田间操作、施肥管理、打药管理、农资仓库、农资信息)、基本信息（用户管理、密码修改、公共信息、员工档案)，各类报表（天气情况汇总、作物种植情况汇总、农药进出库汇总、肥料进出库汇总、打印田间记载本)、系统帮助（帮助、注册、本机序列号、下载更新、下载运行库）等功能的智能网络平台。

主要农作物数字化辅助育种平台主要包括两大子系统：种质和系谱管理子系统，通过种质编码确立种质和编码的一一对应关系，记录每一种质的相关的命名信息，同时也记录相关的育种方法、育种地点和年份等信息，主要用于完成种质性状查询、交换，系谱追踪等功能；数据管理子系统主要处理田间操作数据和实验数据分析及报表等，种子计数（即数字化光学识别辅助考种工具）是一个相对独立的模块。比如，对任一给出的作物特性，如水稻耐旱性，可以追溯到与该性状有关的详尽信息。系统为育种家和其他研究人员提供了强大的检索工具，它不仅可以帮助作物育种专家整合资源、提高工效，而且可以帮助栽培技术人员乃至生产者获取作物的田间性状和特性等相关信息，同时也有利于系谱分析、追踪和种质交流等活动。数字化光学识别辅助考种工具平台，综合运用计算机数字化光学处理的能力，模糊数学和计算机图形学的原理，研究开发出基于数字图像的辅助考种工具，可以提高考种、种质资源分析评价的效率和客观性。

四、项目实施的目标及取得的成果

利用数字化技术提高资源的利用效率、缩短育种周期，对改进传统育种方法、建设数字浙江意义深远。该项目获得 2 项具有自主知识产权的软件著作权，作物种子扫描图像识别与数理统计软件（登记号 2008SR29622）和主要农作物数字化辅助育种平台软件（登记号 2009SR026171)。系统可以作为育种家的种质信息交换的平台和育种辅助工具，不仅可以帮助作物育种专家整合资源、提高工效，而且可以帮助栽培技术人员乃至生产者获取作物的田间性状和特性等相关信息，在作物生产中做到有的放矢。

五、该项目实施的下一步打算

拟将分子生物技术与传统的农艺性状数据、大量的基因测序数据、遗传信息相连接，推进分子标记数字化辅助育种的拓展。

（供稿：浙江省农业科学院　编写：张　燏）

1.33 浙江省农业科学院现代农业地理信息系统

一、项目名称和实施主体、时间、范围

浙江省现代农业地理信息系统由浙江省农业科学院数字农业研究所负责研发，由浙江省农业厅负责推广实施。实施时间为2010—2014年，实施范围为浙江省粮食生产管理。

二、所使用的信息技术及设备设施

项目依托计算机技术、网络技术、3S技术和通讯技术，建立浙江省现代农业地理信息系统平台，具体涉及sqlserver数据库、ArcGIS、TopMap、GPS数据采集仪、网络设备以及数据、Web应用服务器等软硬件设施。

三、所使用的方法和流程

项目采用浏览器/服务器（B/S）和客户端/服务器（C/S）相结合的模式，共享数据。C/S模式作为一个辅助应用，主要是针对图形数据的处理需要，以及部分空间信息的修改。而B/S模式作为空间和属性数据的发布管理与服务平台，实现空间信息和属性数据的浏览、查询和统计。

四、项目实施的目标及取得的成果

项目实施目标，完成现代农业地理信息基础平台、粮食生产功能区、现代农业园区、标准农田地理信息系统的建设与应用。对浙江省粮食生产功能区建设、现代农业园区建设、标准农田建设、农田地力提升、农田质量评定、标准农田占用补划、农田质量长期监测等实行信息化管理，努力实现资源环境和生产经营的数字化、可视化、动态化和网络化，应用系统的统计、分析、评价和审核功能，为管理部门提供有效的监督管理和信息决策支持。

取得的成效：以形象直观的方式展示粮食生产功能区的空间分布、建设和生产管理信息，以方便和快捷的方式为管理部门提供浙江省粮食功能建设情况，实现按地域、类型、面积等因子进行查询、检索和分类汇总；以直观的方式展示农

业园区的各种信息，实现农业园区信息的数字化和网络化管理，展示园区的建设成就，为管理部门提供各类园区生产经营信息，以及年度发展的统计数据，宣传园区的资源环境和优质农副产品；实现全省标准农田数量、质量、分布及其变化的数字化、可视化管理。通过互联网登录系统，实现从项目计划申报、审批、实施跟踪、评价、验收的全程信息化管理；辅助开展标准农田质量的动态监测、评价与预测预警；辅助开展标准农田占补中的审核工作，有利于确保标准农田的占补平衡。

五、该项目实施的下一步打算

着手制定数据收集和整理规范标准，全面开展农业园区、粮食生产功能区、标准农田以及农业产业的基础资源普查、数据更新和数字化等工作，以县为单位进行，最后规范和汇总至全省。进行数据管理模块的开发，完成数据上报、项目管理审批等。

（供稿：吕晓男　编写：张　熵）

1.34 杭州天海水产食品公司淡水养殖信息化系统

一、项目名称和实施主体、时间、范围

淡水养殖信息化系统是基于淡水产品养殖过程信息化研究与示范项目而开发的信息化管理系统，以南美白对虾养殖为主要研究对象，实现淡水养殖行业的全过程信息化数字化管理，研究淡水养殖鱼、虾生产经营信息化技术和装备并示范应用，建立淡水鱼、虾养殖信息化数据库，网络化决策系统，渔场环境信息采集与管理，研究和示范应用农业企业产业链全程信息化系统。该项目由杭州天海水产食品有限公司和浙江大学承担，实施地点位于杭州萧山区围垦十五工段，实施

时间自 2008 年 1 月起。

二、所使用的信息技术及设备设施

技术关键点：

技术关键点 →

- 虾塘信息传感器快速采集⟶水产品加工信息采集
- 虾塘采集信息传送⟶基于 WEBGIS 的计算机管理

项目主要技术指标：

支持 Web Service；自动识别错误率≤1‰；数据准备率为 100%，支持数据的实时动态自动统计、信息实时在线查询；无线视频 4 路输出，全实时显示/录像/回放；GPRS 最高下载速度 85.6kbps，最高上传速度 42.8kbps；双 RS232 串口支持，串行波特率：300～115 200 bits/s，响应速度不超过 5 秒。

三、所使用的方法和流程

该项目开发，基于 HACCP 的水产品全过程质量安全追溯和监管体系，采用 RFID、二维码、GPS、GIS、WEB 等数字化技术，为水产品企业专门设计，可实现对养殖、收购、加工、销售、运输等环节进行全程质量追溯与监控。

该系统将适用于水产品企业的 RFID 技术与适用于消费终端的二维码技术有效结合，用以满足不同用户的需求。

该项目在水产品的整个流通过程中，通过记录每个流通环节的各种信息并保存到系统数据库中，建立一个完备的信息系统，一旦发现问题产品，通过可追溯系统可识别出发生食品安全问题的根本原因，及时实行产品召回或撤销。系统设计的最主要目标是实现水产品流通过程中信息的追溯，这一功能反应到数据库技术中，主要依赖数据库的外键功能，通过在不同的信息表中追加外键实现完整的信息链。系统技术路线见图 1。

项目实施后，充分应用了计算机监控技术、无线遥控传感学技术、模拟软件和自动水质监测技术、GPS 的集成无线传输系统及 WEBGIS 软件系统与实时数据集成技术。企业申请了计算机软件著作权登记（质量管理信息化系统 V1.0〈软著登字第 0145156 号〉）。

四、项目实施的目标及取得的成果

项目经济技术指标完成情况见表 1。

五、该项目实施的下一步打算

在应用于公司现有产业基础上，进一步扩大应用范围，克服电子商务在企业应用中的局限性。

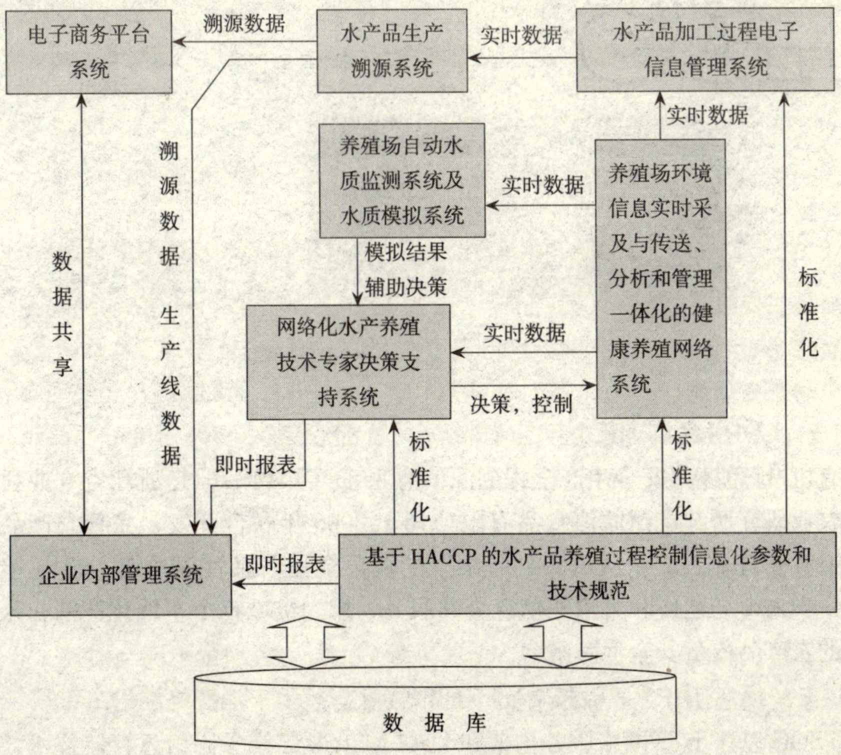

图1 系统技术路线图

表1 项目经济技术指标完成情况

目标要求	取得成果
1. 实行养殖基地环境信息实时采集与传送、分析和管理一体化，建立养殖基地信息系统 2. 在安全的前提下实现数据信息的高度共享 3. 实现视频实时监控、录像、存储、查询、回放、远程遥控、运作管理，信息安全控制的功能 4. 建立养殖基地2 100亩信息化示范应用基地和企业信息化管理制度 5. 为企业新增销售收入2 800万元，利润100万元，税收45万元	1. 建立了淡水鱼虾养殖数据库 2. 建立了淡水鱼虾养殖电子信息系统 3. 建立了网络化鱼、虾淡水养殖技术专家决策支持系统 4. 实现了养殖基地环境实时采集与传送分析和管理一体化网络系统 5. 建立了HACCP技术规范 6. 实现新增产值2 850万元，新增利润105万元，上缴新增税金47万元 7. 示范带动当地农户205户，辐射养殖基地1万余亩

（供稿：杨国峰　编写：张　燏）

1.35 浙江蔬菜安全生产全程溯源信息系统

一、项目名称和实施主体、时间、范围

有机/绿色蔬菜安全生产全程溯源信息系统（TSOG），是浙江省农业科学院数字农业研究所与杭州原淳食品有限公司于 2009 年联合开发，完善农产品质量安全追溯管理制度、“从田头到餐桌”的蔬菜全程信息管理系统。2010 年 7 月 TSOG 步入市场运作和可追溯信息公共服务，成为杭城首个本地化产销、系统性运营的农产品质量安全保障平台。

二、所使用的信息技术及设备设施

TSOG 基于 B/S 网络服务构架和 Data Matrix 二维条码信息存储技术，实现农产品供应过程中各种属性和时间信息的跟踪记录和快速查询，包含二维码打印机、激光扫描抢、移动手持终端、触摸屏一体机、普通 PC 和服务器等信息设备。

三、所使用的方法和流程

TSOG 通过追踪农产品实际生产相关的属性、时间信息及物流信息，实行产地准出管理，并与市场准入管理有机对接，实现上述信息的可追溯存储和查询。系统包含以下组件：①数据服务中心提供基础信息与事件跟踪信息的存储、管理与维护功能，支持追溯过程管理与查询中心的远程实时数据交互；②管理中心提供“从田头到餐桌”蔬菜生产、配送、销售全过程中时间、人物、事件等重要信息的登记备注功能，通过固定 PC 和移动手持终端等访问接入；③条码打印终端软件基于预设编码规范，连接数据服务中心，驱动条码打印设备，生成包含二维条码图形、条码数字、查询网址等信息的商品标签；④查询中心根据追溯条码，从服务中心提取农产品详尽信息以图文并茂形式显示。消费者通过卖场触摸屏或家庭电脑均可查询获取追溯信息。

四、项目实施的目标及取得的成果

TSOG 通过为有机/绿色农产品安全生产和增值销售保驾护航，满足广大社

会和市场对农产品安全、健康、绿色、自然的消费需求。消费者可在杭州大厦、杭州华润万象城等购买到带农产品追溯码包装的果瓜蔬菜，在原食网站 www. onfoods. com. cn 查询农产品履历信息。TSOG 已被 6 家中高档生鲜农产品销售市场、商埠引入，并由浙江省内 8 家蔬菜种植基地加盟供货，其市场规模和影响力正在杭城、上海、宁波及周边地区不断扩大。

五、该项目实施的下一步打算

TSOG 今后将在实际应用中继续完善系统功能，探索有效、标准、可持续的有机/绿色蔬菜质量安全控制数字化技术体系，尤其是可追溯信息的自动化获取、传输和标准管理。

（供稿：胡高洁　编写：徐佳男）

1.36 安徽安泰克公司畜牧养殖协同管理平台

一、项目名称和实施主体、时间、范围

安徽畜牧养殖协同管理平台（www. ctiah. net. cn），是安徽省安泰克国际技术转移有限公司在自主研发的“奶牛养殖协同管理系统”和 2007 年安徽省畜牧兽医局“依靠科技提升农业组织化程度和价值取向——畜牧养殖协同管理平台应用研究”软课题的基础上开发的。该平台被养猪业界赞誉为养猪卖猪“电子场长”，目前已在安徽省广德县生猪产销合作社、惠民生猪饲养农民专业合作社、绩溪县生猪发展专业合作社、新农民养猪专业合作社等多个省级示范合作社得到应用。

二、所使用的信息技术与设备设施

该平台采用基于互联网的软件即服务（SaaS——Software as a service）的应用模式，具备强大的自定制功能，所有用户都能在平台上自定义自己的实际业

务，实现用户在互联网上进行个性化的傻瓜式应用。和传统应用软件相比，具有低建设成本、低维护成本、低应用门槛、低投入风险的特点，可同时满足牲畜养殖及上下游企业应用，为各类养殖企业提供了一体化的协同管理解决方案。

该平台主要包括企业采购订单管理、养猪合作社经营管理、养殖户标准化养殖管理、生猪养殖过程质量可追溯查询等模块，具有管理诊断分析、事前计划、事中控制、事后统计等功能，主要是按客户的需求生成饲养计划、卖猪计划、采购计划，形成每天到舍、到人的工作任务清单。对未按时完成的工作任务，系统提醒到责任人，并在事后系统提供智能分析，为优化养殖和考核标准提供依据。

三、所使用的方法和流程

用户可以按照猪场的员工，猪舍、猪栏，妊娠、转舍、免疫、饲喂量等技术和管理标准设置参数和功能。由猪场给每个操作和查看人员分配管理平台的账号和密码，员工操作系统只能按账号和密码进行查看操作。猪场或合作社全面梳理猪只和物资的基础资料，导入系统后，通过系统诊断发现应配未配、应产未产、超标准配种等问题，制定整改措施。通过计划和任务管理，结合“看板”管理，保证每头猪和猪舍发生的业务准时完成并及时录入系统，逐步减少猪场的管理问题。通过系统智能分析准确反映猪场的管理和技术问题，将母猪非生产天数降到最低，全面提高合作社的组织化程度和猪场的经济效益。

四、项目实施的目标及取得的成果

应用该平台可以实现以下目标：第一阶段通过提高母猪繁殖效率、公猪使用效率、猪只及时淘汰，减少猪只非生产天数，提高母猪年提供上市猪数和公猪的使用率，物资领用准确率，提高管理效益。第二阶段通过养殖过程精确配方、饲喂量调整、免疫保健流程等，提高饲料转化率，降低病死猪，进一步提高经济效益。第三阶段通过标准化、科学化养殖和统一率管理，实现全程可追溯，全面提高经济效益。据对多个 400～700 头母猪场的实践表明，利用该平台可提高猪场综合经济效益 33.8 万～62.8 万元/年，其中降低饲料损耗 15 万～30 万元/年，每年新增效益 18.8 万～32.8 万元/年。

五、该项目实施的下一步打算

加强宣传推广力度，扩大应用单位的数量，进一步完善软件的功能，使其实现两个维度的拓展：纵向，积极推进相关管理部门共享畜牧业养殖协同管理平台，建立畜产品生产环节质量安全可追溯管理平台，向社会提供“安全、优质、高效”的畜产品供应信息，促进畜牧业信息化向应用深度拓展；横向，拓展应用领域，从猪、牛扩展到鸭、羊、水产等。

（供稿：杨　成　编写：白　玲）

1.37 福建深瞳农业综合信息采集系统

一、项目名称和实施主体、时间、范围

深瞳农业综合信息采集系统由厦门青年网络通信股份有限公司于2010年初开始研发，目前在茶园种植中试用。

二、所使用的信息技术及设备设施

系统综合采用了图像编码技术、现代通信技术、计算机技术、太阳能技术，是将图像数据采集、环境参数采集、远程遥控、太阳能供电、平台大屏幕图文显示、图像数据存储于一体的综合信息采集系统。系统由若干个终端监控设备和一个管理中心搭配组成，以图像监控为主，数据监控为辅，能够满足农业、环保等各部门管理与科技创新应用，实现农业信息综合采集和分析功能。

深瞳终端专为户外应用设计，采用太阳能供电和无线数据传输，防雨防尘，完全无需架设任何供电和数据通信线路，是一台全无线的户外监测设备。该设备采用GSM/GPRS无线通信网络，内置高清摄像头、温湿度检测模块和无线通信模块，可以拍摄监测现场图片和采集温湿度信息，可根据需要加装其他数据采集设备。

三、所使用的方法和流程

利用无线GSM网络，通过外接传感器对农田作物生长环境温度、湿度等环境参数以及作物图像实现实时远程监测，图像、环境数据通过GPRS传回到管理中心，管理者通过后台数据汇总，可以分析农田环境、病虫害等情况，以及时做出预防。管理者可通过后台管理中心获取环境数据和图片，清晰看到监测场所的温度、湿度变化趋势。

四、项目实施的目标及取得的成果

深瞳农业综合信息采集系统可对农作物生长环境实施24小时不间断监控，实时了解农作物生长情况，进行科学化管理。这套系统从农业信息推送、智能化

培育控制，到农副食品安全等各个环节层层推进，可大大减少投入，增加产出，对提高管理水平和经济效益，确保农产品产量和质量安全具有积极作用。如了解温度、湿度变化情况和趋势，可以进行灌溉安排；根据农作物生产的图片信息，了解病虫害情况和发展趋势，及时安排除虫工作；根据环境图片信息了解杂草生长情况，安排除草工作等。

五、该项目实施的下一步打算

以图片监控为基础，逐步融合地理信息系统、传感系统，形成可以在林业森林采伐、森林病虫害防控、污染源监测、水面污染监测等行业进行全方位电子化管理。

（供稿：蔡晓峰　编写：白　玲）

1.38 山东省农业科学院温室智能化测控系统

一、项目名称和实施主体、时间、范围

温室智能化测控系统，实施主体为山东省农业科学院科技信息工程技术研究中心，时间为2003—2006年，实施范围为烟台、济宁等地现代化温室生产领域。

二、所使用的信息技术与设备设施

项目面向设施农业生物与环境智能化管理和控制，使用传感器技术、环境信息采集技术、信号转换技术、信号传输技术、温室远程分布式调控技术、计算机技术、控制技术和图像处理技术等。

项目所使用的设备设施：环境信息采集控制器、温湿度一体化传感器、光照传感器、土壤温度传感器、土壤湿度传感器、二氧化碳传感器，室外气象站，摄像头、云台、视频采集控制器等专业设备以及计算机、打印机等辅助设备。

三、所使用的方法和流程

注重学科间的交叉融合。温室智能化监控、自动化管理精准生产技术研究涉及农业科学、自动控制和计算机科学3门主要学科，学科间的交叉融合显得尤为重要。在整个研究开发过程中，强调温室生产需求与自动控制理论的有机结合，强调蝴蝶兰、紫苏生长管理知识与计算机知识的有机结合，统一规划，充分发挥各学科技术优势，开展协作攻关。

针对温室环境系统特点进行系统设计。与其他生产系统相比，温室环境系统是个非线性、慢时变、滞后的复杂大系统。进行系统设计时要综合考虑这些特点，并针对农业管理决策的实际需要进行系统总体设计。

软件开发采用模块化、数据驱动以及系统集成等技术，以 Microsoft 推出的 Visual Basic 为编程平台，以 Windows XP 操作系统作为运行平台进行系统研发。

研究开发和应用示范相结合。以温室生产需求为目标，明确控制参数，模块化设计，分步计算，对环境信息采集、传输和分析系统进行集成，构建温室智能测控系统平台，并在应用中实现系统的完善。

项目实施流程：项目调研→明确控制参数→模块化设计→系统集成→构建系统平台→系统完善→项目示范应用→项目推广。

四、项目实施的目标及取得的成果

实施目标：①建立温室精准生产环境信息采集、传输系统；②建立温室精准生产环境信息分析处理系统；③研建紫苏、蝴蝶兰生长模型；④开发设施栽培紫苏、蝴蝶兰智能化决策专家系统；⑤构建温室智能测控系统平台；⑥构建功能完善的紫苏、蝴蝶兰数字化生产技术体系。

取得的成果：该项目自2004年以来先后在烟台、济宁等地现代化温室中成功地进行了应用示范，截至2006年累计推广1 500多亩，年创经济效益1 740.63万元，促进了当地温室数字化、标准化生产水平，提高了单位产量和品质，降低了生产成本，社会效益和经济效益显著。该项目获得山东省科技进步奖三等奖。

五、该项目实施的下一步打算

提高产品的可靠性，降低使用维护成本，增强产品的易操作性，使系统更适合目前设施农业生产人员的技术水平，提高温室的自动化控制水平，使成果在更大范围推广。

（供稿：朱建华　王风云　刘淑云　编写：钟永玲）

1.39 山东农业大学 农作物生产智能测控系统

一、项目名称和实施主体、时间、范围

农作物生产智能测控系统，由山东农业大学信息学院研制开发完成。系统可实现对农田环境数据进行快速、准确的采集、传输、分析，结合专家系统对农业生产进行智能控制。该系统可广泛应用于农业科研单位、规模化农业生产企业。2010年以来，该系统及其相关技术已先后在国家半干旱农业工程技术研究中心、农业部南京农业机械化研究所、山东万兴食品有限公司等企事业单位推广应用。

二、所使用的信息技术与设备设施

该系统基于物联网，是运用信息采集技术、近程通讯技术（如常用的RFID）、信息远程传输技术、海量信息智能分析与控制技术，结合农业生产技术信息研究开发的农作物生产智能测控系统。主要由基于物联网的信息采集终端、基于物联网的信息传输终端、基于物联网的智能控制终端3部分组成。

三、所使用的方法和流程

1. 基于物联网的信息采集终端 信息采集终端的任务是全面感知农作物生产信息。采集信息：空气温度、湿度，土壤墒情，土壤温度，土壤氮、磷、钾含量，土壤pH，二氧化碳浓度，光照强度，作物生理信息检测（如作物含水量、叶绿素及氮素含量），空气粒子浓度，空气氨气含量，风速，雨量等；系统设计有精准时钟，还可方便地添加GPS模块，为采集信息添加精准时间、空间位置等信息属性。系统设计采用了模块化结构，普通电池或太阳能电池供电，可方便地组建无线网络实现信息的无缝采集，并可方便地实现信息的远程传输。

2. 基于物联网的信息传输终端 该终端主要用于路由信息的交换和更新，自组织网络的组建和维护以及将采集到的数据可靠地传输到目标节点上。它由控制器和中长距离无线传输模块组成。中距离无线传输电路负责收集采集终端采集

的数据，并通过长距离传输模块可靠地传输到其他中继节点或 Internet 上。

3. 基于物联网的智能控制终端 智能控制系统包括控制器、无线传输模块、放大驱动模块及输入输出模块、键盘、显示器等组成。智能控制终端处理采集终端的信息，结合智能算法及专家系统进行各种处理。具体来说，是将采集信息进行融合、分析、处理，结合专家系统或智能算法做出最终决策，实现对作物灌溉、施肥、病虫害防治等的自动控制。

四、项目实施的目标及取得的成果

农业生产环境是一个复合开放的生态系统，包含土壤、肥料、水分、光照、温度、空气、生物等因子，对农田环境数据进行快速、准确的采集、传输、控制，对直接与间接相关因素进行系统分析，对农作物生产进行科学管理是非常必要的。该系统的应用推广可有效提升农业生产的技术管理水平，促进农业现代化发展。对增强农业竞争力，促进农业增效、农民增收都具有重要的意义。该系统已申请国家发明专利 1 项，实用新型专利 5 项。

五、该项目实施的下一步打算

拟根据应用情况，对系统进一步升级，将其应用范围逐渐扩大到畜禽规模养殖、农田水利设施领域，建成具有我国自主知识产权的农业生产智能测控与决策系统，使其在更多的地区应用，使更多农业生产企业实现节本增效。

（供稿：柳平增　编写：钟永玲）

1.40 山东农业大学集约化奶牛场繁育与饲养数字化关键技术

一、项目名称和实施主体、时间、范围

集约化奶牛场繁育与饲养数字化关键技术，是山东农业大学在国家

“863”计划资助下自主开发的我国首套具有自主知识产权的奶牛数字化养殖系统。可广泛应用于规模化奶牛养殖企业。目前，该系统已先后在山东莱芜杰瑞奶牛场、泰安金兰奶牛养殖有限公司、济南佳宝乳业有限公司等企业推广应用。

二、所使用的信息技术与设备设施

该项目利用先进的无线射频识别技术（RFID）、DHI数据采集以及计算机管理信息系统技术，开发出基于网络运行环境的奶牛数字化繁育公共网络平台。主要由奶牛行为状态监测系统、奶牛场繁育管理系统、基于MP体系的奶牛场整体营养优化系统、奶牛精料补充料供给的智能计算与自动补料、奶牛场繁育管理系统等组成。

三、所使用的方法和流程

1. 奶牛行为状态监测系统 开发出奶牛基础日粮采食量自动测量装置、奶牛运动量测量记录装置、产奶量测量记录装置、牛奶电导率自动记录等。集成牛只个体识别装置研制了分群门，安装在挤奶厅通道上，牛只经过时进行个体识别并调用运动量、电导率等数据，根据管理员输入指令对发情或患乳房炎牛只自动分群。

2. 奶牛场繁育管理系统 设计开发了奶牛场健康养殖过程信息记录网络系统（著作权号201010172189.4），该系统具有奶牛育种、繁殖、生产性能记录电子管理和个体育种值计算功能，可实现基于Internet网的数据远程传输、汇总和分析。

3. 基于MP体系的奶牛场整体营养优化系统 研制开发了基于MP体系的奶牛饲料营养知识咨询与配方优化网络系统（2007SR05913）、奶牛饲料网络远程优化配方系统（2008SR11200）和奶牛日粮精准供给计算系统（2010SR009353）三套计算机软件，分别面向奶牛饲料营养与日粮配方专家咨询、养殖企业多牛场营养与日粮配方管理和奶牛场营养与日粮配方管理。

4. 奶牛精料补充料供给的智能计算与自动补料技术 研制开发了基于产奶量、基础日粮采食量的奶牛个体补充精料供给量智能计算系统，该系统可给出针对个体的补充精料喂量参考数据，在挤奶厅安装自动补料机，自动识别牛号后从系统调用补料数据，控制补料机自动补料。

5. 数字化养殖示范系统 建立了两种类型的奶牛数字化养殖示范系统。系统一，简易，造价低，奶牛场建立牛只的生产记录电子档案，提供的软件可根据产奶量计算每头奶牛的日精料补饲量，将数据下载到手持式补料查询仪中，工人用查询仪识别牛号后显示该牛的精料补饲数量，人工定量补饲。系统二，是数字化养殖系统，集成了课题研发的信息采集技术及管理软件，可自动采集记录产奶量、运动量、体重、乳汁电导率信息，通过系统软件的分析控制，实现自动诊断发情、乳房炎辅助诊断、自动分群、自动补料等功能。

四、项目实施的目标及取得的成果

集约化奶牛场繁育与饲养数字化关键技术，对于促进奶牛育种、精细营养技术、原料奶质量可追溯技术研究具有重要价值。基于本系统，可以实现大范围奶牛育种数据的自动采集、传输和分析，极大地克服当前奶牛育种基础数据不足的困难；系统的应用实现了面向奶牛个体的精细饲养，为通过复杂的模型更加精准地评估奶牛营养需要提供了可能，系统应用获得的海量数据也有助于奶牛精细营养模型的研究和发展。目前，该项技术申请国家专利 5 项，已授权 3 项，申请软件著作权 10 项，已授权 9 项。与国外同类技术相比，具有成本低、适应性强等优点。

五、该项目实施的下一步打算

拟积极与企业合作，加强成果的推广，同时需要尽快研发或熟化奶牛体况评定、采食量测定、乳成分在线测定、反刍测定、无损伤流量计等装置，力争使该系统整体达到国际领先水平。

（供稿：王中华　编写：钟永玲）

1.41 武汉市农业局数字农业地理信息服务平台

一、项目名称和实施主体、时间、范围

武汉市农业地理信息服务平台由武汉市农业局与武汉市勘测设计院于 2007

年合作开发。该平台集信息采集、发布、处理、存储、开发应用为一体，覆盖了全市、区、镇、乡村等各级农业管理单位，能够满足在农业农村管理等方面的需求。

二、所使用的信息技术与设备设施

武汉市农业地理信息服务平台采用先进的3S技术（遥感RS、全球定位系统GPS、地理信息系统GIS）和空间数据库技术，以计算机网络为基础，以数据库为核心，是一个集RS、GIS、GPS、MIS、ES等技术于一体，准确、高效、快速、全面、规范的农业地理信息服务平台。

三、所使用的方法和流程

1. 管理农业资源，合理统筹规划 建立农业资源地理数据库，实现空间数据库的浏览、检索、统计和分析等功能。通过绘制农业资源分布图和生产报表，对数据进行分析，使决策者动态了解农业资源的变化情况，做到合理配置土地资源、气候资源和水资源，保持生态平衡，降低生产成本，促进农业的可持续发展，从而保证规划的科学性、针对性和先进性。

2. 预测农业灾害，分析减灾对策 由于GIS具有较完备的空间属性信息，若发生灾害，可以根据GIS的空间特性，对历史数据的演变进行分析，对灾害发生的基本规律、时空分布、概率分布、危害程度等进行综合评价和模拟，并对灾害发展趋势进行分析和预测。

3. 辅助农业生产，提高产量质量 该系统作为农业生产管理和辅助决策的工具，建立各种模型和拟定各种决策方案，与专家系统、决策支持系统及其他现代技术有机结合，用于农业生产的管理和辅助决策。如通过GIS技术对某作物种植区进行农业气候区划，划分适宜、次适宜、不适宜种植区，为农业结构的合理布局提供科学依据；通过GIS对土壤适宜性进行分等分级，以此进行科学决策，这必将对提高农业的产量和质量具有积极作用。

4. 加强信息共享，促进农业服务 农业经济服务系统和休闲农业服务系统的建设，以服务农户为目标，使农业信息与生产相结合，通过网络实现信息共享，向农户传递农业经济信息、技术信息等，指导农业生产，提高农民收益。

四、项目实施的目标及取得的成果

充分利用3S的技术特点和优势，使农业资源信息采集、动态监测、分析、管理、决策与空间信息管理融为一体，直观、形象、动态地显示各种农业资源的空间分布状况以及变化趋势等。分析农业可持续发展与各种要素之间的内在联系，对农业生产行为和农业布局作出科学合理的分析和评价，为农业决策部门、管理部门和有关机构提供农业资源管理与决策支持手段，为社会提供全方位的农业地理信息服务，从整体上提高农业工作的科学化、规范化水平。

五、该项目实施的下一步打算

拟进一步整合资源，完善系统现有数据库和安全保障体系，开发管理子系统以及种植业、畜牧业、水产业等综合管理系统，进一步推广该平台，使其在更多地区广泛应用。

（供稿：王爱民　编写：白　玲）

1.42 广西农垦永新畜牧集团信息化管理系统

一、项目名称和实施主体、时间、范围

广西农垦永新畜牧集团有限公司信息化管理系统由 GPS 猪场生产管理信息系统和永新源牌猪肉产品质量追溯系统两部分组成。2004 年开始运行 GPS 猪场生产管理信息系统，2009 年开始运行产品质量追溯系统。目前在集团公司下属 4 个养殖分公司、23 个养殖场实施。

二、所使用的信息技术与设备设施

永新畜牧集团有限公司信息化管理系统主要由中心服务器、计算机、网络、标签打印机、触摸机等硬件设施，质量追溯软件和 GPS 猪场生产管理软件组成。每个猪场作为一个信息采集点配置一台电脑。各子公司组建一个数据中心，配置一个服务器，集团总部建立一个数据中心，配置一个服务器。

三、所使用的方法和流程

1. 猪场饲养员将养猪投入品的来源及使用情况、其他生产情况进行记录并上交到猪场。

2. 猪场将饲养员原始记录进行核实后录入系统；对产品信息进行记录、核实后传递到子公司数据中心，同时销售部将屠宰加工信息采集后传至子公司数据

中心；子公司数据中心对数据核实后，定期将数据上传至集团企业数据中心（集团追溯办）。

3. 集团企业数据中心（追溯办）将接收到的数据进行整理、审核、汇总，上传到农垦数据中心。

4. 消费者根据产品追溯码通过网站、短信、电话查询产品信息。

四、项目实施的目标及取得的成果

该系统具体实现如下功能：管理信息化，加工管理、运输管理、基地生产管理、加工中心管理、生产预警、质量控制等；通过网络，实现猪肉的养殖、生产、屠宰、储运、销售全过程信息的采集和传递，从产品生产到销售全程追溯，保证农产品的质量和安全性；根据实际育种数据和生产数据，提供方差组分剖分、多性状 BLUP 育种值的计算和复合育种值等育种数据分析方法；实现猪场全程电脑化管理。

由于对生产全程严格控制，使过程指标和最终产品达到标准要求。永新源牌猪肉已经成为优质、安全的代名词。2008 年，良圻原种猪场生产的三元交商品猪由于瘦肉率高、肉质好、损耗少、食品安全有严格控制程序，成功获得中国香港市场准入资格，其生产的三元杂商品肉猪全部直销中国香港，并在中国香港叫响永新源牌猪肉，销售价格比普通肉猪高出 1 元/千克。二元杂商品猪通过海丰公司分割进入中国香港百佳超市。2010 年，良圻原种猪场输中国香港生猪数量达到 3 万多头，成为广西最大的生猪供应中国香港市场。

五、该项目实施的下一步打算

广西农垦永新畜牧集团拟适应市场需求，增加专卖店的数量，并完善相关配套的软件开发，进行门店管理系统软件开发，实现对专卖店的远程网络管理。同时大力发展加盟代理商，将更多、更好的产品提供给消费者。

（供稿：黄　菲　编写：钟永玲）

1.43 广西农业区划办3S技术应用

一、项目名称和实施主体、时间、范围

广西农业区划办于2003年开始，不断探索遥感（RS）、地理信息系统（GIS）和全球定位系统（GPS）在农业区划工作中的应用，在农业资源调查、监测、评价和农业区划、规划等领域取得良好成效。

二、所使用的信息技术与设备设施

所涉及的信息技术和设备：GIS技术，主要是ArcGIS、SUPERMAP、基于GIS的农业区划支持系统、广西农业气候区划应用信息系统，空间数据库、空间数据分析、编程等技术；RS技术，主要是ERDAS遥感图像处理软件，TM、SPOT、ALOS、P6、Rapideye等卫星影像数据；GPS技术，主要是Trimble亚米级差分GPS等设备及数据采集软件；计算机软件硬件、互联网络、水分测定仪、磁盘阵列、图形工作站、图形输入、输出设备等。

三、所使用的方法和流程

按不同应用项目，大致可分为：采用中高空间分辨率多光谱卫星数据，结合地面样方调查结果，采取自动分类与人机交互方式进行农作物识别与分类，获取种植面积数据和相对变化率；利用水分测定仪，进行田间测量和目视评判，对土壤墒情和旱情、作物长势和灾害作观测和评价；建立水、土、气等农业自然资源空间数据库和经济、社会数据库，采用空间分析、数值分类、数理统计等技术方法，对相关数据分析、分类，结合定性分析获取区划、规划方案成果。

四、项目实施的目标及取得的成果

1. 目标 逐步建立基于现代地理信息技术的农业资源调查、监测、评价体系，对农业资源进行定位、定量、快速、大范围调查、监测和评价；逐步建立基于现代地理信息技术的农业区划系统，实现定位、定量、精细、动态农业区划。

2. 成果 ①获取华南地区水稻，广西、广东甘蔗，贵州省油菜的播种面积

变化情况。②获取广西水稻种植面积本底数据。③支撑完成了《广西特色农业气候区划细化研究》、《广西农业功能区划》、《广西油茶产业发展研究》、《广西桂中旱区农业结构调整研究》和《百色水利枢纽工程库区流域农业资源保护与产业规划研究》等多个课题研究报告，为政府决策提供了依据。其中，基于3S技术的广西特色农业气候区划细化研究获得了自治区科技进步奖二等奖。④建立了地理信息数据库和农业资源空间数据库。⑤开发了基于GIS的农业区划支持系统和广西农业气候区划应用信息系统。

五、该项目实施的下一步打算

广西农业区划办拟进一步加强3S技术的应用研究，加快农业信息化建设，更好地为“三农”服务。

（供稿：梁自力　编写：钟永玲）

1.44 广西水牛研究所奶水牛养殖繁育管理与决策系统

一、项目名称和实施主体、时间、范围

奶水牛养殖繁育管理与决策系统，是广西壮族自治区水牛研究所主持，引进国内先进奶牛管理软件，结合奶水牛的生长特点，经过两年努力，改进并应用于奶水牛养殖过程管理的信息化决策系统。该系统于2010年1月正式开通使用，不断完善，目前已在广西水牛研究所水牛种畜场使用。

二、所使用的信息技术及设备设施

奶水牛养殖繁育管理与决策系统应用现代网络技术、数据库技术和编程技术，以主要水牛养殖生产流程为对象，针对水牛繁育、饲料、饲养、防疫、设备、环境等环节，研究种水牛的饲养、繁育中的数字化智能管理系统，能进行系

谱管理、跟踪和分析计算，实现种牛自动化管理和监控。

三、所使用的方法和流程

在水牛种畜场的牛舍、挤奶厅、小牛舍等重要部位安装摄像机28套，在场区大门安装带红外对射防盗系统，设场区办公楼的三楼会议室作为控制中心，建立起智能化网络化监控系统。

通过牛场管理信息系统软件，结合牛耳标，构建种畜场内所有种牛的信息，从任何一头种牛的出生到生产，检疫到病例，以及从繁殖到屠宰，软件系统将准确记录其相关信息，并从繁杂的数据中，为管理人员提供可靠的建议和措施。牛场管理信息系统充分结合国际先进的奶水牛科学管理经验，运用现代计算机技术实现奶水牛生长繁育全生命周期、胎次产奶周期及奶水牛企业日常经营管理的规范化、科学化、透明化。系统的核心业务功能包括：基本信息、智能预警、牛只管理、繁殖管理、产奶管理、DHI分析、智能分析、兽医保健、饲料配方与营养、物资管理等。

四、项目实施的目标及取得的成果

通过实时监控体系实现对奶水牛的饲养管理、牛群动态、疫病情况实施严格的远程监控，减少参观和非工作人员进入带来的防疫压力，全面提升种牛场的管理效率、疫情监控能力和安全保卫能力。

系统搭建了种牛场管理信息系统，运用现代计算机技术实现奶水牛生长繁育全生命周期、胎次产奶周期及奶牛企业日常经营管理的规范化、科学化和透明化。

改变传统手工、非实时记录的工作方式，代之以动态、在线，甚至远程信息采集与访问的综合信息技术平台的开发及应用，加快牛群管理逐步由粗放型、松散化管理向精养型、集约化管理方向发展，使奶水牛生产管理的决策做到程序化、科学化和通用化，可全面提高种牛场管理效率、奶水牛个体产乳水平和水牛群总体经济效益。

五、该项目实施的下一步打算

拟进一步在广西主要的规模化奶水牛养殖场中推广应用，让更多的水牛养殖场实现信息化管理，提高生产效率。

（供稿：张秀芳　编写：钟永玲）

1.45 广西土壤肥料工作站智能化土壤资源与安全施肥信息系统

一、项目名称和实施主体、时间、范围

智能化土壤资源与安全施肥信息系统，是广西壮族自治区土壤肥料工作站开发的测土配方施肥信息应用系统之一。经过 2003—2004 年两年的努力，推出该科学施肥技术模式，在广西部分县的测土配方施肥中得到应用。

二、所使用的信息技术及设备设施

智能化土壤资源与安全施肥信息系统是利用现代信息技术，把现代科学施肥理论、农产品安全生产技术、成熟的农业科研成果以计算机智能化决策为核心，以肥料施用为技术载体开发而成的智能化安全施肥软件。

三、所使用的方法和流程

项目实施通过测土配方施肥的大规模土壤样品采集化验，建立测土配方施肥属性数据库和空间数据库，收集整理第二次土壤普查资料和多年各地进行的土壤肥料试验资料，经过整合、集成创新的测土配方施肥系统。

四、项目实施的目标及取得的成果

改革传统施肥方式和农业技术推广模式，促进施肥精确化、安全化和生产管理科学化。在广西主要农作物上，实现信息查询和智能决策，指导农民“照方抓药”，为农民提供“数字化”的土肥技术服务，使复杂的高新技术平民化，具有服务手段和服务方式灵便快捷。

该系统在测土配方施肥工作中发挥了重要的作用。2005 年以来，广西测土配方施肥已覆盖所有农业县（市、区、农场），累计推广应用 1.4 亿亩，成为广西近年来推广应用面积最大的农业生产重点支撑技术。涉及广西主要作物及特色作物。根据 4381 个试验示范点统计，测土配方施肥增产效果显著。水稻平均增幅 7.4%；玉米平均增幅 9.4%；甘蔗平均增幅 8.33%；蔬菜增幅 3.31%；水果平均增幅 2.5%；平均亩节约化肥投入 1.8 千克，亩均节本增效 36.4 元。

五、该项目实施的下一步打算

结合广西测土配方施肥工作，对已建立规范的测土配方施肥属性数据库和空间数据库，拟加大开发力度，并逐步完善提高，使该系统覆盖广西所有县（市、区），使更多农户实现节本增效。

（供稿：伍华远　编写：钟永玲）

1.46 广西现代农业技术展示中心八桂田园现代农业设施远程监控系统

一、项目名称和实施主体、时间、范围

八桂田园现代农业设施远程监控，是广西现代农业技术展示中心于2007年9月对园区400亩设施农业进行的远程监控技术，覆盖范围包括蔬菜设施（大棚、网室）栽培区、名优花卉展示区、沼气能源综合利用示范区、百果园、餐饮休憩区等。

二、所使用的信息技术及设备设施

本项目是基于中国电信“全球眼”技术，对农业园各功能区的实际环境进行互联网光纤接入、设立视频监控平台及配套服务的综合远程技术体系，实现农业园的数字化网络监控、远程图像控制、录像存储与回放、实时语音、图像分发、集中管理与报警联动功能。

本项目主要使用的设备：光纤公众线路、全球眼软件平台、编码器、高清摄像头、监控操作中心等。

三、所使用的方法和流程

该系统通过对各生产区域进行跨地域实时监控，使用电脑上网即可进行全方位的观测。主要操作流程为接通互联网—登录平台—视频观察与控制—远程语音指令—录像储存—画面切换等，满足了八桂田园日常生产监控及农业技术网络化

视频需求，实现对园区的安全生产与防范，特别是为园区进行的有机农业生产、重点种植区域和定时安保提供了辅助管理。

四、项目实施的目标及取得的成果

实现农业园区管理者在不同地点对园区实时管理，对分散在各农业生产区域的监控点进行远程的统一管理，使管理员可以在任何时间地点对生产环境进行监控，更好地对植物的生长过程、肥水管理、气候温度观测、工人监督等创造便利条件。

五、该项目实施的下一步打算

拟进一步对软件进行升级和平台更新，要过渡到3G无线上网实施远程监控，利用3G无线视频技术，增加视频观测点，与各控制系统建立网络控制联系，实现远程控制各农业设施，使生产管理更加便捷。

（供稿：何金富　编写：钟永玲）

1.47 重庆市农业技术推广站柑橘产业数字化精准管理信息系统

一、项目名称和实施主体、时间、范围

重庆市柑橘产业数字化精准管理系统，是2006年重庆市科委下达的重点科技攻关项目。2003年，重庆市农业技术推广总站与西南大学资源环境学院合作，开始着手建立农业资源空间数据库和属性数据库，开展地理信息系统在农业领域中的应用研究和示范。2007年研究项目取得阶段性成果后，重庆市农业技术推广总站与重庆市经济作物技术推广站、重庆三峡建设集团合作，开展了“重庆市柑橘产业数字化精准管理系统”的大面积示范推广。

二、所使用的信息技术及设备设施

该系统以GIS地理信息系统为基础平台，将分散的信息集合起来，建立柑橘

生产管理及其相关领域资源、经济和社会的资料。将地理信息系统、数据库管理系统及施肥推荐、主要病虫防治等应用模型集成于一体，实现庞大数据快捷、准确、直观分析处理，从而发现新信息和获得更多有用的常规方法难以发现的信息，为柑橘产业发展提供更加有效、便捷的技术支撑，实现管理的科学化；通过二次开发，建立专家咨询系统，因地制宜提出指导方案，实现生产管理的电脑化、精准化，大大减少野外工作量，降低工作成本，提高工作效率，提高生产管理工作的可视性和显示度。同时，系统可以实现双向查询，既能够满足精准管理的需要，又能够服务于宏观决策，按照用户的需求实现分层级管理。

三、所使用的方法和流程

该系统由柑橘产业数字化管理和柑橘生产专家咨询两个功能模块组成，能够实现市、县、乡镇、果园 4 个层次分层展示基础信息、地形信息、大气环境信息、土地利用现状信息、土壤养分信息，并提供空间分析和查询功能，为市级部门制订宏观管理和产业发展布局规划提供决策依据；为县级主管部门的柑橘适宜性分析提供决策依据；提供柑橘果园内部试验样点信息的查询以及统计分析功能，提供三维果园模拟功能，真实再现果园的三维地貌，提供果树的营养诊断专家咨询和病虫害防治功能。

四、项目实施的目标及取得的成果

该系统为用户提供柑橘分布信息的图形和属性数据双向查询、条件选择、适种评价等功能，能有效实现生产管理技术集成于 GIS 系统，定时、定点、定量管理；实现柑橘生产、加工、销售等经济信息的图形和属性数据双向查询和远程咨询。

目前，该系统已在全市 11 个主产区 3 年累计示范推广 144.7 万亩，按照专家系统提出的施肥推荐和病虫防治，实施稳氮减磷补钾、适时防治病虫害，新增效益显著。根据区域试验和生产示范产量加权平均，示范区柑橘单产达到1 102 千克/亩，而对照常规管理区单产为 892 千克/亩，示范区比对照增产 209 千克/亩，增产率 23.5%。新增产值 250.8 元/亩，劳动用工投入节约 50.0 元/亩，农药投入节约 5.0 元/亩，单位规模新增纯收益 305.8 元/亩，创造 2.78 亿元经济效益。

五、该项目实施的下一步打算

拟进一步实施柑橘产业化信息工程，实现柑橘产业基础信息、专家咨询以及栽培管理措施等信息的网络发布，促进全市 2 亿农户万元增收工程，加速推进重庆市柑橘产业现代化管理。

（供稿：冯　洋　编写：白　玲）

1.48 贵州农业资源生态环境遥感调查及信息系统

一、项目名称和实施主体、时间、范围

贵州农业资源生态环境遥感调查及信息系统，由贵州省农业资源区划研究中心、相关地县农业资源区划办公室（研究中心）、贵州师范大学中国南方喀斯特研究院等有关技术单位联合研发。该系统于1992年在镇远县级试点，经过18年探索和积累，技术日趋成熟（两度获贵州省科技成果奖三等奖），基础数据不断丰富，在提供基础信息服务过程中，其资料价值越来越受到各级领导和有关部门的重视，社会影响逐步扩大。目前逐步应用于省、地、县三级农业资源生态环境遥感调查及信息系统服务中。

二、所使用的信息技术及设备设施

该项目采用3S技术（RS卫星遥感、GIS地理信息系统和GPS全球卫星定位系统）和微机、GPS定位仪、打印机、扫描仪等设备，进行农用土地资源调查，在此基础上建立综合性的农业资源生态环境信息系统，能快速、准确查找资源及动态变化情况，能及时提供高质量信息服务。

三、所使用的方法和流程

该系统按照遥感数据建立土地利用类型及专题图的一般对应关系。根据专题图的评估，分别进行各种专题图的再次识别。依据影像特征和地形图、地质图等相关信息对其进行鉴定和修订，然后返回再次进行图斑的识别、抠挖、分割和arcGIS拓扑运算，直至评估满意产生专题图并形成各类专题图的数据库。利用现状遥感影像解译，结合野外GPS定位验证，确定各级别的遥感解译指标，采用人机交互的判读分析方法。根据卫星影像，遥感解译工作在ARCVIEW和ENVI平台上进行，同时叠加对应的地形图、坡度图、水文地质图，并参考其他相关资料及图件，产生比例尺为1∶50 000的土地利用现状图。项目工作流程见图1。

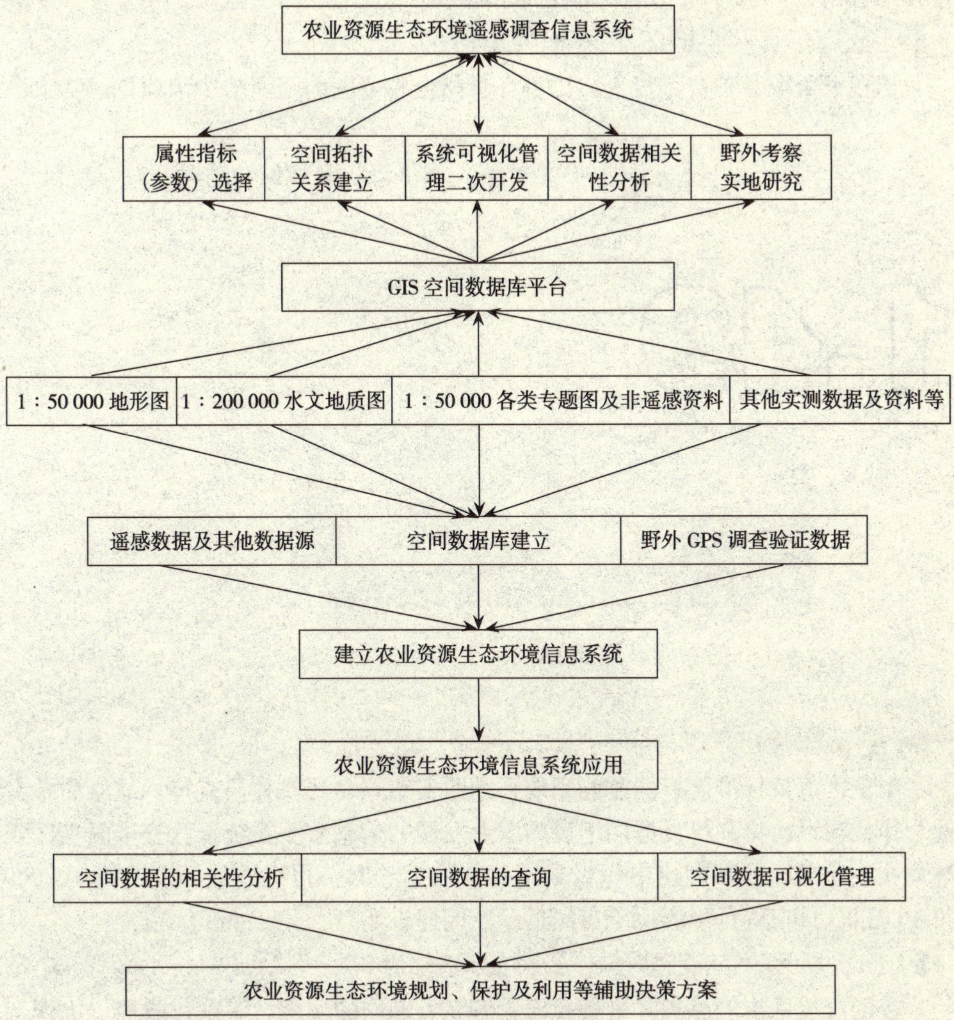

图 1　项目工作流程图

四、项目实施的目标及取得的成果

贵州省农业资源生态环境遥感调查及信息系统项目实施技术成熟，农用地遥感调查成果更新及时，信息系统资料丰富、功能强大实用，在项目区当地很受欢迎，进一步提高了农业资源区划工作的服务质量和效率。该项目通过不断完善，正逐步实现省、地、县三级农业资源生态环境遥感调查及信息系统服务，其中以罗甸县和铜仁市信息系统的应用比较具有代表性。2005 年 5 月铜仁市区划中心利用在建的农业资源生态环境遥感调查及信息系统，详细分析了当地甘薯淀粉加工的有利条件，成功引进了贵州华力农化工程有限公司落户当地，2006 年增加农民收入1 500

万元，受益农户 1.5 万户；2009 年增加农民收入2 752万元，受益农户 4.2 万户。

五、该项目实施的下一步打算

拟积极争取各种资金投入，力争在贵州全省范围内全面推广该项目的实施。

（供稿：柏建国　编写：白　玲）

1.49 陕西阎良区蔬菜标准园智能监测系统

一、项目名称和实施主体、时间、范围

阎良区蔬菜标准园智能监测系统，是西安市阎良区农林局支持，馥康甜瓜专业合作社建设、将高科技运用于设施农业发展的信息监测系统。西安市阎良区农林局在农业部标准园创建中积极采用高新技术，取得很好成效。该系统于 2009 年 10 月 18 日在阎良区康桥千亩甜瓜示范园建设运行。

二、所使用的信息技术及设备设施

智能监控系统能够实时测量和记录温室大棚内的温度、湿度、光照、土壤湿度及二氧化碳浓度等环境参数和植物生长信息，利用环境数据信息，指导农户进行正确的栽培管理。该系统在园区内的温室大棚实施，分别在所涉及的棚内安装了温度、湿度、二氧化碳、光照强度、土壤温度 4 个智能监测仪器。棚内的监测仪器将测量出的数据传输到监控室计算机，并同步将各项数据显示于园区 LED 屏上。大棚内的参数值高于或低于所设定的界限时，无线报警终端就会发出警报，并同时将信息以短信形式发送到大棚种植户手机，使管理人员能及时准确地采取相应的处理措施。

三、所使用的方法和流程

建设过程中，将传感线预先埋设好，与监测室计算机连在一起。安装在设施

大棚内的感应器捕捉到信息并传递到分析仪，所形成数据显示在电脑上，和标准数据对比后形成报警信息。这些信息将及时发送给管理人员，通过采取相应的措施，确保农作物在适宜环境生长。

四、项目实施的目标及取得的成果

蔬菜标准园智能化监测系统是设施农业发展的重要支撑措施，对增强农业竞争力、促进农业增效、实现农产品安全都具有重要意义。该系统在设施大棚内安装的温度、湿度、视频监测探头，可以及时、准确地量化掌握设施内生产环境，有效保证数据记录和信息发布的准确性和时效性，对实现由传统农业向现代数字化设施农业的转变具有积极作用。

五、该项目实施的下一步打算

拟通过创造适宜环境，降低生产过程中用药频度，为生产绿色食品奠定良好基础。

（供稿：李建武　编写：白　玲）

1.50 新疆生产建设兵团精准农业信息化系统

一、项目名称和实施主体、时间、范围

兵团精准农业信息化系统项目，由新疆生产建设兵团组织研发，是一个独具新疆特色和兵团特点的农业信息综合应用技术。该项目以新疆兵团 14 个师（垦区）的 175 个农牧团场为主体，从 1996 年开始实施历时 15 年，目前在节水灌溉示范基地、农业机械化推广基地和现代农业示范基地 3 大基地建设稳步推进。

二、所使用的信息技术及设备设施

该系统包括以农业高效用水信息监控技术为核心的渠系自动计量和膜下滴灌

自动化控制系统，主要设备有流量传感器、水位传感器、土壤湿度传感器、电磁阀、采集控制器等；以GIS技术为开发平台的土壤养分综合管理和作物微机决策平衡施肥系统，主要设备有全自动定氮仪、紫外可见分光光度计、原子吸收分光光度计、火焰光度计、GPS采样机等；以遥感和视频监测技术、田间气象和病虫害自动测报技术为支撑的作物生长监测和农业病虫害管理系统，主要设备有视频监测站、虫情自动测报站、田间气象站等；以农用机械加载信息技术为手段的机械化精准收获系统，主要设备有气吸式精量播种机、变量施肥机、GPS定位采棉机等；以互联网信息传媒技术为重点的团场综合管理信息系统和三电合一综合农业信息技术服务系统，主要设备有触摸查询机、服务器、用户手机等。

三、所使用的方法和流程

精准农业信息化系统演示模型采取土壤和视频实物监测＋真水自动化滴（喷）灌＋田管虚拟模型说明的制作方法，配之以灯光、音响、多媒体等效果，全面展示了新疆兵团精准农业6大技术与信息化相结合的应用情况，涵盖了兵团农业作物精量播种—膜下滴灌自动化监控—微机决策平衡施肥—土壤墒情监测—遥感\视频监测—虫情自动化测报—GPS定位采收—农场电子商务从种到收主要环节以及售后服务全过程中综合应用信息技术的方法和流程，特别是重点展示了以膜下滴灌为标志的农业高新自动化节水技术在兵团大田生产的全面应用。

四、项目实施的目标及取得的成果

充分发挥新疆兵团农业生产集约化、规模化、机械化程度高的优势，加快应用现代信息技术改造提升传统农业生产方式，逐步向数字化、智能化、实时指挥和控制的自动化精准农业过度，提高农业机械化、智能化、自动化水平，加速兵团农业的现代化步伐。该项目的实施已在滴灌自动化控制、微机决策平衡施肥、农业视频管理、遥感监测、作物虫害自动化测报、农场电子商务等方面取得显著成效。目前，以膜下滴灌为标志的高新节水技术推广面积达到1 000万亩，微机决策平衡施肥系统推广应用700万亩，农业机耕、机播、机整和粮油作物机收水平达到100%，农业综合机械化水平达到88%。

五、该项目实施的下一步打算

拟进一步推广应用信息技术，加强信息资源开发利用，以现代信息通讯技术为依托，以物联网等信息传媒为载体，以完善农业基础信息网络建设、健全农业信息服务体系为重点，加快兵团农业信息化进程，开创农业信息技术应用推广新篇章。

（供稿：杜　艳　编写：白　玲）

二、农业经营信息化案例

2.1 中国农影音像出版社网站

一、项目名称和实施主体、时间、范围

中国农影音像出版社网站，由农业部信息中心制作、中国农影音像出版社运行维护。网站于2010年3月正式上线，主要在线销售中央电视台7频道播出的农业节目影视资料及其他视频资源，内容涵盖种植业、养殖业、水产渔业、林业、加工、法制、医疗卫生、农村文化、农业科技等。

二、所使用的信息技术及设备设施

网站采用了流媒体播放、媒体格式转换、在线点播、网上银行等信息技术，为用户提供基于B/S、C/S结构的应用系统。网站的服务器部署在国家农业数据中心。

三、所使用的方法和流程

网站主要由采购平台、交易平台、新闻中心、客服中心4个部分组成。这4个部分相辅相成，共同服务于网站的电子商务核心功能。

1. 采购平台 网站产品涵盖了种植业、养殖业、水产渔业、林业、加工、法制、医疗卫生、农村文化、农业科技等视频资源和VCD光盘。网站中每一个视频节目可以免费观看3分钟，方便用户购买视频。用户注册通行证后，激活注册信息，便可以搜索所需的视频光盘，在线下订单。

2. 交易平台 网站具有在线订货和付款功能，可以通过网上银行支付，实现真正的网上交易。此外，网站还支持传统的邮局付款业务方式。

3. 新闻中心 网站的新闻中心解析农业政策，直击农村热点，关注农民利益，掌握市场行情，开阔经济视野，及时有效地提供农产品生产和消费信息。

4. 客服中心 网站设立客服中心，用户可以随时在线进行咨询。网站客服人员及时为用户解答问题。此外，网站还通过邮件和短信形式，对用户发送订单

信息、促销活动等告知服务。

四、项目实施的目标及取得的成果

自2010年3月上线以来，网站已拥有近万名注册会员，光盘销售量与日俱增。2010年中国农影音像出版社音像制品发行量过千万张。

五、该项目实施的下一步打算

从运行实践看，大多数用户非常关注网站的音像制品销售，下一步将增添更多的产品，将优质节目资源、最新科技信息、实用的致富经验、特色种植养殖技术带给亿万农民。

（供稿：王 涛 编写：李婷婷）

2.2 “魅力城乡”休闲农业信息化服务平台

一、项目名称及实施主体、时间和范围

“魅力城乡”休闲农业信息化服务平台，是农业部乡镇企业局支持与指导，由国内领先的农业信息综合服务运营商北京农信通科技有限责任公司承办，以休闲农业为主要服务内容的城乡信息互动平台和门户网站。

二、所使用的信息技术及设备设施

“魅力城乡”平台由网站、手机应用、400呼叫中心构成。

网站构架方式为LAMP（Linux＋Apache＋MySQL＋PHP），即使用Linux作为操作系统，Apache作为Web服务器，MySQL作为数据库，PHP作为服务器端脚本解释器。

手机应用融合了短信、彩信、WAP、客户端、移动互联网等业务形态，提供查询、点播、订阅、浏览、预订、交易等服务。

4000365960 呼叫中心充分利用现代通讯与计算机技术，如 IVR（交互式语音应答系统）、ACD（自动呼叫分配系统）等，可以自动灵活地处理大量各种不同的电话呼入和呼出业务。4006365960 网站总机系统在接入手段、电话转接与处理、信息管理等方面有更大的增强与提升，是新一代的 400 电话营销系统。

三、项目实施使用的方法和流程

“魅力城乡”项目具有六大服务功能：

强劲搜索，用户可以通过多种搜索检索功能，方便地找到自己需要的信息；电子地图，形象直观地获取相关位置服务及关联信息服务；全景漫游：360 全景漫游，给消费者身临其境的体验；手机应用，通过短信、彩信、移动互联网、手机客户端软件随时随地享受贴心服务；电子商务，通过网站、400 呼叫中心进行预订、交易；互动社区，消费者可以建立空间、发布游记、发起活动、寻找志同道合的驴友。

四、项目实施的目标及取得的成果

建立全国最权威最有价值的休闲农业信息服务平台，提升休闲农业信息化水平，服务休闲农业经营主体，方便广大消费者。通过信息化手段，全面推进中国休闲农业的发展，引领休闲消费新业态，促进农民增收和农业产业结构调整。

目前项目已实现如下服务：新闻资讯，通过互联网和手机，获取休闲农业新闻资讯、管理新知，提升经营管理水平；宣传推介，通过“魅力城乡”的网站、网店、手机和互联网定位、全景漫游、电子地图标注等服务，全面宣传展示自己的风采，面向全国推介经营项目，带来无限商机；预定促销，签约商家产品通过 4000365960 电话、网站或手机在线交易系统享受预订和促销服务。

使休闲农业消费者通过网站搜索、电子地图，手机短信查询、位置服务，拨打 4000365960 等多种方式，迅速找到想去的地方；通过网站、手机、4000365960 电话，可购买到安全、正宗、物美价廉的各地特色农产品；通过网络、电话、短信预订全国任何地方的休闲农业吃、住、玩产品，还可享受打折服务；根据用户需求策划独具特色的线路、向导服务。替用户着想，引导创造消费，让休闲时光更为精彩；用户建立私人空间、发布游记、发起活动、寻找志同道合的驴友，可以在网站上尽情地抒发情怀，大“秀”精彩旅程。

使休闲农业管理者随时随地了解本地区休闲农业的发展情况，科学管理指导休闲农业经营主体；可以在“魅力城乡”上，建立本地区的个性化休闲农业信息平台，整体推广宣传本地区休闲农业，魅力城乡为全国所有的省、市（地）、县、乡、村均预留个性化展示空间。

五、该项目实施的下一步打算

将在农业部的大力支持下，进一步加强网站运营，提升用户体验，加大推广力度，让全国50多万休闲农业经营主体信息全部精美呈现。加大呼叫中心平台建设，为消费者提供更好的咨询、预订、购买服务。创新更好的无线应用产品，让消费者在任何时间、任何地点都可享受到良好的服务。

（供稿：彭　毅　编写：吴义强）

2.3 北京农产品全程电子商务系统

一、项目名称和实施主体、时间、范围

北京农产品全程电子商务系统，由北京任我在线科技发展有限公司建设运营。2003年任我在线公司开始研发互联网直销支撑系统；2006年在丰台区方庄开设了第一个社区模型店，试验经营互联网市场、社区店和物流配送；2007年至今在大兴区开设了一个社区配送中心、20家社区体验超市；2010年开始进行合作社生产经营管理系统的研发。

二、所使用的信息技术及设备设施

北京农产品全程电子商务系统由互联网合作社生产经营管理系统和互联网直销支撑系统两部分组成。

互联网合作社生产经营管理系统采用互联网技术，主要设施由多台办公计算机、交换机、内部服务器、出口路由器、数据采集终端、电子结算秤、数字地磅、合作社生产数据采集终端组成。

互联网直销支撑系统的实施设备，包括零售终端、门店计算机、门店交换机、出口路由器、手持终端、安防监控系统、电子交易终端、农产品安全检测实验室、配送中心数字监控系统、实时农产品电子商务信息大屏幕 LED 电子屏、自动分理货系统。

项目采用了微软 .net 及 Silverlight 技术开发。作为项目软件系统解决方案，整合了上述各种专业设施和设备，形成一整条 IT 运行支持链，并发布在专业的 Dell 机架式服务器集群上运行。托管在专业的 IDC 机房，保障 24 小时的安全稳定运行。

三、所使用的方法和流程

北京农产品全程电子商务系统使用合作社生产经营管理系统进行农产品生产的管理和农产品的批发销售，以互联网直销支撑系统为基础，经营网上市场、社区超市、社区配送中心，形成第三方电子商务服务系统，为生产者提供从商品陈列销售、物流配送、货款结算的一站式第三方服务。

四、项目实施的目标及取得的成果

解决农产品销售问题，帮助农民增收；帮助生产企业向消费者直销产品；让社区居民购买到新鲜、安全的农产品；详细记录生产经营全过程，使农产品质量追溯既简单又准确；实时提供真实数据，为公众提供信息服务，为政府提供决策依据。

大兴区城区居民可以在网上订购农产品及其他生活必需品，免费送货上门，受到社区居民好评；大兴区农民可以通过数字流通系统把种植的蔬菜、水果直接卖给消费者，增加收入；生活必需品生产企业，通过第三方电子商务服务系统支持，将产品直接销售给消费者，既节约流通成本又改变了商业环节长时间占用生产企业流动资金的现状，使生产者提高利润、加速了流动资金周转，还可以及时直接了解市场需求，实现以销定产。

五、该项目实施的下一步打算

北京农产品全程电子商务系统将以新研发的互联网合作社生产经营管理系统为切入点，以北京3 406家农民专业合作社为基础，进行试点推广，将先进的企业管理模式、成熟的 ERP 系统引入到农民专业合作社的日常经营活动中，提升专业合作社的整体管理水平，为农民专业合作社提供经营管理工具，帮助农民进行农产品全过程的生产管理和农产品的市场经营。

（供稿：徐 一　编写：杨 硕）

2.4 北京八里桥农产品中心批发市场电子交易系统

一、项目名称和实施主体、时间、范围

北京八里桥农产品中心批发市场电子交易系统，包括猪肉批发交易代理结算系统、蔬菜果品批发交易地磅计算机收费系统和交易下家车辆进门 POS 机 IC 卡收费系统。其中，猪肉批发交易代理结算系统，由松际科技有限公司开发，于2007年9月11日在猪肉交易批发厅内投入运行，交易双方统一使用 IC 卡登记进行交易电子结算。

二、所使用的信息技术及设备设施

主要信息技术有市场电子交易系统，采用网络技术、IC 卡技术、RFID 电子芯片技术、电子磅及 POS 机数据采集技术，为交易实现提供准确、安全、便捷的结算服务。主要设备：猪肉悬挂式轨道交易设备 1 套(可承载每日最大交易量3 900头)、悬挂式电子吊磅 6 套、LED 显示屏 2 套、应用服务器 5 台、终端计算机 20 台、打印机 15 台、80 吨电子地磅 2 套、POS 机 10 台、稽查 POS 机 4 台、IC 卡读卡器 25 套等。

三、所使用的方法和流程

猪肉批发交易代理结算系统使用方法：买卖双方进场交易，需持有效身份证在结算中心分别办理货主 IC 卡和买主 IC 卡，并设立密码；卖方凭 IC 卡办理进场交易理货相关手续，理货采用电子吊磅和 RFID 电子标签，自动记录每片白条猪称重等信息，通过悬挂式轨道交易设备进入交易档位；买方 IC 卡需办理预存款后使用；系统采用 IC 卡电子结算、交易双方贷款资金账户实时划转的服务。

蔬菜果品批发交易地磅计算机收费系统使用方法：卖方进场交易车辆通过电子地磅，计算机自动计量称重、打印票据进行收费。

车辆进门 POS 机 IC 卡收费系统使用方法：买方车主持有效身份证在结算中心办理 IC 卡，预存款后可通过 POS 机刷卡自动按车分类扣款收费。

四、项目实施的目标及取得的成果

猪肉批发交易代理结算系统采用全封闭吊悬挂式轨道交易设备和 RFID 电子

标签信息自动识别结算系统，避免流通过程中的二次污染，确保质量安全，节省交易成本，实现猪肉批发交易过程的卫生、安全、便捷、高效，同时保障猪肉商品交易流通全程可监控追溯。采用该系统，2010 年全年市场猪肉批发交易量达 2.56 万吨，交易额达 3.69 亿元。

蔬菜果品批发交易地磅计算机收费系统，采用电子地磅结合计算机技术的应用，杜绝了弄虚作假、漏收和乱收费现象。系统实行三档费率自动计量计费，为来自产地和大吨位车交易提供优惠，从而优化了市场供应商结构；系统提供实时交易数据，为企业节省了人力资源。采用该系统，2010 年全年市场蔬菜果品批发交易量达 84.78 万吨，交易额达 29.04 亿元。

车辆进门 POS 机 IC 卡收费系统，较好地解决了市场下家车辆进门速度慢，现金收费零散和找零，以及高峰堵车道口压力大等问题，系统应用使车辆通行速度明显的加快。

五、该项目实施的下一步打算

将进一步完善现有信息化系统设备功能，通过更新改造，提高系统运行效率，确保正常使用。此外，市场还将根据发展需求，逐步完善食品安全追溯系统，建立市场物业管理信息系统、粮油批发交易结算系统，电子商务系统等，不断提高市场信息化的应用水平。

（供稿人：孙　军　编写：杨　硕）

2.5 猪 e 网—猪易商城

一、项目名称和实施主体、时间、范围

猪 e 网（www.zhue.com.cn）成立于 2000 年，由北京蓝海锐奇传媒文化有

限公司建设并运营。2008 年改版时，网站增加了商务版——猪易商城。网站致力于为养猪产业提供一个获取资讯、展示产品、在线交易、互动交流的多媒体网络信息服务平台。

二、所使用的信息技术及设备设施

猪 e 网采用互联网技术，为养猪产业生产和消费双方提供安全便捷的信息服务。其主要设备有：50 台计算机、5 台服务器、服务器机柜及 50 米独享带宽等。猪 e 网主要采用网络 PHP 程序系统开发，支持猪易商城、猪易招聘、猪猪报价、康大夫诊所、四大中心（种猪、兽药、饲料、器械设备）、猪猪论坛、猪猪财经、猪猪技术、猪猪视频等栏目，给用户提供全面的行业信息服务。

三、所使用的方法和流程

通过猪易商城，用户还可以购买各种产品，企业也可随时推广新产品。商城实行会员制，向企业会员提供展示自我、推广产品的服务平台，并收取一定的会员费。对入驻的企业，商城限定了一定的资质要求。比如种猪企业要有种畜产经营许可证，兽药企业要求通过 GMP 认证等，以此来保证用户购买的产品货真价实。

根据行业特点，猪易商城大致分为种猪、兽药、生猪仔猪、饲料原料、器械设备、检测设备、人工授精、养猪书籍、管理软件等栏目。用户注册登录后，浏览要购买的商品，点击“加入购物车”商品会自动添加到购物车里。如果需要更改商品数量，可在商品数量框中输入购买数量。选好商品后，点击“填写并确认订单”，详细填写收货人信息、配送方式等信息。确认无误后点击“下单并完成支付”，生成新订单并显示订单编号。猪易商城开通了网上银行支付系统，但目前采用在线支付功能的用户还不多。

此外，猪 e 网还开发了行情（猪价、玉米、豆粕等）报价系统，开辟了 SNS 社区、论坛、康大夫诊所、博客和微博等在线交流互动的板块，开发了“吉祥三宝”——猪 e 手机报、猪 e 周刊、猪 e 短信等多种信息增值服务，可以让用户随时随地轻松获得最新的养猪资讯、养猪技术等。

四、项目实施的目标及取得的成果

运营 10 多年来，猪 e 网赢得了业界用户的广泛认可。目前网站注册用户超过 25 万，平均日浏览量超过 28 万，合作企业 300 多家。猪易商城注册企业用户超过1 500多家。猪 e 网多次被评为中国农业百强网站，2010 年获得“最具投资价值农业网站”荣誉称号。网站正朝着“养猪产业第一互动媒体”前进。

五、该项目实施的下一步打算

猪 e 网将从互动营销信息宣传服务、数据调研信息分析服务、网上商城电子商务服务、网络商务内勤培训服务 4 个方面，让猪 e 网的信息服务系统更全面、更周到。同时，猪 e 网还将提供更多的电子信息产品，包括猪 e 手机报、猪 e 周刊、猪 e 短信、生猪市场行情分析报告、养猪产业数据调查等。

（供稿：王来喜　编写：张祚本）

2.6 阿里牧—中国畜牧商城网

一、项目名称及实施主体、时间、范围

阿里牧—中国畜牧商城网，由北京阿里牧农业信息技术有限公司自主研发和运营，2010 年 5 月正式上线。网站涵盖畜牧业各方面，是一个全产业链式电子商务平台，包括养殖品种、养殖设备、养殖企业以及养殖产品的销售渠道和在线交易平台等。

二、所使用的信息技术及设备设施

阿里牧—中国畜牧商城网由阿里牧电子商务数据中心和用户端电脑组成。采用公司自主研发的互联网电子商务模板引擎组建阿里牧电子商务平台和会员网站，全部程序使用 Java、Php、Apach、SSL 和数据库编写，为用户提供基于 B/S、C/S 结构的应用系统安全工作平台。

阿里牧电子商务数据中心设备包括防火墙、数据库服务器、应用服务器、安全服务器和数据灾难备份系统。主服务器托管在北京一个五星级 IDC 机房，固定接入带宽大于 10M；另有 7 套服务器分布在大连、西安、成都等城市。实现用户访问分流，消除我国电信、联通等互联网接入服务的南北网路瓶颈等问题。

三、所使用的方法和流程

阿里牧—中国畜牧商城网主要由展示平台、采购平台、交易平台、营销与管

理平台、知识平台、服务平台 6 个部分组成。这 6 个部分相辅相成，共同服务于网站的电子商务核心功能。

展示平台：针对不同的会员提供在线产品展示平台和配套网站，会员可以自己发布和宣传产品信息，也可以委托网站代理发布和宣传。

采购平台：网站产品涵盖了养殖（猪、鸡、鸭、鹅、牛、羊、兔、特种经济动物）、兽药、饲料、器械、渔业和相关服务产品。

交易平台：为企业打造了功能强大的网店，可以在线展示、洽谈、下订单、付款。网站引入了支付宝，可以实现真正的网上交易。

营销与管理平台：管理平台：企业能够利用本网站完成货物管理、站务管理等工作，既提高工作效率，又节省运营成本。

访客跟踪系统：满足企业精准营销需要。会员在网站的自助管理中心，可以看见网店访客的详细信息。

知识平台：网站的资讯栏目包含市场、价格、技术等相关信息。设有猪与禽、牛羊兔、特养、渔业、饲料与兽药、器械 6 个子栏目。

服务平台：网站设立产品与技术服务中心，聘请各个领域专家，为网站用户提供免费咨询。

四、项目实施的目标及取得的成果

自 2010 年 5 月上线以来，阿里牧—中国畜牧商城网先后举办了“2010 中国畜牧业与电子商务论坛”等一系列畜牧业电子商务公益活动，在行业内获得了积极的反响。目前，网站拥有近万名注册会员，合作紧密会员超过2 100家，战略合作伙伴 3 家。已有多名会员通过网站签了订单。

五、该项目实施的下一步打算

从已有的运行实践看，大多数用户非常关注畜牧业电子商务。下一步，网站将开发免费的基于市场信息采集的公众服务平台，收集市场、价格、技术等用户需求的信息，使会员效益和企业发展紧密依托用户和市场的需求。

（供稿：冷安钟　编写：李婷婷）

2.7 北京农信通科技有限责任公司农业移动电子商务系统

一、项目名称及实施主体、时间和范围

农业移动电子商务平台，是由北京农信通科技有限责任公司开发的农业电子商务综合系统，获得软件著作权8个，并进行了产业化。系统通过中国移动、中国联通、中国电信3个运营商的系统开展业务，主要面向广大涉农企业、种养大户、农民合作组织等通过SMS、IVR、WEB实现买卖信息订购、查询、发布和撮合配对等功能。

二、所使用的信息技术及设备设施

该系统使用了面向对象的数据库技术，数据仓库与数据挖掘技术，服务器端采用WIN NT/2000、SQL SERVER2000、TCP/IP；客户端实用WIN98/2000/XP，并采用国家、行业标准，构建完善的数据传输网络。

三、项目实施使用的方法和流程

该系统通过手机短信、电话语音、WAP和互联网等方式实现供求信息点播定制、咨询查询和信息发布等功能，进行供求信息的撮合配对，并根据用户的发布买卖信息的种类迅速地实现与该种类匹配的交易辅助信息（比如：价格、行情分析预测等），帮助客户解决买难卖难和对个性化信息需求的问题，为农户和农业企业带来超值服务，促进农业增收和农民致富。

系统主要由呼叫中心客户信息管理系统、供求信息平台门户网站、企业用户服务管理系统、SI服务管理系统、网站信息管理及发布系统、运营管理后台服务系统、短信平台系统以及核心数据库及维护管理等系统模块组成。

与一般的短信服务系统相比，短信系统的服务对象主要是单个农户或者农民，业务模式为B—C，农村移动电子商务系统的服务对象增加了集团客户，将为涉农政府部门、涉农龙头企业、种植养殖大户、农村经纪人和行政乡镇村等集团用户提供托管式行业应用，满足上述集团用户生产、办公、运输、流通等需

求。业务模式由B—C过渡为B—C+B—B—C。

四、项目实施的目标及取得的成果

该系统的核心目标是打造一个利用手机为主要工具的中国农产品交易服务平台：利用手机作为信息资源采集工具，解决信息资源采集的第一公里问题；采集农民、农业企业的真实需求，解决信息的实用性问题；引入中介辅助交易机制，解决农资、农产品的买难卖难问题；利用手机进行用户资格认证，解决信息发布的真实性问题。系统在广西、重庆等自治区（直辖市）小范围试用，得到用户及中国移动的好评，取得了良好的效果。

五、该项目实施的下一步打算

将与三家通信运营商接口接通、调试完毕，跟踪试点省（自治区）客户完成需要修改的模块，建立信息采编中心和呼叫中心，在全国开展业务，发展个人用户100万户，签订企业客户3 000家，实现良好的经济效益和社会效益。

（供稿：郭良才　编写：张立伟）

2.8 山西万峻计算机软件有限公司特色农产品一卡通

一、项目名称和实施主体、时间、范围

特色农产品一卡通，是山西万峻计算机软件有限公司开发的农产品物联网营销平台，并负责运行维护。该平台于2010年6月运行，平台以名优产品购物卡为载体，通过电话、网络、直营店等多种方式，完成特色农产品的选择、支付、查询、配送整个购物过程。

二、所使用的信息技术与设备设施

平台采用的信息技术：基于SIP协议的语音数据通信接口和通信模式；语音

数据信息共享平台；客户信息数据分析和挖掘技术；在对客户信息数据进行分析挖掘的基础上，采用智能预测式外呼方式实现对用户的个性化服务。

平台的服务功能模块（图 1），采用融合通讯关键技术实现多服务方式、多平台合成、全方位服务；同时，在综合数据分析基础上，实行智能预测呼叫方式，提高了呼叫服务质量和用户满意度。

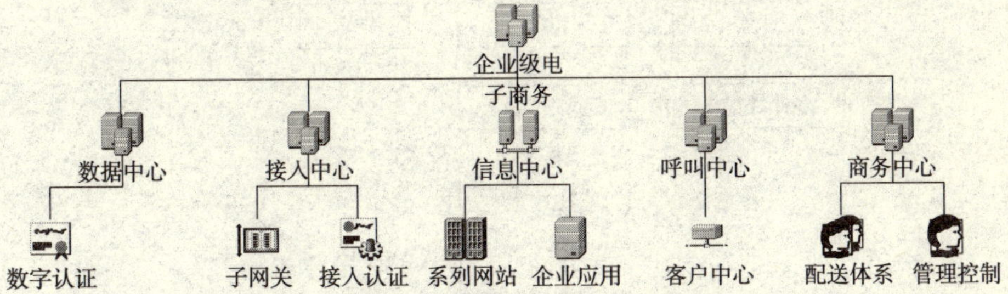

图 1　平台的功能体系拓扑结构示意图

系统在互联网（Internet）外部平台上进行搭建，通过进行统一的管理信息系统（Intranet）的建设，实现信息系统的高度电子化、一体化，实现从外部营销系统到内部管理信息系统的网络建设，使企业级的电子商务平台初具规模。

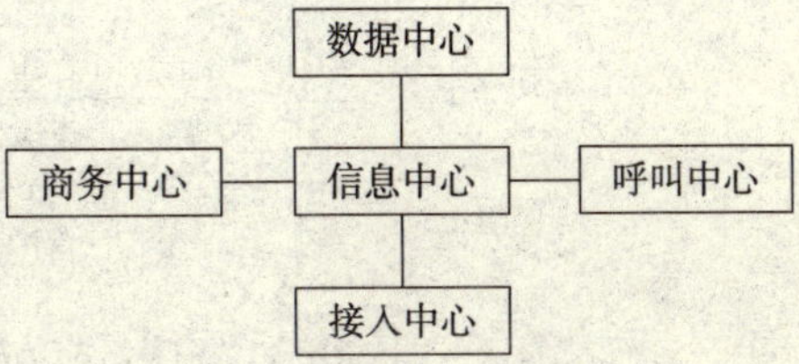

图 2　内部体系结构关系

该构架的内部体系结构关系：以信息中心为中心点，分别建成数据中心、接入中心、呼叫中心和商务中心（图 2）。

三、所使用的方法和流程

使用方法和流程见图 3。

四、项目实施的目标及取得的成果

该平台致力于围绕特色农产品营销环节，实现电子商务应用，减少中间环节加快流通过程，推动特色产品交易，使特色农产品通过新型的交易平台，快速推向全国乃至全球，促进特色农产品产业的发展，增加农民和农产品加工企业的收入。目前，特色农产品一卡通营销平台已有 540 个坐席，通过数字营销专业化的服务，全面提升了特色农产品的销售。

五、该项目实施的下一步打算

将继续完善平台各项功能、推广普及平台应用范围，力争成为特色农产品电子商务中的一朵奇葩。

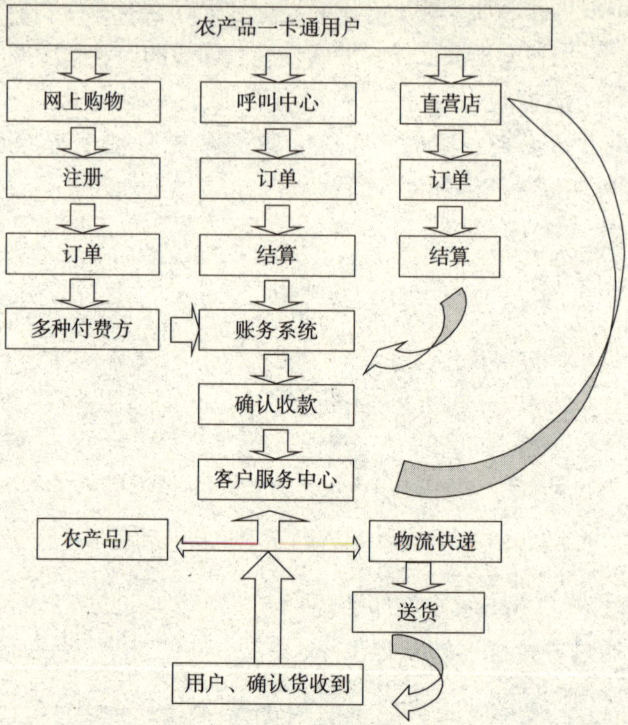

图3 使用方法和流程

（供稿：山西万峻计算机软件有限公司 编写：王 开）

2.9 内蒙古生鲜乳收购站管理信息网

一、项目名称和实施主体、时间、范围

内蒙古生鲜乳收购站管理信息网，是由内蒙古自治区农牧业厅主办的、综合

反映奶业发展状况、生鲜乳收购站监管监测和技术服务的专业性网站。2009 年 5 月正式开通。旨在方便快捷全面掌握生鲜乳生产收购运行状况，了解国家、自治区奶业政策法规和规章制度，增强生产收购管理的透明度，接受社会监督。

二、所使用的信息技术及设备设施

该网站采用 ASP 动态网页制作技术与信息共享，为各级农牧业主管部门和广大用户提供安全便捷的数据统计上报、信息共享、政务公开、安全监管等优质高效服务。

系统主要设备设施包括：服务器、采编电脑、操作系统、数据库等。

三、所使用的方法和流程

该网站主页面向全社会开放，可通过搜索引擎直接登录或通过网站域名登录。生鲜乳收购站管理信息系统，各级农牧业主管部门可通过申请账号方式登录。各级农牧业主管部门通过本网站生鲜乳收购站管理系统，上报生鲜乳收购站和生鲜乳运输车辆的基本信息、数量及运行状况，为国家、省（自治区、直辖市）、盟（市）主管部门提供及时、准确、有效可利用的信息，提高自治区奶源监管力度，保障奶源市场秩序。

四、项目实施的目标及取得的成果

经过一年多运行和不断完善，网站已经开辟了奶业动态、政策法规、奶业标准、奶牛养殖、第三方检测、生鲜乳收购站管理系统、行政公告 7 大栏目，并开设了奶业热线和网上电子信箱。【奶业动态】介绍奶业各方面的工作动态，包括新闻发布、领导讲话、重大活动、热点追踪和实施项目等内容。【政策法规】介绍国家、自治区以及行政主管部门政策法规及解答。【奶业标准】介绍国内外奶业标准体系建设状况和查询。【奶牛养殖】介绍奶牛养殖知识和养殖技术。【第三方检测】介绍自治区第三方检测机构和检测解疑。【行政公告】发布国家和自治区乳业权威公告和行政主管部门工作通知。【生鲜乳收购站管理系统】开展生鲜乳收购站及奶罐车数量、检测、运行、统计信息。网站建设得到了农业部充分肯定，信息公开载体作用更加凸现，扩大了奶业信息发布的覆盖面，提高了信息发布的权威性、时效性和影响力。生鲜乳收购站管理系统对网上提高监管起到积极作用。目前，全区共有2 678个生鲜乳收购站和1 283个生鲜乳运输车辆，已全部实现网上查阅（主要包括名称、法人、许可证和准运证号、日收奶量、交售企业等）、数据分析、统计上报等工作。

五、该项目实施的下一步打算

将积极探索和逐步实现“一站式”的网上办公服务模式，做好编制行政许可、非行政许可项目和办事服务项目目录和指南工作，通过提高网上管理模式及服务质量，及时、准确掌握生鲜乳收购站和生鲜乳运输车辆信息，为管理者、生产者、消费者打造更良好的信息服务平台，提高生鲜乳生产收购监督管理效能，为自治区奶业发展作出更大贡献。

（供稿：包和平　编写：王　开）

2.10 中国优质农产品商务平台

一、项目名称和实施主体、时间、范围

中国优质农产品商务平台（亦称中优商务网），由辽宁省农村经济委员会信息中心建设及维护，于2006年开始启动运营。该平台面向辽宁省农业企业和广大农户，提供农产品宣传展示、供销发布、交易对接等电子商务服务，以此逐步构建信息环境下以商带农、城乡对接的区域性农产品流通市场。

二、所使用的信息技术及设备设施

该平台由农产品网上宣传展示系统、农产品电子商城及农产品实体销售网络等组成。

三、所使用的方法及流程

通过网上洽谈、产品展示，对接大宗采购需求。中优商务网与省内主要农业网站的供求数据库建立了对接，能够及时了解广大农民的生产经营情况尤其是农产品销售需求。定期邀请中优商务网加盟企业举办在线采购洽谈，让农户与企业同一时间上线，对接大宗采购需求。通过搭建第三方平台，撮合农户与企业之间的交易。

通过网上商城、网下实体销售网络，促进农产品销售。中优商务网的加盟客户，可以在中优商城里开通商铺，销售本企业产品；同时，中优商务网还选择部分企业客户，与其签订产品代理协议，安排专职人员，通过互联网和实体门店帮助企业直接销售产品。

通过城乡互动、田园体验，满足农民销售产品与市民生活消费的双重需求。中优商务网搭建了健康饮食论坛，引导和培育广大城市居民的农产品健康消费理念。论坛通过组织一系列城乡互动、田园体验活动，使城市消费者与农户建立了直接联系，建立并完善了农产品直销配送体系，简化了农产品流通环节。

四、项目实施的目标及取得的成果

有效促进农企对接，带动农民增收。目前，中优商务网农产品供求信息量已达10万余条，日更新信息量100多条。海量的农产品供应信息为企业提供了丰富的采购资源。网站还定期举办洽谈对接活动，有力地撮合了农企对接，破解了农产品“卖难”问题。

有效宣传了辽宁省优质农产品，助推企业开拓市场。目前，中优商务网已拥有注册企业1.8万余家，依托中优商城开展贸易流通的产品达1 000多种；此外，中优商务网还直接通过实体门店代理经营了近100个品种的农产品。中优商务网通过网上、网下两种模式，引导协助企业销售农产品，获得了企业的广泛认可。

五、该项目实施的下一步打算

将建立多渠道、多形式的电子商务模式，实现各种模式的无缝对接，在经营中不断改进完善、成长壮大，使中优商务平台成为国内一流的农产品网上集散地，为广大企业和农户搭建起农产品贸易的网上桥梁。

（供稿：由振宇　编写：张祚本）

2.11 辽宁省农村供销通系统

一、项目名称及实施主体、时间、范围

辽宁省农村供销通系统，由中国移动通信集团辽宁有限公司与辽宁省供销合

作社联合实施，截至 2010 年已运行两年时间。目前，该项目已在辽宁省全面推广。

二、所使用的信息技术及设备设施

采用供销通信息机，以无线通信方式与供销通业务平台进行数据传输，实现商品零售、凭证打印、库存管理、商品管理、订购管理、配送签收等商品流通管理功能，帮助企业客户实现流通体系的信息化管理。

三、所使用的方法和流程

由辽宁省农村经济委员会提供项目终端设备的投放地点，中国移动搭建供销通服务系统。

企业客户办理完供销通业务（集团订购和成员订购）后，企业客户业务管理员获得开通供销通业务的短信通知。企业客户业务管理员通过 ADC 平台依据短信内容单点登陆供销通平台管理各网点信息和商品信息。

企业客户的下属网点（成员）按供销通信息机使用说明书配置信息机终端参数。

四、项目实施的目标及取得效果

供销通业务已在辽宁省部分试点城市的众多销售网点、分店，有移动进销存需求的各类连锁企业客户中进行推广，例如农资连锁超市、手机连锁超市等，市场反应良好。

五、该项目的下一步打算

辽宁省农村经济委员会将联手辽宁移动，对本地有移动进销存需求的连锁企业和农村供销社进行摸底调查，选取目标客户，由试点开始，2～5 年内普及至辽宁省各地区。

（供稿：阎晓达　编写：杨　硕）

2.12 北大荒粮食电子交易市场

一、项目名称和实施主体、时间、范围

北大荒粮食电子交易市场于 2008 年 1 月开通，是经国家发展和改革委员会批准立项、国家工商总局核准备案并享有国家专项资金支持的重点项目，隶属于北大荒粮食集团。该市场采用国内最先进的电子商务平台，汇集仓储、运输、金融、质检等多种服务，是黑龙江省第一家粮食现货电子交易市场，为全国粮食交易双方提供多种现货电子交易模式，包括网络购物、订单交易、即期交易、招标交易、拍卖交易，并提供粮食信息等相关服务。

二、所使用的信息技术及设备设施

北大荒粮食电子交易市场依托北大荒粮食电子交易平台开展相关业务。该平台充分吸取了国内外各种粮食交易机制的优点，对粮食现货合同的主要条款进行了适度规范，成为集粮食网上中远期交易及现代粮食物流、商流、信息流相结合于一身的第三方交易平台，也是目前国内最先进的电子商务平台。在硬件方面，平台采用了国内外前端电子信息技术设备及配套的宽载荷光纤传输系统，确保系统持续稳定运行；在软件方面，平台采用了郑州大学计算机应用研究所研发的电子交易系统，功能组件完备、界面友好直观、操作简便易学。

此外，基于运营需要，市场汇集了仓储、运输、金融、质检等多种服务于一身，已与硬件维护商、软件开发商、网银结算商、定点仓储库等建立了长期合作关系。

三、所使用的方法和流程

该市场制定了完备的市场章程，对市场职能、组织结构、业务管理、争议处理等作出了明确的规定。在运营中，市场对粮食现货合同的主要条款进行适度规范，通过制定入市指南、交易规则、交易指南、交收指南、交易品种标准、拍卖交易使用手册等指导性和规范化准则，通过电子订单交易、电子现货交易、电子

竞买交易等多种交易方式和按期交收、提前交收、协议交收等多种交收方式，运用订单撮合、竞买竞卖、现货交易、网上挂牌等多种交易模式，实现粮食交易。

四、项目实施的目标及取得的成果

该市场致力于“打造中国最具影响力的粮食电子商务平台”。市场的开通，为粮食网上交易的买卖双方提供了安全便捷的交易方式，减少了中间商环节，降低了交易成本。此外，该市场还发挥中介机构作用，代客户质检、仓储、运输、结算，实行一条龙服务。目前，已办理入市手续的交易商共计 268 个交易席位，客源覆盖北京、陕西、四川、湖南、山西等 21 个省（自治区、直辖市）。标准合约撮合交易总量实现4 600万吨，日交易量稳定在 5 万批以上，总成交额超过1 300亿元人民币。

五、该项目实施的下一步打算

今后一段时期，市场将继续加大推广力度，不断增强粮食物流的牵动力和对周边区域的辐射力。力争在 2010—2011 年粮食收购期，实现粮食网上挂牌交易总量净增 100 万吨。同时，力求达到现代化、国际化水平，成为在国内具有广泛影响力的玉米、大豆、水稻等大宗粮食产品的展示中心、交易中心、信息中心、物流中心，向打造国内最大、国际领先的粮食电子交易市场这一奋斗目标跨越式迈进！

（供稿：黑龙江北大荒粮食电子交易市场有限公司　于　军　编写：张祚本）

2.13 中国伊春农产品网上大市场

一、项目名称和实施主体、时间、范围

中国伊春农产品网上大市场，是黑龙江省伊春市农业信息化管理服务中心自

主开发的农业电子商务服务系统。市场于 2007 年初正式开通运行，成为伊春市展示企业形象、推介产品的重要商务平台。

二、所使用的信息技术及设备设施

该市场使用独立的服务器和网站页面，实现与盟市农牧业信息网其他系统的信息沟通，为各级农牧业主管部门查询信息提供方便。主要设备，有 WEB 服务器 1 台、数据中心服务器 1 台、媒体数据存储服务器 1 台、采编电脑 7 台、LED 电子屏 3 套、自动查询柜 1 台。

在线交流系统，采用在线即时通信技术和语音视频通信技术。

电子结算系统，采用网上银行和支付宝等一些中介交易手段，为买方提供安全、可靠、便捷的结算服务。主要设备有语音服务器 1 台、坐席 4 台、摄像机照相机各 2 台，配套的语音视频软件和网络交换设备。

三、所使用的方法和流程

该市场共设有产品大厅、会员大厅、精品超市、产地市场、价格信息、市场行情、网上招商、企业推荐、产品推荐、经纪人推荐、品牌推荐、合作组织及专业大户推荐等 14 个一级栏目，10 个市场专区，34 大类，215 个品种。同时，建立了企业、产品、供求等 8 大商务数据库。市场集成了国内商务网站除网上结算以外的全部功能，如企业网页生成、产品信息发布、商品信息查询、网上订单管理等。

四、项目实施的目标及取得的成果

截至目前，该市场已入驻会员8 338个，展销名、优、新、特等农产品 10 大类、32 706种，供求信息418 373条，总点击率达2 100多万次，网上生成订单 284 个，网下年销售农产品 3 万吨，销售额近 4 亿元。

五、该项目实施的下一步打算

将逐步进行更新换代升级改造，进一步提高农业电子商务服务系统的运行效率。

（供稿：陶明新　编写：王　开）

2.14 黑龙江省林甸县农产品网上交易信息系统

一、项目名称和实施主体、时间、范围

黑龙江省林甸县农产品网上交易信息系统，由黑龙江省林甸县农业委员会信息中心负责运营，2009年7月开通。该系统通过整合网上产品展示、在线订购、物流配送等资源，实现了林甸县农产品的农超对接。

二、所使用的信息技术及设备设施

该系统包含商品展示、在线交流、网上交易支付、物流配送跟踪、后台商品管理等若干子系统。其中，在线交流系统，主要采用在线即时通信技术和语音视频通信技术进行；电子结算系统，采用网上银行和支付宝等一些中介交易手段，为买方提供安全、可靠、便捷的结算服务。系统的主要设备包括：服务器、计算机若干、超市售货柜员机若干。

三、所使用的方法和流程

商品展示系统：为充分发挥网络信息传递速度快，通讯便捷的优点，通过网络做好广告宣传，系统中产品展示模块有充分的商品图片视频，便于买方直截了解农副产品的各种信息。

网上交流系统：以现在即时通信技术为依托，买方可通过在线的短信息或语音方法来对商品的各种信息进行咨询。

网上交易支付系统：买卖双方达成购销协议后可通过该系统对商品的数量，品质等级，价格达成最终的购销合同，通过网上银行、支付宝等交易中介完成付款。

物流配送跟踪系统：通过与各大物流公司达成合作意向，自买方完成付款，发货开始，通过实时跟踪监控系统可以及时了解货物位置以及各种突发问题。

后台商品管理系统：通过柜员机对所售大宗农产品存货、出货的销售记录进行登记，并建立最低存货量报警系统，可实时掌握商品的存、售比例，可保证各

类商品货源充足，通过记录供货商、销售商供货信息，可最大限度平衡供销关系。

四、项目实施的目标及取得的成果

系统的使用，将粗放型管理的农业生产与现代市场营销方式相结合，改变了自耕自收、自产自销的生产方式，使林甸农业信息化水平上升了一个台阶。目前，该系统已为黑龙江省内数百家超市、批发市场提供网上商品订购，使原本价低、滞销的农副产品成为畅销产品，不但打开了市场，为广大农民谋得了利益，还提高了林甸制造的品牌效应。系统已经成为外界与林甸农贸市场互相连通的重要纽带，被越来越多的人了解和接受。

五、该项目实施的下一步打算

进一步对该交易平台支付的安全性进行完善，以确保买方付款安全系数，尽量减少与之相关的纠纷；加强该交易平台的推广，进一步扩大网上交易的规模，丰富商品种类，对商品等级进一步划分，以满足不同消费层次的用户；进一步加强与各供货商的联系，保证供货及时性和商品质量；加强和物流的合作，以确保商品能保质保量的安全送到客户手中，提高林甸制造的品牌效应。

（供稿：尹　越　编写：王　开）

2.15 上海爱森猪肉安全全程追溯系统

一、项目名称和实施主体、时间、范围

上海爱森猪肉安全全程追溯系统，由上海水产大学主持，上海农业信息有限公司参与开发。2009年，系统在上海爱森肉食品有限公司的养殖场、屠宰加工厂和门店销售等各个环节正式使用，并在运行中逐步完善。

二、所使用的信息技术及设备设施

将射频芯片（RFID）技术应用于生猪的全程饲养管理之中，并为以后在流通中实现安全追溯提供支持。

内部嵌入电子标识，外面显示农业部二维码，采用一次成型的独特封装技术防水、防污，弥补了二维码在使用中易受使用环境因素影响的缺点，提高了产品的可靠性。其主要设备有：二维码生猪电子耳标、二维码手持电子标识识读器。

将养殖、屠宰、零售终端和消费者等各流通环节信息，通过生猪养殖子系统、屠宰加工配送子系统、屠宰加工生产自动控制子系统、POS机销售子系统、触摸屏查询子系统等应用系统组成信息链。主要设备包括：RFID卡片读写器、屠宰场关键工位电子显示屏、屠宰场RFID电子挂钩、服务器、POS机、触摸屏查询机。

将平台内各应用系统的数据统一管理，提高了数据访问的安全性，易于今后和其他系统的集成。

三、所使用的方法和流程

生猪养殖环节：通过生猪养殖管理子系统，记录所有生猪养殖阶段信息。生猪个体由耳标进行标识，标识与养殖记录间的管理关系保存在生猪养殖管理子系统中。

检疫环节：通过防疫检疫管理子系统，记录所有出栏生猪的检疫检验信息。该系统采用RFID卡标识每一批次检疫检验业务。

市境道口环节：通过检疫RFID卡内的信息与外省市的养殖场进行信息共享。

屠宰环节：通过检疫RFID卡查询本批待宰生猪的检疫检验及运输信息，并可进一步追溯到每一头待宰生猪；通过屠宰管理子系统记录保存宰前生猪耳标与宰后白条猪耳标之间的对应关系；在出场环节采用RFID卡记录本批每扇白条猪耳标以及该批猪的检疫检验信息和出场信息并保存在屠宰管理子系统中。

批发环节：通过屠宰RFID卡查询本批待售白条猪的检疫信息，并进而可通过其关联的耳标追溯到生猪个体；通过条形码标识记录批发交易编码，并把该条形码与售出白条猪的对应关系以及买卖信息保存在批发交易管理子系统中。

零售环节：每笔零售交易时生成零售记录条形码（编号）。通过零售管理子系统记录保存零售记录条形码（编号）与批发交易编码及白条猪耳标（或激光码）的对应关系。整块肉品可通过零售记录条形码（编号）与白条猪耳标（或激光码）对应关系准确追溯到一头特定的来源白条猪以及源头生猪，而即便对于肉糜等特殊肉品也可通过批发交易编码追溯到几头特定来源的白条猪以及源头生猪。

四、项目实施的目标及取得的成果

实现了生猪养殖、屠宰、检疫、销售的全程监控，保障了猪肉产品的质量安全；实现了企业标准化管理，提高了企业管理水平，也提升了“爱森”的企业品牌；为政府提供了有效的监管信息。

五、该项目实施的下一步打算

在上海市的企业中推广应用该系统。

（供稿：路　平　编写：王　开）

2.16 上海“菜管家”

一、项目名称及实施主体、时间、范围

“菜管家”（www.962360.com），由上海农信电子商务有限公司建设运营。从2008年开始，网站为企业提供农副产品团购服务；2009年7月网站改版上线试运行，并推出个人在线订购服务；2009年12月26日，“菜管家”网站经过半年的试运行后正式上线运营。

二、所使用的信息技术及设备设施

“菜管家”电子商务平台采用高性能的IBM服务器及Linux作为底层运行环境。应用系统采用B/S架构，支持IE、Firefox、遨游等主流浏览器。为保证系统运行安全，网站前端配置了防火墙设备，同时，对各种敏感信息进行了MD5处理，并结合采用USB安全密钥处理内部关键数据。呼叫中心配置了光纤、Avaya交换机等先进设备，及时高效响应客户要求。公司内部网络与互联网做了隔离，并对服务器、数据库做了访问限制，进一步提高安全管理

水平。

三、所使用的方法和流程

农产品网上销售系统：农产品网上销售系统采用B2C模式，构建一个优质农产品的网上超市，提供产品展示和销售功能。其流程大致可以分为：用户注册、选购商品、支付结算和物流配送4个过程。平台支持网上支付，提供第三方在线支付网关。销售系统还把面向网站管理者的管理系统集成其中，共8个模块，分别为用户注册管理模块、用户信息管理模块、购物信息管理模块、产品信息管理模块、库存信息管理模块、用户订单管理模块、消息管理模块。

农产品宣传展示系统：农产品宣传展示系统利用网站展示平台对农村合作社与企业进行网上推荐和产品宣传等。通过现场展示信息平台向顾客展示特色农产品的形象、最新订单和交易价格等情况。此外，使用360°环拍技术，将典型实物实景处理成可在网上流畅访问的视频剪辑，通过网站和大屏幕进行展示，吸引游客现场体验、购买。

农产品加工配送系统：农产品加工配送系统利用信息技术和条形码技术对农产品所经历的由加工、包装到交付这一配送周期进行全程追踪和信息记录，实现了管理信息化，从产品加工包装到运输全程追溯和配送各环节数据统计分析的功能。

四、项目实施的目标及取得的成果

“菜管家”目前已经为上海市近千家企事业单位提供各种节日福利、会务礼品等农产品团购；同时为数万名个人客户提供新鲜健康的农产品在线订购，以及有机蔬菜、粮油、土禽等品质食材的安心宅配服务。该项目的成功实施，改变了农产品产销环节中原本分散割据、信息流通不畅的局面，将农产品粗放式经营模式整合成为从安全认证到信息发布，从产品展示、订购到物流、结算的一站式精细化运营模式。

五、该项目实施的下一步打算

上海农信公司将尝试把华东农业网商务版与“菜管家”进行对接，实现6省1市农产品产销的无缝运作。此举将更好地把华东6省的优质农产品引入上海市，并通过上海这个前沿城市辐射整个国内市场以及海外市场。此外，上海农信公司还将与合作伙伴在上海市西郊共同搭建专业的农产品物流配送中心，继续探索更为便捷有效的产销对接方式。

（供稿：上海市农业委员会　编写：杨　硕）

2.17 南京农业大超市网

一、项目名称和实施主体、时间、范围

南京农业大超市网（简称农超网），于2009年9开通，是由南京市农业委员会主导建立，南京市优质安全农产品行业协会进行准入制管理，江苏丰盛捷农超市有限公司负责整体运行的农副产品电子商务交易平台。

二、所使用的信息技术及设备设施

丰盛捷农公司运用了包括网络技术、网站美工、网站维护、网站二次开发、网络营销、网站客服等技术和人员队伍。网站系统服务器采用HP ProLiant系列至强4核8线程的高端服务器，后台数据库采用SQLServer2005。WEB服务器采用IIS架构，便于部署，易于维护。主机托管于电信IDC机房，具备一流的基础设施，高速的带宽资源。

三、所使用的方法和流程

该网具有农产品展示、展销、网上订购、信息发布、交流互动和可追溯源头的功能。建立了淘宝、中邮快购等交易网站，利用自有开发和服务团队的技术力量，联合南京优质安全农产品行业协会、合作社组织及政府相关管理部门，整合南京市及周边地区优质安全农产品，推进整体网站销售体系低成本运作，提高了网站建设和运行能力，保障了农产品网络营销顺利开展。

采用网上订购，网下配送、实体店互动和全程监管模式，经过一年多运行，经营模式趋向成熟。线上线下的每一样产品从地头、到加工、配送等一系列流程均实现了产品可追溯、客户及时反馈、科学管理，最大限度保证产品质量，更好围绕以客户为中心服务。同时，成立了“捷农”优质安全农产品连锁实体店，作为农超网的线下互动平台，倾力打造百姓信赖的农产品终端，构架起城市与乡村的桥梁。

四、项目实施的目标及取得的成果

农超网建立和发展的主要目标是为无公害农产品、绿色食品和有机农产品等

建立一个安全通道，给消费者提供一个涵盖信息服务和日常购销的网络平台。农超网自开通运营至今，累计销售额已经超过400万元，服务客户3万多人次，并于2011年5月开始进行生鲜配送，解决了农产品销售中的难点。

五、该项目实施的下一步打算

将推进物联网合作，争取取得创新。及时准确地采集、处理农产品生产、流通等环节信息，提高监管效能，实现有源可溯。为政府部门提供及时、准确的农产品流通的数量、价格、产地数据和信息。为市民提供农产品来源质量信息服务。通过“放心菜”体系建设，加强农产品基地、农产品加工企业的管理。加强农产品食品的规范化管理，促进农产品种植业、养殖业健康可持续发展。对与促进和加强农产品食品安全放心工程、新农村建设及农业信息化建设。

（供稿：沈为民　编写：杨　硕）

2.18 南京农业嘉年华网

一、项目名称和实施主体、时间、范围

农业嘉年华网，由南京市农业委员会建设，南京旅游农业协会负责运行维护。网站前身是2006年南京市农林局主办的南京农业嘉年华专题栏目，2008年改版建成了专业的休闲农业推广网站。经过几年的完善，网站现已成为介绍南京休闲农业景点、网上推广农业节庆活动、共享休闲农业产业服务的平台。

二、所使用的信息技术及设备设施

农业嘉年华网与江苏国旅公司合作，由旅游公司推出休闲农业线路，并提供QQ在线咨询，实现了网上报名、网下服务的功能。农业嘉年华网利用网站内容

管理系统全面介绍南京市旅游农业景点基本情况，利用 Google 的地图功能标注景点地理位置，利用 BBS 系统为网民提供互动交流平台。

三、所使用的方法和流程

农业嘉年华网根据季节性、地域性、星级等级、特色服务等特点，对旅游农业景点进行了分类，网民可以便捷地查找到理想的休闲农业景点，可以在网上了解景点特色、服务项目、特色农产品以及其他网民的评价等。想参加旅游公司组团的网民，可以在线咨询服务人员，详细了解旅游景点线路安排情况，确认后提交个人相关资料，等待核实并确定具体旅游活动安排。自驾游的网民可以通过事先查看景点位置，了解具体地址，地理分布以及线路图等信息，可以拨打景点联系电话了解当日景点旅游信息，进行订餐、定房。参与过农业旅游的网民可以通过写游记、发图片等形式，介绍个人旅游的体会，把自己的体验与别人分享。可以对旅游景点进行点评，通过互动加强监督，提高旅游景点的服务水平。旅游景点也可以通过论坛把自己新推出的特色服务及时展示出来。

四、项目实施的目标及取得的成果

农业嘉年华网目标是为全市旅游农业景点提供网上展示、推广的平台，让更多的人参与到旅游农业中来，让人们参与到农业活动中来，体验农业、了解农业、关心农业。同时利用旅游农业这个手段来提升农业的服务能力，提高农民第三产业收入。通过开展农业集庆活动，旅游农业免费体验活动，挖掘乡风民俗，不断开发新的旅游农业线路，农家美食。通过评选星级景点以及线下发放景点介绍画册，农业节庆活动发放宣传单等方法介绍网站，提升网站影响力，经过几年的运作，农业嘉年华网已具有一定的知名度。网站现共展示有全市 100 多个旅游农业景点，网站开通以来访问量达 16 万人次，为全市农民收入增长作出了贡献。

五、该项目实施的下一步打算

将在农业嘉年华网基础上建立短信互动平台，把有条件提供全天候服务的旅游农业景点联系人员手机号码纳入其中，使信息更新更及时，响应更快捷，服务更全面。强化与旅游农业参与者的多种互动活动，提升旅游农业的影响力和参与度。另外，考虑与省内其他地市旅游农业网站加强沟通，实现资源共享，形成信息互动的大平台，为农业增收作贡献。

（供稿：毛金正　编写：张祚本）

2.19 江苏宜兴天绿农特产网

一、项目名称及实施主体、时间、范围

天绿农特产网（天绿商城），于2010年7月由江苏省宜兴市农林局组织建成，天绿优质农产品销售有限公司负责运营。天绿农特产网（天绿商城）以优质农特产龙头企业为中心，组织全市优质农产品加盟，实行实体店加网上商城相结合，采用直销和分销模式，通过商业化运作，营销优质农特产品。

二、所使用的信息技术及设备设施

网站系统采用微软的VS2008，编程语言是专用C#，数据库是MSSQL 2005开发。主要有二大模块，一是前台，实现信息发布、商品展示、形象宣传、商品订购、货款支付等功能；二是后台，实现信息更新、商品更新、订单处理、销售数据统计与汇总处理、网站管理等。

三、所使用的方法和流程

实体店建设：建设天绿品牌实体店，扩建店面，建造冷库，建成网上商城的实体店。

网上商城建设：委托专业软件公司在调查研究基础上制作B2C商城软件。首批组织50个全市信誉好，产品质量优的企业召开农产品网上销售推进会，首批筛选500个商品上架销售。

实行品牌战略：为了更好地提升品牌形象，天绿在各大门户网站、省市电视台、报刊进行广泛宣传，定期进行产品促销活动，加大海报等宣传资料的发放，有效树立天绿品牌，奠定天绿在本地农特产品行业中的地位和影响力，为企业后期的营销工作提供良好的基础。

四、项目实施的目标及取得的成果

网站在7月正式运行以来，受到了各级领导的重视与支持，本地多家媒体也进行了一系列跟踪报道，宜兴电视台制作了两档专题节目进行为期一周的循环播

出。同时，在一些本地知名论坛也进行广泛宣传。10 月试营业期间，实体店月销售额超过 5 万，网络销售也逐步推开，实现交易额超过 2 万，客户遍布全国 14 个省（自治区、直辖市），天绿网店品牌逐步打响。

五、该项目实施的下一步打算

将针对天绿商城制订营销策略，加大网络商城的推广力度，加强宣传推广力度，努力搞好网络销售及实体店的经营。加强客服培训，吸纳更多当地农特产生产企业加盟，逐步完善网络商城软件的功能，完善天绿公司运行机制。

（供稿：汤旭东　编写：杨　硕）

2.20 电子商务江苏“沙集模式”

一、项目名称和实施主体、时间、范围

“沙集模式”，起源于江苏省睢宁县沙集镇农户的应用，直接对接市场，带动制造及其他配套产业发展，生成以公司为主体、多种方式共存的新商业生态。这个新生态又促进了农户网商的进一步创新和农民本身的全面发展。农户＋网络＋公司相互作用、滚动发展，形成信息网络时代农民的创业致富新路。

二、所使用的信息技术及设备设施

“沙集模式”中农民使用的硬件技术和设备包括：普通台式电脑或笔记本电脑、ADSL 路由、手机等及其相应环境支撑系统；软件技术和装备包括淘宝网电子商务交易平台、QQ、支付宝、电子银行等。部分大一点的用户使用了淘宝网平台提供的进销存管理软件系统。

在生产环节中，农民大部分使用的技术和设备都是目前比较先进的工业加工设备，比如木材加工机器、木材贴边机、打孔机等；但还没有使用计算机软件系

统作为管理手段。

三、所使用的方法和流程

“沙集模式”中的农户是在自己家中就可以直接对接市场、主动掌握信息，自主经营按需生产的平等的市场主体；公司是土生土长的网商农户变身而来的新公司；网络是以淘宝为代表的市场化的公共电子商务交易平台。第一个环节是由农户到网络，体现了“沙集模式”是农户自发、主动地应用既有的公共电子商务平台的特点。第二个环节是网络到公司，体现了“沙集模式”由网销带动加工制造，以信息化带动工业化和农村产业化的典型路径特征，区别于常见的先工业化、再信息化的发展方式；第三个环节是公司到农户，体现了“沙集模式”以公司为基础、以市场化的新生态服务。

四、项目实施的目标及取得的成果

江苏省睢宁县沙集镇东风村全村现有4 782人，总户数1 109户。从2006年开始，自发在网上开店销售拼装家具等，带动同村及周边农民广泛运用网络对国内外销售拼装家具及上下游产品和配件，并带动制造、生产、物流以及通信等相关产业的发展，使农民不用进城就可以实现就业。网上开店的农户有400多户，网店的数量达到1 000多家，网商年销售额超过100万元的有10多户，超过300万元的有4～5户。东风村的家具加工制造厂有的已有1 500米²、2 000米² 的大厂房，雇工达到几十人，设备投资达几百万元的规模，东风村有物流快递企业6～

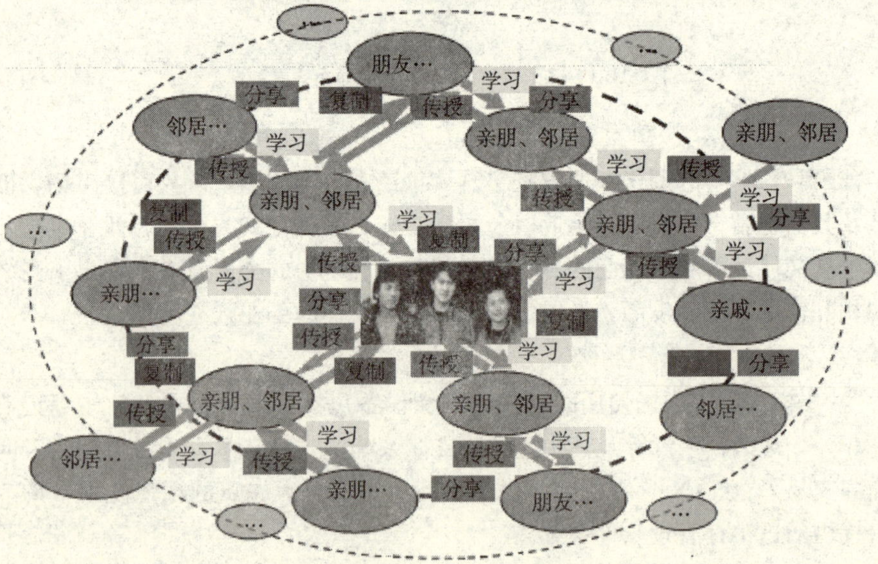

图1 “沙集模式”推广路径

7 家，天天快递设在东风村的营业点运费收入每天7 000元左右。全村现有 6 家板材加工厂，还有专门的五金配件店和网络服务商。“沙集模式”给东风村带来了充分就业，全村有4 000多人，明年东风村预计还需要外来工1 000多人。

五、该项目实施的下一步打算

“沙集模式”具有可复制传播性，由社会化的电子商务基础设施和农村社会关系形成的双重社会资本，是“沙集模式”可在广大农村广泛复制和推广的基础，以东风村为例，“沙集模式”推广路径（图 1）。

（供稿：张才明　编写：李婷婷）

2.21 苏州市南环桥市场发展股份有限公司信息系统

一、项目名称和实施主体、时间、范围

苏州市南环桥市场发展股份有限公司自 2000 年始建信息化系统。经过 10 多年的改造升级，分别建成了一卡通电子交易系统、信息发布系统、电子监控指挥调度系统、质量安全追溯系统、多媒体会议系统、办公自动化系统及决策分析支持系统。

二、所使用的信息技术及设备设施

其中一卡通电子交易系统，采用网络、IC 卡技术与信息共享，与银行实现数据联通，为买卖双方提供安全便捷的结算服务。包括蔬菜进门收费、水产电子交易、肉食电子交易、停车收费管理、物业管理等，实现一卡通。主要设备有 35 台电子交易一体机、8 台服务器、63 台联想电脑、5 套触摸查询一体机和配套软件和网络交换设备，以及 63 台 EPSON 微型打印机、3 台传真复印一体机、20 台验钞机、60 套读卡器等硬件设备，及相关管理软件。

质量安全追溯系统，基于 Internet Information Service（Internet 信息服务）、Microsoft. Net Framework 和 Microsoft SQL Server 技术平台技术，采用内部有线网络与无线网络查询相结合方式，在追溯平台不能够连接 Internet 网的情况下，可以独立运行，所有追溯信息可以在本平台上查询；当追溯平台可以连接 Internet 网的时候，该平台可以选择和其他版本的追溯平台对接，实现远程追溯、资源共享。主要设备有 40 台触摸查询一体机、8 台 IBM 服务器、H3C 防火墙 1 台、联想电脑 20 台、打印机 20 台等及质量追溯服务管理、触摸屏查询、质量安全检测系统接口和电子结算交易系统接口软件等组成。

三、所使用的方法和流程

一卡通电子交易系统：买卖双方进场后持身份证在结算中心分别办理“货主 IC 卡”和“买主 IC 卡”，并设立密码，通过现金或银行卡充值后，买卖双方持各自的 IC 卡进场自由交易，双方达成一致后，在交易点刷卡交易，刷卡后根据货款的数额将买主账户金额自动转入货主卡，转账的同时市场收取服务费。交易完成后，货主持 IC 卡到结算中心领取货款。系统保证资金安全、严谨，数据交互快捷，并具有操作简易的优点。

质量安全追溯系统：与市场电子交易系统数据互通，在电子交易系统中的登记、交易、检测过程中，自动生成质量安全追溯码，采购者可以根据该追溯码，在南环桥官方网站、各触摸屏查询一体机上，查询到产品的履历和检测信息。

四、项目实施的目标及取得的成果

通过信息化建设的持续完善，市场管理服务实现了电子结算与银行卡相结合、信息发布与安全检测相结合、电子监控与市场管理相结合、批发销售与冷库保鲜相结合、局域网站与生产基地相结合的市场信息化建设的全面转型。

五、该项目实施的下一步打算

将继续改造升级各信息化系统，为公司发展成全国一流农产品流通企业奠定基础。

（供稿：蒋林霞　编写：张祚本）

2.22 常州中国园艺网

一、项目名称及实施主体、时间、范围

常州市绿意传媒有限公司于 2010 年建设了中国园艺网。开设了行业资讯、供应信息、求购信息、代理信息、合作信息、园艺百科、园艺专家、种植信息、园艺论坛、农业观光等多个栏目。

二、所使用的信息技术及设备设施

中国园艺网主要是利用互联网、移动通信、数字电视和现代传媒技术构建的一个融合互联网、短信、电话、传媒的综合信息服务平台。建立了1 000米^2 的核心技术中心机房，接入电信、移动、广电专线，配置了电话语音呼叫服务中心、短信服务平台、信息采编中心、IT 技术创意中心。

三、所使用的方法和流程

中国园艺网总投资1 200万元，主要用于建设网络信息传媒、花木新品种引繁推广基地和网上电子商务平台。网络信息传媒主要包括短信信息服务、电话信息服务、期刊传媒服务、数字电视信息服务，并实现了中国园艺网在线信息与短信、电话、数字电视、期刊传媒等信息的实时共享和即时发布。花木新品种引繁推广基地坐落于中国花木之乡常州市夏溪镇，占地 80 亩，建有8 000米^2 的育苗大棚，苗床面积16 000米^2。基地建设主要包括花木新品种的引种、繁育和网络推广 3 个部分。网上电子商务平台主要包括在线网店系统、分类信息搜索引擎系统、产品价格行情系统、在线交易订单管理系统、客服系统等 5 大系统。

四、项目实施的目标及取得的成果

中国园艺网实现了互联网信息与短信、电话、数字电视、期刊传媒等信息的实时共享和即时发布。预计企业每年可直接创造利税 500 万元，直接或间接为花木产业从业人员创收过亿元。能够有效带动和推进了花木产业向规模化、集约化

的现代农业方向发展。对农业信息服务的产业化升级起到了推广和示范的作用，提升经济和社会效益。

五、该项目实施的下一步打算

将引导和带动本地花木企业、经纪人、花农使用中国园艺网发布供求信息，促进跨区交易。在中国园艺网上开通电子商务功能。

（供稿：中国园艺网 编写：李婷婷）

2.23 江苏无锡朝阳集团股份有限公司信息系统

一、项目名称和实施主体、时间、范围

江苏无锡朝阳集团股份有限公司信息系统，是以集团总部为中心，朝阳农产品批发市场、农产品配送中心、天惠超市连锁门店为应用主体，涵盖批发市场交易结算、商品物流配送、零售进销存管理的综合信息管理系统。该系统由江苏无锡朝阳集团信息中心与上海海鼎信息工程股份有限公司、无锡斯塔科技有限公司合作开发实施，于1993年投入运行，经多次升级全面实现了批发市场、连锁配送网络化计量、无纸化结算。

二、所使用的信息技术及设备设施

该系统以分布式微型服务器和光纤网络为主架构，各个不同的应用独立配置服务器，并通过光纤互联，实现信息共享。交易现场网络布线到点，配置3台80吨电子地磅、近300台网络电子秤交易一体机，结算中心30台套后台系统提供充值、结算、现金汇款等后续服务。

结算大厅设有信息发布系统，分别由大型LED电子显示屏、液晶电视机、触摸屏等设施组成，方便客户查询。

监控调度指挥系统，中心设有由 3×3 大型拼接屏及 51 路独立显示屏组成的屏幕墙，实时切换多达 120 路控制画面。并通过远程广域数据中心切换，实现 3G 移动终端的实时监控。

三、所使用的方法和流程

批发市场交易结算系统由登记、充值、结算等环节组成。卖方首次进入市场需办理交易卡，记录商户个人信息；每一批次商品进场办理登记单，记录产地等信息。买方办理 IC 会员卡，在结算中心后台充值后用于现场交易支付。交易过程中买卖双方由司磅员提供服务，现场计量。交易完成后，交易数据实时上传主服务器，买卖双方兑刷交易卡，完成交易双方账户资金的转移。

在此基础上的配送采购业务，同步实现与超市门店的数据交换。重点蔬菜商户与工商登记部门联动，实现进货数据与交易数据比对。农贸市场通过网络电子秤出具的追溯码票证，可便追溯批发市场商户及商品信息。系统根据交易过程中形成的流水信息，分类汇总，为农产品可追溯体系建设积累数据。

四、项目实施的目标及取得的成果

朝阳农产品批发市场的交易模式沿用司磅员统一结算模式，降低手工开票、缴款、汇总的繁复劳动程度。以此为基础，集团信息化应用进一步得到提升，除与农产品交易有关的业务外，还建立了租户管理系统、财务管理系统、水电节能控制系统、物流库存管理系统及办公自动化系统。各个系统各自独立又相辅相成，为企业经营决策发挥着应有的积极作用。

五、该项目实施的下一步打算

在无锡市政府的统一部署下，集团将在 2011 版交易结算系统中融入农产品检测信息与交易结算系统的互动控制功能，赋予检测中心更多控制权限，对不合格农产品采取终止销售、售出商品招回等手段，杜绝不合格农产品流入市场。集团还将与当地农业主管部门合作，重点对本地生产的蔬菜等主要农产品进行产地准出、市场准入制。利用物联网技术，对供应超市、集伙单位的蔬菜实行 RFID 定包装周转箱流通。建立沟通各农贸市场的可追溯计量网络。

（供稿人：陈建新　编写：杨　硕）

2.24 浙江省绍兴县茶场农产品质量追溯信息系统

一、项目名称和实施主体、时间、范围

浙江省绍兴县茶场农产品质量追溯信息系统，由绍兴县茶场负责实施。该系统从 2008 年开始在绍兴县茶场的9 200亩茶园中实行。系统通过专用软件，将生产岗位信息采集到产品追溯信息查询业务流程一体化，实现农产品质量可追溯。

二、所使用的信息技术与设备设施

技术配置：SQL 数据库，以及其他专业软件。

设备配置：服务器、计算机、数码相机、条码打印机、无线扫描仪等。

三、所使用的方法和流程

茶叶从茶园到市场的追溯生产流程见图 1：

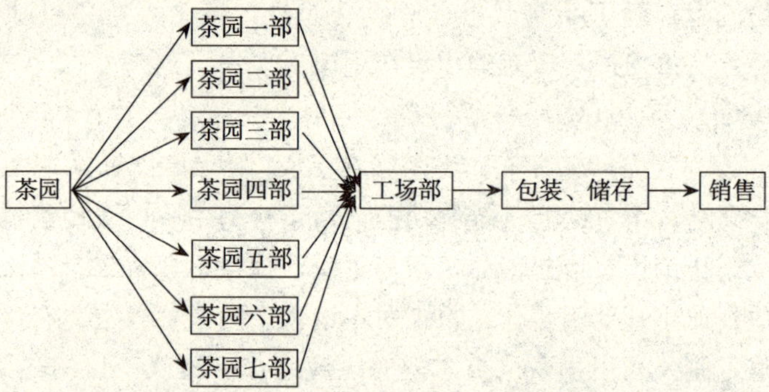

图 1　茶叶从茶园到市场的追溯生产流程

该流程实现了以下几项业务：

茶树记录：上年 11 月至次年 2 月，封园、修剪、施肥、病虫害防治、农事操作等，由茶园部各生产队的记账员负责做好信息记录，然后由技督部负责做好信息汇总和上传工作。

采摘记录：3～11 月品种、等级采摘。

收青记录：分品种、等级验收，分地块、品种、等级进行摊凉、加工、由验

青员将信息录入系统然后进行加工，加工过程信息由加工部班组长负责记录然后进入包装、仓储程序。

包装记录：由保管员将调出仓库存储信息，根据不同包装进行加工包装并录入信息。

储存记录：分批次、等级、区域存储，由保管员将信息录入系统。

销售记录：国内（超市、经销商等）、国际市场的销售记录。

四、项目实施的目标及取得的成果

该系统实现了绍兴县茶场生产的龙井茶和蒸青茶全部可追溯。消费者可以通过手机语音、短信和网上查询 3 种形式，了解每一批次茶叶的采摘、加工日期、生产地块等相关信息。如果出现茶叶质量问题，消费者可以直接找到茶场，茶场可通过内部收录的数据查出质量问题的根源，并及时进行整改。该系统使绍兴县茶场达到了生产可记录、信息可查询、流向可跟踪，责任可追溯，为进一步确保茶场的茶叶质量安全提供了保障。

五、该项目实施的下一步打算

绍兴县茶场将在继续抓好农产品质量追溯的基础上，努力完善该系统，不断加大园区建设力度，力争使绍兴茶场成为浙江省兄弟县市农场或食品企业的质量追溯项目样板。

（供稿：绍兴县茶场　编写：王　开）

2.25 吉天公司蔬菜流通信息化与农产品安全生产溯源系统

一、项目名称和实施主体、时间、范围

从 2006—2009 年，浙江吉天农业开发有限公司在其企业基地及蔬菜产品专

卖店，建设并投入使用了蔬菜流通信息化与农产品安全生产溯源系统。

二、所使用的信息技术及设备设施

该系统依托计算机技术、数据采集技术、条码识别技术、网络技术和 3S 技术。具体涉及 SQLServer 数据库、ArcGIS、MapObject、GPS 数据采集仪、土壤养分等检测设备、条码打印设备、条码扫描设备、短信接收（发送）设备、网络设备以及数据服务器、Web 应用服务器等软硬件设施。

三、所使用的方法和流程

作为一个企业安全生产信息服务与管理系统，该系统以建立农产品产地或加工地编码系统为基础。系统以吉天农业开发有限公司的生鲜蔬菜（以萝卜、芦笋和甘蓝为主）为核心示范点和示范主体对象，依据产地调查和环境检测结果，建

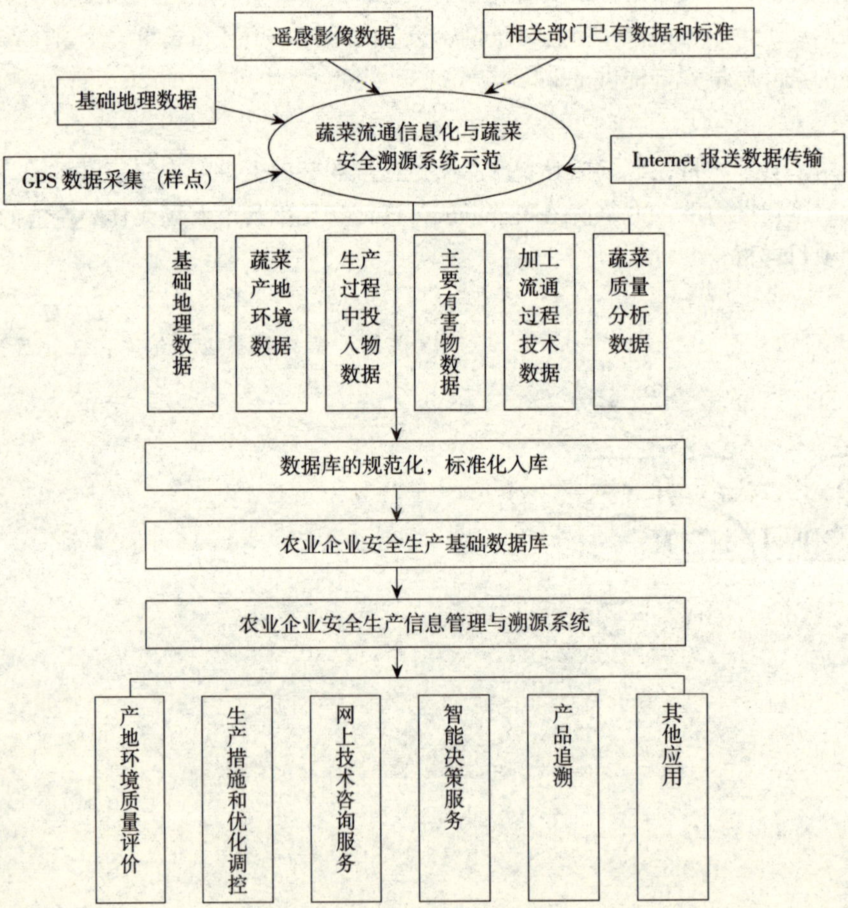

图 1　项目实施技术流程图

立每个蔬菜基地编码区内的农业资源信息库。其主要示范内容包括蔬菜生产过程管理信息系统、蔬菜流通过程信息管理、蔬菜流通信息发布、蔬菜配送 GPS 跟踪以及蔬菜产品质量安全跟踪与回溯见图 1。

四、项目实施的目标及取得的成果

建立每个蔬菜基地编码区内的农业资源信息库（空间信息和属性信息）。利用系统的数据处理技术，以及 WebGIS 的强大可视化功能，可以使之达到“输入编码可查询、跟踪与定位、产业数据可统计”。逐步建设与完善农业数据库系统，使之既能服务于现有产地编码区的各项数据处理和消费者对农产品的安全溯源，又能为数字农业发展和今后各项功能的拓展留有灵活开放的通道。

通过在企业中开展环境检测评价、产地分区和编码工作，建立了农产品产地环境以及编码信息库；规范了企业的农产品安全生产记录和登记，设计并构建了蔬菜安全生产管理应用系统，并实现了蔬菜产品在线溯源查询应用示范；同时为了准确跟踪配送车辆的行驶路径在合理路线中(图2)，构建了配送车载 GPS 定位跟踪系统；此外，结合企业农产品专卖店，建立了示范区蔬菜市场信息交流平台。

图 2　蔬菜产品配送定位跟踪系统应用

五、该项目实施的下一步打算

将重点开展对各承包种植户生产过程的监控管理，实现常态化的监督指导机制，逐步规范各生产者的安全生产行为。在追溯源头上以农户而非地块为基本单元，溯源到农户后再细分定位到各种植地块。另外，对于产品采收销售环节的标识跟踪，可以采用 RFID（无线射频识别）技术来克服普通条形码标签污损等情况，提高产品追溯的准确性。

（供稿：浙江吉天农业开发有限公司　编写：李婷婷）

2.26 嘉兴市蔬菜批发交易市场信息系统

一、项目名称和实施主体、时间、范围

嘉兴市蔬菜批发交易市场信息系统，是2006年市场升级改造的重点建设项目，由西安泰伦信息科技有限公司设计安装，主要包括电子结算系统、信息收集发布系统、安全监控系统。

二、所使用的信息技术及设备设施

电子结算系统，采用网络、IC卡技术与信息共享，为买卖双方提供安全便捷的结算服务，主要设备有：17台电子交易一体机、2台服务器、16台戴尔电脑、2套稽查柜、2套稽查信息显示屏、2套自动查询柜、6套手持稽核机及配套软件和网络交换设备，还有18台标签打印机、11台验钞机、8台双向对讲机、9套读卡器等。

客菜进门信息系统设备：1台100吨电子汽车衡、31台无线手持机、7台固定收费终端机、6台戴尔计算机。

信息收集发布系统设备：7块LED电子显示屏和市场所建立的农产品安全追溯系统及客户自助查询系统等。

安全监控系统设备：5台监控服务器、87个摄像头、19台彩色监视器等。

三、所使用的方法和流程

市场在地菜交易区设立结算中心，买卖双方进场后持身份证在结算中心分别办理“货主IC卡”和“买主IC卡”，并设立密码，买卖双方持各自的IC卡进场自由交易，双方交易意向达成后，由司磅员统一司磅，买卖双方在POS机上刷卡转账，同时市场收取服务费。交易后，货主持卡领取货款。客菜进门信息系统对入场客菜进门时先称重，再由市场管理员录入蔬菜产地、品种、数量、车辆信息、客户信息等数据，形成溯源资料。信息收集发布系统实时发布市场主要农产品的价格行情信息。农产品质量安全可追溯系统，可对上市交易的农产品质量进

行溯源追踪。安全监控系统，对市场各个区域实行24小时全天候监控。

四、项目实施的目标及取得的成果

电子结算，使原来简单的“钱货两讫交易模式”变为地菜交易自动化。减少了现金流通的环节，电子交易结算杜绝了缺斤少两、少付或赊欠货款的现象，通过各种历史数据对比便于快速准确调整管理思路及决策。通过信息收集发布系统的运用，加强了对全国农产品批发市场的了解与信息共享，还为商户和农户提供了迅速、有效、准确的信息服务，同时通过交易信息实时发布，可以对农产品质量进行溯源追踪，从而对促进商户经营，扩大商品销售，调整农业结构，监督农产品质量发挥了较好导向作用。此外，安全监控系统不仅保障了市场安全，且便于对市场的秩序、环境卫生、员工工作及突发事件进行监督和及时处理。

五、该项目实施的下一步打算

一方面对现有的信息化设备设施进行更新换代升级改造，进一步提高运行效率，确保各项设施正常运行。另一方面，逐步建立商户信息管理系统、市场物业、财务与人事管理系统、电子商务系统、零售终端管理系统和冷链物流系统；完善农产品安全可追溯系统，不断提高市场信息化水平，努力将市场打造成为一个功能完备、信息灵敏、交易先进、运行规范、管理科学、统一高效的现代化农产品物流和信息服务中心。

（供稿：嘉兴市蔬菜批发交易市场　编写：杨　硕）

2.27 合肥周谷堆农产品中心批发市场信息系统

一、项目名称和实施主体、时间、范围

合肥周谷堆农产品中心批发市场信息系统，由蔬菜电子结算系统、肉类电子

结算系统、门禁收费结算系统3个独立系统组成，均由西安泰伦科技有限公司设计安装、周谷堆农产品中心批发市场建设运营。

二、所使用的信息技术及设备设施

主要技术有电子结算系统采用网络、IC卡及信息共享技术，为买卖双方提供安全便捷的结算服务。主要设备有419台电子交易一体机、4台服务器、40台戴尔电脑、6套稽查柜、4套稽查信息显示屏、4套自动查询柜、8套手持稽核机及配套软件和网络交换设备，还有15台标签打印机、15台验钞机、20台双向对讲机、20套读卡器、电子显示屏等。

信息收集发布系统的主要设施有：4块大型LED农产品行情实时电子显示屏、农产品安全追溯系统和客户自助查询系统等。

安全监控指挥调度系统主要设备包括12台硬盘录像机、全场布有监控点95个，其中云台摄像机68台、固定摄像机27台，40米^2×20米^2×15米^{2}电视墙三面，12米^{2}全彩LED大屏一块、7米^{2}双基色LED屏2块、单色LED条屏4块、40寸液晶电视机38台、工作电脑5台。

三、所使用的方法和流程

电子结算的使用流程：买卖双方均需办理入场交易IC卡，在电子结算中心窗口登记姓名、联系电话等信息，办理交易IC卡并充值后，在任何一个交易点与卖方货主卡兑刷即可完成交易。卖方货主在当日交易结束后可凭卡到窗口结算货款，取款时间不限。信息收集发布系统由市场信息中心统一管理使用，商户和农户可通过该系统了解全国各地市场主要农产品的价格行情。通过农产品质量安全可追溯系统，可对上市交易的农产品进行溯源追踪。安全监控系统可对市场各区域实行24小时全天候监控。

四、项目实施的目标及取得的成果

蔬菜交易市场实现了电子结算交易模式。买卖双方通过IC卡进行交易结算，实现全场无货币交易，彻底杜绝交易中假钞、赊销、抹零头等经营风险，增加了交易透明度。市场日交易数达5万笔次，交易记录均完整存储在结算中心数据库中，市场管理人员可通过电子结算系统，查询包括交易品种、数量、来源、销售流向等详细记录。

五、该项目实施的下一步打算

集团公司确立了下一步信息化建设五原则：一是实用性和先进性。系统设计既要强调先进性也要注重实用性，施工图在设计中应注意系统配置的经济效益，达到综合平衡。二是集成性和可扩展性。考虑到农产品物流园的整体要求，和未来升级换代，设计中应考虑全面，兼顾到项目中各个子系统之间的兼容性。三是标准化和结构化。设计依据国家和地区有关的标准，同时注意本项目和周边整体的要求。四是安全性和稳定性。系统设计应具有较高安全性、可靠性和容错性；五是经济性。在实现系统功能的前提下，提高系统的优化设计。

（供稿：周谷堆农产品中心批发市场 编写：杨 硕）

2.28 中国农户网电子商务平台

一、项目名称和实施主体、时间、范围

2006年，成立伊始的福建鼎天农业科技有限公司以农业农村信息化为切入点，倾力打造了中国首家新农村电子商务平台——中国农户网。中国农户网电子商务平台（以下简称平台）以农资、农产品、农业图书在线交易为主线，集成第三方物流服务，服务对象主要面向国内涉农企业和农户。

二、所使用的信息技术及设备设施

该平台以基于J2EE的MVC应用的Struts为框架，采用Java开发，为用户设计了多层次、纵横多向应用模式。软件上，平台集成并解决电子商务的在线支付、数据检索及物流资源选择与优化分配等关键技术；硬件上，平台应用了集流媒体、触摸显示及PDA于一体的无线终端。

三、所使用的方法和流程

中国农户网电子商务平台是一个综合性网络应用系统，主平台为福建鼎天公共服务平台，辅助平台为技术平台和资讯互动平台。其中，主平台包括企业工作站、网上农资超市、网上农资支付、农资行业企业网上营销平台、农资资讯等模块。其功能主要是，为农资行业企业定制、建设相对独立的网上营销平台（也称为DRP系统）。农资行业企业在本企业的网上营销平台上完成产品展示、产品销

售及收款、数据维护、客户服务等互联网营销和管理任务。企业还可享受独立域名、企业邮箱、管理后台、短信系统、培训、平台托管等服务。福建鼎天公共服务平台还为企业提供增值服务，如农资产品的联合采购和招标、农资行业企业融资中介等。

此外，中国农户网电子商务平台还首创了庄稼医生＋生产配方＋网上超市＋物流配送模式。该模式的主要思路是：结合即将部署在乡镇基层的自助应用终端，锁定农业生产的关联上下游，打造一条农资下乡、农技服务生产、农产品进城、经纪人推动市场的新型“三农”服务信息链。

四、项目实施的目标及取得的成果

平台以立足福州、辐射全国为目标。截至目前，平台在线注册用户近 12 万人，可供在线交易的商品达 3 万余件，年在线交易额已经突破 1 亿元。

五、该项目实施的下一步打算

将进一步优化和完善平台已有的各项功能；以农产品、农资及农业图书三大交易系统为主要赢利点，以农村经纪人、网上专家、我家农庄为三大辅助赢利系统，构建出平台的核心赢利模式；继续扩大中国农户网在国内的影响力和覆盖面，以最快的速度实现立足福州、辐射全国的目标。

（供稿：福建鼎天农业科技有限公司　编写：张祚本）

2.29 山东寿光农产品物流园信息系统

一、项目名称和实施主体、时间、范围

寿光农产品物流园信息系统，主要包括电子结算系统、信息收集发布系统、价格指数系统和安全监控系统，由哈尔滨市千羽红烨科技工程有限公司设计安装

（价格指数系统由浙江工商大学统计与数学学院开发），寿光农产品物流园有限公司建设运营，2009 年 11 月开发完成并投入运行。

二、所使用的信息技术及设备设施

电子结算系统，采用以太网、IC 卡及服务器双机热备等技术。其主要设备，有 5 台 HP 服务器、57 台 HP 计算机、5 台自助查询机、10 台圈存圈提机、网络交换设备，还有 57 台 Epson LQ - 630K 型或 Epson LQ - 590K 型打印机、25 台验钞机、20 台双向对讲机、57 套读卡器、57 套加密密码键盘等。

信息收集发布系统，主要设施有公司网站、6 块大型的 LED 农产品行情实时电子显示屏及配套软件。价格指数系统，由价格指数网站和后台演算系统组成，主要收集价格、计算价格指数信息，并分析价格走势。安全监控系统，采用了最新的分级网络多媒体信息收集、处理、传输技术及产品，主要设备包括 13 台监控服务器、286 个摄像头、49 台彩色监视器等。

三、所使用的方法和流程

电子结算系统，为加强无纸化电子交易结算系统的统一管理和使用，市场在蔬菜交易区设立了结算中心，买卖双方进场后持身份证在结算中心分别办理“货主 IC 卡”和“买主 IC 卡”，并设立密码，买卖双方持各自的 IC 卡进场自由交易，双方达成一致后，由司磅员用电子磅统一司磅，同时买卖双方先后在刷卡器上刷卡，刷卡后根据货款的数额将买主账户金额自动转入货主卡，转账的同时市场收取服务费。交易完成后，货主可以持 IC 卡到结算中心领取货款。

信息收集发布系统，由市场网络部统一管理使用，每天在交易高峰过后，信息员立即将价格行情进行分析整理，发送到有关政府部门和新闻媒体单位。同时，通过电子屏幕向商户和农户实时发布价格行情信息。

四、项目实施的目标及取得的成果

实现信息透明化、服务全程化、买卖保障化，提高运营效率和管理水平，促进市场的繁荣发展。尤其是电子结算，由原来简单的“钱货两讫交易模式”变为全场交易自动化，其特点和效果非常明显。

信息收集发布系统的运用，既加强了对全国农产品批发市场的了解与信息共享，又为商户和农户提供了迅速、有效、准确的信息服务，同时通过交易信息的实时发布，可以对农产品质量进行溯源追踪，从而对促进商户经营，扩大商品销售，调整农业结构，监督农产品质量发挥了较好的导向作用。

五、该项目实施的下一步打算

将对现有的信息化设备设施进行升级改造并逐步完善，进一步提高运行效率，确保各项设施的正常使用；不断提高市场的信息化水平，努力将市场打造成为一个功能完备、信息灵敏、交易先进、运行规范、管理科学、统一高效的现代化、信息化、标准化的农产品物流中心和信息服务中心。

（供稿：寿光农产品物流园有限公司　编写：张祚本）

2.30 郑州市农产品物流配送中心信息系统

一、项目名称及实施主体、时间、范围

郑州市农产品物流配送中心信息系统，由信息采集与发布系统、综合管理系统、农产品质检系统、安全监控系统、物流配送系统、数据交换系统组成。信息采集与发布系统和物流配送系统由郑州华粮科技股份有限公司开发建设，农产品质检系统由郑州市农委参与开发建设，安全监控系统由河南海鼎通信设备有限公司开发建设，物流配送系统由河南富通信息技术有限公司开发建设。该系统从 2002 年开始陆续建设，2011 年 2 月全部建成和投入运行。

二、所使用的信息技术及设备设施

硬件部分包括服务器、硬盘阵列、光盘库、工作站、集线器、路由器、网卡、服务器、CPS、MODEM、计算机、LED 显示屏、对讲机等。

软件部分包括数据库、物流配送管理软件、信息采集与发布软件、综合管理系统软件、检测数据处理软件、监控信息管理软件、网络管理及安全软件等。

农产品质检系统包括实时检测信息与服务器联网、气相色谱仪、液相色谱仪、原子吸收光谱仪、原子荧光光度计、台式农药残留速测仪、多功能酶标仪、

高精度电子天平、蒸馏水器、通风橱等。

安全监控系统包括 8 台监控服务器、12 台视频还原器、75 路监控摄像头、24 台彩色监视器等。

三、所使用的方法和流程

信息采集与发布系统：市场进门收费系统汇总交易价格和供求数量信息；信息员在市场采集价格和客户信息。信息反馈农产品物流配送中心后通过网络、LED屏、广播向商户和农户发布。同时利用网络将信息及时传输给农业部、商务部、发改委及省（市）新闻媒体单位、全国大型农产品批发市场、物流企业、生产基地等。

综合管理系统：包括商户档位管理、进门收费管理、农产品检测管理、监控中心指挥管理、公司业务绩效评估、市场效益分析等。提升农产品市场现代化综合管理水平。

农产品质检系统：通过对进入批发市场交易的各种农产品进行登记、取样、检测、公示、存档。在农产品销售环节建立“农产品可追溯档案”，包括市场内的商户档案、经营农产品档案、农产品检测结果档案等。

安全监控系统：安全监控系统指挥中心实行全天监控，并与对讲呼叫、广播和市场管理人员联动，发现问题及时通过多种方式进行指挥调度，保障市场安全。同时，监督各部门业务管理情况。

四、项目实施的目标及取得的成果

信息采集与发布系统加强对全国农产品批发市场的了解和信息共享，为商户和农户提供及时有效的信息。安全监控系统保障市场安全，对市场的交易秩序、环境卫生和突发事件进行监督和及时处理。农产品交易和质检信息的实时发布，规范农产品质量安全，促进商户经营，扩大商品销售，调整农产品产供销环节。

五、该项目实施的下一步打算

将在农产品生产、加工、销售、配送过程中引入电子商务系统。同时依托生产基地与物流配送系统，在网上完成产品或服务的购买、销售和电子支付等业务。实现电子结算交易和电子商务有机结合，提高农产品流通水平，拓展农产品流通新渠道。

（供稿：郑州市农产品物流配送中心　编写：李婷婷）

2.31 河南双汇集团供应链一体化管理信息系统

一、项目名称及实施主体、时间、范围

双汇集团供应链一体化管理及食品安全控制信息系统，于 2001 年 3 月投入运行。该系统在双汇集团管理部门及养殖、鲜冻品、肉制品、化工包装、家禽、综合等六大事业部的所有业务机构应用，包括肉制品和鲜冻品事业部各 10 大片区，300 多个办事处，40 多个生产厂，3 个商业连锁公司，3 个大区连锁配送中心，400 多家连锁门店，15 个区域物流中心，1 000多个仓库，2 000余家供应商和3 500余家一级分销商。

二、所使用的信息技术及设备设施

系统软件采用了创新的面向企业集群的供应链级业务架构，突破了传统 ERP 管理软件局限于单个企业内部资源管理的技术框架。可以支持定义和管理无限多个企业。这些企业可以是生产型，也可以是流通型、服务型或任意其他类型。系统不仅支持各个企业内部的管理需要，还可以支持企业之间的协同应用。计算架构采用了实时集中式云计算技术，客户端采用浏览器访问模式，零安装、零维护。整个集群应用的任何数据都实时传递到总部唯一的中心数据库，进行集中统一的计算和处理。服务器端每个层次均可实现平滑扩展，一方面保护 IT 投资，另一方面可以在超大规模应用情况下提供足够的吞吐率。

该系统结合企业生产经营实际，广泛采用了传感器、条码、RFID、手持式移动智能终端等自动化数据采集与控制技术及设备。采用了自动化立体仓库系统来提升仓储及物流环节的工作效率和管控水平。这些自动化设备设施均与管理信息系统紧密集成，形成高度融合的应用模式。

三、所使用的方法和流程

在做好整体规划的前提下，先在关键环节、关键机构和关键业务实施，实现企业内关键点的信息化，然后连点成线，织线成面，接面成体，最终构成立体

化、高度集成的集团级智能信息应用系统。

四、项目实施的目标及取得成果

双汇集团致力于开发和实施一套涵盖生产、销售、供应、物流、设备、财务、人力资源管理以及自动化控制、自动化数据采集等各种应用集成统一的企业信息系统。系统运行不仅满足了集团内部各成员企业的全方位应用，而且把上游的供应商和下游的批发商、经销商、零售商乃至最终客户全部纳入企业集群协同应用平台。建立快速供应体系，实现快速物流周转，降低供应链综合库存水平和综合成本，提高整个供应链的竞争力。

系统实现了集团层面业务流程一体化管理，在全国实现以客户为中心、以订单为驱动的按需生产模式。上游企业可实时看到下游企业的销售、库存、计划等信息。供应链整体库存水平下降，回款速度提高；供应链成本下降，效率提高，提升集团运营和盈利能力。

五、该项目实施的下一步打算

继续加大生产线自动化改造力度，推进自动化设备系统的普及，并与现有信息系统无缝集成；实现集团层面管理数据的全面整合，利用先进的数据仓库和数据挖掘分析工具，实现综合分析报表的自动生成和各种商务智能应用；开发和推进 3G 网络的应用。

（供稿：双汇集团　编写：李婷婷）

2.32 武汉农村综合产权交易系统

一、项目名称和实施主体、时间、范围

2009 年 4 月，武汉农村综合产权交易所挂牌成立。围绕交易所的业务内容，

武汉市农业信息中心按照“立足武汉、覆盖城市圈、辐射全省、面向全国”的原则，开发了武汉农村综合产权交易系统，旨在建设一个集信息中心、交易中心、托管中心、融资中心、结算中心为一体的多功能信息系统。

二、所使用的信息技术及设备设施

武汉农村综合产权交易所系统从结构上划分为对外展示（WEB部分），通过互联网访问；对内系统（C/S模式软件），通过内部网络操作（SSL或VPN等方式）。

该系统由数据层、中间层、应用层3部分构成，后台数据层采用Microsoft SQL Server存储关键业务数据机配置数据，中间层分为两个子层，一是通讯控制层，处理本地消息请求及异地分支机构的通讯消息，另一为业务处理层，完成基本的业务逻辑判断及处理，应用层面向操作层面，由多个应用程序组成，实现多种业务操作。整个系具有高可扩展能力。

三、所使用的方法和流程

WEB部分，即武汉农村综合产权交易所信息发布平台，可实现交易信息系统基础数据库的搭建并能通过客户端软件完成基础数据的录入、查询。

对内系统部分，搭建硬件服务器环境，包括连接服务器及相关设备的线路，配置服务器软件系统运行环境。

武汉农村综合产权交易所系统提供交易信息的录入、修改、审核、发布、查询等功能。为各市、区、乡三级交易窗口提供了发布交易信息的平台，以此实现交易信息管理、交易数据上报、交易数据统计分析、交易咨询与评估等多项功能。电子交易竞价平台，实时展示某交易项目的竞价金额、结束时间、成交金额等相关信息。

四、项目实施的目标及取得的成果

该系统能够支持公司、农村专业合作社、农业协会、农户个人等不同类型的经济实体进行产权（股权）登记托管、代理分红、自动分红、协议转让、交易过户、信息发布、资金结算等业务；全面支持多种模式的异地分支机构，代理网点等拓展业务，进而实现更低投入，更高效率和更灵活管理；中心单位可以实现对异地机构的细微管理，甚至可直接对分支机构的大屏幕功能进行设置。系统还支持银行转账业务、股份质押等多种增值业务模式；支持经纪人业务管理平台功能，单独提供产权经纪人业务终端，突出经纪人的客户服务管理功能，对产权经纪人业务有全面统计功能；同时该系统实现了业务监控稽核和定制查询等多种实用功能。

该系统的成功研发改变了过去农村综合产权保护分散管理所存在的重复、失误等弊病，节省大量的时间、经费、人力和物力等资源。大大优化了现有农村综合产权交易服务环境，加速农村综合产权市场的培育发展。

五、该项目实施的下一步打算

将进一步完善交易安全保障功能和系统防伪功能。开发由双端实体的认证、数据加密密钥等制定的，建立在可靠传输服务基础上的安全套接层协议，并依托武汉市电子政务专网进行客户端和服务器端的数据传输。开发以二维码为基础的防伪技术，确保鉴证书的真实性和唯一性。

（供稿：王爱民　编写：杨　硕）

2.33 湖北荆门G3移动二维码绿色食品溯源系统

一、项目名称和实施主体、时间、范围

G3移动二维码绿色食品溯源系统，由湖北省荆门市农业局主导，荆门市移动公司配合建设，在特色农产品生产销售企业应用。该系统从2009年下半年开始部署实施，目前已在京山国宝桥米有限公司和湖北兴农粮食产业发展有限公司正式商用。

二、所使用的信息技术及设备设施

G3移动二维码绿色食品溯源使用的是二维码防伪系统。该系统利用二维码丰富的信息特性，将产品从生产到销售整个环节的产品信息和生产厂地附加信息加入到二维码中，实现产品信息的源头控制。消费者在购买时可以追溯查询到所购产品从生产到销售各个环节的信息。这使得产品信息更加透明，杜绝了销售终端环节可能存在的篡改产品信息（如生产日期）而给企业带来的信誉损害。

三、所使用的方法和流程

移动二维码的标准产品组成由企业名称、一个二维码矩阵图形、一个二维码

号、一个移动实名以及下方的使用说明构成。该系统支撑平台由移动公司负责建立。二维码所对应信息在客户端系统录入，系统将自动生成包含该信息的二维码图案。企业只需将二维码标签喷绘（或印刷、粘贴）在产品包装上即可。

在绿色食品生产源，绿色食品生产商、销售商等与质量认证机构分别为每种食品录入详细源信息、认证状况等，并将二维码制成标签贴在产品包装上；消费者购买产品时，只需用手机扫码或发短信，即可随时随地查询产品源信息与质量认证等信息等，并可及时举报虚假、错误信息。此外，消费者还可以使用手机快速上网，随时随地下载图文、音乐、视频，获取优惠券、参与抽奖、了解生产企业的产品信息。

四、项目实施的目标及取得的成果

市场上食品种类繁多，各优秀的食品加工企业面临着其他厂家竞争，假冒产品冲击等多方面问题。如何解决产品防伪问题，以及如何增加企业知名度，推广产品是食品企业关心的核心问题之一。产品溯源防伪系统正是应对以上两个问题，为食品加工企业量身打造的一套信息化系统。目前从市场反馈情况看，该系统基本达到了预期效果，企业对此表示认可。

五、该项目实施的下一步打算

随着市场的日益成熟，系统将在更多企业推广该技术，使信息化在特色农产品流通领域发挥更大的作用，更好地维护企业和消费者的权益。

（供稿：湖北荆门农业局　编写：王　开）

2.34 武汉鑫农网—12316 农贸在线

一、项目名称和实施主体、时间、范围

2010 年初，武汉市农业信息中心联合武汉捷讯软件技术有限公司、中国移

动湖北有限公司、民生银行武汉分行合作共建了鑫农网—12316 农贸在线农产品电子商务平台。

二、所使用的信息技术及设备设施

为实现系统的可扩展性、安全性、易维护性，该平台选用了 JAVA 技术作为设计基础。整个系统是一个交互性强的数据库应用系统，采用多种 Java 技术相结合的形式，实现系统的动态交互，即 JSP、Java Applet、JavaBean、Servlet 相结合的方式，共同承担系统的交互、处理功能。对于数据库访问、会话采用 JSP 技术和 JavaBean；对于图像处理、网络传输、查错检错采用 Servlet；对于一些应用模型采用 JavaBean、Ejb、JTA 技术。通过这些技术的有机结合，形成功能强大、设计合理、使用方便、交互性强的应用系统。

数据库连接采用基于 Java 的 JDBC 技术。JDBC 采用对象的方法对数据库进行访问，并对数据进行事务和多线程管理。它的连接速度快，提供了数据集、游标支持、SQL 语句、会话管理、缓冲机制等强大的数据库连接与管理功能。JDBC 还提供了丰富的 API，开发人员只要通过其 API，可以很快地开发出数据库应用程序。

网页制作工具采用 Macromedia Dreamweaver，Dreamweaver 具有使用方便、工具丰富、模板众多等优势；语言开发使用 Jbuilder9 等开发工具。

通过 XML 来交换数据，为分布式应用提供简单、开放、标准的耦合新途径。

三、所使用的方法和流程

该平台主要由农贸产品销售系统、企业及个人会员管理系统、订单农业网上管理系统、农产品现货竞价管理系统、支付结算系统构成。提供了农产品零售买卖、批发交易、订单交易和竞价买卖（现货）、企业推介等多种服务。用户登录后可实现线上商品查阅、购买信息互换、网上支付、物流配送选择等功能。此外，为满足节假日及日常生活中消费者对礼品购买的需求，平台还提供了名特优礼品买卖服务。

四、项目实施的目标及取得的成果

鑫农网—12316 农贸在线以建成集商流、物流、资金流于一体的综合性农业电子商务平台为目标，将传统农业与数字化、网络化的生产经营方式相结合，满足武汉现代都市农业发展的需要。

该平台已成功完成 134 笔交易，在线支付交易金额总量达 10 万元；企业会员注册 198 家，其中有效企业注册 185 家，企业有效率 93%；个人会员数量达 500 家，有效个人会员 480 余家，会员有效率 96%；网站每天独立 IP 访问量达

800，每天订单数量达 80 余条，有效订单数量 20 余条。

五、该项目实施的下一步打算

不断完善功能，拓展业务。一方面确定 B2C 模式，为武汉城市圈消费者打造绿色、有机网上菜篮子。另一方面确定 B2B 模式，以产权交易为核心，植入仓单、动产质押等金融服务，提供高效、安全的结算服务，构建大宗农产品交易平台模式。

（供稿：王爱民　余　倩　编写：张祚本）

2.35 湖南村村通农业电子商务平台

一、项目名称和实施主体、时间、范围

湖南村村通农业电子商务平台，是湖南省农业信息中心指导和支持，由湖南龙迅村村通信息科技有限公司负责运营的 B2B 农业电子商务平台，于 2010 年 6 月上线运行，正逐步向湖南全省推广。

二、所使用的信息技术及设备设施

湖南村村通农业电子商务平台主要由农产品宣传推广系统、网上销售系统、在线询报价系统、多部门后台管理系统和企业诚信资质认证系统、产品溯源系统、在线支付担保系统等组成。

三、所使用的方法和流程

湖南村村通农业电子商务平台的网上销售系统采用 B2B 模式，提供产品展示和销售功能。网上销售系统分为 10 个模块，分别为管理中心、网站管理、生意管理、询报价系统、商机互动、企业管理工具、站点帮助、支付账号管理、图片管理、短信系统。其流程大致可以分为：企业用户注册会员、发布信息、推广

企业、加入商铺、进行报价、买卖上门 6 个环节。平台还实现了网上支付功能，由国付宝提供第三方在线支付。

其中，管理中心包括总裁（经理）管理、销售部门、采购部门、行政部门、网站管理等五大专区，可以作为企业的内部管理系统，实行多部门同时在线管理，互不干扰，实现了公司一网多用的目的。

在网站管理模块中，平台增加了资质证书管理功能。注册企业必须通过平台的资质认证体系（此 BCP 认证体系由商务部认证），建立企业会员的诚信体系，通过建立企业诚信档案来累积企业的生意指数，提升网上生意机会。而生意指数是将诚信档案中各个积分项集合展示出来，展示企业的网上信息公开度和贸易成熟度，是企业之间相互了解和选择对方的一个重要参考。

此外，湖南村村通农业电子商务平台还集成了农产品宣传推广系统和农产品溯源系统，从而建立了高效的农产品宣传推介和物流配送服务体系。

四、项目实施的目标及取得的成果

湖南村村通农业电子商务平台是一个架构平台系统，由省级、地市级、县级和乡村级平台构成，并与中国网库 B2B 电子商务平台对接，从上到下实现信息往返共享，商机精准匹配。这些平台通过对接系统，真正实现数据共享，不论什么平台发出的信息，在全国各平台均有显现，从而使该省农产品能第一时间推广到全国，同时也能将外地的特色农产品和生产资料第一时间引入。特别是平台与中国进店网对接，使该省农特产品进入全国 2 万多家商店超市。

该平台通过有效的线上线下资源整合，使得原本各自为政，分散经营的农户和盲目生产经营的农产品也能在互联网上展示、销售，为农产品的销路和前途提供了一个新的发展方向。

五、该项目实施的下一步打算

将与中国特产连锁 200 多家专卖店的采购系统进行对接。同时，与全省社区几千家超市对接，让农产品直接进入社区。平台二期工程还将建立配套的农特产品采购物流中心，建立自己的物流系统。

（供稿：许德军　编写：张祚本）

2.36 湖南御邦大宗农产品交易所生猪电子交易平台

一、项目名称和实施主体、时间、范围

御邦大宗农产品交易所成立于2009年4月，是中国首家从事生猪电子交易平台，总部位于湖南长沙。公司根据生猪现货交易特点，结合电子商务及电子交易市场运作模式，设立现货按期、现货挂牌等业务，采用连续竞价的交易方式在平台上集中撮合大宗生猪即期、远期购销订单，实现远程电子交易。

二、所使用的信息技术及设备设施

御邦大宗农产品交易所的生猪电子平台参照国内外生猪交易市场的特点，制定了标准化的生猪交易合约，并以现货挂牌业务加以补充，形成集生猪即期现货交易和中远期交易为一体的电子商务体系。

公司采用国际尖端的电子信息技术设备及高速网络传输系统，确保系统的稳定、安全。使用金网安泰研发的交易及行情软件，界面友好，操作简单，功能专业，可满足各级使用者的需要。

此外，公司与中国农业银行合作，使用银商通业务，使交易商的资金，高效、便捷、安全。

三、所使用的方法和流程

市场制定了完善的交易商审核标准以及严谨的交易规则，对合约产品的质量标准、检验过程、交割方式、争议处理等做了详尽明确的规定。采用连续竞价的竞价方式，标准交收、协议交收、提前交收等多种交收方法，现货按期、现货挂牌等交易模式，实现生猪的即期、远期交易。

四、项目实施的目标及取得的成果

公司致力打造中国最大的生猪电子交易平台。及全国生猪价格指数。生猪电子交易市场的开通，为生猪产业链上的各个企业提供了有力的规避价格波动风险的工具。以订单式农业的交易模式，改变了传统生猪流通渠道，以生猪现货企业

连续竞价的方式，让价格充分透明，从而达到价格发现的功能。现货挂牌业务为广大生产商、加工商扩大了销售的辐射半径，降低了信息的搜集成本。经过近两年的宣传、推广，公司的业务范围已覆盖东北、华北、华东、中南等地区，并在哈尔滨、北京、广州设立了分市场。标准合约每日成交量已达 2 万批，交易所成立至今成交总额已超过 130 亿元人民币。

五、该项目实施的下一步打算

公司将在未来一段时间内，依据现货特点继续完善及升级交易模式，扩大影响，服务农牧企业，同在行业内有影响力的大型企业达成战略合作；继续引入规模化企业作为交易会员，打牢现货基础，使公司成为（生猪）行业规范化、资源共享化、买卖双方信誉担保化、交易及资金全程监管安全化的电子商务体系，将交易所打造成为国内乃至国际上最有影响力的生猪电子交易中心。

（供稿：湖南御邦大宗农产品交易所　杨　淇）

2.37 长沙马王堆农产品股份有限公司信息化项目

一、项目名称和实施主体、时间、范围

长沙马王堆农产品股份有限公司（以下简称公司）是国家级农业产业化重点龙头企业、商务部双百市场工程企业。自 2005 年以来，公司通过引进现代化交易管理模式，形成了一套较完整的电子化信息系统。

二、所使用的信息技术及设备设施

市场业务运行平台软件采用成熟稳定的 Delphi 语言作为开发工具，后台数据库选用微软公司的 SQL Server 2008。Delphi 具有三层结构技术，针对复杂、多变的业务逻辑有很好的适应性及良好的可维护性。电子结算系统采用网络、IC

卡技术与信息共享，为买卖双方提供安全便捷的结算服务。

信息采集发布平台采用JAVA技术和J2EE的多层结构，结合JSP与数据库技术使系统具有安全性、保密性和可维护成本。

主要设备：10台电子交易一体机、4台服务器、85台电脑、10台笔记本、1台磁盘阵列、1台核心交换机、5接入层交换机、1台路由器、4台验钞机、45台打印机、50台双向对讲机、5台监控服务器、80个摄像头、18台彩色监视器、32米^{2}的大型LED电子显示屏。

三、所使用的方法和流程

建设了电子化信息系统。市场业务运行平台，包括电子结算系统、电子监控系统、综合管理系统、农产品安全追溯系统、客户管理系统、物流配送系统、OA办公系统。信息采集发布平台，包括数据交换系统、LED显示屏发布系统、市场门户网站信息采集发布系统。信息基础平台，由网络基础设施机房、硬件设备（含统采设备和自采设备两部分组成），网络管理及安全系统构成。

IC卡进场收费，买方或卖方办理IC卡，进场交易时市场管理人员根据车辆毛重（卖方）或车型（买方）确定收费金额，客户刷卡交费，进场后市场不再收取客户的交易管理费。

信息收集发布系统，由市场信息中心统一管理使用，信息员将整理好的价格行情，通过网络传给农业部、商务部、发改委和中央电视台经济频道等新闻媒体，同时通过电子屏幕发布。

安全监控系统，由监控指挥调度中心负责管理使用，运用这一系统对蔬菜、海鲜、办公等各个区域实行24小时全天候监控。

四、项目实施的目标及取得的成果

该项目实施提高了信息服务功能和科学管理水平，增强了市场的影响力和竞争力，吸引了全国各地1 000多家长住经营户，日均进场客户上万人次，营销辐射全国30多个省（自治区、直辖市）、800多个县（区、市）。此外，项目有效促进本土农业生产的专业化、特色化及销量增长，提高了基地农民收入。已建立一个涉及品种200多个，面积达30多万亩，年产生猪20万头的农产品货源基地网络，辐射带动农户20.1万户。据统计，公司近两年新增就业岗位2 000多个，每年为农民创收在亿元以上。

五、该项目实施的下一步打算

继续推进电子结算业务在海鲜市场、优势特种水产品市场和蔬菜市场的逐步实施。

（供稿：陈　晖　编写：张祚本）

2.38 湖南省常德市甘露寺批发市场信息服务系统

一、项目名称和实施主体、时间、范围

湖南省常德市甘露寺批发市场信息服务系统，由常德市甘露寺批发市场与常德科星科技开发公司共同研发建设，是一个针对农产品市场的综合性信息服务系统。该系统主要包括市场业务运行平台、信息采集发布平台、信息基础平台 3 个平台，于 2009 年 7 月正式上线运行。

二、所使用的信息技术及设备设施

系统的市场业务运行平台，主要包括电子结算、电子商务、综合管理、电子监控、物流配送等 5 个子系统；信息采集发布平台，主要包括数据交换、LED 显示屏与触摸屏、门户网站等 3 个子系统；信息基础平台，主要由网络基础设施、硬件设备、网络管理及安全、系统运行等部分构成。

系统主要设备设施，包括服务器、数据库、电子监控设备、LED 显示屏、触摸屏、扫描仪等。

三、所使用的方法和流程

电子结算系统，以本地 IC 卡交易为主，异地网上交易为辅。该系统是市场业务运行平台的核心，掌握全部的市场交易和供求信息，便于为商户提供服务，满足交易管理、资金决算及市场各项费用的收缴。同时，为信息发布提供准确及时的交易信息。

电子商务系统，提供网上磋商、交易、拍卖、招投标等业务。该系统实现了招投标、拍卖过程的跨域交易。

综合管理系统，实现了市场的人、财、物集成化管理，主要包括办公自动化、财务管理、档案管理、市场基本信息管理。

电子监控系统，一套完整的数字化网络视频监控系统，便于全面监控市场日常运行，确保市场安全高效运行。

物流配送系统，以信息为载体，围绕供应、采购、销售、服务整个供应链，实现了农产品物流和商流的分离。

四、项目实施的目标及取得的成果

该系统运行以来，产生了良好的经济效益和显著的社会效益。随着经营者和交易量的增加，不仅增加了农民的收入，同时也为地方政府带来了更多的税收；随着批发市场功能的提升和规模的不断扩大，带动了周边餐饮、宾馆、运输等产业的蓬勃发展；系统充分发挥了市场的交易中心和信息中心的功能，对平抑、调剂、稳定农产品供给价格发挥了积极作用；规范了统一的数据接口和信息编码标准，实现了以IC卡为代表的电子结算方式，使交易双方更加方便、安全；通过建立农产品批发市场检验检测制度，有效地防止了不合格农产品进入市场。

五、该项目实施的下一步打算

逐步建立商户信息管理系统、市场物业、财务与人事管理系统、电子商务系统、冷链物流系统和粮油安全可追溯系统。不断提高市场的信息化水平，努力将甘露寺批发市场打造成为一个功能完备、信息及时、交易先进、运行规范、管理科学、统一高效的现代化、信息化、标准化的农产品物流中心和信息服务中心。

（供稿：江　山　编写：王　开）

2.39 广东农产品交易网电子商务平台

一、项目名称和实施主体、时间、范围

广东农产品交易网，是在广东省农村信息中心指导下，由广州薪火网络科技有限公司建设运营的，于2008年12月正式启动上线。该网站平台建设了广东全省21地市子站群，实现了全省覆盖，是集信息互动、产品交易、推介宣传等服

务于一体的农产品电子商务平台。

二、所使用的信息技术及设备设施

除了服务器等硬件设备以外，在软件系统上，广东农产品交易网电子商务平台主要由会员管理中心系统、农产品信息展示系统、数据分析系统和手机电子商务系统 4 个部分组成。

三、所使用的方法和流程

广东农产品交易网采用 B2B 模式，其农产品交易流程大致可以分为：用户注册、进入我的家园、发布产品信息、在线洽谈、离线留言、线上订单 6 个过程。同时，结合会员管理中心系统，广东农产品交易网设立了专门的网站展示平台，为用户企业提供农产品供求发布、产品展示、在线交易、洽谈、企业宣传、手机服务等多方位的服务。

此外，网站开设了在线交易会和网上农博会。如 2010 广东种业博览会，通过专家访谈、图文直播和现场采访等形式，运用多媒体技术以直观、生动的方式，向用户展示推介特色农产品。

广东农产品交易网还开发建设了数据分析系统、手机电子商务系统，对会员的搜索、在线洽谈、离线留言、产品评论和在线订单等进行数据统计，为会员用户提供短信离线留言等针对性服务，有效提高了农产品交易的成交率。

四、项目实施的目标及取得的成果

广东农产品交易网实行政府主导、市场化运营的管理模式。平台运营 2 年多来，已累积注册用户将近 5 万户，各类供求信息近 7 万多条；同时，实现了广东省全省农业行业的资源整合，完成了广东省 21 个地市子站群建设，实现了全省业务覆盖。

网站还与广东省各市县农业主管部门及农业专业批发市场加强合作，根据各地农产品收获季节特性和农产品市场销售需求，在广东农产品交易网举办专题网上农博会和农产品网上促销交易会。到目前，网站举行了 17 个专题活动，促成交易达 250 宗。

五、该项目实施的下一步打算

目前，网站正积极建立由广东全省农业信息服务系统、农业生产基地、农产品批发市场、农业龙头企业及农业合作组织等多方参与的广东省农业电子商务协会，将积极引入一些大型的涉农产业和农产品流通企业参与合作建设，最终发展成为全国有代表性的农产品电子商务门户网站。

（供稿：贺　亮　编写：张祚本）

2.40 广西八桂田园虚拟游网上观光平台

一、项目名称和实施主体、时间、范围

八桂田园虚拟游网上观光平台，由广西八桂农业科技有限公司建设开发，主要围绕八桂田园——广西现代农业技术展示中心各区域功能进行网上展示。该平台于2010年9月对外开放。

二、所使用的信息技术及设备设施

所使用的互联网数据模块技术，主要为360°全景鱼眼拍摄技术、虚拟造景技术、flash虚拟漫游制作技术、网络制作技术；所需设备除园区设施硬件及景观外，主要为全景数码摄影器材、电脑制作系统、虚拟主机和网络服务器等。该项目主要围绕网上虚拟观光体验区、园区网站总介绍和旅游在线服务3个部分进行开放展示。

三、所使用的方法和流程

网上虚拟观光体验区：拍摄360°的原始图像素材（鱼眼图像），经处理最终得到虚拟景点图像，在图像中加入音频、文字等多种媒体，同时定制场景切换、景点链接、文字链接描述等功能，最后经整合预览后生成源文件，发布到网上。使用流程及操作方法，进入虚拟游网站、浏览导览图、进入所选区域和360°景观操作体验四个过程。具体操作，游客可以通过鼠标上下、左右任意旋转选择视角，或放缩；还可以按系统设定随机进行360°全景预览。通过以上操作，可以体验到现场采摘的真实感，通过系统仿真性和现场音效处理能体验到逼真的视、听、触感。

园区网站总介绍：游客可以通过观光平台链接进入八桂田园网站主界面了解更多信息，包括园区简介、组织机构、企业荣誉、媒体视角、成果展示、娱乐资讯、产品信息、动态新闻、通知公告、农业信息联播、技术交流、景区风光、销售网点和在线留言等内容。

旅游在线服务系统：通过网上观光平台与园区网站开设的在线服务系统，可满足客户对旅游产品、技术服务、产品销售等各类在线咨询需求。

四、项目实施的目标及取得的成果

八桂田园虚拟游开通以来，向游客提供了一种全新的观光体验方式，吸引了广大网民的眼球，特别是为农业园区探索了信息农业推广的新模式，目前已吸引了数 10 万的点击量，在满足游客视觉探索的同时也促进了实体旅游的发展，带动了来园游客的增长。

八桂田园虚拟游通过有效的线上线下资源整合，使园区各类旅游区域和产品能在网上及时更新和展示，促进了线下园区各类经营业务的发展，也为广大民众搭建了交流沟通的平台，为公司发展提供了有利条件。

五、该项目实施的下一步打算

将继续充实景观展示内容，同时加强与广西农业信息网、广西旅游信息网等优势网络资源合作，进一步推广平台应用；加强网上旅游产品销售系统的建设，引入更多园区产品及广西各地农业旅游特产，实现在线产品展示、订购、支付，使旅游平台发展成为集虚拟观光、在线购物、技术支付、会员服务、物流配送于一体的电子商务平台。

（供稿：吴孝文　编写：杨　硕）

2.41 南宁市五里亭蔬菜批发市场信息系统

一、项目名称和实施主体、时间、范围

南宁市五里亭蔬菜批发市场信息系统，由南宁广大智能科技有限公司设计开发，是 2007 年市场配套设施新建扩建的重点建设项目，2008 年 1 月投入运行，

主要包括信息采集发布系统和安全监控系统。

二、所使用的信息技术及设备设施

信息采集发布系统主要设备有8台计算机、3块大型LED电子显示屏和农产品安全追溯系统。安全监控系统采用了最新的矩阵切换系统，即闭路电视监视系统，具有多路视频输入、输出和多个控制机箱。通过光纤可同时实现多媒体信息的收集、处理、传输。主要设备包括9台监控操作台、128个摄像头、31台彩色监视器组成的电视墙等。

三、所使用的方法和流程

信息采集发布系统和安全监控系统由市场的安全与信息部统一管理使用。市场信息员每天早上通过信息采集发布系统将蔬菜、水果等交易价格进行分析整理，通过电子屏幕实时发布市场和全国各地批发市场主要农产品的价格行情信息。同时利用网络及时传输给农业部、商务部、发改委等部门。另外，通过农产品质量安全可追溯系统，对上市交易的农产品质量进行追踪溯源。安全监控系统对市场各个区域实行24小时全天监控。监控内容包括市场的交通秩序、交易秩序、卫生情况、治安情况以及消防安全情况等。

四、项目实施的目标及取得的成果

信息采集发布系统加强了对全国农产品批发市场的了解与信息共享，为商户和农户提供了及时有效的信息。通过交易信息的实时发布和农产品质量的追踪溯源，对促进商户经营，扩大商品销售，调整农业结构，监督农产品质量发挥了较好的作用。同时提高了五里亭蔬菜批发市场的知名度，带来了庞大的客户群。

安全监控系统主要发挥的主要作用：第一，128个摄像头覆盖整个市场95%以上的面积，全面观看市场情况进行全局指挥和疏导交通。第二，远程监控可随时了解市场的最新动态，足不出户就能掌握市场各个时期的特点，为市场发展提出可行性计划。第三，监控系统的信息存储功能为市场良好的治安环境提供了保障。每个摄像头所记录的信息可以存储20天以上，储存期的录像为治安案件提供证据，给当地司法机关提供帮助，有力地维护了市场稳定和繁荣。

五、该项目实施的下一步打算

在确保目前的设施设备正常运行的基础上，将尽快建立电子结算功能，提高市场的运营效率和管理水平，使市场在行业规模化、管理规范化、服务标准化的建设中趋于完善，成为辐射大西南最具影响力的农产品综合交易平台。

（供稿：廖　凯　编写：李婷婷）

百宝箱 中国信息化与现代农业案例及分析

2.42 海南中橡电子交易市场

一、项目名称和实施主体、时间、范围

2005年12月，在原海南农垦电子商务交易中心的基础上，由海南农垦、中国农垦经贸流通协会、华垦（北京）投资有限公司等股东共同出资5 000万元，改制成立了中橡电子交易市场（以下简称中橡市场）。中橡市场的业务涉及天然橡胶及其他农产品网上交易、物流配送、软件开发等，是中国最大的天然橡胶电子商务平台。

二、所使用的信息技术及设备设施

中橡市场依托自身技术力量和多年的信息化研究积累，开发出了有自主知识产权的中国天然橡胶竞价交易系统，覆盖了中国的天然橡胶现货交易，为中国天然橡胶行业上下游企业提供了公开、公平、安全、高效的在线交易服务、物流配送服务和信息服务。2007年成功开发了由国家发展和改革委员会批准立项的海南省唯一的热带农产品商务网，提供了信息交换、交易支付、业务推广等强大功能；2008年推出了全新的中橡商务网，设置了行业资讯、数据分析、价格走势等丰富翔实的功能，更好地帮助客户了解行业需求和动态并提供及时快捷解决方案。此外，中橡市场依托技术、人才优势，利用自身网上交易的领先地位，积极参与海南省农业信息化建设，提供面向行业的信息资讯、企业与产品推广、系统集成等服务。

三、所使用的方法和流程

在天然橡胶在线交易方面，中橡市场制定了竞价交易流程（图 1），有效规范了天然橡胶的网上交易。

四、项目实施的目标及取得的成果

成立之初，中橡市场就定下了发展目标：依托信息技术，立足农垦，创建一个集信息流、资金流、商流、物流于一体的覆盖中国和东南亚地区的天然橡胶与大宗农产品现代化、专业化、国际化电子交易市场，为中国和东南亚地区天然橡胶及大宗农产品上下游企业提供安全、高效的在线交易服务、信息服务和配送服务。

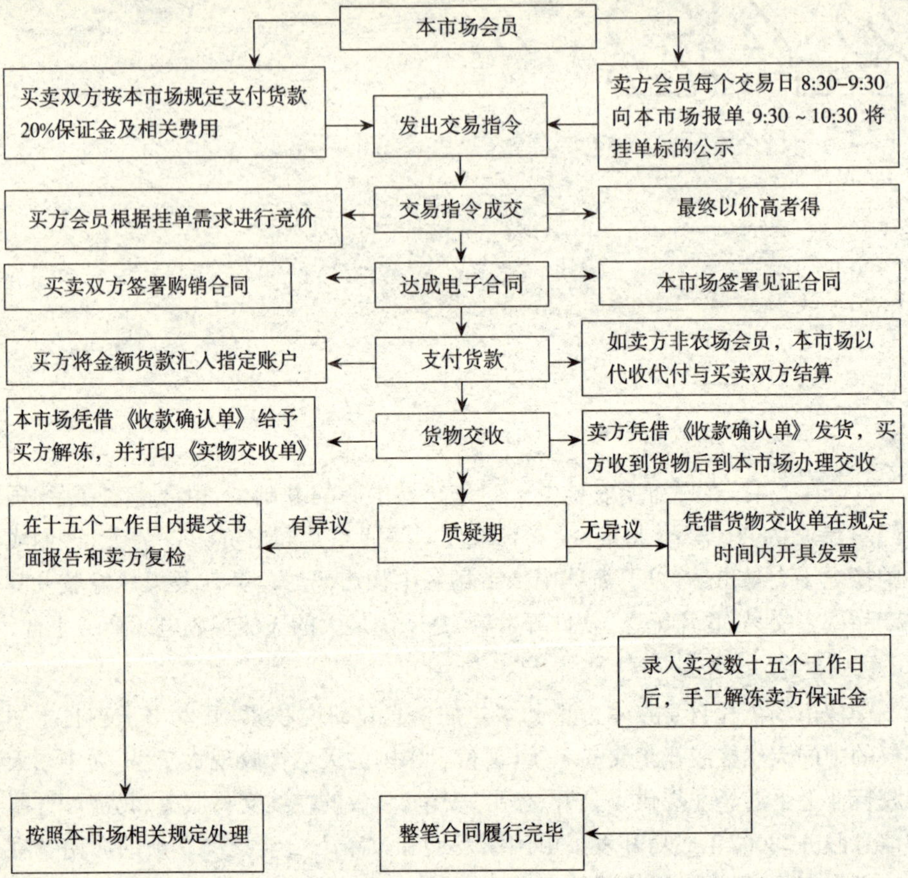

图1　竞价交易流程

目前，中橡市场已经成为全国最大的天然橡胶专业交易市场。截至 2010 年 6 月 30 日，累计交易橡胶 285 万吨，年交易金额达到 50 亿元，累计成交金额达 399 多亿元，增值金额 2.39 亿元，交易量占全国总产量的 70%，占国内总需求的 25%。取得了较好的经济效益和社会效益。中橡市场，得到了社会各界的广泛关注，得到了海南省政府、农业部、科技部、信息产业部、国家发展和改革委员会等有关部门多项奖励和项目支持，是“十五电子商务示范工程”，2004 年被农业部等八部委评为农业产业化全国重点龙头企业。

五、该项目实施的下一步打算

继续为天然橡胶企业做好在线交易服务、信息服务和配送服务，向现代化、专业化、国际化电子交易市场的目前不断努力。

（供稿：中橡电子交易市场有限公司　编写：张祚本）

2.43 海南惠农网

一、项目名称和实施主体、时间、范围

海南惠农网，是海南惠农网科技有限公司建设运营的“三农”综合服务平台。2008年11月至2010年上半年平台的前期研发工作完成，从2010年下半年开始平台进入推广应用阶段。

二、所使用的信息技术及设备设施

海南惠农网主要由海南惠农网电子商务信用支付平台、网络视频展销监控系统、GPS监控系统和展销农产品质量追溯系统等信息技术组成；相配套的项目建设设备有海南惠农网GPS物流车载设备、网络摄像机、海南惠农网上网本和信息化一体机设备等。

三、所使用的方法和流程

海南惠农网电子商务信用支付平台采用B2C的运作模式，构建海南惠农网网上商铺，为农产品提供展销平台。实施流程如下：用户注册、选购商品、支付结算和物流配送4个步骤。海南惠农网电子商务信用支付平台使用实名注册的方式，登录注册账号后在网上商铺选购商品，确认购买后选择配送方式，如物流配送或自提，最后由商家发货，买家收验货后确认收货，完成交易。海南惠农网平台的在线支付以中国农业银行为交易第三方，安全信用。

根据农产品销售的需要，海南惠农网还建立了网络视频展销监控系统，以此为农作物和农产品做全方位的产销展示，从而促成在线视频营销。用户登录海南惠农网，点击相应的产品视频功能栏，即可即时了解农作物的生长情况或农产品的信息动态。

为解决物流配送问题，海南惠农网建立了GPS监控系统。该系统分为物流监控系统和仓储监控系统，分别在物流车辆和仓储场所配备GPS监控设备，和海南惠农网网站实现网络连接。用户只需登录海南惠农网，点击输入相应账号，即可随时随地了解农产品的物流运输动态和仓储的实时情况。

此外，海南惠农网还建立了农产品质量追溯系统，对农作物播种到收获的全过程，进行全程的追踪记录，从生产源头上为农产品的质量追溯提供了安全保障。

四、项目实施的目标及取得的成果

海南惠农网致力于打造一个集信息流、商务流、资金流和物流于一体的“四流合一”的综合服务平台，为海南省107万农户实现网上撮合、网上交易、虚实结合的农资、农产品促销营销。项目建设及推广应用以来，得到了社会各界的广泛关注和高度认可。在“2010信息化与现代农业博览会”，海南惠农网被专家评委组授予“优秀案例二等奖”。

五、该项目实施的下一步打算

海南惠农网已启动澄迈、定安、乐东、儋州等市县的试点工作。下一步计划扩大试点范围，继续完善功能，逐步在海南省各市县乡村建立惠农服务站，以此为推广海南惠农网的主要形式，不断增强自身实力，扩大品牌影响力。

（供稿：陈春吉　编写：张祚本）

2.44 重庆市农产品市场价格信息服务系统

一、项目名称和实施主体、时间、范围

重庆市农产品市场价格信息服务系统，是重庆市农业信息中心自主研发建设的一个全市农产品市场价格信息采集和发布平台。该平台于2004年开发运行，2005年1月正式在全市40个区县农贸市场、产地市场和农业部定点批发市场进行价格信息的采集与报送。

二、所使用的信息技术及设备设施

该项目硬件采用HP服务器，基于微软技术，使用B/S架构，操作系统使用

百宝箱 中国信息化与现代农业案例及分析

Windows 2008，数据库采用 SQLServer2008，Web 服务器使用 IIS，安全认证采用 MD5、带随机盐的单点登录。平台使用 ASP 与 ASP.NET 技术，支持多元素混合查询，支持数据准确度分析，支持多种数据统计功能，支持外墙大屏幕展示。服务器采用 10M 独享带宽接入互联网。

三、所使用的方法和流程

农产品市场与生产信息采集点建设：在全市范围内发展 13 个市级农产品定点市场、40 个区县农贸市场、4 家大型超市、3 家大型屠宰场等 60 个农产品市场信息采集点；在全市 40 个涉农区县中再选择 80 个有代表性的乡（村）或专业合作社作为农产品生产信息采集点；在 18 个区县选择 500 个户（点）开展主要农产品基点、物价、成本调查及统计分析。

农产品市场与生产信息采集基础建设：建设了农业统计年报、分县资料以及主要农产品和生产资料价格、成本等历史资料数据库。进行了主要农产品市场与生产信息采集报送新系统的运行升级改造。

农产品市场监测预警体系建设：开展农产品市场价格常规监测（含周报、月报、季报、年报）；应急和突发事件专题市场信息监测预警；五大主导农产品（水稻、柑橘、蔬菜、生猪、水产品）供需形势分析。推进信息发布的制度化和规范化，为政府宏观决策和农业生产经营提供科学依据，为保供增收提供支撑。

四、项目实施的目标及取得的成果

项目实施加强了数据采集、常规分析和专题分析。在应对南方干旱和“通胀预期”带来的农产品价格尤其是蔬菜价格波动等突发事件中取得了较好的效果。开展深度专题分析，编辑发布了《西南五省旱灾对重庆市蔬菜价格的影响》、《重庆玉米价格上涨调查分析》、《近期重庆大蒜市场行情分析》、《近三年重庆及周边省市蔬菜价格走势分析》等近 20 篇文章，多数篇目被重庆市政府公众信息网的“权威发布”栏目采用。项目实施促进了全市农产品市场监测预警能力显著增强，信息引导生产和销售取得了显著成效，在帮助农业生产者规避农产品市场风险中发挥了积极作用。重庆市农产品监测工作得到了各级领导的充分肯定。

五、该项目实施的下一步打算

将进一步完善系统软硬件，提高数据采集质量。重点开展农产品市场价格常规监测，应急和突发事件市场监测预警，五大主导农产品（水稻、柑橘、蔬菜、生猪、水产品）市场信息专题分析等工作。

（供稿：张玉加　编写：李婷婷）

2.45 重庆市名优农产品网上展厅

一、项目名称和实施主体、时间、范围

重庆市名优农产品网上展厅（以下简称网上展厅），由重庆市农委组织开发，于2002年正式上线运行。网上展厅是响应农业部“一站通”农村供求信息全国联播系统向省级延伸而建立的农产品网上展示平台，主要宣传推介全市40个涉农区（县）的重点农产品加工企业和名优农产品。

二、所使用的信息技术及设备设施

网上展厅采用HP服务器，基于微软技术，使用B/S架构，操作系统使用Windows 2008，数据库采用SQLServer2008，Web服务器使用IIS，安全认证采用带随机盐的Hash算法。同时，使用了ASPNET技术，客户端兼容性好，支持多种浏览器，提供名优农产品外部引用接口。服务器采用10M独享带宽接入互联网。

三、所使用的方法和流程

打造一支农产品网络促销员队伍：依托现有农业信息服务队伍，培养一支涵盖市、县两级，数量在80人左右的农产品网络促销员骨干队伍。

农业企业及名优农产品网上展厅建设：在重庆农业农村信息网原有的农产品网上展厅基础上，对农产品展示平台进行了改版，建立了重庆市名优农产品网上展厅。将全市重点农产品加工企业、名优产品、农民专业合作社和协会逐步纳入名优农产品网上展厅进行展示宣传推介。形成了一个包含重庆名牌农产品、地方特色农产品及绿色、有机和无公害认证的农产品数据库。

供求信息采集发布：与国内知名电子商务企业合作建设了农产品供求发布与交易系统。充分利用农业部“一站通”农村供求信息全国联播系统，推动农产品供求信息发布。

四、项目实施的目标及取得的成果

自2002年开通以来，网上展厅有力地促进了重庆市农产品销售，农产品销

售额已达3亿多元。仅在2006年重庆西部农交会期间，网上展厅就促成新疆生产建设兵团、重庆建工集团分别签下了3.5万人和2.8万人的用工合同。同时，网上展厅利用农业部“一站通”农村供求信息全国联播系统，发布农产品供求信息1万多条，其中配对2 000多对，实现交易6 000多万元。

五、该项目实施的下一步打算

重点在重庆全市范围内推广应用网上展厅，推动1 000个企业和2 000个名优农产品进行网上展示宣传，促进农产品流通。

（供稿：张玉加　编写：李婷婷）

2.46 重庆市农畜产品电子交易系统

一、项目名称和实施主体、时间、范围

重庆市农畜产品电子交易系统，由重庆农畜产品交易所和北京时力永联科技有限公司共同开发，是一个针对各类大宗农产品的电子商务交易系统。该系统于2009年1月研发，同年12月正式上线运行。

二、所使用的信息技术及设备设施

该系统硬件采用HP的小机及PC服务器，操作系统采用HP的Unix和Linux系统，数据库采用的是Oracle。WEB服务器使用Apache，安全认证采用SSL、MD5加密和CA认证。客户端软件是自带客户端，同时支持IE等标准浏览器。服务器群组建立在同一10M/100M/1000M全交换的局域子网内接入互联网。

为了方便全国各地交易商实时进行资金划转，重庆农畜产品交易所启动了与各家银行合作的银商通转账系统。全国集中式银商转账业务是通过光纤将结算银行与交易所市场系统连接，各地的交易商通过银行或交易所市场提供的多种渠道

发出资金划转指令，实现交易商专用资金账户与交易所结算账户间资金实时划转的服务。

三、所使用的方法和流程

该系统可针对各类大宗农产品开展形式多样的交易活动，如中远期交易、要约交易、竞拍交易、专场交易等。其中，中远期交易是目前较为先进的交易模式。买卖双方凭借互联网，通过远程客户端对事先规定质量标准的和交货期限的商品发出包含价格的交易指令，电子交易系统按价格优先、时间优先的原则对所有指令进行排序并完成撮合成交，形成电子交易合同。采用一系列有效的风险控制手段，切实保证交易商到期履约；通过公开、公平、公正的交易，实现发现价格，规避风险的功能。

交易所在每一个中远期合约交易到期后，通过交易系统为需要实物交割的众多买卖双方进行交割配对，形成一对一的买卖关系，明确交货对象。配对是系统按照“数量取整、时间优先、就近配对、统筹安排”的原则匹配完成，以此实现买卖双方见面次数最少，就近完成交割，节约双方成本，适应现货贸易的需求。

实物交割前，系统自动冻结买方的全额货款。买方接货确认后，当天以实际的交货重量，并依据双方确认的货物品质升贴水，完成实际应收付货款的结算，即时划转资金。

四、项目实施的目标及取得的成果

该系统依托现代网络资源，建立跨越时空限制的电子交易市场，缩短供应商与采购者之间的距离、节省交易成本。运用场外远程报价、场内公开竞价的价格发现机制，以中远期交易、要约交易、竞拍交易为主要的交易形式，为上市交易大宗农产品提供充分竞价的平台，为生产销售环节的各方参与者创造合理配置资源的机会，促进农业现代化信息化发展。

重庆农畜产品交易所目前主要的交易品种为生猪。截至 2010 年 9 月，共交易 186 个交易日，上市 12 个合约，成交量156 312手，成交额 19.63 亿元。

五、该项目实施的下一步打算

重庆农畜产品交易所将立足重庆，辐射西部，面向全国推广交易系统，让更多的交易商参与农产品电子交易，为广大农户和涉农企业提供更加高效、公平的电子交易平台和投资保值渠道。形成一个全国性的以农畜产品为特色的交易中心、结算中心、信息中心和物流中心。

（供稿：熊　苹　编写：李婷婷）

2.47 云南龙城农产品批发市场电子信息系统

一、项目名称和实施主体、时间、范围

云南龙城农产品批发市场电子信息系统，由陕西泰伦公司设计安装，云南龙城农产品经营股份有限公司建设运营。该系统包括电子结算系统、电子监控系统、LED 显示屏信息发布系统、综合管理系统、信息基础平台。2002 年投入使用。2009 年 3 月，新建了停车场管理系统。

二、所使用的信息技术及设备设施

电子结算系统，实现了网络、IC 卡技术与信息共享。主要设备有服务器 2 台，电子地磅秤 5 座，电脑 30 台，票据打印机 35 台、IC 卡读卡器 30 套，稽查柜 2 套，SQL 数据库 2 套。

信息收集发布系统，主要设备有 LED 大屏幕 1 块。

停车场管理系统，采用具有三重保密认证的 Mifair—I 非接触式智能 IC 卡，并籍图像对比、人工识别技术以及强大的后台数据库管理技术，对停车场系统实现智能化管理。

三、所使用的方法和流程

电子结算系统：以本地 IC 卡交易为主，异地网上交易为辅，的结算和交易方式。功能包括：①账户管理（IC 卡管理）：包括开户、挂失、销户、重新分配密码等功能。②账户信息处理：包括查询交易情况、余额、自动缴纳管理费等功能。③交易模块。④使用者管理：包括操作员、交易员、领导等人员的身份和权限管理。⑤查询：当日交易情况查询、以往营业数据查询、货品平均价查询等。⑥品种管理。

LED 显示屏与触摸屏信息发布系统：及时地将信息发布给市场相关的涉农企业、农产品经营者、农产品生产者。

综合管理系统：实现农产品批发市场的人、财、物集成化管理。

信息基础平台：建立网络系统的安全架构、网络管理及网络基础设施的建设。

数据交换系统：从结算系统中自动采集上报数据。交换的信息内容包括：农产品基本信息、农产品价格行情、供求信息，批发市场、配送中心基本信息，农产品经销企业基本信息。

四、项目实施的目标及取得的成果

为各类名特优农产品在云南市场的流通提供了便捷的途径；创造了良好的交易环境吸引了更多的客商；提高了交易速度，缩短了交易时间，扩大了交易量，实现交易额的增长；提高了农产品物流的效率；实现了对农产品产地、经销商、销售终端等各种信息的跟踪、查询；有效地控制了经营风险。

五、该项目实施的下一步打算

以标准化市场、中泰果蔬菜交易中心为目标，以现代物流电子商务发展的需要为导向，按照物流型大宗农产品批发市场的要求进行信息系统配置，朝着商流型大宗农产品批发市场方向转变。最终实现不管是贸易商家还是农民都可通过市场健全的网络系统全面掌握市场行情，进行电子商务交易。

（供稿：马　文　编写：王　开）

2.48 西安市三维实景农家乐旅游服务展示系统

一、项目名称和实施主体、时间、范围

2009 年 6 月，西安市长安区农业局利用基于宽带技术的三维实景农家乐旅游服务展示系统上线运行，对全区环山公路沿线的“九大农家”示范村进行网络宣传展示，围绕吃、住、游购、娱五大旅游要素进行三维实景的展现，同时依托

网站提供信息查询、网上预约、农产品订购等服务。

二、所使用的信息技术及设备设施

该项目主要采用三维实景虚拟现实漫游技术，给用户带来一种全新的体验，使人有身临其境的感觉，远远超过了虚拟建模所能表现的效果，在真实性、可视性、直观性等方面具有不可比拟的优势。该技术核心包括海量全景快速采集技术、海量全景快速处理算法、构建全景电子地图的方法、Flash 球模型播放算法、海量全景数据网络传输方法等。

三、所使用的方法和流程

网站内容安排：长安区农业局层面，主要突出关中环线、子午大道、西沣公路等路网结构，重点部署九大农家乐群落。该层面叠加综合信息，突出旅游五大要素吃、住、游、娱、购，分门别类详细介绍；农家乐村层面，以体现每个村自然面貌和显著特征的整体形象图为切入点，呈现整体风貌，对每条街道、每个农户添加热点，点击即可进入指定地方实景。在该层面上，重点介绍该村特点、重点接待户、特色产品、周边旅游、采摘观光等信息；农户层面，以农家实景为基础，对联系方式、服务设施、后厨卫生、饭菜特色等进行体现，利用图文并茂或者声音、视频等形式具体推介。

体验操作流程：进入网站，用户输入网址，进入长安农家乐网站，随后进入实景展示；实景展示画面浏览，首先展现秦岭风光，推出沿环山公路的九大农家乐，并选择进入村级实景画面。展示村容村貌，街道农舍，任意点击画面可以进行人机互动；相关信息查询，在三维浏览同时，可以查询所在地的吃、住、游、娱、购详细信息。

四、项目实施的目标及取得的成果

通过将各农家的详细地址、乘车路线、联系电话、特色饭菜、接待能力等信息进行整理，市民利用网络对全区的农家乐情况一目了然；通过三维立体的真实场景展示，让观者犹如身在其中；通过网络平台，实现农家乐网上宣传、网上预订，为市民提供更多更好的农家休闲信息，同时进一步拉动农村经济增长，促进农民增收。

五、该项目实施的下一步打算

在现有的基础上，进一步把长安的农家乐旅游资源、观光农业、特色农产品及农业产业化情况搬上互联网，宣传农业发展成就、吸引扩大农业投资，搭建了解渠道、拉近城乡距离、拉动农村经济。

强化系统的实时性和互动性，进一步开发实地视频查看、天气路况发布、旅客流量播报、农产品库存查询等实时信息服务项目，强化系统平台的服务功能，提升服务效果。

（供稿：谢 斌 编写：杨 硕）

2.49 兰州市农产品冷链物流连锁配送信息系统

一、项目名称和实施主体、时间、范围

兰州市农产品冷链物流连锁配送信息系统，于 2006 年开始建设并运行，由甘肃天源果蔬连锁经营有限公司负责实施。主要内容包括农产品信息收集发布系统和农产品加工冷链物流配送系统。

二、所使用的信息技术及设备设施

农产品信息收集发布系统采用 PC 服务器、Windows 操作系统、Oracles 数据库、CA 安全认证技术及支持 IE 标准浏览器的自带客户端发布信息，并使用 GSM 手机系统，通过 SMS 平台接收和发布信息。配套 B2C 电子统一结算等技术使农产品产地信息与终端市场销售信息有机结合，实现生产与销售的无缝式链接。

农产品加工冷链物流配送系统通过在农产品产地集散地建设配送中心总站，在城市各区建设配送中心分站，实现农产品储藏、筛选、加工、配送一体化。

三、所使用的方法和流程

农产品信息收集发布系统依托各类生鲜农产品优势产区、重要集散地区和城市集中消费地区建立区域性各类生鲜农产品冷链物流公共信息平台，实现数据交换和信息共享。一方面，开发应用了市场信息、客户服务、库存控制、仓储管理、运输管理和交易管理等一系列软件，健全了冷链物流的信息收集、处理和发布系统，提升了冷链物流管理的信息化水平。另一方面，推广了条形码、无线射频识别（RFID）、全球导航卫星系统（GNSS）、移动物流信息、电子标签等技术，建立了区域性生鲜农产品质量安全全程监控系统，明确冷链物流信息报送和信息交换的责任机制，提高行业监管和质量水平。

农产品加工冷链物流配送系统把农产品经纪人和农民专业合作社的优质农产品直接面向消费者，实现低成本采购。采用薄利多销、生鲜等级销售制、订货打

折制、会员制等销售模式，实现低成本运营，低价入市。配送系统围绕本市的实际需求，试行“三配送”模式：①农产品配送。配送中心以订单或保护价对农产品实行统一收购与配送，减少进入市场的流通环节。②信息配送。对合作社社员、基地农户等生产者配送市场需求信息；对蔬菜批发市场、超市等消费群体配送基地供应信息。③技术配送。建立技术服务中心，聘请农技推广部门专家成立咨询组，开展技术咨询，指导基地农民生产。配送系统还为农户统一配送农药和有机化肥等生产资料。

在当地政府支持和广大农民自愿参与下，形成了配送中心＋农民专业合作社＋核心基地的“三位一体”运营模式。以配送中心为龙头，带动合作社发展，合作社的生产基地为配送中心提供优质无公害农产品。同时，建立“从田间到餐桌”的冷链体系，运用先进的冷藏保鲜技术。在收购、加工、运输、配送、销售的各个环节加强农产品质量安全检测。制定相关规章制度，实行市场准入和准出制度。

四、项目实施的目标及取得的成果

该系统已经为兰州市近百家超市和农产品连锁店配送各种农副产品，包括蔬菜、水果、粮油、肉、蛋、奶等。实现农产品销售双向流通，为市民提供质优价廉农产品。

五、该项目实施的下一步打算

加快农产品配送中心建设。建立健全配送机制。

（供稿：邓有明　编写：李婷婷）

2.50 乌鲁木齐市北园春市场信息系统

一、项目名称和实施主体、时间、范围

乌鲁木齐市北园春市场信息系统，由北京东华软件股份公司设计开发，是

2006年市场升级改造重点建设项目，2007年7月投入运行。主要包括电子结算系统、综合管理系统、信息采集发布系统、电子监控系统。

二、所使用的信息技术及设备设施

电子结算系统采用网络、IC卡技术与信息共享，为交易、租赁提供安全便捷的资金结算服务；综合管理系统主要设备有4台服务器、1台防火墙、1个不间断电源、35台计算机、5台网络交换机以及系统配套软件，7台打印机、5台验钞机、5套读卡器等；信息采集发布系统主要设备有1块大型LED室外全彩电子显示屏和1块小型LED室外单色电子显示屏；电子监控系统主要设备有2台监控硬盘录像机、32个摄像头、16台彩色监视器、4台视频光端收发机、36台双向对讲机。

三、所使用的方法和流程

电子结算系统掌握着批发市场的全部交易信息，完成市场交易管理、资金结算及市场各项费用的收缴。

综合管理系统实现了市场的集成化管理，降低管理成本，提高市场经营效益。工作人员通过该系统可以进行房屋、摊位的出租和转让，合同的签订和修改；查询电子结算情况，提供准确财务数据。

信息采集发布系统的室外大型LED显示屏和市场门户网站快速有效地发布供求信息、价格信息、重要通知、交易公告、法律法规及农药残留检测结果，为商户和农户提供参考。信息员及时通过网络向农业部、商务部、发改委以及省（市）各级政府部门发送北园春市场价格行情。

电子监控系统的32个红外云台摄像机监控点，监控范围覆盖了整个市场，通过网络技术收集、传输监控图像在市场各个终端都可以实时观看和查询录像。便于各部门实时监控市场交易和运行情况，为市场提供安全保障，做到防患于未然。

四、项目实施的目标及取得的成果

电子结算系统实现了市场集中缴费、市场费用收取自动化管理，极大地方便了商户。综合管理系统实现了市场主要业务的计算机管理，及时准确地记录市场管理各环节的关键数据，实现市场的信息集成化管理，增强市场的综合管理能力，提高效率。信息采集发布系统通过LED显示屏和市场门户网站向商户发布市场价格行情信息，促进商户经营，扩大商品的销售范围。电子监控系统覆盖整个市场，实行24小时监控，保证市场安全，规范交易秩序，提高市场对突发事件进行监管和处理的能力。

五、该项目实施的下一步打算

将在建设品牌市场、创造顾客价值的经营宗旨下，以满足客户需求、为客户创造价值为目标，围绕突出特色，壮大规模，完善体系，加大投入，增强功能的方针，利用科技信息技术加强市场信息化建设，提高市场的综合管理和服务水平。发挥市场的交易和集散功能、价格形成和发现功能、结算功能、风险分散功能以及综合服务功能。同时与银行系统对接，将市场储值卡换为农行联名卡，使商户在市场内刷卡完成各种缴费，在提高交易速度和交易效率的基础上，保证商户资金安全，方便商户资金周转。

（供稿：陆　峰　编写：李婷婷）

三、农业管理信息化案例

3.1 农业部应急指挥系统

一、项目名称和实施主体、时间、范围

2009年起，农业部信息中心组织实施了农业部应急指挥系统建设项目。该项目建设范围涉及农业部办公厅等有关司局和各省（自治区、直辖市）、计划单列市农业（农村经济、农牧）厅（局、委），新疆生产建设兵团农业局，黑龙江农垦总局等41家部外单位。

二、所使用的信息技术与设备设施

项目利用先进的网络、通信、音响扩声、视频显示、图像接入、集中控制等技术，建设了2个应急指挥场所和1个应急值班室，并集成了1套电话会议系统、2套通讯调度系统、3套图像监控系统、5套视频会议系统、7套计算机网络系统，以及一套综合保障系统。

三、所使用的方法和流程

视频会议和数据传输地面链路专网：通过租用联通、电信等电信运营商的地面长途光纤链路组建SDH数字链路骨干专网，包括41条4M链路主要承载高清视频会议和应急指挥调度，36条2M链路作为备份链路，日常承载业务数据传输。

电话会议系统：通过液晶调度台的触摸操作，可灵活高效地组织32方电话会议。

通讯调度系统：电话调度具有选呼、组呼、通播、强插、强拆、强制、分群等调度功能，而IP电话系统通过网络形成模拟电话链路外的有效备份。

图像监控系统：利用有线图像监控、3G移动图像监控、卫星图像监控等技术手段实时捕捉所观察区域的画面，在远洋渔业、渔政执法、草原防火、疫情防控、抗旱保收等工作中，第一时间为指挥决策者提供现场画面。

视频会议系统：通过国家电子政务外网视频会议等链路与国务院相连接，通

过地面专网视频会议、卫星专网视频会议系统与各省级农业部门相连接，互为备份。

计算机网络系统：通过国家电子政务外网实现与国务院的互联互通、数据交互；通过互联网、农业部政务外网等完成部内各业务系统的运行，以及和社会公众的对接；通过农业部地面专网、农业部卫星专网实现对省级农业部门的信息采集和传输。

综合保障系统：通过内外网分设集中控制系统、UPS应急电源、全部采用高清视频线缆和屏蔽网络线缆、安防监控和门禁系统等组成综合保障系统。

四、项目实施的目标及取得的成果

该项目是建设一个集通讯、指挥、展示、监控、会议于一体的应急指挥中心，实现与国务院应急办，各省（自治区、直辖市）、计划单列市农业部门，部内有关单位在视频、音频、数据等方面互联互通和业务协同。

通过该项目的实施，极大地提高了农业部应急管理和应急指挥的信息化水平和指挥决策效率，农业部已具备以下功能：一是会议会商功能。可以同时支持召开2场最大50方分会场的双向高清视频会议和国内外32方电话会议。二是指挥调度功能。可以一键调度指挥32个单位开展应急活动。三是图像监控功能。可以在12块高清DLP拼接屏上实时显示农业部大院、远程渔港监控图像，以及其他具有图像采集功能的重要农业场所的图像。四是集中办公功能。可以同时满足40个工位的工作人员开展网络化集中办公。

五、该项目实施的下一步打算

今后，随着应急指挥软件平台的建设，可以进一步实现应急值守、预测预警、辅助决策、应急资源管理等更多功能。农业部信息中心将加快推进应急指挥软件平台建设，最终将构建一个以农业部应急管理信息系统为核心，以各专项应急系统和各省农业厅应急系统为节点，上下贯通，左右衔接、互联互通、信息共享、互有侧重、互为支撑、安全畅通的农业部应急平台体系。

（供稿：农业部信息中心信息安全处）

3.2 农业部农药行政审批服务系统

一、项目名称和实施主体、时间、范围

农业部农药行政审批服务系统，是农业部农药检定所主持设计。借助“金农工程”一期农药监管子系统平台，于2008年下半年开始进行需求调研，2009年初开始进行“金农工程”专项业务系统的需求调研与系统设计。

二、所使用的信息技术及设备设施

系统采用的信息技术及设备、设施由农业部信息中心与中标单位统一负责建设。

三、所使用的方法和流程

农业部农药行政审批服务系统，由农药登记许可申请子系统、农药广告许可申请子系统、农药进出口证明申请子系统、农药价格供应调查子系统、电子监察系统和农药评价及科学使用服务系统共6个子系统项目构成。

农药登记许可申请子系统，主要实现农药登记企业端的在线申请、省所接收和初审、农业部大厅受理和办结、农药检定所技术审查、农业部种植业管理司审批业务办理的联网审批办理。农药登记包括田间试验、临时登记、正式登记、分装和续展登记5种登记形式。

农药广告许可申请子系统，主要实现农药广告登记的申请、农业部大厅受理和办结、农药检定所技术审查、农业部种植业管理司审批业务办理的联网审批办理。

农药进出口证明申请子系统，主要实现农药进出口登记审批的联网审批，并实现与海关总署联网数据交互。

农药价格供应调查填报子系统，主要为配合该所的农药市场价格调查工作，实现农药企业和农药经销商的在线数据填报，省所数据审核、部所查询、统计和分析数据的功能。

四、项目实施的目标及取得的成果

2010年6月1日，农药登记许可申请子系统在我国山东省、江苏省等6个试点省份正式启用。2010年7月，农药价格供应调查填报子系统，在全国30个省（自治区、直辖市）上网运行。2010年10月，农药进出口证明申请子系统在全国范围内启用，实现了农业部与海关总署之间信息的实时交流。

五、该项目实施的下一步打算

依托"金农工程"建设的"农业部农药行政审批服务系统"，实现省所、农业部农药检定所综合办、农药检定所、农业部种植业管理司的全程联网审批，从初审、受理、评审、批准整个过程实现电子化，2011年要组织做好调试和培训工作，计划在农药田间试验网上审批试点的6省市进一步开展临时登记、正式登记等其他行政许可事项的网上审批试点工作，争取年底实现农药登记的全程电子审批，确保登记审批行为的公平、公正、公开和透明运行。

（供稿：宗伏霖　编写：张博宁）

3.3 农业部县域耕地资源管理信息系统

一、项目名称和实施主体、时间、范围

县域耕地资源管理信息系统依托"全国耕地地力调查与质量评价"项目建设，由农业部种植业管理司与全国农业技术推广服务中心主持。该系统具体开发工作委托扬州市土壤肥料站承担。自2002年起开始建设，历经1.0、2.0、3.0、3.1版等4个版本，目前该系统已在全国31个省（自治区、直辖市）1 200个县应用。

二、所使用的信息技术及设备设施

该系统基于组件式GIS开发，以“全国耕地地力调查与质量评价技术规程”为技术标准，以《县域耕地资源管理信息系统数据字典》为数据标准，应用GIS、GPS等技术构建耕地资源基础数据库和各类管理模型，对耕地、土壤、农田水利、农业经济等方面的空间数据和属性数据进行综合管理，开展统计分析、专题评价、施肥咨询等专业技术应用。

三、所使用的方法和流程

县域耕地资源管理信息系统是用于管理耕地资源信息的通用类工具软件。主要流程为：以县级行政区域内耕地资源为管理对象，以土地利用现状图与土壤图叠加形成管理单元；对管理单元内的空间数据、属性数据进行标准化管理，实现多种形式的数据统计、分析、汇总、报表输出、专题图制作；通过“层次分析—模糊分析—累积曲线”评价体系，进行耕地基础地力评价、耕地适宜性评价、耕地环境质量评价、土壤养分状况评价等，为农业产业结构调整、作物布局、肥料规划等提供决策支持。

四、项目实施的目标及取得的成果

项目目标是通过项目实施全面摸清全国耕地质量状况，构建耕地基础信息管理平台，为土壤改良、科学施肥、种植结构调整、土壤污染防治、无公害蔬菜基地建设等提供技术支撑。2005年至今，已在1 200个县组织实施耕地地力评价工作，涉及耕地面积近10亿亩。利用该系统集成了1 000多万项次分析化验数据，绘制专题图件1.6万余幅，建立了规范的耕地资源属性数据库。评价成果得到广泛应用，形成专题报告4 200余篇，覆盖面积11亿亩，受益农民近6.8亿人，为当地耕地管理与可持续利用提供了科学依据。

五、该项目实施的下一步打算

一是加大系统推广力度，将系统逐步应用到全国所有的农业县，为各地农业生产服务。二是加强系统培训，培养一支专业化的技术队伍，提高县级人员系统操作与成果应用水平。三是不断更新系统数据，通过定期开展调查、检测、评价，更新耕地资源信息，掌握耕地质量动态变化规律。四是完善系统功能，以县域耕地资源管理信息系统为平台，逐步开发与土地适宜性评价、施肥专家系统、耕地环境质量评价等专题应用模块对接的接口，扩展系统应用范围。

（供稿：全国农业技术推广服务中心　编写：张博宁）

3.4 农业部农药检定所农药电子标签系统

一、项目名称和实施主体、时间、范围

农药标签采集管理系统，是农业部农药检定所为实现标签电子数据在企业、省所、部所间的交互于 2008 年主持设计，该系统由 3 个子系统组成，分别为企业、省级农药检定所和部级农药检定所使用。

二、所使用的信息技术及设备设施

系统基于 Microsoft. net 技术开发，后台采用 Oracle 10g 数据库设计。数据信息存储在农业部信息中心的数据库服务器中。

三、所使用的方法和流程

企业级子系统主要完成本企业的基本信息和有效期内的农药产品的标签信息录入、纸质标签打印、电子数据发送功能。

企业级用户通过专用的用户名和密码登录到系统中，系统首先将部所农药登记数据库中的信息下载至用户本地，这样企业在录入电子标签信息时，凡涉及农药登记基本信息的内容，均由程序自动填写到相应栏目。这样既方便了企业级用户的使用，又保证了电子标签数据的准确性。

企业级子系统同时具有统计提示功能，包括该企业的农药产品数量，已经填写完整但尚未提交标签的产品数量，已经提交待审批的产品标签数量，标签审批结果及审批不合格有待修改的标签数量等。

省所级子系统主要完成对该省企业提交的电子标签信息进行审核。审核通过的经互联网发送至部所，审核未通过的填写意见退回企业。同时具有统计提示功能。

部所级子系统主要完成对各省所提交的企业电子标签进行审核。审核通过的备案至农药电子档案库，并在中国农药信息网上发布。审核未通过的填写意见退回省所复审。

四、项目实施的目标及取得的成果

目前该系统共收集超过2万条农药电子标签信息，在因特网上以实际标签样张格式公布，对各级部门加强农药市场监督管理工作起到了积极的支持作用。同时也有助于各基层执法部门更加准确快捷地开展执法工作，为广大农药经销人员和农民更好地辨别农药产品的真伪，提供重要的参考依据。

五、该项目实施的下一步打算

将继续做好新农药登记产品的标签审核工作，做好系统的维护和电子数据信息的发布工作。实现农药登记行政许可与农药电子标签同时向社会公众公布，更好地为农业生产、农药监督管理服务。

（供稿：宗伏霖　编写：张博宁）

3.5 全国农业机械购置补贴管理软件系统

一、项目名称和实施主体、时间、范围

全国农业机械购置补贴管理软件系统，是农业部农业机械化管理司于2009年组织开发的一套政策实施信息化管理系统。该系统于2010年3月9日正式开通并在运行中不断完善，目前已在农业部、全国25个省（自治区、直辖市）级农机化主管部门、2 300多个县使用。

二、所使用的信息技术及设备设施

项目利用先进的计算机、网络以及管理信息系统技术，构建农业机械购置补贴管理和信息数据库。数据服务器分散至各省级农业机械化管理主管部门，农业部农业机械化管理司设立专门的服务器定时自动读取各省级数据库新增数据。该系统建设内容包括：数据传送子系统、补贴目录上报审核子系统、农机

购置补贴经销商选择子系统、农机购置补贴申请审批子系统、农机购置补贴资金结算子系统等。

三、所使用的方法和流程

数据传送子系统：实现各省级数据服务器与农业部农业机械化管理司服务器之间的数据交互，定期自动读取省级更新数据。

补贴目录上报审核子系统：由农业部农业机械化管理司下达年度全国通用类农业机械中央财政最高补贴额一览表，各省级农业机械化主管部门在此基础上添加年度非通用类农业机械补贴额一览表，形成年度各省（自治区、直辖市）农业机械购置补贴目录并上报农业部农业机械化管理司备案后向社会发布。

农机购置补贴经销商选择子系统：主要用于入选年度农业机械购置补贴目录的各农机生产企业选择各省域内的补贴机具经销商，并报省级农机化主管部门统一向社会公布。

农机购置补贴申请审批子系统：用户无需掌握复杂的软件知识就可以通过浏览器像访问 Internet 一样方便地实现农业机械购置补贴政策执行时的各个步骤。县级农机化主管部门完成补贴资金申请的审批和实时自动公示，并对已销售机具进行核实；补贴机具经销商可通过该子系统得到备货信息并组织销售；农机生产企业能掌握全国各地机具销售情况；农业部和各省级农机化主管部门能实时掌握补贴资金使用进度，并对补贴政策的实施进行监管。

农机购置补贴资金结算子系统：各补贴资金结算单位利用本子系统汇总机具销售情况，自动生成打印补贴资金结算申请和汇总表，经各省级农机化主管部门审核后报财政部门，实施补贴资金结算。

四、项目实施的目标及取得的成果

该项目实施目标：一是实现网上申请、审核的标准化、规范化操作，防止违规违纪行为发生，确保补贴执行过程公开透明。二是实现购机补贴档案的电子信息管理，及时准确查询农民申请、协议签订、审核审批、机具购置、结算进度等信息，便于抽查监督。三是实现补贴数据自动即时统计汇总，随时了解补贴进度和总体实施情况，增强工作的针对性、指导性，同时加快补贴资金结算，减轻企业资金垫支压力。四是提供补贴产品、销售网点、农民购机需求等信息，方便农民购机和企业供货。

目前，该项目已经完成了农业部和各省（自治区、直辖市）的系统建设。通过本项目的实施，确定了全国农机购置补贴政策实施规范化程序，实现了网上信息公示和监督，为各级农机化主管部门提供了一个数据共享和信息交流的平台，实现了部、省、县三级农机化主管部门和农机生产、销售企业间信息传递的上下贯穿、互联互通，提高了补贴资金管理的科学化、信息化水平。

五、该项目实施的下一步打算

农业部农业机械化管理司将对相关系统进行进一步升级完善，最终将该项目建成一个程序更加规范、监管更加得力、反应更加迅速的农机购置补贴政策执行的信息化管理系统。

（供稿：苏春华　编写：张博宁）

3.6 中国饲料工业统计信息系统

一、项目名称和实施主体、时间、范围

2002年，在农业部畜牧业司（全国饲料工作办公室）组织、协调和指导下，由中国饲料工业协会信息中心承担技术支持和服务，开发了中国饲料工业统计信息系统软件。2004年开始在全国范围内正式启用。2007年，中国饲料工业协会信息中心又在原有系统的基础上进行了基于互联网的升级改造。全国30多个省（自治区、直辖市）的饲料办都参与了此项目，各省、市、县三级饲料管理部门，全国所有饲料生产企业，以及260家农业部饲料统计重点跟踪企业，均纳入了此系统的实施范围。全国的饲料管理部门和企业通过这套系统，可以及时上报综合年报、基层年报、综合季报、基层月报等报表。

二、所使用的信息技术及设备设施

该项目是根据农业部颁布实施的《全国饲料工业统计报表制度》的内容和要求开发设计的。系统利用先进的计算机、网络以及管理信息系统技术，客户端采用B/S系统结构，只要用户可以上互联网，就可以轻松登录本系统。

三、所使用的方法和流程

该系统内容主要包括：饲料用户信息管理子系统、饲料数据传输子系统、饲料数据统计分析子系统、数据升级和备份子系统。

饲料用户信息管理子系统：饲料行业各级管理部门，如全国饲料工作办公室、中国饲料工业协会信息中心、地方各级饲料办，可以通过用户管理子系统实现对下级饲料管理部门或饲料企业用户进行审核、添加、删除、修改、查询等功能，实现多用户、多层次、多手段的用户信息管理。

饲料数据传输子系统：实现了点对点的数据交流，客户端与服务器端数据有交互功能，能对数据进行加密传输，保证客户端与服务器端的数据传输的安全性。饲料管理部门可以对下级饲料办和企业发出通知、公告。上报的数据能即时送达上级部门。

饲料数据统计分析子系统：饲料管理部门可以对所上报的各类报表数据进行同比、环比等分析，数据导入、导出及生成数据图表进行分析，还可以实现数据完整性检查和未上报数据企业提醒等功能。

数据升级和备份子系统：不需要用户进行任何操作，就可以对系统终端进行自动升级，还可以实现统计数据双机同步备份，定时备份和实现数据恢复功能，防止统计数据的丢失和误操作。

四、项目实施的目标及取得的成果

该项目实施目标是让全国各级饲料管理部门和企业及时上报各类饲料生产数据，实现数据上报的准确、明晰、规范、高效，使政府部门及时掌握国内饲料生产情况，为管理部门科学决策提供参考，对监测行业运行状况、预测预警分析市场走势等提供科学有力的依据。目前，经过几次对统计信息系统的改造和升级，该系统在兼容性、易用性、安全性等方面大大提高，运行速度好，功能完善，受到了饲料管理部门和企业用户的好评。通过本系统上报数据的饲料企业数量已达到12 000多家，占到全部饲料企业数量的90%，国内县以上的饲料管理部门都可以使用本系统进行上报数据。此系统已经成为饲料管理部门科学决策的必备工具，行业管理的效率和水平也大大提高。

五、该项目实施的下一步打算

中国饲料工业协会信息中心将继续在全国饲料工作办公室的指导下，深入了解用户需求，对该系统进行进一步升级和完善，使之更加快捷、准确、高效，最终建成一个科学化、信息化、规范化的饲料行业分析决策系统。

（供稿：孙志强　编写：张博宁）

3.7 全国草原防火信息系统

一、项目名称和实施主体、时间、范围

全国草原防火信息系统是农业部草原监理中心组织实施，北京大陆康腾科技有限公司开发的一套集草原火情报送、火灾扑救指挥为一体的软件信息系统。该系统于2009年正式通过验收。具体实施范围：农业部草原监理中心（农业部草原防火指挥部办公室）、列入《全国草原防火基础设施“十一五”建设规划》的48个Ⅰ、Ⅱ级草原火险市（地、州、盟）和266个Ⅰ、Ⅱ级草原火险县（市、旗），26个未列入Ⅰ、Ⅱ级火险区但包含Ⅰ、Ⅱ级草原火险的县市。

二、所使用的信息技术及设备设施

利用先进的计算机、网络、3S以及管理信息系统技术，构建草原防火空间数据库和属性数据库，设置草原着火模型和扑火预案，其建设内容包括：草原防火信息报送和业务管理子系统、草原防火WebGIS子系统、草原火灾扑救指挥子系统及草原火场三维模拟显示子系统等。

三、所使用的方法和流程

草原防火信息报送和业务管理子系统：实现草原火情信息逐级报送、审核、存储、处理和分析的电子网络化，实现对草原火灾信息的统计、查询，实现草原防火报表和日常值班调度的信息化管理。

草原防火WebGIS子系统：利用本子系统，用户无需掌握复杂的GIS相关知识就可以通过浏览器像访问Internet一样方便地实现电子地图查询、检索、量算以及草原火热点定位、热点信息查询等功能，从而可以满足更多用户对地理信息系统的使用要求。

草原火灾扑救指挥子系统：主要用于草原防扑火工作相关地理信息的显示、查询和分析；对草原火热点信息进行相应管理；制作各种防扑火指挥态势图、标绘扑救指挥的各种要素；实现草原火灾扑救指挥的计算机辅助决策等。

草原火场三维模拟显示子系统：利用三维虚拟现实技术，真实地反映所观察区域的地理环境以及资源状况；可将多种矢量数据叠加到三维地图上，如道路、河流等，在指挥扑救草原火灾时，可为指挥决策者提供翔实的火场地理资料。

四、项目实施的目标及取得的成果

通过该项目实施，确定了全国草原防火信息系统建设的整体框架，形成了集草原火灾预警、火情监测、信息报送、指挥决策于一体的信息网络系统，为各级草原防火部门提供一个草原防火数据共享和信息交流的平台，实现中央、省、市和县 4 级草原防火部门信息传递的上下贯穿、互通互联，从而确保了火情信息的快速准确传输，提高了草原防火决策管理和应急指挥的科学化和信息化水平。

五、该项目实施的下一步打算

农业部草原监理中心（农业部草原防火指挥部办公室）将对全国草原防火信息系统进行进一步的升级完善，并与正在筹建实施的草原防火应急通讯指挥系统相结合，最终构建起一个可以科学预警、实时监测、防打结合、反应迅速的草原防火综合信息指挥体系。

（供稿：农业部草原监理中心　编写：张博宁）

3.8 国家兽用标准物质中心查询与决策系统

一、项目名称和实施主体、时间、范围

国家兽用标准物质中心查询与决策系统，是中国兽医药品监察所研究开发的信息平台。于 2009 年底试运行，2010 年完成一期建设工作。通过该系统可以查

询到目前国内外大部分标准物质的产品信息，包括国际标准物质制备的标准和国内部分标准物质的制备规程与使用技术规范等。

二、所使用的信息技术及设备设施

国家兽用标准物质中心查询与决策系统，是利用现代网络技术、数据库技术和编程技术所构建的兽用标准物质资源整合与共享数据库。该系统利用计算机网络进行兽用标准物质信息资源的整合、传播与共享，建立科学、规范、完整、统一的标准物质体系和信息网络化管理。

三、所使用的方法和流程

用户登录到国家兽用标准物质中心查询与决策系统，可从系统获得如下信息：

1. 新闻动态 包括行业动态和中国兽医药品监察所近期对外公布的研发动向。

2. 产品信息 中国兽医药品监察所已经研制出的标准物质和其相应的公共信息、自然信息、单位信息、计量信息和多媒体信息等。

3. 标准物质查询 在搜索栏中输入要查询标准物质的中文名称和关键词，即可查询到国内外兽药典中含有的标准物质的具体资料。

4. 查询行业信息 点击主页上的相关栏目，可查询到标准物质相关的行业法规，技术规范，测量方法，参考实验室介绍。

四、项目实施的目标及取得的成果

国家兽用标准物质查询和决策系统，实现了近1万条国内外兽用标准物质相关信息的查询、统计、分析自动化、网络化，建立了有效的资源整合和共享机制，采用灵活多样的共享模式，有利于我国兽用标准物质标准的统一，对我国兽用标准物质领域的资源整合及共享具有重要作用，为兽医兽药行业提供了兽用标准物质信息及研究动态。

五、该项目实施的下一步打算

进一步统筹系统设计的先进性，兼顾实际推广应用。实现标准物质信息的采集、查询、申报、决策自成体系，逐步实现与中国兽医药品监察所菌种库资源信息数据库系统的对接，资源共享，及时了解标准物质供求情况，提高预警和决策的能力。

（供稿：蒋 卉 编写：张博宁）

3.9 中国兽药信息网站及兽药信息数据库系统

一、项目名称和实施主体、时间、范围

中国兽药信息网及兽药信息数据库系统，是中国兽医药品监察所（农业部兽药评审中心）于2002年建立的公益性政府涉农类兽医兽药行业专业网站，是履行兽药监督管理职能、面向社会提供服务的官方网站，是实现政务信息公开、服务企业和社会公众、互动交流的兽药行业专业信息平台。

二、所使用的信息技术及设备设施

中国兽药信息网站主要采用网络、数据库以及服务器系统和安全管理等技术，利用TRS全文检索WCM系统构建了网站平台。通过制作网站页面模板，设置用户权限，编发文档，实现了信息采集、编审、发布系统化管理。2008年，中国兽药信息网正式改版，重新设计了主页子页，规划了系统频道及栏目，内容力求简洁、规范和标准化，逐步建立了较完善的信息管理和安全管理系统，包括信息发布、后台采编发、兽药数据库、邮件、防病毒、网络管理等系统。

三、所使用的方法和流程

中国兽药信息网站坚持“信息公开，服务公众”的原则，开辟了新闻动态、通知公告、地方新闻、法律法规、监督管理、兽药政务以及相关的参考资讯等20多个栏目。登录网站可及时了解行业动态。兽药信息数据库系统中包括兽药产品、生产企业、法律法规等10个数据库，现有18.4万条记录。用户只需输入相应的关键词，即可了解兽药产品的批准文号、生产许可证号以及相关生产企业的信息，兽药数据库便于兽医行政管理部门、相关企业及用户，了解兽药审批注册等情况。

四、项目实施的目标及取得的成果

中国兽药信息网主要是宣传国家的兽医药品产业方针政策、法律法规；报道农业部兽医局和中国兽医药品监察所的兽药业务工作情况，推进政务公开，提高办事效率；宣传兽药产业、推进科技进步，普及兽药科学知识，网站已经成为国

家兽医药品监管政务信息的重要发布渠道，为政府、行业和普通公众提供了丰富的兽医药品政务和行业公共信息服务。曾先后五次荣获涉农网站百强荣誉称号。

五、该项目实施的下一步打算

中国兽药信息网将继续发挥兽药专业网站的特色，利用网络信息快速便捷的优势，加强网站采编发监控和管理，更加突出兽药行业特色，强调新闻性、信息性、实效性、专业性。加强网络安全建设，对系统软硬件进一步加固升级，完成网站信息安全三级等保测评，确保信息安全。强化安全监管，保障网站网络稳定运行。

（供稿：刘　玲　编写：张博宁）

3.10 动物源细菌耐药性监测数据库系统

一、项目名称和实施主体、时间、范围

动物源细菌耐药性监测数据库是由中国兽医药品监察所自主研发的动物源细菌耐药性数据统计分析平台，于 2009 年完成系统的设计安装并正式运行。该数据库针对我国动物源细菌耐药性监测网络，对监测项目中样品背景、细菌分离率、耐药率、多重耐药率、耐药谱等进行收录，可实现统计分析以及溯源与汇总等。

二、所使用的信息技术及设备设施

动物源细菌耐药性数据库，是利用现代网络技术、数据库技术和编程技术所构建的我国动物源细菌耐药性监测数据即时统计分析上报系统，实现了动物源细菌耐药性监测数据科学、规范、完整、统一的网络化和信息化管理。

三、所使用的方法和流程

国家耐药性检测实验室（耐药性监测网）成员登录到中国兽医药品监察所耐药性监测数据库页面，输入用户名和密码，按以下目录进行数据统计和分析：

1. 采样表录入 采样日期、采样地、养殖场名称、采样人、动物种类、养殖量和生长时期、饲料来源、添加抗菌药情况和预防、治疗用抗菌药情况、采样数量和样品号（数据库自动编辑）、样品保存条件、分离到细菌种类、数量。

2. 耐药性检测数据的录入 包括每个样品分离细菌的耐药性检测结果。

3. 数据分析 包括不同年代、不同动物、不同年份、不同地区、不同细菌、不同养殖场的细菌分离率、耐药率、多重耐药率、耐药谱和用药提示以及细菌溯源等各项分析数据，根据需要及时导出。

4. 数据的呈现 将分析数据通过柱状图、曲线等方式展示。

四、项目实施的目标及取得的成果

动物源细菌耐药性数据库的实施，实现了我国动物源细菌耐药性监测数据的科学、规范和信息化管理，以及统计分析结果的即时上报。方便动物源细菌耐药性监测基础数据的获得，及时提供给兽药管理决策部门，对规范和监控我国兽用抗菌药的使用，尤其是对兽医临床和养殖场的合理用药将发挥重要的指导作用。

五、该项目实施的下一步打算

进一步扩大动物源数据库统计分析内容，包括细菌分子生物学、血清型、耐药基因的统计分析，与WHO网站连接，实现药敏试验及其判断标准的及时更新，使我国动物源细菌耐药性监测工作与国际接轨。

（供稿：宋　立　编写：张博宁）

3.11 动物标识及疫病可追溯体系建设

一、项目名称和实施主体、时间、范围

动物标识及疫病可追溯体系建设（简称追溯体系），是中国动物疫病预防控

制中心于2005年组织开发的信息化管理系统。该系统是以动物标识编码为数据轴心，将牲畜从出生到屠宰历经的防疫、检疫、监督工作贯穿起来，把生产管理和执法监督数据汇总到数据中心，建立从动物出生到动物产品销售各环节一体化全程追踪监管的管理系统。项目建设拟用十年时间覆盖全国，涉及所有省（自治区、直辖市）及计划单列市。

二、所使用的信息技术及设备设施

追溯体系利用现代数字识别技术、网络数据手段及数据通信和信息交换、存储、应用技术，具体应用了包括二维码数字标识、便携式移动智能识读器、中央数据中心和省级数据中心、Internet网及GPRS无线传输网络等在内的现代技术和手段。

二维码标识及影像识读技术，动物标识是追溯体系建设的基本信息载体，所采用的主要是二维码动物标识，籍以建立全国统一、唯一动物个体编码体系，标识由二维码和编码两个部分组成。二维码采用加密技术的行业专用码，具有防伪防篡改功能；编码由动物种类＋区划编码＋标识顺序号组成，共15位数字。针对此二维码开发了相应的二维码影像识读技术，由于二维码识读技术应用涉及知识产权，当时全球掌握条码识读知识产权的7家企业又对二维码识读使用形成了价格垄断。为突破此瓶颈，指导有关单位自主研发二维码影像识读技术。二维码耳标具有低成本、易识读、耐磨损、防伪造等优势。

便携式移动智能识读器，为适应我国基层兽医工作环境复杂、野外作业居多的现状，经过组织电脑、芯片、影像识读等各方面专家反复论证和设计修改，并与有关厂家进行研发合作，最终突破了相关技术难点，成功研制出集耳标二维码影像识读、无线传输、可嵌入应用、手写触摸屏、IC卡识读、串口连接打印机等6项功能于一体的便携式移动智能识读器。

海量数据检索技术，全国一年的畜禽标识（猪、牛、羊）数据存储量就可达到1 500GB，养殖、防疫、检疫、监督等工作信息全部入库后，一年的数据存储量将高达8 000GB以上，采用分布式数据存储结构，开发并建立逻辑目录检索服务的海量中央数据库，实现了在海量数据存储中瞬间锁定数据源，快速查询牲畜标识号码等数据的目的。

机打检疫出证，对进入流通的牲畜进行检疫并开具检疫证明是动物防疫工作的一个重要环节。为改进传统纸质手写检疫证明存在的易伪造等弊端，提高检疫工作的现代化水平，组织开发出网络检疫出证系统。

三、所使用的方法和流程

动物标识及疫病可追溯体系利用internet和GPRS网络技术，主要通过畜禽标识申购与发放管理、动物生命周期全程监管、动物产品质量安全追溯等管理流程来实现动物标识及疫病的可追溯。

畜禽标识申购与发放管理流程：通过耳标申请、耳标审核、耳标审批、编码生成、下达编码、耳标生产、耳标签收和耳标发放等程序，实现耳标编码的统一生成和耳标生产、收发、使用的全程监控。

动物生命周期全程监管流程：在动物饲养、运输、屠宰的全部生命周期中，利用移动智能识读器采集并传输规定数据信息到中央数据库，实现对防疫、检疫、监督工作和动物运转轨迹的实时监控。

动物产品质量安全追溯流程：通过对屠宰动物的耳标注销和条码转换，并对动物产品进行标识，实现对动物产品的全程可追溯。

四、项目实施的目标及取得的成果

项目建设以实现动物及动物产品溯源管理为目标，以提高重大动物疫病防控能力为着力点，以耳标佩戴、信息采集传输、数据中心建设和数据管理为基础，切实加快追溯体系建设步伐，逐步建立起适合我国国情并与国际接轨的动物疫病和畜产品安全监管可追溯体系。

2006 年，在北京、上海、四川、重庆 4 省（直辖市）实施动物防疫标识溯源试点工作，应用二维码溯源标识、移动智能识读器、电子票据打印设备、中心数据库及数据分析软件等，所有技术指标达到系统设计要求，取得了宝贵的实践经验。目前动物标识及疫病溯源体系在全国建立并广泛开展，体系网络覆盖全国所有省、市、县，涵盖 32 个省级机构，472 个地市级机构，3 941个县级机构，注册使用单位已达40 523个（包括乡镇机构）。通过该系统运行，各级实施机构人员业务素质和应用网络能力有了较大提高，为追溯工作顺利开展打下坚实基础，已开始发挥出可观的社会效益和经济效益。

五、该项目实施的下一步打算

力争用 5 年左右时间，逐步建立既适合我国国情又与国际通行做法接轨的动物标识及疫病可追溯体系，同时提高信息新技术手段的利用，引用 RFID 标识逐步替代现有二维码影像标识，以提高动物标识识读的便利性，实现动物及动物产品可追溯管理，切实提高重大动物疫病防控能力，保障动物产品质量安全，促进畜牧业持续健康发展。

（供稿：中国动物疾病预防控制中心　编写：张博宁）

3.12 农垦农产品质量追溯系统

一、项目名称和实施主体、时间、范围

农垦农产品质量追溯系统由中国农垦经济发展中心实施，自 2008 年启动项目建设，项目周期至 2017 年。项目实施范围为农垦农产品生产企业、农民专业合作社，示范带动地方农产品生产组织，实施范围为农产品及农产品加工品。

二、所使用的信息技术及设备设施

该项目以网络技术、数字标识技术、语音技术、软件开发技术为依托，通过系统化集成，形成从田间档案记录到消费查询、安全监管的开放式、全程化、动态化农产品质量安全追溯系统。在农业部层面，运用服务器集群技术，建立农垦农产品质量追溯部级数据中心，对企业上报的农产品质量安全信息进行储存管理并提供统一的查询接入和监管端口，消费者可以通过语音（4008190315）、短信（1066958872）、网站（www. safetyfood. gov. cn）实时查询产品履历，主管部门、检测中心按照授权范围对农产品生产情况进行动态监管；在企业层面，通过使用手持无线终端、标签打印设备、RFID、扫描设备等，对农产品从源头到市场实行身份标识，记录农产品质量安全信息，实现质量安全可追溯。

三、所使用的方法和流程

1. 项目实施流程（图 1）

2. 项目管理方法

实行目标责任管理。项目承担单位通过签订合同，明确任务、落实工作进度，确保在指定的期限内完成建设内容，实现农产品质量安全可追溯管理。

四、项目实施的目标及取得的成果

通过该项目实施，到“十二五”末力争使农垦系统优势产业、主要农产品、特色农产品全面实现质量安全可追溯。同时借助信息技术的重要作用，加强主管

百宝箱 中国信息化与现代农业案例及分析

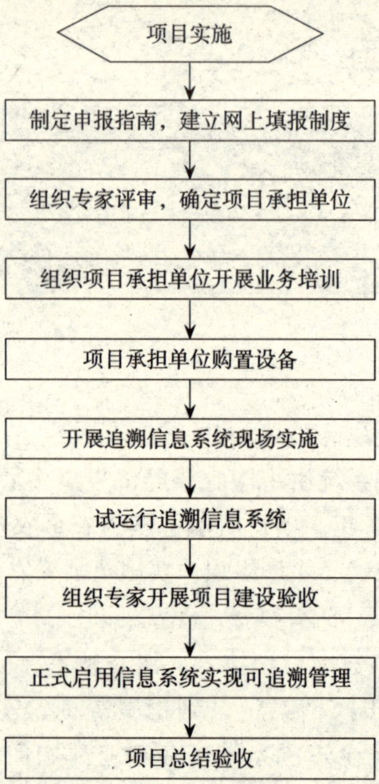

图1 项目实施流程

部门、检测机构、生产者之间的沟通配合，构建以信息化为依托的农产品安全保障机制，示范带动我国农产品质量追溯制度的建立，为进一步提高农产品质量安全水平发挥积极作用。截至目前，垦区、热区、地方共有100家农业企业作为建设单位实现了谷物、茶叶、水果、蔬菜、畜禽、蛋类产品可追溯，159家企业作为创建单位初步实现了生产可记录、质量安全可监管。

五、该项目实施的下一步打算

在总结分析前期项目建设经验的基础上，优化信息系统，强化沟通配合，加强垦地合作，扩大建设规模，进一步提高项目建设质量和运行效益。

（供稿：农业部农垦局　中国农垦经济发展中心　编写：张博宁）

3.13 农垦国有土地信息化管理系统

一、项目名称及实施主体、时间、范围

国有农场土地资源管理系统，是以垦区主管部门、国有农场为项目实施主体，以国有农场土地权属、土地承包、社会保障、农业生产、城镇规划等为内容进行管理的信息化系统。

二、所使用的信息技术及设备设施

该项目采用 SuperMap Desktop 作为影像图形处理基础平台，SuperMap objects 作为地理信息系统 GIS 技术支撑平台，SuperMap IS. NET 作为信息发布平台，采用微软 .NET 框架 c#语言作为开发环境，整合影像处理技术、网络通信技术，在项目实施过程中采用的主要设备设施是 GPS 定位系统、地理信息基础平台及高性能服务器。

该系统利用 3S 技术（遥感技术、全球定位系统、地理信息系统）和网络通信等现代技术，对国有农场的土地及其地上各项经济社会活动进行精细化、信息化、自动化、动态化管理，逐步实现垦区及农场管理的现代化。

三、所使用的方法和流程

该系统由农场子系统和汇总分析系统组成。其中，农场子系统是一个相对独立的系统，运行在各农场的局域网络环境中，任务是采集信息并提供各种查询、分析功能；汇总分析系统运行在部、省、市县局等管理部门，以网站形式为管理部门提供监管汇总信息。农场子系统采集的庞大数据信息，是农场自身实现现代管理的基础，同时通过汇总分析系统，对各个农场提供的信息进行汇总和综合分析处理，为各级管理机构对农场实施监管创造条件。

项目实施采用软件统一开发、统筹安排试点、边推广边升级的方法进行。农业部农垦局组织垦区就土地信息化管理需求进行专题研究，形成需求分析报告。中国农垦经济发展中心按照满足共性需求、适应个性要求的原则，开发土地通用

型土地信息化管理平台。项目实施使用的具体流程：

1. 系统软件的研发 需求的提出→指标体系的建立→编程→验收合格→交付使用。

2. 系统软、硬件的配置 信息系统有关软件和计算机、地块测量和系统专用设备。

3. 系统数据库的建立 农场购置卫片、航片→矢量化处理→外业校对→数据移植农场子系统→附加属性数据→附加专题图层。

4. 管理系统的运用 培训管理人员使用管理软件→启用农场子系统开展管理工作→数据上传→启用汇总子系统→上报各项信息数据。

四、项目实施的目标及取得的成果

依法保护国有农场土地合法权益，创新农垦土地管理方式，提高土地管理和农业经营水平，促进垦区经济发展和社会稳定。从广东湛江垦区的管理系统试运行情况看，取得的效果：一是农场的土地保护工作得到加强，争议和被占土地的具体面积、数据、地块方位、发生年限、处理结果等信息及时提示，便于农场和垦区主管部门开展国有土地相关保护工作。二是垦区的土地利用管理得到规范，试点单位利用管理系统制定垦区的土地利用总体规划、农场场部小城镇和基层居民点安居工程等专项规划，有利于引导土地科学利用，有利于监督土地依法开发。三是农业管理现代化水平得到提高，试点单位应用管理系统指导农业生产，提高了农业经营管理的计划性、作物种植生产的指导性、测土配方实施的针对性、农产品质量的可追溯性。四是土地经营管理效益取得新的突破，广东湛江垦区各农场运用信息化管理手段，从 2005—2009 年累计清理、更正超承包合同面积约 11 万亩，分别纳入各年度的岗位承包管理，共增加土地收益超过3 000万元。预计到 2010 年底，应用信息化管理增加的承包土地年收益将超过4 000万元。

五、该项目实施的下一步打算

农垦土地信息化管理系统的应用，创新了土地管理手段，显示出较高的应用价值和推广前景。下一步，拟在全面总结该项目实施经验基础上，进一步优化系统功能，加强技术培训，强化装备配置，加快推广应用，尽快实现农垦土地管理工作的电子化、网络化，为推动垦区经济社会发展提供有力支撑。

（供稿：农业部农垦局　中国农垦经济发展中心　编写：张博宁）

3.14 中国渔政管理指挥系统

一、项目名称和实施主体、时间、范围

中国渔政管理指挥系统是农业部渔政指挥中心承建的全国性的渔业信息管理系统。该项目总投资5 646万元，从 2005 年开始建设，2010 年竣工。目前已在全国设立 1.6 万余用户，建立起全国渔业基础数据库。

二、所使用的信息技术及设备设施

项目主要建设内容为计算机网络系统、管理应用软件和指挥通信系统等部分。在全国建设各类站点 424 个，为各个站点配备计算机、网络服务器、打印机等设备，搭建联系全国各级渔业行政主管部门及其渔政渔港监督管理机构的计算机网络。

三、所使用的方法和流程

（一）现代渔船管理

建成了渔业船网工具指标管理、渔业船舶检验监督管理、渔船登记管理、渔船捕捞许可管理、渔船燃油补助管理等多个覆盖全国、跨地域跨部门的子系统。实现了对全国海洋捕捞渔船、远洋捕捞渔船、内陆捕捞渔船、港澳流动渔船的全面的电子化管理。实现了渔船管理行政审批工作从申请、审核、批准、证书打印发放等全程电子化办理的目标。能够实时快捷地调阅具体渔船的船体信息、登记信息、历次办证信息和相关证书、相关执法处罚信息等。能够实时分类统计渔船总数，对重要参数进行汇总。

（二）现代渔业养殖和苗种管理

对于全国水域滩涂养殖使用证实现了统一的信息化管理，能够及时调阅查看水产原良种场及渔业种质资源信息，苗种进口、免税的申请审批将实现全程电子化办理。2011 年，全国水生动物防疫信息将实现信息化管理，将大力加强重大水生动物疫情的应急处理能力。

（三）现代渔政执法管理

能够对渔政执法信息、专属经济区巡航信息、外国渔船捕捞许可信息进行及时有效的管理和分析。实现了对涉外渔业事件、渔业水上事故和安全救助信息进行记录、管理、查询、统计分析的功能。

对于水生野生动植物特许捕捉许可证、特许运输证、驯养繁殖证、经营利用许可证等，能够进行及时有效的信息化管理。对于全国所有渔政人员的基本信息和业务相关信息，实现了统一集中的管理，能够进行执法证件的办理、人员信息的查询统计等。对于全国的渔政船舶、车辆、装备等信息实现了有效的管理。

四、项目实施的目标及取得的成果

该项目的建设和使用，为渔业管理和决策提供数据信息服务和支持，给渔业和渔政管理带来根本性的改革，促进了传统管理理念的转变，推进了管理的规范化、标准化，对提高我国渔政管理和执法水平、建设“平安渔业”起到了明显作用。

五、该项目实施的下一步打算

为扩大系统网络覆盖范围、提高网络安全性和扩充管理业务内容，目前农业部渔政指挥中心正进行该项目二期建设。

（供稿：郭海波　编写：张祚本）

3.15 国家防汛抗旱指挥系统工程

一、项目名称和实施主体、时间、范围

国家防汛抗旱指挥系统工程，是水利信息化的重要组成部分，是国家电子政务“十一五”重点建设的 12 个重要业务系统之一金水工程的龙头项目。

该工程覆盖全国31个省（自治区、直辖市）、7个流域机构以及新疆建设兵团。

二、所使用的信息技术及设备、设施

国家防汛抗旱指挥系统工程，一期工程主要进行重点防洪地区和重要防洪城市的系统建设。该工程由信息采集系统、通信系统、计算机网络系统、决策支持系统、天气雷达应用系统（淮河及黄河中游）5大子系统组成。

三、所使用的方法和流程

国家防汛抗旱指挥系统工程建设严格按照基本建设程序组织实施，执行项目法人责任制、招标投标制、建设监理制和合同管理制。在水利部、各流域机构、各省（自治区、直辖市）水利厅（局）和新疆生产建设兵团的支持下，经过各级项目办、承建单位、监理单位、运行维护管理单位的共同努力，截至2009年12月底，一期工程项目全部建设完成。

四、项目实施的目标及取得的成果

在全国重要防洪流域、省级重点防洪地区实现了雨情、旱情的自动采集、自动传输和有效存储，大幅度提高了信息收集的时效性，所有新建和改造的水情测量站达到了30分钟采集信息到国家防总的目标；建成了全国防汛抗旱计算机网络系统和异地会商视频会议系统，形成了水利信息网络的基本骨架和初步的安全体系，满足了目前国家防汛抗旱指挥系统业务的需要，并为其他水利信息系统的运行提供支持；初步建成了数据汇集平台、应用支撑平台和8大数据库系统，形成了水利数据中心的基本框架，在全国范围内初步实现了防汛抗旱信息资源的交换与共享；建成了水利部水情气象、防洪调度、抗旱管理等应用系统，并将这些软件定制到了7个流域机构、31个省（自治区、直辖市）。一期工程各部分单项工程投入运行以来，在水利部、流域机构、省（自治区、直辖市）及地市各级防汛抗旱工作中发挥了重要作用，产生了巨大的社会和经济效益。

五、该项目实施的下一步打算

目前国家防汛抗旱指挥系统二期工程可行性研究报告已经编制完成，已通过水利部审查并上报国家发展和改革委员会。待项目批复后各级项目办将抓紧开展项目建设。

（供稿：郝春明　赵　琛　编写：张博宁）

3.16 中国移动现代化设施农业综合管理系统

一、项目名称和实施主体、时间、范围

现代化设施农业综合管理系统是以中国移动农信通平台为基础构建的一套农业物联网实现方案，对不同的行业应用进行展示，并对体验内容进行开发，基于不同应用开发 WEB 展示内容、短信发布和交互内容。运用果蔬、畜禽、水产、土壤、环境、物流、社区等的传感器，采集各种农业相关信息；通过建立数据传输和格式转换方法，集成无线传感器网络、电信网和互联网，实现农业信息的多维度（个域、视阈、区域、地域）传输；最后将获取的农业信息进行融合、处理，并通过智能化操作终端实现农业产前、产中、产后的过程监控和科学管理，进而实现农业的集约、高产、高效、优质、生态、安全。该平台自 2010 年 1 月开始启用。

二、所使用的信息技术及设备设施

1. 设施农业远程监控 利用无线传感器网络（WSN）、无线控制器、嵌入式网关节点、决策支持系统等技术，将农业生产过程中关键信息实时采集，利用 M2M 运营支撑平台和 GPRS/CDMA 网络传输，利用短信息、WEB、WAP 等手段，让从事农业生产的客户实时掌握这些信息。实现获取农田小区作物产量和影响作物生长的环境因素（如土壤结构、地形、植物营养、含水量、病虫草害等）实际存在的空间和时间差异性信息，分析影响小区产量差异的原因，并采取技术上可行、经济上有效的调控措施，区域对待，按需调控。

平台组网结构（图 1）。

2. 管理平台 设施农业综合管理平台主要通过底层服务模块、平台数据库、WEB 和 WAP 服务模块、传感器管理模块对农业物联网业务平台的各项应用进行有效支撑，各远端应用设备（传感器、业务终端等）通过网关终端将采集到相关信息转化为 GPRS 信号传送至综合管理平台，由综合管理平台对信息进行相应

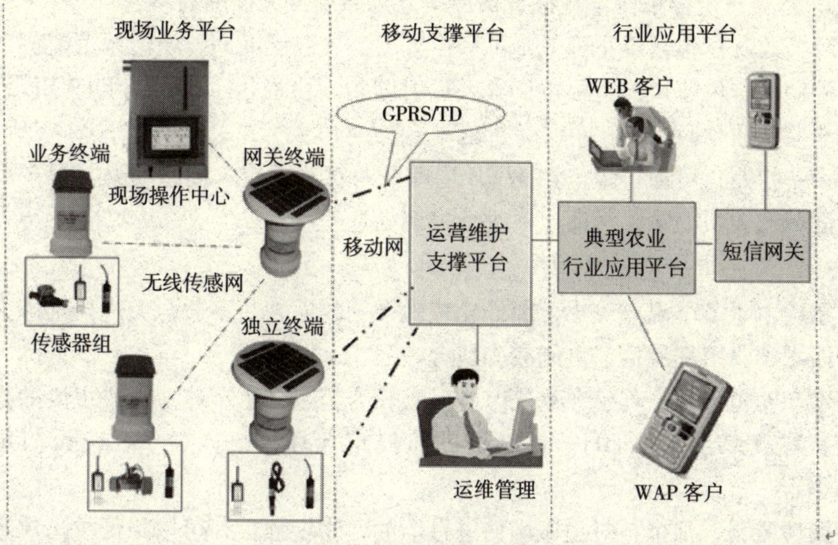

图 1　平台组网结构

分析处理后通过手机、WAP 等多种方式进行用户通知或查询，或自动调整远端设备参数，实现自动管理和调整。

3. 现场设备组网方式　现场设备一般有两种组网方式：第一种是业务设备连接传感器进行数据采集和设备控制，多个设备通过 802.15.4（zigbee）或其他 WSN 协议组网，将数据传输至汇聚节点，由汇聚节点进行组装，再通过 GPRS 通道上传至平台。第二种是连接传感器、控制器的设备本身就带有 GPRS 模块，可以将数据上传至平台，或者直接与手机等终端进行交互。

三、所使用的方法和流程

通过管理后台对设备进行监控，实现远程开、关控制等。同时，用户可以通过短信上行指令的方式对设备进行控制，满足农业生产的需要。

四、项目实施的目标及取得的成果

通过现代化技术手段帮助农民对农业生产进行管理，提高工作效率，增收致富。该平台自 2010 年 1 月开始启用，目前已经在重庆建立多个示范点。

1. 江津锦程实业柑橘育苗温室监控系统

环境监测：包括温室内 3 个不同位置的空气温湿度和土壤温湿度监测，室外空气温湿度、风速风向、雨量、太阳辐射监测。可通过手机短信和 WEB 管理平台获取监测数据。

设备控制：可通过短信和 WEB 管理平台对侧窗，天窗，遮阳帘，温室喷淋等设备进行控制。

2. 忠县三峡建设集团柑橘育苗温室监控系统及大田喷灌系统

环境监测：包括温室内 3 个不同位置的空气温湿度和土壤温湿度监测，室外空气温湿度、风速风向、雨量、太阳辐射监测。可通过手机短信和 WEB 管理平台获取监测数据。

设备控制：可通过短信和 WEB 管理平台对遮阳帘，温室喷淋、湿帘风机及多个区域的大田喷灌、滴灌设备进行控制。

五、该项目实施的下一步打算

重庆由于冬季温差较小、地处丘陵地带等的原因，不适合大规模推广大棚种植。而水产养殖和墒情监测则较为适合。

水产养殖：水产养殖在重庆市各区县较为普遍，水产养殖中最主要的指标为水温、溶氧率及水体 pH，相对大棚监控指标和控制点较少，建设简单，投入较小。

墒情监测、预报：对土壤墒情进行监测、作出预报，可以降低洪涝灾害及滑坡、泥石流等地质灾害对人类的影响。墒情监测主要的监测项目为土壤含水量及地下水位，没有控制项目，建设相对简单，投入也较小。

同时，选取其他省市地区进行试点，持续优化产品。

（供稿人：中国移动农村信息网运营中心　撰写人：徐佳男）

3.17 基层政府电子政务应用——中国移动政务易

一、项目名称和实施主体、时间、范围

中国移动农信通政务易，由中国移动重庆公司建设运营，是致力于帮助基层政府全面实现信息化的对内办公、对外宣传和服务群众的电子政务办公系统。

2007 年开始在重庆九龙坡区基层政府试运行，到 2010 年已扩展出多种终端表现形式（PC 客户端、WEB、WAP、信息机、手机客户端），并全面覆盖重庆各级基层政府。

二、所使用的信息技术与设备、设施

本项目结合了互联网、手机通信、网络交换、数据库等多项技术，支持多终端结合，在有电脑和宽带条件的地方使用电脑软件；在信息化基础条件较差的地方，则通过定制信息机和 GSM 网络解决基层政府信息化的问题。

整个系统由农网基础平台提供短彩信、语音、WAP 等通信支持，由政务易平台提供业务功能，由后台管理平台提供功能、权限设置功能，由数据分析平台提供数据分析功能。

三、所使用的方法和流程

政务易系统目前包括传箴言、信息发布、会议电话、政务办公、数据上报、政务公开、基层党建、特色产品八大功能。各功能切入实际，可以帮助用户高效便捷地完成日常政务处理的需要。

要使用政务易系统，首先需要与移动公司签订使用协议并注册单位信息，选择资费套餐后方可使用。

四、项目实施的目标及取得的成果

政务易主要服务于镇、村级基层政府，结合 IT 平台和通信平台的优势，帮助基层政府解决对外信息沟通问题，包括跟区域内农户的信息沟通以及特色资源的对外宣传，解决基层政府办公电子化的问题，提升基层政府的办公效率降低办公成本，提高为广大普通农户提供信息服务的能力。最终实现基层政府对广大普通农户的阳光政务，为搭建农村地区信息化服务体系提供助力。

目前，政务易已为重庆市9 500余家单位提供便利可靠的电子政务办公服务，3 万余用户从中享受到了便利。截至 2010 年 10 月，政务易已实现了乡镇 100%覆盖，村 70%覆盖。

五、该项目实施的下一步打算

做好全网准备工作，把产品推向全国。下一步发展方向：夯实平台、产品、信息、支撑 4 个基础；突出互动发展、标准发展、重点区县个性发展 3 个重点。支撑向横向、纵向两个方向发展：横向，从农村到城市的转变，从乡镇基层政府向省市政府单位的转变；纵向：从基层政府事业单位向国有大中型单位的合作尝试。

（供稿：中国移动农村信息网运营中心　编写：徐佳男）

3.18 天津市猪肉质量安全数字化监控和可追溯技术集成与示范

一、项目名称和实施主体、时间、范围

天津市畜牧兽医局从 2006—2010 年在天津市实施了天津市猪肉质量安全数字化监控和可追溯技术集成与示范项目。

二、所使用的信息技术及设备设施

天津市猪肉质量安全数字化监控和可追溯技术集成与示范项目在国内率先将现代信息技术和通讯技术应用于猪肉质量安全监管全过程，通过采用二维码技术、移动智能 PDA 技术、高频无线射频识别技术、离线标签打印技术、多媒体混合查询技术、. net 和 Web 等技术，开发出涉及养殖、屠宰和销售等多环节的 10 余套信息系统，以及面向政府监管和消费者查询的公共网络平台。

三、所使用的方法和流程

该项目针对我国生猪集约化饲养和农户个体散养模式，提出了养殖过程电子档案建立的数据采集、传输、储存的解决方案，以及从生猪个体、屠宰中间产品及终端分割产品的标识技术、编码方法与标识的转换对接技术等。

该项目基本实现了对天津市主要规模化养猪场和专业养殖户的生猪生产及屠宰加工环节的跟踪与溯源，实现了猪肉产品的数字化监管和可追溯。

四、项目实施的目标及取得的成果

该项目旨在通过信息化手段改变传统的肉品质量监控方式，为从根本上实现市民食肉安全提供前瞻性技术支撑，提升肉食品安全监管水平，促进畜牧业和肉品加工业的健康和可持续发展。

在部分大型超市或肉品专卖店，消费者通过置于超市的查询终端对产品外包装条形码进行扫描，即可对猪肉质量安全信息进行可视化查询。包括饲养、屠宰以及生猪免疫、所喂饲料、兽药、有无农药残留等一些列的畜产品质量安全

信息。

该项目实施期间，累计申请专利 7 项，其中授权专利 4 项；软件著作权受理 9 项，登记 8 项；出版专著 1 部；发表相关论文 16 篇，其中 SCI，EI 和 ISTP 等收录论文 6 篇。项目技术已在天津市 9 家规模化养猪企业、5 家定点屠宰场和 10 家超市正常运行，并在山东、河北、河南、江苏 20 多家企业示范应用，完成可溯源的生猪 102 万头，实现经济效益1.014 6亿元。

五、该项目实施的下一步打算

从 2010 年开始，可追溯体系将应用到天津市生猪示范园区，更好发挥项目示范带动作用。到 2011 年，养殖环节——可追溯系统将覆盖天津市所有生猪示范区；屠宰环节——拟采用本项目技术方案，将可追溯技术推广应用到天津市规模屠宰加工企业；销售环节——将猪肉质量安全可视化查询系统在天津市大型超市和专卖店应用推广，进一步提高零售市场可追溯畜产品的覆盖率。

（供稿：耿　直　编写：徐佳男）

3.19 天津市渔业安全管理应急指挥中心

一、项目名称和实施主体、时间、范围

天津市渔政渔港监督管理处从 2009 年 7～11 月实施了天津市渔业安全管理应急指挥中心建设项目，建设范围主要包括指挥中心及机房建设、码头监控设施建设、传输线路建设、渔船船用终端设备配备。

二、所使用的信息技术及设备、设施

远程视频监控系统：使用了 CCTV 视频监控、数字电路数据传输等技术。

设备设施包括：高清晰数字摄像机、红外光源、硬盘录像机、光端机、路由器、数字电路、视频服务器等。

AIS 船舶识别管理系统：使用了 GPS 定位技术、甚高频无线电通讯技术、AIS 自动识别技术。设备设施包括：船用 AIS 避碰终端、AIS 接收天线及铁塔、AIS 信号接收基站、MOXA 卡、路由器、数字电路、AIS 服务器、AIS 监控平台。

北斗卫星船舶管理系统：使用了 GPS 定位技术、北斗卫星点位技术、蜂窝移动通讯技术、公网数据传输技术。设备设施包括：船用北斗卫星终端、公网接入设备、北斗卫星船舶管理平台。

三、所使用的方法和流程

2009 年 7 月，该项目正式立项。9 月采用政府采购公开招标的方式，各个功能模块针对厂家和服务商进行公开招标。项目投资由天津市农委和天津市财政拨款支持。

四、项目实施的目标及取得的成果

项目建成后，实现了多种信息系统、多种手段对渔船渔港的监控和管理。

远程视频监控系统实现了对天津市各主要渔港的 24 小时视频监控，并将录像保存 20 天以上，为防火、防盗、追查违规提供了有力的手段。

AIS 船舶识别管理系统，实现了在覆盖方位内装备 AIS 船用终端船舶的监控和航行数据存储效果，为了解近岸船舶动态、事故追查提供了直观的方法。船用终端在渔船航行和生产中起到了危险报警避免碰撞的功能。

北斗卫星系统为远洋作业的渔船提供了定位和短信通讯服务，为管理提供了直观平台。

五、该项目实施的下一步打算

积极完善现有系统的功能，加大扶持力度，提高船用设备的安装率。计划增加 RFID 自动进出港签证系统和 90A 新型渔用对讲机监控系统。创造条件，协调各平台开发商，统一各信息系统的监控平台。

（供稿：天津市渔政渔港监督管理处　编写：徐佳男）

3.20 天津蓟县野外林火自动监控系统建设工程

一、项目名称和实施主体、时间、范围

蓟县野外林火自动监控系统，是该县林业局于 2006 年底启动实施的野外林火自动监控项目。一期工程分别在该县的盘山、八仙山、九龙山、梨木台、黄花山 5 个高山之顶建立了野外视频监控探头。二期工程于 2009 年年初开始建设，经过安装、调试，现已全面投入使用，新增加的 10 个监控点分别在三股超、梁庄子南山、观山顶、老虎台、歪嘴坨、尖山子、常州东山、石头营南山、娘娘顶、渔阳宾馆楼顶。正在使用的 15 个野外监控探头，可视监测范围可达到该县山区有林地总面积的 45%。

二、所使用的信息技术及设备设施

森林防火视频监控工程的目的是将火灾发现的时间加以缩短，保证火灾不发展到大面积蔓延阶段，降低火灾扑救的难度，减小损失，提高效率。

该系统集成了无线视频传输、定位闭环控制系统、地理信息、林火自动识别系统等多项技术，完成远距离超视距监控，火灾自动识别，并通过地理信息系统完成火点自动定位、火灾趋势预测、扑火预案准备、扑火指挥等一系列功能。

该系统使用了长焦距镜头、重型数字云台、高清晰度数字微波、地理信息系统、林火自动识别系统，同时为保证系统野外监控部分的运作还配备了太阳能发电系统作为供电单元。

三、所使用的方法和流程

该项目立项后，经专家多方论证、现场勘察，制定了设计施工方案，经天津市政府批准，由蓟县林业局申请县政府采购招标，于 2006 年年底正式实施。

四、项目实施的目标及取得的成果

该工程项目旨在利用先进的摄像和网络传输技术，采用无线微波数字传输手

段将野外前端监控点实时采集的高清晰度图像传输到县森林防火指挥中心，实现全天候、全方位、远距离监控林区动态。同时能够将图像监控、火情分析与火灾自动识别、报警、定位、指挥调度等信息集成在统一的平台上。

正在使用的15个野外监控探头，可视监测范围达到该县山区有林地总面积的45%。该工程建成后，监测成效显著，一是增加了系统的科技含量，提高了防火效率。二是节省了人力资源，对一些人员不能到达的死角通过监测可及时发现火情火警。

五、该项目实施的下一步打算

根据蓟县地形特点，需增建15个野外监控点，工程建成后，全县野外探头数量将达到30个，视频有效监控范围由原来的45%扩大到全县山区林地面积的80%。同时，系统建成后将与盘山风景名胜区、八仙山自然保护区监控系统并网使用，形成蓟县山区的三级林火自动监控网络。

（供稿：天津市蓟县林业局　编写：徐佳男）

3.21 辽宁省新农村合作医疗系统

一、项目名称和实施主体、时间、范围

辽宁省新农村合作医疗系统，由中国移动辽宁公司与辽宁省卫生厅联合实施。项目于2008年开始运行。项目主要利用中国移动无线网络和定制开发的移动医务通设备作为管理工具，卫生厅协助管理建立的村级医疗机构（乡村医生）的基层医疗卫生服务体系，在辽宁全省范围内推广。

二、所使用的信息技术及设备、设施

项目终端采用特殊APN接入的方式，利用专用GPRS功能设备或GPRS无

线上网卡作为无线 Modem，通过建立移动专有线路，实现登陆卫生厅专有网络，进行数据传输等应用。

终端使用无线 Modem（专有开发医务通终端）接入辽宁移动 GPRS 网络，辽宁移动为卫生厅分配专用 APN（GPRS 接入号），所有终端通过无线 Modem 给出移动用户名及密码接入到辽宁移动 GPRS 网络，GPRS 网络设备发现这种形式的用户名，根据特定的 APN 数据送到 GPRS 核心网设备上。省卫生厅服务器通过专线接入到辽宁移动的核心网设备，实现省卫生厅平台服务器的 GPRS 专网接入。

终端设备为中国科学院沈阳自动化研究所开发的专用终端，设备内置村级机构一体化信息管理系统并且集成打印机功能。

三、所使用的方法和流程

该项目在实施过程中，由辽宁省卫生厅和中国移动辽宁公司双方共同推进项目实施和建设管理，由各市卫生局新农合办公室牵头组织，中国移动主要提供数据的传输和处理等技术。中国移动根据不同网络路由分别通过 2M 数据电路接入移动城域/本地传输网现有 SDH 自愈环；各合作医疗点反馈数据电路通过移动城域/本地传输网和省内干线上传到中国移动省公司 IDC 机房，汇到交换机后将交换机与卫生厅平台服务器连接。

四、项目实施的目标及取得的成果

省政府、卫生厅和中国移动辽宁公司本着为基层医疗提供良好的卫生服务的宗旨，第一阶段在辽阳市、阜新市试点近1 000家村卫生所实施，目前已经完成60%。基层群众以及医务工作人员使用反映良好，给试点地区的使用者带来较多生活便利，受到广大群众的欢迎。

五、该项目实施的下一步打算

辽宁省新农村合作医疗项目预计在两年时间内在全省完成 6 个地市的平台整合工作，基本解决中国移动在无线网络上传输的问题，使新型农村合作医疗与中国移动无线设备完美结合，彻底解决农村数据网络覆盖的难题，为卫生部门在农合管理上增加强力工具，使农民在村级看病“刷卡”就能享受国家医疗待遇。

（供稿：阎晓达　编写：田　伟）

3.22 黑龙江省农村集体“三资”委托代理服务管理信息系统

一、项目名称和实施主体、时间、范围

黑龙江省农村集体“三资”委托代理服务管理信息系统，是由黑龙江省农业委员会农村经济体制与经营管理处建设运营，于2009年7月开始试点，2010年在全省推行。

二、所使用的信息技术及设备、设施

黑龙江省农村集体“三资”委托代理服务管理信息系统采用智能客户端技术开发，SSL安全登录，系统采用集团应用模式和开放式系统接口，整个软件系统分为服务端和客户端。服务端安装在专用的服务器上，建成服务器集群并搭载负载平衡，软件的全部数据都保存在服务器上。所有终端用户全部安装客户端软件，终端设备只需要一台电脑，及连接外网的ADSL设备。

三、所使用的方法和流程

该系统是依托省农业信息中心现有的网络资源及设备，利用互联网，建成塔形结构的寓监督、管理和数据处理于一体的管理信息系统。实现了省、市、县、乡、村五级联网，每个层级只能按照各自的管理权限，查看或审批本行政辖区内的“三资”委托代理服务业务。

四、项目实施的目标及取得的成果

该项目实施的目标是可以随时随地对全省集体资产实施远程动态监管，并对全省所有“三资”状况进行数据汇总、预测分析、监督管理。通过“三资”委托代理服务管理信息系统，使农村集体资产管理更趋制度化、规范化和信息化，收到了促进集体经济发展、群众满意、干部高兴的良好效果。2009年，胡锦涛总书记视察黑龙江省时，对这种做法提出表扬。2010年，中共中央纪律检查委员会在黑龙江省召开全国农村党风廉政建设工作座谈会，其中重要内容之一就是现

场观摩肇东市农村“三资”委托代理服务管理信息系统建设情况，得到了会议的充分肯定，并提出要在全国推广。

五、该项目实施的下一步打算

该项目已经由试点阶段转为全面实施阶段，到年底全省将实现省、市、县、乡、村五级联网的管理信息系统。2011 年根据系统运行情况进行进一步完善升级，推进管理工作制度化、规范化和信息化，为农业经营体制机制创新做出新的贡献。

（供稿：李佳文　编写：田　伟）

3.23 黑龙江北大荒农业股份有限公司七星分公司农业信息化支撑平台

一、项目名称和实施主体、时间、范围

黑龙江北大荒农业股份有限公司七星分公司农业信息化支撑平台，由七星分公司作为实施主体，由黑龙江省农垦科学院电子技术开发研究所研发，该项目在七星分公司 2007 年建设的现代农业信息系统的基础上再次开发及整合。自 2010 年初启动，历经 6 个月，于 2010 年 9 月上线运行。该项目是七星分公司信息化建设的基础开发、集成、应用平台，在平台上针对现代农业生产经营管理、宏观决策监控、公众农业信息服务、现代农业科技管理、现代农业企业管理 5 个方面建立各类业务系统，数据层、表现层以及业务层全面整合，确保各业务系统无缝连接，统一协作，以免出现信息孤岛。

二、所使用的信息技术及设备设施

该项目为 B/S 结构，在自然资源数据库、人口资源数据库等基本数据库的基础上，采用 JAVA 作为开发语言，以 Struts 2 作为技术框架，利用 Spring 等开

源技术，在实现底层框架平台的基础上搭建综合应用平台。

三、所使用的方法和流程

平台的总体业务框架是以现代化农业企业管理、农业生产、农民生产生活 3 方面为业务主线，以公众农业信息服务以及农业科研管理服务于所有业务层面。在统一的安全机制、权限控制模式下，各业务系统协同工作，系统之间数据可自由传递，业务之间环环相扣（图 1）。

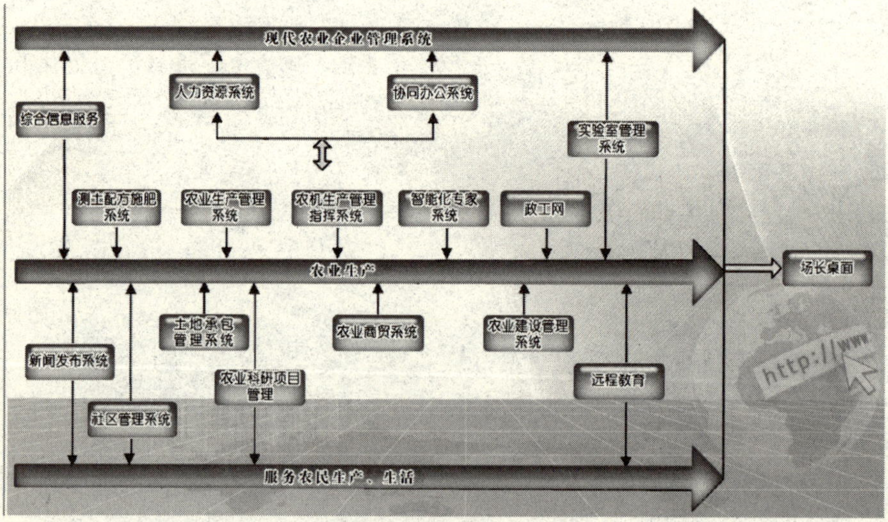

图 1　现代信息系统流程

平台后台业务应用是建立在安全机制以及权限管理基础上的，不同的用户通过平台入口，输入特定的用户名及密码后，平台自动判断其网段以及权限，自动配置对其开放的系统功能，提供相应的系统入口。所有的平台业务系统集中通过平台的功能展示界面进行展示。

四、项目实施的目标及取得的成果

该项目总体目标，是以农业生产过程作为核心业务主线，以现代农业企业管理和服务农民生产生活为辅助业务主线，完成生产计划制定、农业生产管理、农机作业管理、农业商贸管理、人力资源管理、协同办公等业务子系统，集成各类专家系统、土地承包系统等业务系统，形成一套全过程、全业务的现代化农业信息服务平台，用信息化手段管理农业生产，服务农民生产生活，提高现代农业企业管理水平。

通过项目的实施，为广大农业生产者提供了农业生产辅助工具，同时通过信息服务于广大农民的生产生活，解决了城乡信息服务不对等的各种问题，同时为分公司生产管理人员提供了有效的管理工具，提高了农业生产相关业务的管理水平和效率，为分公司领导提供了准确的决策依据。

五、该项目实施的下一步打算

七星分公司与开发单位拟进一步对项目进行完善，将更多的业务纳入到平台当中，同时对现有软件进行整合，为七星分公司的现代化农业建设给予更多的技术支撑。

（供稿：王勇利　孟庆民　编写：田　伟）

3.24 上海农业数据中心

一、项目名称和实施主体、时间、范围

上海农业数据中心是由上海农业委员会信息中心主持，在各业务处室、区县农业委员会参与配合下共同完成的高度信息集成化项目。该项目从2007年开始策划，2008年正式实施，已于2010年全面完成项目建设并上线运行。该项目主要服务对象涉及上海市所有涉农政府部门、企业及个人，同时也对外提供数据服务。

二、所使用的信息技术及设备设施

上海农业数据中心采用的是先进的开放式的J2EE技术架构，并结合当前成熟的开放平台（dorado）、报表服务器（润乾报表）、图表工具（fusion charts）、数据采集工具（东方通）、数据监控中心（域监控管理平台）、元数据管理平台、信息发布、检索平台（TRS）、基础地理信息平台（ArcGIS Server）、身份认证服务器（TRS）等。

该项目采用 Oracle10g 作为数据管理系统，并按照业务分为基础地理信息、土地资源、种植业、养殖业、农机化、农产品信息、农村社会经济、农业机构人员八大库进行数据分类管理。同时，采用了数据安全（Advanced Security）、数据分区管理（Partitioning）、数据集成（Data Integrator Enterprise Edition）等组件，保障数据服务的安全、高效。

该项目提供在 Internet、政务外网、区域网上的访问服务，采用多台 IBM 服务器，主体架构采用双机热备策略、各基础平台单独部署服务器提供服务支持，有效地保障了系统的稳定运行。

三、所使用的方法和流程

上海农业数据中心项目因涉及业务面广、子系统多，采用了分阶段实施的方法。在项目实施第一阶段，主要完成了原有业务系统的改造升级及业务报表系统的建设，这解决了数据中心的数据来源问题。第二阶段主要建设的是数据交换平台、元数据管理平台、监控平台，这主要解决数据的采集、交换、管理、清洗、加工等问题，为后续的数据应用打下坚实的基础。第三阶段是在前两阶段的基础上对已采集、分类差分好的数据进行统计、分析、挖掘，并把成果通过各数据发布系统对外提供应用。这一段主要完成的是数据门户、关键指标分析系统、GIS 数据展示系统等。

项目的完整业务数据流程是：①业务系统、报表系统采集各类数据；②数据采集系统采集数据并分拆数据，进行有效的数据处理后进入中心数据库；③对进入中心数据的各类业务数据进行统计、分析、建模，根据数据模型进行数据挖掘分析；④将统计、分析、挖掘的成果通过应用系统供用户使用。

四、项目实施的目标及取得的成果

上海农业数据中心实施目标，主要是为了提高政府掌握农业、农村全局数据，增强统筹决策的能力，打破数据条块分割，解决信息孤岛，完成数据交换共享；同时建立一套完善的数据采集、加工、管理机制，规范数据管理，完成数据的原始累积，并对数据进行挖掘、分析，为政策制定、科研导向提供数据支撑；最终达到发布、共享有价值信息，最大化信息系统建设成果，及提供精准数据，完善数字化农业建设的目的。

该项目的顺利实施，使上海农业信息化上了一个新台阶，步入了高度信息集成化阶段。目前，上海涉农部门、企业、个人通过一个系统、服务终端即可全面了解所需的各类业务数据，在提高日常办公效率的同时也解决了获取全面业务信息的难度问题。项目中提供的统计、分析数据成果为政策制定提供了准确的数据支撑，同时也为科研活动提供了新的依据。

作为高度集成的信息化项目，实施过程中制定了一整套符合“金农”工程信息化建设的标准规范，为今后上海农业信息化的建设打下了坚实的基础，提供了指引，规范了流程。使后续信息化建设项目有章可循，提高了政府投资的使用效率，收到效益最大化的目标。

五、该项目实施的下一步打算

上海农业数据中心属于长期项目，运行后不断采集业务数据，并分析结果、提供服务，后续主要工作是要持续不断地完善数据覆盖的广度，包括采集国内、世界发达国家的农业数据，提高数据分析的手段、深度，提供更有价值的分析成果。

（供稿：叶有灿　编写：田　伟）

3.25 上海市农村土地承包经营权流转信息管理系统

一、项目名称及实施主体、时间、范围

上海市农村土地承包经营权流转信息管理系统，是由上海市农村经营管理站主持，上海农业信息有限公司参与开发，经过一年努力研制出的对整个上海市内农村土地承包与流转进行合同管理和监管的信息管理系统。它是按照依法自愿有偿原则，健全农村土地承包经营权流转市场，发展适度规模经营的理念，所推出的比较完善的土地信息管理系统。该系统于 2009 年 12 月在整个上海市全面使用，在运行中逐步完善，目前已初步达到对上海市所有区县乃至镇、村、组队的承包与流转的全面管理。

二、所使用的信息技术及设备设施

配合项目的实施，在上海市各个区县的乡镇设立农村土地承包经营权流转管

理服务中心，进行土地承包经营相关业务的办理，在村级可以进行必要信息的公开和查看。实现对土地承包经营权流转合同的前置监管和执行监管等功能。

实现土地流转信息的系统性、实时性、完整性和可追溯性，还可为土地承包经营管理部门提供实时的统计汇总数据，实现农村土地承包经营权的规范管理、动态管理，全面提升管理水平。

采用电脑、触摸屏、交易大厅大屏幕 3 种方式显示土地承包经营权流转信息，方便用户及时查询、查看。一方面，大屏幕（LED）实时滚动显示最新的流转意向与合同等信息；另一方面，触摸屏查询机提供土地流入流出相关信息，用户可通过触摸屏设置条件查询信息，有利于土地承包经营权流转行为的信息公开和形成公开、公平、公正的市场监督机制。

三、所使用的方法和流程

建立本市农村土地承包经营信息数据库。通过土地承包合同和经营权流转合同智能化规范，实行土地承包合同、经营权流转合同、土地承包经营权证登记簿、土地承包经营权证书的自动编码，实施土地承包和流转信息电子档案管理。

实现本市农村土地承包经营权证书信息化管理。通过实现土地承包经营权证变更、换发、补发信息的计算机自动生成和打印输出，确保经营权证书作为土地承包法律文书的规范化、严肃性。

实现农村土地承包和流转信息自动化统计和实时查询。快速、便捷、准确掌握农村土地承包、经营权流转及相关情况关心翔实数据和汇总资料，及时为各级领导提供决策依据。

实现农村土地承包合同、经营权流转合同以及土地承包经营权证书变更登记等以及土地纠纷调解仲裁文本格式等业务网上办理。

实现土地承包纠纷仲裁试点工作系统化管理，及时了解纠纷仲裁动态。

实现与上海农业经济发展相关的政策管理，对农业作物补贴等政策等进行汇总上报。

严格操作流程和权限管理。通过区县主管部门的审核，进入农村土地承包信息数据库的所有合同、证簿等信息数据，不得随意更改、删除，并及时存档。

四、项目实施的目标及取得的成果

该项目的建设，旨在建立该市农村土地承包经营权流转信息数据库，实施农村土地承包经营权证书信息化管理，实现农村土地承包和流转信息自动化统计和实时查询，实现农村土地承包合同、经营权流转合同、经营权证书变更登记等管理业务的网上办理等，实现土地流转信息的系统性、实时性、完整性和可追溯性，实现土地流转信息的公开、透明并为流转各方提供充分的知情权，可以提供更宽的信息传播渠道、更快的信息传播速度和更广的信息传播范围，还可为土地流转管理部门提供实时的统计汇总数据，实现农村土地承包经营权的动态管理，全面提升管理水平。

实施至今，现已有区、镇、村、组共1 200余家行政单位使用该系统。使稳定完善土地承包关系的工作得以扎实推进：承包农户数达到32万余户，承包经营权人数达96万人次，签订合同数28万余份，发放权证数18万余份，承包经营权变更面积累计1 029万余亩。使乡镇流转管理服务中心建设逐步推进：在基本完成15个流转管理服务中心建设的基础上，各区县根据建设计划，积极落实场所、设备和人员。目前，有14个乡镇流转管理服务中心进入建设阶段。流转合同总数7 600余份，流转总面积47万余亩。

五、该项目实施的下一步打算

拟在上海市以外的省（自治区、直辖市）进行该系统的推广，以在更多地方应用，使更多的土地管理部门通过该种方式提高工作效率和规范土地管理。

（供稿：曾德云　撰写：徐佳男）

3.26 上海世博会蔬菜质量安全管理与追溯系统

一、项目名称和实施主体、时间、范围

上海世博会蔬菜质量安全管理与追溯系统，是上海市农业委员会信息中心主持，上海农业信息有限公司参与开发，依托互联网为企业、政府及第三方机构提供的一个信息共享平台，实现蔬菜生产、检测、运输、销售等环节的完整信息记录，帮助农产品质量监管部门、农产品生产企业和公众方便及

时地查找问题蔬菜的品种、来源、流向等，同时收集蔬菜质量安全数据以提供统计分析，真正实现蔬菜"从农田到餐桌"的安全追溯。该系统于2009年12月在上海正式开通，在运行中不断完善，已在宝山区、嘉定区、松江区、闵行区、金山区、青浦区、奉贤区、浦东新区、崇明县、南汇区和光明集团使用。

二、所使用的信息技术及设备设施

上海世博会蔬菜质量安全管理与追溯系统是利用现代的网络技术、RFID条码识别技术、空间数据库技术、网络地理信息系统技术，采用基于SOA和Web Service的应用集成方案，以及大量新一代企业Web服务编程和管理基础架构建立起来的蔬菜质量安全管理与追溯系统。该系统通过安装在地块田头的RFID标识及移动读写终端，方便地记录针对该地块的农事操作，从而建立完善的生产档案；综合采用手工输入、格式数据半自动导入、数据自动识别等多种手段采集蔬菜生产管理、流通配送等数据信息，通过蔬菜产品商品条码、QS码或批号获取蔬菜的溯源信息、生产企业或基地信息。

三、所使用的方法和流程

上海世博会蔬菜质量安全管理与追溯系统包括客户端，监控平台和农药残留监测三大部分。

系统通过客户端收集蔬菜产品的明细信息，以及采收、施肥、用药、灌溉和检测等各个生产环节的追溯信息到数据服务器，通过后台打印程序打印出32位蔬菜安全追溯码贴到蔬菜包装上。

消费者购买到蔬菜产品后，在世博蔬菜监控平台中录入32位蔬菜安全追溯码，就可以查询出当前批次蔬菜的生产单位、采收、施肥、用药、灌溉和检测等信息，可以达到对蔬菜的各个生产流程进行有效的监管和追溯。

32位蔬菜安全追溯码生成机制如下："019"＋13位商品条码（公司条码＋产品条码＋商品检验码1位）＋"11"＋6位日期码＋"10"＋6位加工地码。其中，商品条码13位中，"690"和"691"开头的公司条码为7位，产品条码为5位，商品检验码为1位。"692"和"693"开头的公司条码为8位，产品条码为4位，商品检验码为1位。

农药残留检测系统由若干台能自动进行数据通讯的多通道的农药残留快速检测仪和检测业务管理系统联网组成，能够及时地获取各生产基地的农药残留监测信息。

四、项目实施的目标及取得的成果

上海世博会蔬菜质量安全管理与追溯系统以构建融标准化生产技术、数字化管理技术、质量管理理念、产品源头追溯技术、农产品中有毒有害物质快速检测技术等于一体的数字信息系统为手段，致力于协助蔬菜企业实现生产的标准化、科学化和信息化，从数字技术中要效益，从管理改良中求发展，更使广大消费者能吃上物美价廉、放心安全的蔬菜产品，实现企业与消费者的共赢。

在上海全市共158家园艺场和企业进行使用，取得了联合追溯和监管的很好效果。

五、该项目实施的下一步打算

在上海市更多企业中推广上海世博会蔬菜质量安全管理与追溯系统，并在此基础上逐步推广到全国其他省市的蔬菜生产基地和企业，使全国广大消费者能吃上物美价廉、放心安全的蔬菜产品。

（供稿：张向飞　撰写：徐佳男）

3.27 上海市境道口动物防疫监督信息管理系统

一、项目名称和实施主体、时间、范围

上海市境道口动物防疫监督信息管理系统是上海市动物卫生监督所主持、上海农业信息有限公司参与开发、经过两年努力研制出的动物防疫监督信息管理系统，其目的是协助市动物监督所管理人员，对道口的各项数据进行录入、修改、删除、统计分析、数据稽查及数据的导入导出，以更加有效地开展道口工作及各项业务，更方便地管理道口数据。该系统于2007年在上海正式开通，在运行中不断完善，目前已在上海得到全面应用，覆盖了全部8个市境道口以及16家屠宰场、冷库等接收单位。

二、所使用的信息技术及设备设施

上海市境道口动物防疫监督信息管理系统是利用现代的网络技术、二维码技

术、数据库技术和编程技术，采用基于C/S结构和Web Service的应用集成方案建立起来的信息管理系统。该系统的二维码技术采用了具有国际领先水平、由国内自主研发的龙贝码技术。龙贝码与国际上现有的二维条码相比，具有更高的信息密度、更强的加密功能，可以对所有汉字进行编码，适用于各种类型的识读器，最多可使用多达32种语言系统，具有多向编码/译码功能、极强的抗畸变性能，可对任意大小及长宽比的二维条码进行编码和译码。同时采用斑马ZM400打印机和FastReport报表来打印二维码，采用NLS-HR200扫描枪来扫描二维码。

三、所使用的方法和流程

该系统是由市所对进沪的动物和动物产品情况，运输工具情况，产地等信息先期制作IC卡，发放给进沪单位。在进入指定道口动检站时进行IC卡读/写操作，确认符合进沪防疫条件后准予进沪，由接收单位凭IC卡进行读/写操作，确认符合进场条件的予以接收，将有关接收信息发回市所中央数据处理系统进行复核，并同时将有关数据通过市所业务局域网发送至相关监管科室，既能确定外来动物或动物产品的最终到达地，也有利于市所各业务科室之间对监管目标及时、准确和有针对性的监督。

该系统包括道口信息管理系统、中心数据管理系统和屠宰场信息管理系统三大部分组成。

道口信息管理系统是供市监督所道口监管人员使用，可以录入道口系统中的基础代码、关联数据，进行数据稽查、审核、编辑，系统各个权限的受理。

中心数据管理系统实现了对道口各个基础信息模块的数据和道口录入的入沪数据进行监管，对数据进行汇总，统计分析。服务器端系统包括系统权限管理、基础代码维护、关联信息维护、数据维护、数据查询、数据汇总、数据稽查等模块。

屠宰场信息管理系统将接收信息进行二维码读取操作，并将车牌号、接收的屠宰场、屠宰日期、接收数量等记录到本地数据库中，定时将数据上传到监控中心系统端进行处理分析。

四、项目实施的目标及取得的成果

上海市境道口动物防疫监督信息管理系统通过对入沪动物或动物产品的相关信息的系统管理，用现代化的信息手段从源头上对食物加强了监控和管理，达到了既能确定外来动物或动物产品的最终到达地，真正实现“食安”工作所要求的防疫追踪监管的目标，也有利于市所各业务科室之间对监管目标的及时、准确和有针对性的监督，促进外省市供沪动物及动物产品卫生、安全、质量不断提高，保障了“食安”工作的顺利进行，提高了“菜篮子”产品质量，解决了食品卫生安全问题，同时达到上海市政府“食安”的工作要求，让城乡居民长期吃上放心肉。

五、该项目实施的下一步打算

上海市境道口动物防疫监督信息管理系统已在上海得到全面应用，下一步将在立足上海的基础上向全国推广。

（供稿：腾欣诗　撰写：徐佳男）

3.28 江苏农业委员会行政权力网上公开透明运行系统

一、项目名称和实施主体、时间、范围

江苏省农业委员会高度重视电子政务的发展，按照江苏省政府电子政务建设指导意见的精神，通过江苏省农业委员会内各部门共同努力，组建了江苏省农业委员会电子政务内网，开发了江苏省农业委员会行政权力阳光公开透明运行系统，形成一个集行政权力行使、电子监察、法制监督、综合管理、办公自动化、对外宣传一体的平台，电子政务成果显著。2009 年 10 月起省农业委员会内部实现无纸化办公。

二、所使用的信息技术及设备设施

该系统运行在与互联网物理隔离的内部办公网上，采用双机热备方式保障稳定运行。采购相关网络设备，为接入计算机安装隔离卡，实现每个计算机终端能独立接入两套网络，采用网络安全设备保障网络安全。中心机房也购置了气体消防设施和专用空调，采用大功率不间断电源为机房独立供电。

三、所使用的方法和流程

该系统包括行政权力、电子监察、法制监督三大模块，确定 247 项行政权力全部编制办理流程图，对 156 项含有自由裁量权的行政处罚权力细化行政处罚标准。对行政权力运行进行受理—办理—办结全过程监督，变被动监督为主动监督，对行政权力运行时的办理周期过短、阶段超期异常、事项超期异常、自由裁量异常、挂起暂停异常、意见不同异常、多次补正异常、异常处理异常等各种情况进行报警，监察人员可以就出现的异常情况要求相应的人员或处室做出解释或说明。

四、项目实施的目标及取得的成果

通过系统流程的刚性，推动监督更加规范有效，实现"痕迹可查、责任可追"。截至 2010 年 10 月，共受理行政许可材料1 031件，办结率 100%。

五、该项目实施的下一步打算

将通过江苏省农业专网构建全省统一的农业电子政务及行政权力公开透明运行系统平台，把该系统拓展应用到所有市县农业管理部门。

（供稿：王平涛　编写：田　伟）

3.29 江苏省农业信息资源数据库

一、项目名称和实施主体、时间、范围

江苏省农业信息资源数据库由江苏省农业信息中心建设，于2005年完成并正式启用农作物病虫草害数据库、农作物实用技术数据库、农作物品种数据库等。

二、所使用的信息技术及设备设施

江苏省农业信息资源数据库建设是基于计算机网络和通信技术，将农作物相

关的病虫草害、实用技术、品种等数据按照规定的数据结构储存，通过计算机网络及各种终端设备传递给广大基层农技人员、农业生产者，是新时期最为方便、快捷、经济的农技推广方法和技术信息传播方式之一，也是建设江苏数字农业的重要内容。使用的主要设备有服务器（利用江苏农业网现有服务器）、便携式电脑（移动上网）、数码相机、扫描仪及存储设备等。

三、所使用的方法和流程

数据库软件系统由专业软件公司负责开发。信息资源采集由江苏省农业信息中心牵头完成。主要农作物种类包括水稻、麦类、棉花、油菜、花生、大豆、薯类、玉米、苹果、梨、桃、草莓、蔬菜、茶叶等，农作物病虫草害数据库采集内容包括主要病虫草害种类、综合治理策略以及病虫分类防治技术。用户通过选择作物种类即可检索相应作物重大病虫害的综合治理策略以及该作物上发生的主要病虫的防治技术。实用技术信息资源主要考虑农作物有关播种期、育苗期、营养生长期、成熟期、收获与保存期的各类技术，采集作物尽量细化到品种，每条数据尽可能包括生长特征说明，长度一般 500～600 字，配合采集了相关图片8 000余张和视频信息 500 多条。农作物品种数据包括品种名称、主要特征、特性，适宜种植区域、主要栽培技术等，长度为 300～500 字。

四、项目实施的目标及取得的成果

江苏省农业信息资源数据库系统投入使用后，成为广大农户和基层农技人员学习农作物病虫害防治知识的新途径。通过数据库系统的直接使用，提高了农作物病虫草害防治水平，大大减少或避免了病虫草害发生造成的直接经济损失，提高了农作物新品种推广普及水平，通过实用技术数据库的推广应用，提高在生产实践中的技术水平，促进粮食增产、农民增收。大幅提升江苏农产品市场竞争力，有力促进了现代农业和高效农业发展。

五、该项目实施的下一步打算

不断增加数据库信息量，改进完善查询系统。继续开发与农业生产相关其他信息资源数据库，形成综合农业信息资源库群。提高为农信息服务能力和水平。

（供稿：王平涛　编写：田　伟）

3.30 江苏省一市一县视频会议系统

一、项目名称和实施主体、时间、范围

江苏省农业视频会议系统由江苏省农业委员会建设，包括省、市、县三级农业管理部门在内的专用视频会议系统，也是实现图像、语音、数据、图形、文字等各种多媒体业务通信的综合业务系统。该系统建设采取统一规划、全面兼容、分步实施的战略规划，2007 年建成省—市视频会议系统，2009 年系统延伸到所有县（市）。

二、所使用的信息技术及设备设施

江苏省农业视频会议系统采用宝利通型号为 MGC 50 的 MCU 和标清终端构建而成，系统采用两层结构，即中间不设级联 MCU，减轻了系统故障点和市县维护难度。网络为与外界隔离的专用网络，其中省到市带宽为 6M 长途线路，市到县为 2M 本地线路。系统所采用的设备均为成熟产品，技术先进，且完全基于 ITU－TH. 323 框架协议标准，能与农业部卫星指挥调度系统对接，以及其他采用此标准的主流厂商设备实现互联互通。

三、所使用的方法和流程

江苏省农业视频会议系统具备如下功能：一是召开部省市三级双向视频会议。能实现省会场信号同时传输到全国会场和各市分会场。二是实现双动态视频流。即在召开部省市三级视频会议时，各市分会场可接收两路信号，一路是省会场信号，另一路是部会场单向组播信号。当用作远程培训时，第二路动态图像可显示辅助摄像机图像、发言者计算机上的讲稿、录像或 VCD 资料等。三是应急会议保障。会议管理人员能在网络中断、设备故障时启用应急措施，确保会议顺利进行。四是灵活的会议组织、管理和监控，系统支持多点交互式会议、快速召集会议、自动会议召集、手动会场邀请、终端发起会议。可实现多会议分组，每一台终端可任意加入其中某个会议。五是可通过 Web 等方式进行 MCU 和终端

的管理，系统采用完全基于 IP 的管理运营模式，无论是多点会议进行中还是点对点时，都可以对设备进行远程管理与维护，通过 PC 终端 IE 浏览器也可实现设备的管理功能。

四、项目实施的目标及取得的成果

江苏省农业视频会议系统已成功召开多次视频会议，多次组织市县分会场参加农业部召开的全国性视频会议，起到了上情下达、节支增效的作用。

五、该项目实施的下一步打算

为保障视频会议顺利召开，将在专线视频会议系统的基础上，构建基于互联网的软件视频会议系统，软件视频会议系统与专线会议系统互相独立，互为保障。今后进一步延伸视频会议系统到乡镇、种植养殖大户、规模农业企业等单位，为基层农业技术人员和农户服务。

（供稿：王平涛 编写：田 伟）

3.31 江苏省农业委员会财政支农项目管理系统

一、项目名称和实施主体、时间、范围

江苏省农业委员会财政支农项目管理系统，由江苏省农业委员会计财处牵头筹建开发，2008 年投入使用。目前已实现江苏省农业委员会财政支农项目的全程化网络管理，主要功能包括用户管理、项目申报、项目评审、项目计划、项目合同、项目实施、中期考核、项目验收、专家管理、奖励申报、文档管理、归档等。

二、所使用的信息技术及设备设施

该系统开发环境为 Microsoft Visual studio. net，系统运行的 Web 服务器为 Windows IIS，采用 MS SQL Server2005 数据库，采用密码和手机短消息方式进

行安全认证。

三、所使用的方法和流程

该系统把用户分为监察、系统管理、省级管理、市级管理、县级管理、项目申报、专家评审等多种用户级别。不同用户拥有不同的操作权限，可方便地查看修改用户权限、工作流程等。省、市、县各级农业行政管理部门及项目申报单位可依据各自的权限，安全地进行项目申报、审批，文件的传输、数据的传递与共享。

四、项目实施的目标及取得的成果

江苏省农业委员会所有财政支农项目全部网上申报、办理，系统的运行大大提高了财政支农项目管理效率，加强了对全省财政支农项目的跟踪管理，增加了项目管理的公开、公正、透明度。

五、该项目实施的下一步打算

在继续完善现有系统的基础上，逐步把各项统计报表归纳进来，形成全委业务办理平台。

（供稿：王平涛　编写：田　伟）

3.32 江西省农村医疗信息平台

一、项目名称和实施主体、时间、范围

江西省农村医疗信息平台，由江西电信信息产业有限公司实施，自 2006 年开始，在全省范围内推广使用。

二、所使用的信息技术及设备设施

信息技术：数据库技术，该平台主要原理就是数据的流转、保存和展现，

故使用具有企业级数据库功能的 SQLServer2000/SQLServer2005；J2EE 技术，系统开发采用 J2EE＋Webservice 架构，Java 编码，易于在各大操作系统中运行；应用服务器，JBOSS，Tomcate5.5；客户端技术：客户端智能缓存应用程序，通过浏览器，访问应用服务器；电子表格技术，系统采用 Excel 数据文件作为数据交换的载体，可以导入 Excel 数据文件，也可以将有关结果导出为 Excel 文件。

设备设施：后台设备，为最大限度地节省客户投资，江西电信出资在省内规模最大，安全措施最规范的 IDC 机房建设了省级应用平台，融合电信强大网络优势的各种大型网络设备，免费供客户使用，最大限度的解决客户的后顾之忧；前台设备，因为前台使用客户多为乡镇基层工作者，所以客户端只需要配置一般的电脑即可，并让该电脑接入宽带网络，便可使用；打印机，打印系统所需的费用清单，费用发票等凭证；读卡器，平台支持一卡通技术，参合农民只需凭一张医疗卡，便可就诊所有定点医疗机构，并享受到农合报销的政策。

三、所使用的方法和流程

江西电信在各签约地市统一组织平台操作培训，介绍平台的操作流程，注意事项及参数配置等。与新农合管理部门沟通，调研并解决客户需求，农合政策的统一配置，监管功能的确定。第二步完成以后，即可派遣工程师到各个应用点上，一对一培训操作人员，直到操作员熟练所有操作。扩大本地市的新农合工作影响，县外、省外给予享受农合报销的政策。

四、项目实施的目标及取得的成果

该平台以实现新型农村合作医疗管理信息化为目的，建立一套以县（市）区级农村合作医疗管理中心（简称县农合中心）为数据库管理平台；以此为中心，通过与其下属的各乡镇农村合作医疗管理办公室（简称乡镇农医所）联网，获取辖区内的各个医疗机构的实时医疗数据以便监督管理，实现全县农村合作医疗基金统筹管理；达到数据共享、业务统一；同时满足省、市两级卫生行政部门定期对农村合作医疗运行情况数据的采集和汇总要求。

自 2006 年江西电信信息产业有限公司开发推广以来，江西省已实现客户总数为1 900余家，其中县级医院 5 家（抚州 4 家，赣州 1 家），村卫生室1 200家（上饶鄱阳1 000家），九江彭泽 200 家，两地都实现了农村医疗信息平台，乡镇卫生院 158 家，客户遍及全省各个地市，活跃度达到 96%以上。

以鄱阳县的农村医疗信息平台成功实施为例，涉及全县 31 个乡镇农医所和 50 多家医疗机构，其中还有 25 家医院的 HIS 产品的农村医疗信息平台实施。这些系统的上线运行，实现了鄱阳县新农合 110 万左右的参合农民的信息化管理，使得农民参合信息的查询、修改和统计方便快捷，更科学合理，大大改善了以前手工统计的繁琐和出错情况。更为重要的是，提高了县农合中心对各个医疗机构的监管力度，其中实时监控、在线审核这两个功能是农合中心非常满意的，较好地控制了医院弄虚作假，故意虚报病人费用等情况，有效地推动了鄱阳县新农合工作的开展。

五、该项目实施的下一步打算

在新医改方案的指引下，公司将在目前已建的平台基础上围绕国家卫生信息化建设目标选择信息化基础较好的地区，开展以地（市）县（区）范围为单元的区域卫生信息化建设试点和研究工作，建立区域卫生信息化示范区，为国家新医改的顺利实行贡献一份力量。

（供稿：俞　翔　编写：田　伟）

3.33 江西电信村务信息管理系统

一、项目名称和实施主体、时间、范围

江西省委农工部“三农”信息服务网“村务信息管理系统”，由江西省委农工部委托江西电信实施。自 2010 年 3 月起开始，对经江西省委农工部审定的 11 个乡镇、100 个行政村纳入全省农村信息化建设的试点，依托由江西电信承建的“三农”信息服务网进行村务系统的建设。

二、所使用的信息技术及设备设施

信息技术：数据库技术，采用 My SQL 5.0 数据库；数据库管理，采用 Navicat Lite for MySQL 对数据库及开发工具进行管理；开发技术：采用 J2EE

开发技术。

设备设施：服务器，安装 Windows Servers 2003 系统，JDK1.5 以上及 tomcat6；PC 电脑，各试点需配备能上网的 PC 机一台，由于系统采用 B/S 设计架构，无需安装客户端，因此对客户端电脑配置要求不高。

三、所使用的方法和流程

利用江西省委农工部“三农”信息服务网项目启动，省委农工部统一召集所有试点相关人员进行培训。讲解系统采用的技术方法，数据填报录入的方法和步骤，系统的操作使用方法。

省、市级及乡镇利用系统对村务信息进行查询、统计及分析。可针对系统录入的村户、村民信息，村务财务情况，农村土地利用情况，人口生育情况等进行分析，帮助决策。

通过系统的村务信息公开，让村务工作更加透明公开，方便公众对村务信息及村务工作进行查询。

四、项目实施的目标及取得的成果

该系统为实现农村村务信息的电子化管理，把广大的农村基层工作人员从原始的手工方式中解放出来。通过农户信息管理、土地管理、村级财务管理、党员信息管理、计划生育管理、村务公开管理、系统管理等功能解决省、市、县、镇、村、组多级对村务信息的数据统计及上报等工作。实现在鄱阳湖生态经济区、全省城乡统筹试验区和“百镇示范工程”区、全省新农村建设村点三大重点区域信息进村入户。

该系统的实施帮助了村务工作人员方便及时地将村务信息上报，做到了村务工作及时公开方便村民监督；通过对江西省农村新面貌的信息发布，加快了江西省新农村建设步伐，满足对新农村建设要求；通过系统中发送短信的功能，加强了村务工作人员与村民间的沟通机制，拉近了公务人员与村民之间的距离，促进了体察民情的工作。帮助村务工作者提高办公效率，提升了村务工作形象。

五、该项目实施的下一步打算

将利用示范点成功的契机，进一步增强完善系统的功能，扩大用户范围，为全省新农村建设工作出力。随着手机终端应用的普及，计划开发手机终端版系统，村务工作人员可利用手机终端及时将调查的村务信息进行录入上报。

（供稿：徐礼敏　编写：田　伟）

3.34 浙江省耕地地力管理与配方施肥信息系统

一、项目名称和实施主体、时间、范围

浙江省农业厅及下属市、县农业部门从2005—2010年在全省81个县（市、区）实施了浙江省耕地地力管理与配方施肥信息系统项目建设。

二、所使用的信息技术及设备设施

该项目依托计算机技术、数据采集技术、网络技术和3S技术，建立浙江省耕地地力管理与配方施肥信息系统平台，具体涉及Sqlserver数据库、ArcGIS、MapObject、GPS数据采集仪、土壤养分等检测设备、网络设备以及数据、Web应用服务器等软硬件设施。

三、所使用的方法和流程

浙江省从2005年开始，分批、分区组织实施耕地地力调查与质量评价项目，至今浙江省已有39个农业部测土配方施肥项目县（市、区）（以下简称项目县）实施了调查与评价工作。从数据采集与分析、调查采样点上图、数据处理、数据数字化与规范化、评价指标筛选、系统构建等方面依次开展实施和应用。

具体评价技术流程：划分评价单元—评价指标体系及分值方法确定—评价单元指标值获取—计算耕地地力综合指数—划分等级—得到评价结果。

在开发单机耕地地力评价和测土配方施肥信息管理系统（C/S模式）基础上，进一步开发基于网络的耕地地力评价和测土配方施肥信息管理系统，通过网络实行远程技术指导与咨询，同时提高了土壤养分信息和研究成果的共享程度。

四、项目实施的目标及取得的成果

该项目实施目标是为了摸清浙江省耕地的质量，包括土壤养分状况、土壤类型以及其他主要的土壤理化性状，为今后合理有据的精确施肥奠定基础。

通过浙江省耕地地力评价工作项目的开展，实现了土壤类型、耕地利用状况、土壤养分状况的集中有序管理；通过系统可以便捷地获取各种专题图和统计报表，提高了管理水平与工作效率；积累的大量耕地、土壤及标准农田的数据和技术方法，为浙江省农业现代产业园区、粮食生产功能区、标准农田管理以及耕地流转管理等方面提供了有力的数据支撑和技术保障，为下一步工作打下了良好的基础。

五、该项目实施的下一步打算

进一步开展耕地地力评价工作，摸清耕地质量状况，为浙江省的粮食生产功能区建设、标准农田提升以及耕地流转、农产品安全生产、精确施肥等方面作出更大的贡献。

（供稿：吕晓男　编写：徐佳男）

3.35 浙江省农业资源信息系统

一、项目名称和实施主体、时间、范围

浙江省农业资源信息系统，是由浙江省发展和改革委员会资助、浙江省农业科学院负责开发的省级农业资源信息综合开发利用平台。系统基础数据包含浙江省从 1979 年以来的省、市、县（市、区）三级农业资源与区划资料数据库、浙江省 1∶25 万数字化地理底图。其中农业资源数据库包括土地资源、水资源、气候资源、农业经济、人口与劳动力等 8 个一级库、231 个表、529 万个数据；区划资料数据库包括农业区划资料 143 册共1 040万字，农业区划图件 171 幅。是现今浙江省数据信息量最大的农业资源数据库。

二、所使用的信息技术及设备设施

关键技术主要有两方面：①文档数据库建设，采取中国农业科学农业资源与

农业区划研究所提供的分类，实现分类归并，自行编制库结构实现 Web 应用。②空间、属性数据库的 GIS 实现，网络化尤其是 Web 化的 GIS 是今后的主流，系统将采用 ESRI 的 ArcGIS 系统结构实现。

设备设施：利用浙江省农业科学院计算机网络中心的服务器作为专用系统开发服务器，与中心管理机房的 6 台微机组成开发网络。

三、所使用的方法和流程

在深入探讨系统结构与功能的基础上，利用现代资源信息管理技术分层次、分阶段，边建设、边应用、边完善的方式，逐步完成。

第一阶段：基本基础架构的完成。建成农业资源空间数据库和属性数据库及文档库库结构和系统调试规模记录，编制基本程序系统，初步建成可正常运行、具有基本浏览功能的农业资源信息网。

第二阶段：数据库充实和应用系统建设。进一步充实农业资源数据库群，完善程序系统，在内部局域网实现信息发布，向省政府及部门对农业资源信息的查询、检索、提取和应用，为各决策部门制定综合性、区域性以及部门专题规划提供决策依据。

四、项目实施的目标及取得的成果

该系统实现了农业资源信息的可视化查询、分析和共享，具有综合查询、统计分析、趋势分析、专题图制作和报表制作等多种专业数据分析功能，为海量农业资源信息的综合利用提供了网络化空间信息技术平台，为浙江省各级政府和涉农部门实现区域资源定量分析、多要素综合分析、农业生产布局、农业资源配置、区域发展规划和农业资源动态预测等提供了可视化决策支持和技术支撑。

五、该项目实施的下一步打算

开展专业应用系统的开发，开发基于 GIS 的区域动态规划系统、各类预测和预警系统。实现浙江省资源信息最全面、完整、实用的农业资源信息系统。

（供稿：浙江省农业科学院　编写：徐佳男）

3.36 浙江省农林生物种质资源信息系统

一、项目名称和实施主体、时间、范围

种质资源是发展农业生产力的基础资源和战略资源，切实做好种质资源搜集、保护、保存、评价、共享和利用的研究与开发，是发展现代高效生态农业的重大任务之一。2010 年在浙江省重大农业科研专项重点项目资助下，浙江省农业科学院数字农业研究所与浙江农林大学联合研究开发出了面向农林产业品种选育、新种质创制和生物种质持续高效利用的浙江省农林种质资源信息系统（Zhejiang Agriculture and Forestry Germplasm Information System）。

二、所使用的信息技术及设备设施

该系统依托软件工程、GIS 技术、人工智能、网络技术和数据仓库等信息技术，以研究浙江省农林种质资源分类体系和数据标准化存储与管理方案为基础，基于数据描述规范化、数据录入智能化、数据维护网络化、数据分析图形化、系统功能实用化、二次开发通用化的“六化”设计思路开展建设。该系统基于 B/S 网络服务构架提供信息服务。

三、所使用的方法和流程

研究建立浙江省农林生物种质资源分类和资源信息标准化描述体系；构建农林种质资源数据的元数据和资源信息的标准化数据库结构集；开发基于 Internet 的分布式维护管理的农林种质资源信息通用系统框架和实例信息系统；建立农林种质资源信息系统二次开发和维护技术规程；探索实物资源管理与信息系统信息同步，资源材料和信息共享的共性技术。

四、项目实施的目标及取得的成果

该系统已制定浙江省农林生物种质资源信息化技术标准 1 套，建立浙江省农作物、林木、林特、家养动物种质资源数据框架 100 多个、浙江省家蚕种质资源标准化数据库 1 个，并发布了浙江农林生物种质资源信息网（http：//

60.191.1.20），在线提供信息浏览检索、统计评价分析、种质谱系分析、海量种质资源规范化统一管理等种质资源信息化服务。

五、该项目实施的下一步打算

该系统将按照预期规划目标，实现种质资源信息的GIS可视分析功能，并在已有数据框架基础上构建与完善大豆、砂梨、茄子、葡萄、油菜等种子资源数据库，建立农林种质资源育种研究基地、管理或引进部门机构种质资源信息系统分站，有效提高浙江省种质资源利用效率，为农业科技创新与结构调整提供强有力的科技支撑。

（供稿：浙江省农业科学院数字农业研究所　编写：徐佳男）

3.37 植物组培数字化管理信息系统平台

一、项目名称和实施主体、时间、范围

浙江省农业科学院于2008—2010年承担了浙江省重大项目：植物组培产业培育共性关键技术、新产品（种）创制及中试，建立了植物组培数字化管理信息系统平台。

二、所使用的信息技术及设备设施

植物组培数字化管理信息系统，由系统数据库、模型库、运行库3个部分组成。通过数据库、模型、网路、多媒体等技术的使用，实现了植物组培过程中主要信息的管理。

三、所使用的方法和流程

通过建立包括名优植物组培技术的品种、生产过程和环境条件等资源的系统数据库，研究数字化组培技术，通过对植物组培技术成功案例的分析建模和试

验，建立一个能对植物生长环境因素提供智能选择的计算机辅助决策模型，依据植物种苗组培生产的特点，基于网络多媒体技术和面向对象编程技术完成植物组培数字化管理信息系统平台，将计算机和网络技术应用到组培的生产管理和销售管理中，为组培研发单位和生产企业提供技术支撑，实现远程培训和管理。同时还建立了植物组织培养技术、标准、专家库、企事业单位数据库等相关信息快速通道，实现资源共享和相关信息服务、在线咨询服务等。

植物组培数字化管理信息系统是建立在微软的 Windows 2003 Server 中文版的操作系统上，以 Microsoft Internet Information Server6.0（IIS）作为本平台的服务器端支持；数据服务器采用的是 Microsoft SQL Server 2005 作为数据库开发和运行平台；应用程序客户端在 Borland Delphi 环境下编写。植物组培数字化管理信息系统的功能模块由主要信息、人员管理、材料管理、产品管理、研发信息、报表决策、收支管理、选项设置、日常事务和软件帮助 10 个部分组成。

四、项目实施的目标及取得的成果

该项目实施的目标是组织培养研发单位和生产企业提供植物组织培养过程的数字化管理以及专业知识的查询与辅助学习，目前已完成系统建设，实现了植物组培过程中主要信息的管理、查询等，提高了组培继代可操作性，实现了智能化管理，为现代植物组培产业标准化生产奠定了基础，为浙江省大幅度提高名优植物新品种组培的技术效率和劳动生产率提供了技术支撑。

五、该项目实施的下一步打算

把浙江省“农民信箱”与该系统对接，将更好地为组培研发单位和生产企业提供植物组培过程的数字化管理以及专业知识的查询与辅助学习。

（供稿：浙江省农业科学院　编写：徐佳男）

3.38 宁波市茶叶全程质量安全管理系统应用

一、项目名称和实施主体、时间、范围

宁波市林特科技推广中心、全市重点监控企业（茶场）和茶叶销售点（市场）从2006—2009年在宁波全市茶叶企业及相关机构实施了宁波市茶叶全程质量安全管理系统应用项目。

二、所使用的信息技术及设备设施

项目依托条码识别技术、网络技术、3S技术和通讯技术，建立宁波全市茶叶全程质量安全生产管理系统平台。具体涉及Sqlserver数据库、ArcGIS软件、GPS数据采集仪、触摸屏、网络设备以及应用服务器等软硬件设施。

三、所使用的方法和流程

该系统从茶叶（园）信息采集、技术支持和模型理论3个层面开展。信息采集主要指对茶叶生产过程中的各种属性数据（产地编码、土壤质量和大气及水环境、产品质量安全等）和空间数据（遥感影像、基础地理信息、宁波茶园分布、茶园积温、重点监控企业等）的收集。技术支撑则从GIS技术、数据库技术和组件技术等方面构建空间数据库，并完成专题图和GIS空间分析。模型理论则是通过现有茶叶产地环境评价（土壤质量、水质等）、预警和优化决策理论进行应用。

实施技术流程架构如图1所示。

四、项目实施的目标及取得的成果

该项目的目标是运用现代信息技术手段管理茶产业，借以提升茶产业管理水平，为宁波农业提供依托信息技术支撑产业发展的样板。

实现了两个突破，一是由合同规定的局部成果应用向全面覆盖宁波茶产业，使项目成果直接转化为生产应用。二是形成了融技术指导、配套技术开发、宏观管理、市场服务于一体的信息化产业智能管理系统，使全市茶产业运行在电子化、网络化的管理条件下（图2），实现宁波茶业依托信息技术手段进行高效管理的目标。

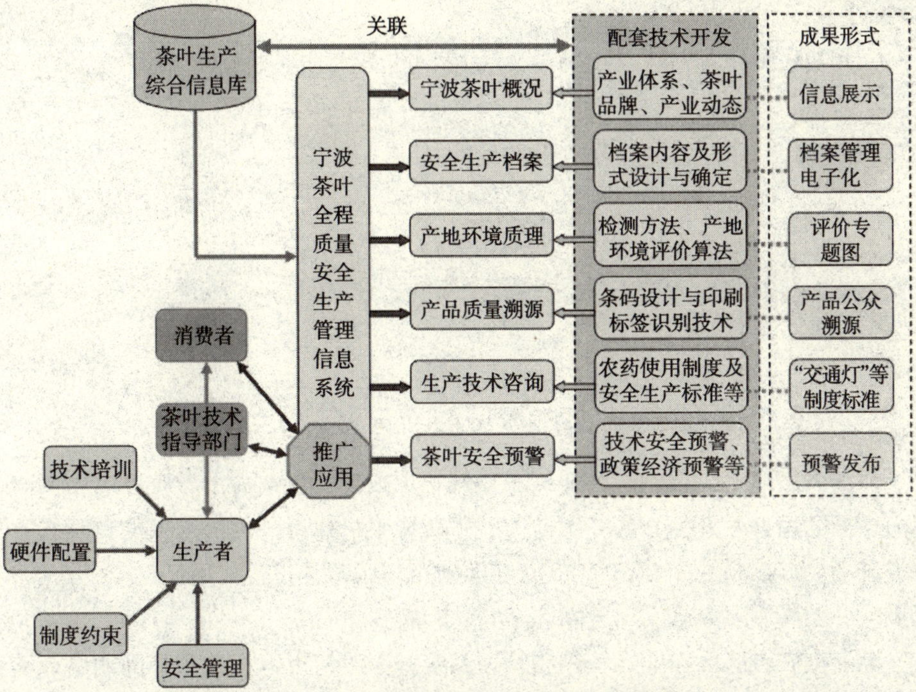

图 1　茶叶安全生产系统实施与配套技术开发路线图

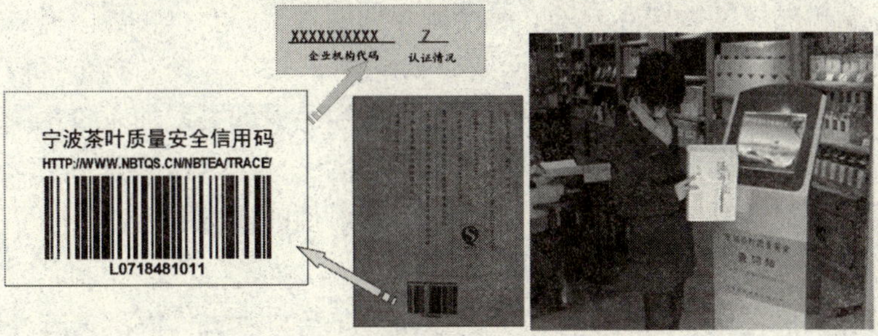

图 2　宁波茶产业信用码大规模应用

五、该项目实施的下一步打算

重点深入和推广茶叶系统在全市的应用，主要体现在以下几个方面：①规范化茶叶安全生产档案记录；②重点加强和规范新茶集中上市的这段时期，生产档案记录人员信息的及时更新，确保茶产品的溯源的及时性；③进一步开拓实施茶产品溯源的领域，实现在大型超市和卖场等更为广泛的市场上的信息宣传与运作；④继续开展以手机信息发布为主的茶叶市场信息、安全预警信息和生产技术咨询信息的推送，使其惠及更多茶农。

（供稿：浙江省宁波市林特科技推广中心　编写：徐佳男）

3.39 河南省漯河市农机跨区作业远程控制管理系统

一、项目名称和实施主体、时间、范围

河南省漯河市农机跨区作业远程控制管理系统，是漯河市农机局与中国联通漯河市分公司合作开发，依托漯河市电子政务平台建设的农机远程信息综合管理服务子平台。该系统于 2010 年 5 月在漯河市三区两县投入使用。

二、所使用的信息技术及设备设施

漯河市农机跨区作业远程控制管理系统基于漯河市电子政务外网网络，采用手机定位技术、GIS 地理信息系统和大型数据库比对分析等先进技术，由地理信息系统、手机定位动态跟踪系统、机车统一调度系统、农机管理网络系统、短信群发系统、油料零件价格信息系统、农机运用经验交流系统、机车维修保养信息系统等 8 个子系统组成，农机户只需有一部联通手机就可以加入该系统平台。通过该系统，可以掌握全市的农机设备当前在全国/全省/全市的分布情况、运行的轨迹等相关资料，进一步为农机手提供更具针对性的信息服务。

三、所使用的方法和流程

只需农机手在作业期间使用的联通手机处于待机状态，农机远程控制管理指挥中心通过系统平台，进行机车定位，就能够实时掌握全市农机在本地、全省或全国的分布情况、运行轨迹等相关信息，通过系统平台指挥、调度机车，发布农机在每个区域的分布情况，并且可根据农机所在位置有针对性地发布所在区域的天气、作业面积、维修站点、服务站点以及当地政策等方面的信息。农机主管部门通过该系统将重要通知和农机区间调度等信息及时告知农机手，做到机车调配细化到村，引导收割机有序流动，提高机收效率。

四、项目实施的目标及取得的成果

漯河市农机跨区作业远程控制管理系统对提升农机管理部门的管理和服务水平，以信息化推动农业机械化具有重要意义。系统平台实现了农机信息化管理，是以信息

化带动农业产业化的创新实践，对该市农业产业化发展起到了积极的推动作用。

通过系统平台引导农机作业机械有序流动，避免跨区作业的盲目性。同时，向农机手发送油料供应信息、农机保养维护信息、农机作业注意事项、区域机收作业平均价格、区域农机投入量和需求量、各地区作业期间天气状况等重要信息，提高了服务的针对性和准确性。

根据掌握的农机手使用情况，该系统平台使用后大大节约了机收成本，作业期间通信话费节约50%，每个农机户增加收益达25%以上。

五、该项目实施的下一步打算

将进一步推广该系统，让更多农机户了解并加入进来，发挥平台更大效果；对平台功能进行完善，使其覆盖农机管理、服务各方面；使农机管理部门全面提升公共服务能力，让更多农户通过农机信息化的方式实现节本增效，以信息化推动农机化全面、快速、协调发展。

（供稿：陈占方　编写：田　伟）

3.40 湖北省农业“三品”认证与管理系统

一、项目名称和实施主体、时间、范围

湖北省农业“三品”认证与管理系统，由无公害农产品、绿色食品、有机食品管理机构、农业“三品”申报企业、信息中心等企事业单位实施和运行。

二、所使用的信息技术及设备设施

该项目实施使用基于互联网的多层分布式架构，能实时处理农业“三品”的申请及各管理机构实时进行审批，采用数据库服务器＋中间件＋客户端的结构。

三、所使用的方法和流程

针对各地管理机构和申请人情况，采用阶段推进、分步实施的方法。首先将软件操作尽量简化，让用户能一上手就会；其次由县（市、区）级管理机构负责本区域的申请人培训及相关事宜，由县（市、区）到申请人再到市管理机构分步实施。

四、项目实施的目标及取得的成果

该项目已在多个市州应用，企业和申请人可以在任何联通互联网的地方进入该系统的申请版子系统填写导入相关资料，各管理机构进行实时审批作业，使得申请、审批时间大为缩短。通过数据的统计分析，可以给管理机构的决策者提供详尽的数据模型分析及相关报表。

五、该项目实施的下一步打算

以申请版子系统为基础，结合 GPS+GIS 尝试着将农产品的种植（养殖）过程纳入系统监控，通过 RFID 和农业生产传感器等物联网技术将农产品生产过程、出入库、储运、产量纳入系统监控，消费者可通过手机、电脑等终端查看购买的相关农产品从种子到成品的全过程记录；管理者也可以通过手机、电脑等终端查看相关认证产品从基地到成品是否符合要求。

（供稿：湖北省农业厅　编写：田　伟）

3.41 湖北省畜牧业统计监测预警网络系统

一、项目名称和实施主体、时间、范围

湖北省畜牧业统计监测预警网络系统由湖北省畜牧兽医局实施。

二、所使用的信息技术及设备、设施

该系统采用微软 .net 架构，进行数据集中储存，集中管理。结合先进数据

库技术、网络技术以及先进数据报表设计、发布、统计分析模型，只要能上网的地方就可进行数据处理、网络办公。

三、所使用的方法和流程

该系统主要使用的方法和流程：①根据需求自由设计报表，以及进行表内、表间的各种逻辑关系定义，以及报表的其他因素定义；②系统采用任务模式，将编制好的报表的制定报表的时间、上报单位等自由发布；③进行数据采集、网上直报、数据自动汇总；④能够按照指标时间等条件进行数据综合查询；⑤系统能够自定义分析模型，自动生成分析结果；⑥实现与统计数据的对接和对比分析。

同时，该系统还包括行业内部的信息采集、信息发布、内部交流等辅助系统，既可以进行统计报表的设计、发布、采集、汇总、查询、分析的自由扩展，也可进行体系单位、用户的扩展，具有较大的灵活性和扩展性。

四、项目实施的目标及取得的成果

实现畜牧业统计监测预警网络系统的标准化建设，实现省、市、县三级联网（可延伸到乡镇、村级），建立统一的信息化数据平台，达到数据采集自动化、管理规范化、信息交流网络化，指标标准化，提高畜牧业统计监测的时效性和准确性。为对上服务畜牧业宏观决策、对下引导产业结构、对内提高办公效率、对外搞好信息发布提供优质信息服务。

建立畜牧业动态监测预警及应急管理平台，全面、准确、深入地掌握全省的畜情、民情、行情、灾情等信息；既可以完成农业部及本省的规范化工作，也可完成即时、动态的应急调度指挥工作；实现畜牧业统计监测的快速部署，快速响应；建成标准、完善、高效的畜牧业统计监测预警平台。

实现了生猪、蛋鸡、肉鸡、牛、羊的规模养殖户月度监测和预警功能，及时、动态、全面显示该省的生产及市场分析情况。

五、该项目实施的下一步打算

进一步延伸扩展系统，直至到乡镇村级进行数据直接填报，采集第一手数据。进一步增加数据的准确性。与湖北视频监控系统结合，对规模企业不但能够监控其生产数据，同时直接连接视频系统实时监控。与地理信息系统有机结合，全面直观展示湖北畜牧业生产情况。

（供稿：湖北省畜牧兽医局　编写：田　伟）

3.42 湖北省武汉市农产品检测监控信息系统

一、项目名称和实施主体、时间、范围

2008 年，武汉市农业局与广州达元食品安全技术有限公司合作开发了武汉市农产品检测监控信息系统。该系统涵盖了全市的6辆检测车和16个区检测中心检测点，此外还选择 3 个试点农贸市场和 3 个试点超市检测点进行了系统部署。

二、所使用的信息技术及设备设施

在各检测车、区检测中心、试点农贸市场和试点超市部署的武汉市农产品检测监控信息系统，将检测仪器与检测工作站相连，使用检测工作站软件系统将检测仪器的检测结果自动采集到检测工作站的数据库中，实现自动实时的检测数据采集存储。同时，通过检测工作站软件系统的数据查询、统计汇总等功能，实现对检测数据方便快速的查询统计。该系统的部署，节省了手工数据记录/录入处理工作，大大减轻了工作人员的工作量，极大地提高了工作效率。同时，自动检测功能避免了检测人员弄虚作假的现象发生，确保数据的真实性，将食品安全工作落于实处。

三、所使用的方法和流程

在实现检测数据自动采集存储的基础上，在武汉市农业局建立起集中监控信息系统，检测工作站将仪器检测出的各种数据通过武汉市农业局内部网络/Internet 自动传输到监控信息系统数据库中，使各级领导及管理人员能及时获得检测结果，使各类检测信息能及时共享利用。同时，监控信息系统通过对各工作站上传的大量检测数据进行多角度、多层次、全方位的统计分析，为各级领导及管理人员进行食品安全监控管理的分析决策提供强有力的技术支持，实现食品安全检测监控的信息化管理。

四、项目实施的目标及取得的成果

通过检测工作站系统的自动检测功能，实现对检测仪器检测数据的自动采集

存储处理、快速查询统计、数据自动上传等功能，这将大大提高食品安全监测的自动化程度，能最大限度减少基层检测人员的工作量，提高工作效率；实现了全市6辆检测车、16个区检测中心、3个试点农贸市场、3个试点超市的食品安全检测仪器检测数据自动实时采集存储和快速查询；实现了全市6辆检测车、16个区检测中心、3个试点农贸市场、3个试点超市的所有食品安全检测数据手工录入存储和快速查询；在武汉市农业局建立监控管理信息系统，实现了所有检测点检测数据网络上传到监控系统及统计分析监管；集中汇总存储所有上传的检测数据，确保所有检测数据信息的完整、统一、规范、高效的存储管理；实现了对检测数据多角度、多层次、全方位方便灵活的查询统计分析，自动生成丰富、直观、形象、美观的结果图表，为各级领导及管理人员进行食品安全监管分析决策提供强有力的支持；通过质量安全预警和食品安全追溯功能，各级机构各类食品的检测结果数据及信息能实时反映，并能从市场逐级追踪到生产/加工单位，方便各级管理部门和领导能在第一时间对有关事件作出管理决策，实现从食品生产到餐桌的全过程安全监管。

五、该项目实施的下一步打算

武汉市农业信息中心拟在该系统的功能基础上进一步开发，建立成熟的农产品质量安全追溯体系，以打通从生产源头到消费各个环节间的数据通道为目标，通过创建全市农产品质量安全数据库，采用激光扫描识别、条形码等信息采集技术以及多媒介平台查询处理技术，形成农产品的生产者→营销者→消费者→监管机构可溯数据链，从而完成从生产源头到消费终端的集成化质量全程控制，有效提高政府部门对农产品安全的监管水平，在武汉市建立起农产品安全控制和预警机制，实现农产品全程、全面、即时可追溯。

（供稿：王爱民　编写：田　伟）

3.43 湖北神丹公司蛋品可追溯系统

一、项目名称和实施主体、时间、范围

蛋品可追溯系统由湖北神丹健康食品有限公司建设运营，从2006年开始，神丹公司依照国家食品安全法规的要求，建立了蛋品可追溯系统，并在蛋品质量安全保障方面采取了一系列的控制措施。

二、所使用的信息技术与设备设施

蛋品可追溯系统是在线监控，利用网络终端平台，让消费者通过公司网站上的蛋品溯源查询系统，全面了解蛋品从养殖到生产全过程。

三、所使用的方法和流程

推行标准化健康养殖模式，制定养殖场养殖规范标准，对养殖场的养殖规模、饲料、防疫、用药、养殖环境等方面作了严格的规定，实行统一禽苗、统一饲料、统一防疫和消毒、统一用药、统一回收蛋品的“五统一”管理，保证蛋品一律来自认证备案养殖基地，确保蛋源的安全。

加强蛋品进出厂检测，做到不合格蛋不收、不合格品不出厂。公司已建有完善的化验室及先进的设备，包括高效液相色谱仪、原子吸收光谱仪、原子荧光光度计和鲜度检测仪等，在满足蛋品常规指标检测的情况下，对进厂的每一批原料蛋进行鲜度检测，对进出原料蛋和成品每批进行苏丹红、重金属、抗生素及部分药残的检测。

生产加工过程严格遵循ISO 9001、ISO 22000等标准要求。从原料蛋入库到车间内部流转，直到成品出库，公司都严格遵行ISO 9001、ISO 22000的要求，并在生产过程中实行批号管理，通过批号管理，可以清楚地查询到每批次蛋品的生产状态及相关信息。现场安装在线监控系统，对所有的关键控制点进行监控，确保生产的安全性。

建立蛋品质量可追溯体系。公司生产的每一批(枚)蛋制品都有一个11或10位

数编码的“身份证”，消费者通过公司网站上的蛋品溯源查询系统，只要输入所购蛋品的“身份证号”——11或10位数的批号编码，就可以清楚地查询到此批或此枚蛋品的所有信息，包括原料蛋的养殖基地名称、养殖品种、规模、制作期、加工工艺、检测项目等信息，使消费者能全面地了解蛋品从养殖到生产的全过程。

四、项目实施的目标及取得的成果

蛋品可追溯系统对增强蛋品的安全性具有重要的意义。该系统在安全生产、产品检测等体系的基础上，根据不同的产品标准，编制了行之有效的生产操作规范及产品执行标准，2009—2010 年公司蛋品可追溯系统运行正常，没有出现重大的安全质量事故。

五、该项目实施的下一步打算

监控物流过程：实施监控车辆的位置，了解是否走高速、是否转运、是否按时到达，晚到的原因如出现事故等是否属实；细化追溯体系，蛋品安全可追溯到单栋的禽舍，以及成品进入了哪家超市销售。扩大网站的容量，因为当前的追溯系统容量较小，特别在销售旺季，产品生产销售量大，系统的记录需要删除。

（供稿：戴淑香　编写：田　伟）

3.44 广西蚕业信息化管理系统

一、项目名称和实施主体、时间、范围

广西蚕业信息化管理系统，是广西壮族自治区蚕业技术推广总站于2008年建立的一系列产业管理信息系统，包括蚕业信息报送系统、蚕种质量监测管理系统、蚕桑技术智能化咨询系统3个子系统。目前已全面开通，应用于全区蚕业生产与市场信息数据采集运用、蚕种质量监督和蚕种生产经营监管、蚕业生产技术指导等。

二、所使用的信息技术及设备设施

依托广西蚕业信息网服务器和网站平台，建立系统后台管理程序和各子系统数据库，集成信息录入、统计分析、动态监控、信息检索等功能模块，建成蚕业信息报送系统和蚕种质量监测管理系统；应用人工智能专家系统技术，利用动易网站管理系统基本软件，在汇集蚕业领域知识和专家经验以及各种相关数据模型的基础上，建立蚕桑技术智能化咨询系统。

三、所使用的方法和流程

蚕业信息报送系统：设置价格日报、生产统计报表、信息查询、信息报送等栏目，由各市蚕业主管部门上报录入本市各县蚕业生产调查数据，通过系统自动统计分析、综合查询、输出报表，及时为各级领导、相关管理部门提供全面准确的数据信息，为行业决策和科学管理提供参考依据。

蚕种质量监测管理系统：通过系统平台对各蚕种场生产的每批蚕种从原种出库到养蚕制种、蚕种检验检疫、蚕种入库保护和出库发放等各时期的信息进行分类储存和管理，利用本系统可实时查询追溯每张蚕种的来源信息。通过系统平台进行蚕种流通监测，有利于规范蚕种市场秩序，确保蚕种质量。

蚕桑技术智能化咨询系统:设置科学种桑养蚕、蚕桑病虫害防治的检索和视频,以及专家在线远程指导等功能。用户可输入关键词进行检索，也可观看图片和视频，了解掌握相关技术，对于蚕桑生产与蚕桑病虫害防控起到指导作用。

四、项目实施的目标及取得的成果

该项目实施目标：提高广西蚕业信息数据采集效率，提高蚕种质量管理水平和蚕桑生产技术水平。

取得的效果：广西是全国蚕业最大自治区，蚕茧产量已占全国蚕茧总产量30%，蚕业信息报送系统的应用提高了信息数据采集处理的及时性、动态性和准确性，信息覆盖面广、代表性强，已成为本行业发展决策、生产经营管理的重要参考依据。蚕种质量监测管理系统每年监管蚕种600万～700万张，产值2亿～3亿元。应用本系统对蚕种质量进行有效监管，确保蚕业生产安全，仅此项每年可挽回损失增加效益5 000万元以上。蚕桑技术智能化咨询系统已为近10万人提供了技术咨询服务，对蚕桑技术推广普及，提高蚕桑生产水平发挥了重要作用。

五、该项目实施的下一步打算

建立健全信息报送站，及时采集录入信息，确保系统正常运行。

进一步完善各子系统的功能，使之对蚕业发展发挥更大的作用。

（供稿：肖丽萍　编写：田　伟）

3.45 广西农垦国有金光农场农用地地籍管理信息系统

一、项目名称和实施主体、时间、范围

广西农垦国有金光农场于2006年10月开始进行农用地地籍管理信息系统的建设工作，至2008年8月全部完成罗阳等16个分场、共82.99平方公里的土地耕种范围、机耕道路网、水系、电力通讯管线以及其他主要地物等农业用地地形地籍要素外业数据采集；测区耕地的种植物和权利人调查等外业工作；及将外业测量调查的成果资料，进行数据采集和编辑处理、数据建库录入及成果输出等内业工作，数据库共成图1∶5 000农用地专用图86幅、1∶2 000区块专用图16幅。

二、所使用的信息技术及设备设施

该系统采用的测量设备是美国天宝5 700型3台（套），建库平台为中地信息工程有限公司开发的MAPGIS土地利用数据库管理系统。

三、所使用的方法和流程

该系统主要以变更和查询为主。基层信息员在更新时点前统计整理变更信息（地块合并、分割、岗位承包者调整等）并上报有更新权限的部门更新系统，其他部门可以使用系统的数据。该系统程序简化，便于操作，各级菜单均以中文显示，与平常使用的软件菜单基本相同，菜单下面有下拉子菜单，需要有关信息，只要点击相关菜单即可。

四、项目实施的目标及取得的成果

金光农场农用地地籍管理信息系统的建立，全面查清了农场内农业用地土地利用现状，准确地核定农场用地的数量；特别是耕地与园地的数量、质量以及使用者的情况，充分表明了农场的土地利用状况；形成的数字化图件、数据库和土地统计台账等成果资料，为农场土地管理工作提供客观、准确、可靠的基础信息；为农场经营管理提供了决策依据，促进了农场土地科学、规范化管理，为农场的生产管理工作带来了更多便利。

五、该项目实施的下一步打算

金光农场农用地地籍管理信息系统的建立标志着垦区土地管理工作步入了数字化、信息化、规范化、精准化管理的阶段，其建立和使用也标志着垦区土地管理子系统的建成，为今后汇总分析系统的建立奠定了坚实的基础。

（供稿：苏在信　编写：田　伟）

3.46 广西糖厂农务管理信息技术服务应用示范

一、项目名称和实施主体、时间、范围

广西糖厂农务管理信息技术服务应用示范课题，是实施精细化管理、推行无纸化订单农业的措施。广西农垦糖业集团股份有限公司中标承担的国家科技支撑计划项目课题，在广西农垦 9 家制糖企业 100 万亩原料蔗基地示范应用，从 2007 年起实施，2010 年 12 月完成，目标范围是在国内辐射推广 300 万亩（20 万公顷）甘蔗产区，课题计划总投资1 515万元。

二、所使用的信息技术及设备设施

通过电信增值和流程优化，应用卫星资料提取甘蔗、气象、地理信息，运用到糖厂农务管理系统，实施无纸化订单农业和精细化物流管理。建立每个蔗区的地形、面积、植期、品种、估产基数、路况、劳动力、机械化程度等信息数据库，智能生成调度信息，通过多平台媒体与农户实行双向信息沟通，挂接智能卡读卡器，通过各种信息平台发布即时砍运和综合信息服务，包括专家系统、气象信息、行业及市场动态实施全网发布，支持多个电信运营商的增值业务用户。

三、所使用的方法和流程

以企业、农户、地方政府糖业主管部门共同确认的农户信息为基础，自动形

成以“车”（运输）为单位的电子订单。系统通过优化判断和统计预告发布整个榨季或阶段预约订单数量和订单编号、顺序及分布信息，订单号码段即将启用时，农务管理系统提前3～5天发出订单激活信息及预约交蔗日期，农户履行订单收砍甘蔗，系统默认如期自动派出车辆装运回厂，支持实时互动变更信息，系统智能激活运输单绑定关联车辆、司机、农户、订单发出信息，便于蔗农与司机最快到达装运点，经过核对信息、装运进厂、刷卡过磅，一笔订单完成瞬间，重量、价款、运费等信息同步发给蔗农、司机，通过后台服务器累计的详单发送到ERP、OA和网站。

四、项目实施的目标及取得的成果

项目实施彻底改变了单纯围绕企业利益的农务管理策略，实现砍、运、榨、种、管环节的科学公平决策，达到农民节本经营，糖厂减少管理成本如糖分损耗、运输资源占用等的目的。比考核基数砍蔗48小时装运进厂的指标缩短11个小时，减少糖分损失0.1%。实施3年来，提高单户蔗农种植面积10%、产量提高30%，广西农垦糖料产区平均年比2007年以前增产糖料蔗180万吨以上，年新增甘蔗产值19 800万元，增加工业产值37 125万元，年多产糖1.479万吨，工业年收益6 656万元，税金6 326万元，蔗区糖农年节省开支1 972万元。该系统建设的“糖农网”为蔗农提供综合服务信息，订单农业执行详单、农业科普、专家系统、气象信息等服务和WAP手机网站。项目推广农垦以外8家制糖企业覆盖105万亩蔗区，承担单位被授予全国轻工业企业信息先进单位、广西制造业信息化示范企业。

五、该项目实施的下一步打算

“十二五”期间计划向三网合一整合，引进物联网、质量溯源、地理信息、测土施肥和车辆定位等技术，加快普及智能手机获取信息“三随”（随时、随地、随身）操作的进度。

（供稿：谭秋林　编写：田　伟）

3.47 动物卫生监督指挥调度平台

一、项目名称和实施主体、时间、范围

动物卫生监督指挥调度平台是重庆市农业委员会信息中心主持，重庆市动物卫生监督所、重庆数字城市科技有限公司共同建设的新一代 Web 应用系统。该系统从 2008 年开始进行总体方案设计，经过一年多论证，于 2009 年开始建设，2010 年 4 月正式上线运行，在运行中系统不断完善。目前重庆 40 个区县已在使用该系统进行动物卫生监督业务数据的报送。

二、所使用的信息技术及设备设施

动物卫生监督指挥调度平台基于空间信息聚合技术，结合三维仿真技术、CallCenter 技术、无线视频技术、GPS 技术、WebGIS 技术，在技术上实现地理信息与专业数据的完美集成，业务上实现了动监 110 联动快速接处警，远程视频同步监管，快速处置重大动物疫情，可视化远程处置指挥。

三、所使用的方法和流程

系统分为六大部分：110 联动接处警子系统、应急指挥处置子系统、视频监控子系统、疫情信息管理子系统、预测预警辅助子系统、数据管理维护子系统。通过这些系统的建立，实现动物卫生监督行业数据信息一体化采集、上报、共享、发布，为政府科学指导动物疫病防控和畜牧业生产发展提供决策依据。

110 联动接处警子系统：接收并处理110报警电话，横向方面与其他应急管理部门互通，交换信息，纵向方面向上与市级应急管理中心、国家动物疫情管理中心等保持联系，向下与各级动物疫情管理机构进行数据传递。通过提供接警管理、任务分发、任务处置等一系列流水线服务，实现全市动物疫情日常业管理和应急业务管理。

应急指挥处置子系统：包括案件管理、应急保障管理、预案管理和案件分析等功能。它以电子地图为核心集成各种渠道、各种类型的现场数据，使管理者足不出户就可以掌握现场态势（图片、视频、监测数据等），及时开展指挥调度。同时，系统

提供应急事件处理、GPS 调度指挥和应急保障管理服务，及时将突发事件发生发展情况和应急处置情况传递给相关人员，实现协同指挥、有序调度和有效监督。

视频监控子系统：以电子地图集成视频监控资源，实现对定点视频监控实现快速检索定位，并实时浏览当前监控点的视频信息。同时，借助移动视频监控对重点关注部位或疫情发生现场进行全程实时监控，既方便了日常的管理维护，也为突发事件的快速处置提供了及时的第一手材料支撑。

疫情信息管理子系统：实现疫情信息的上传下达，各级疫情管理部门可以定期上报疫情发生情况，也可以及时接收上级主管部门下发的各项工作任务，整体反映每年市内疫情发生情况。

预测预警辅助子系统：对动物卫生监督专题数据和业务数据进行分类采集，为指挥调度等应急业务应用提供统一的地理信息辅助服务，实现动物疫情应急资源的统一集成、展现，为突发性动物疫情的快速处置提供科学决策依据。

数据管理维护子系统：提供一套业务规则定义、系统管理和维护工具，完成平台业务人员—角色—权限的定制、系统的日常运行管理和系统维护，是整个系统能够正常持续运行的保障。

四、项目实施的目标及取得的成果

动物卫生监督指挥调度平台主要应用于动物卫生监督管理领域。系统利用3S 技术，以计算机网络为基础、以有线和无线通信为纽带、以接处警信息传递处理为核心、以动物卫生监督空间数据库为载体，实现地理信息与动物卫生监督业务数据的完美集成，及时、准确、全面地采集动物卫生监督数据，并通过统计、分析、报告动物卫生监督信息，全面监控动物产品在流通领域各环节的情况，为预防、控制和紧急处理动物疫情和动物产品质量安全事故提供科学决策依据，实现重大动物疫情应急处置调度，完善动物疫病快速反应能力和综合管理能力，保障国家现代畜牧业示范区、国家无规定动物疫病区建设。

系统建成以来，在日常接处警工作中，为接警人员辅助分析案情提供了有力的技术支持，辅助接警人员解决动物卫生监督案件近百起，并在 2010 年进行的应急演练中发挥了重要作用。

五、该项目实施的下一步打算

重庆市农业信息中心还将对系统相关功能进一步升级，扩展包括动物卫生防疫、动物卫生免疫、动物卫生执法管理等更多的业务应用，最终将项目建成全国一流、西部第一的动物卫生监督管理信息系统。

（供稿：重庆农业信息中心　编写：徐佳男）

3.48 重庆市农业行业电子政务系统

一、项目名称和实施主体、时间、范围

重庆市农业委员会于2005年3月开始试运行“重庆市农业行业电子政务系统”，同年5月市农委机关实行无纸化办公，10月全重庆市39个区县的农业（畜牧）行业主管部门、委属各单位共计126家通过专线接入“重庆市农业办公信息系统应用平台”。该系统以“松散耦合”设计思想构建、整合重庆市农业系统的办公自动化，解决了行业办公信息孤岛问题。

二、所使用的信息技术及设备设施

重庆市农业行业电子政务系统在.net或J2EE平台下均可以灵活定义工作流，数据库结构一致，并且功能基本相同，重庆市农业行业电子政务系统可以平稳、无缝地向J2EE平台过渡，过渡后可以保留原有平台下的数据，可以让用户在功能、操作、界面上感觉不到因软件开发平台不同而带来的变化。另外，两种技术平台所对应的协同机制均是采用当前主流的Web Service标准接口，系统之间的公文数据交换全是采用基于XML的国家电子公文标准格式，这给平台的可扩展性无疑带来了很大的优势。

三、所使用的方法和流程

重庆市农业行业电子政务系统主要由重庆市农业办公信息系统（OA）和重庆市农业政务数据中心（GDC）两部分系统组成，重庆市农业办公信息系统是解决全市农业系统内某一单位内部的公文、机关信息等的处理、流转信息系统，是实现一个单位内部无纸化办公的工具。重庆市农业政务数据中心则是解决全重庆市所有农业单位之间的公文、机关信息等的传输和统一发布、下载，以及协同全重庆市农业系统各单位之间办公信息系统所构建的统一数据集成基础应用平台。利用该平台功能，所有OA发送和交换的公文自动转入GDC；所有未使用OA的单位发送和交换的公文也自动进入GDC。这样整个大重庆市农业系统的公文、

信息就全部存储于 GDC 内，形成统一的公文、信息资源库。那么就可在 GDC 内按权限查询到一个区县农业系统内所有单位的公文。同时，为市农委的领导提供了方便的决策分析环境。

四、项目实施的目标及取得的成果

重庆市农业行业电子政务系统自 2005 年运行至今，实现了重庆市农业委员会与市所有区县的农业（畜牧）局、委属各单位的无纸化办公。截至2010 年 10 月平台共处理公文29 017件，其中发文7 200件，收文21 817件；处理信息47 317条；收发邮件33 011件；电子刊物1 829期，为重庆市农业信息化打下了坚实的基础。

五、该项目实施的下一步打算

重庆市农业行业电子政务系统将向镇、乡、村进一步推广，有力促进各项改革、改善公众服务、提升部门形象。

（供稿：重庆农业信息中心　编写：徐佳男）

3.49 四川省生猪生产及价格监测预警系统

一、项目名称和实施主体、时间、范围

四川省生猪生产及价格监测预警系统，是四川省畜牧食品局研发并加以运用的，具体任务承担者是该局信息中心。2008 年 5 月起，在四川 18 个市州 68 个生猪生产大县的1 360个乡镇、2 720个村、3 727个村民小组（社）、11.86 万个散养户、2 300个适度规模户（场）启动全国首个省级生猪生产及价格的监测预警工作。

二、所使用的信息技术及设备设施

该项目是畜牧专业信息化软件的研发与应用，由核心软件、普通电脑和互联

网络构成。通过省市县乡四级互联网络电脑系统，至下而上逐级填报市场实时价格和监测点真实的生产数据，监测系统即可实现省市县三级监测预警的四大重要功能：网络填报各项监测点生猪生产及市场价格、自动显示各项数据表格和各类价格走势图形及生产分布图形、自动显示各阶段不同颜色的预警提示、自动显示智能简要文字分析。

三、所使用的方法和流程

该项目实施，采取先调研后立项、先研发后审定、先培训后使用、先定点后开展。乡镇畜牧兽医站定期收集价格、生产数据后通过电脑或纸质报表送往县级统计员；县局统计员汇总整理各项数据后，以用户名、密码登陆四川畜牧食品信息网“生猪预警”专网填报；网络将其各县数据汇总到省局服务器“生猪监测预警”系统内；省、市、县三级畜牧部门即可监测预警，并通过网络、纸质、广播等方式发布监测周报、月报、半年报和年度报告。

四、项目实施的目标及取得的成果

该系统目标是通过监测预警，为各级政府有关部门宏观决策、启动猪肉收储、出台调控措施，提示养殖场户规避市场风险，发挥积极的作用。运行两年多来，省级共发布价格周报130期，生产月报、半年报和年报37期；各市县通过网络、纸质、广播等形式发布各类价格和生产监测报告1万余期次；仅2010年价格低迷时期，上级领导部门先后共计8次采用了由监测预警系统发布的周（月）报。监测分析发布后，被农业部网站、中国畜牧业协会网站、四川农村日报近百余家媒体采编、转发（载），各地许多养殖场户通过多种途径了解动态后，及时调整猪群结构、按预警提示及时出栏肥猪、降低母猪和仔猪数量，避免了2010年上半年猪价的大幅下跌；按照预警提示，又于5月上旬适时补栏，在7月初猪价恢复性上涨后赶上了中秋国庆前的上涨行情。生猪生产及价格监测预警，为农民增收发挥了积极的市场导向作用。

五、该项目实施的下一步打算

及时总结运行效果，完善填报分析功能，为生猪生产宏观决策和市场导向发挥更大的作用。

（供稿：钱　亮　编写：徐佳男）

3.50 四川省动物标识及疫病可追溯体系建设

一、项目名称和实施主体、时间、范围

四川省动物标识及疫病可追溯体系建设是农业部在全国先期建设的 4 个动物标识及疫病可追溯体系试点项目之一，由四川省动物疫病预防控制中心、四川省动物卫生监督所承担。从 2005 年起，四川省 21 个市（州）及 181 个县（市、区）开展了追溯体系试点工作，初步建立起了动物疫病可追溯体系，促进了重大动物疫病的有效防控，提高了动物防疫及动物卫生安全监管的水平。

二、所使用的信息技术及设备设施

动物标识溯源信息系统是以动物标识编号为数据轴心，将牲畜从出生到屠宰历经的防疫、检疫、监督工作贯穿起来，利用计算机网络把生产管理和执法监督数据汇总到数据中心，实现从牲畜出生到屠宰全过程的数据网上记录。通过移动智能识读器查核动物来源，实现对患病动物的快速、准确溯源，为管理决策和快速处理疫情提供高效的信息平台。

三、所使用的方法和流程

一是选择服务器堆叠的方式建设中央数据库。利用 PC 服务器堆叠的方式，可按应用功能需求逐步配置，避免硬件功能闲置和浪费。二是设计了由基层防疫员和检疫员在日常工作的同时，利用移动智能终端记录并传输数据，既保证数据的准确性、实时性，又能分解工作量。三是选择专用二维条形码耳标，实行全国统一编号，实现动物个体追踪。其优点是成本低，信息承载能力强。四是考虑到动物防疫、检疫和监督工作一般均在野外操作，选择移动智能识读终端和无线蜂窝技术（GPRS），实现数据传输和溯源。

四、项目实施的目标及取得的成果

动物标识及疫病可追溯体系建设的目标：提高动物防疫监管和畜产品质量安全监管工作水平和措施；为开展动物流行病学调查、进行动物疫病追踪提供数据

基础；对动物及动物产品实施全程有效监管和追踪溯源，提升动物卫生监管及动物疫情监测的能力，防止动物及动物产品国际贸易的技术壁垒。

自2007年起，四川省财政将牲畜耳标经费3 000万元列入省级财政预算。2007—2009年采购猪、牛、羊耳标共计41 010万套。目前共购置追溯体系设备26 634余台发到县、乡两级，其中移动智能识读器18 387台、票据打印机8 247台。截至2010年7月31日，四川省已上传耳标佩（补）戴、免疫检疫（日常、产地、产品、出县境）、耳标注销以及证章作废等各类信息220.29万条。该体系使动物防疫、检疫、监督工作联系更加紧密，实现了从动物出生到屠宰各环节的全程监管，为及时快速追溯到每个环节，查出疫源，控制疫情传播与流行，做到防疫工作早发现、快处理，提供了有利的信息支持。

五、该项目实施的下一步打算

继续加大对追溯体系建设力度，确保移动智能识读器质量和数量；做好耳标质量管理工作，加强对耳标质量的监督检查；采取有效措施确保数据传输，应用多种方式进行数据采集、传输；加大监督检查力度，严厉打击违反标识使用管理有关规定的违法行为；做好宣传工作，争取全社会支持，为推进动物疫病追溯体系建设营造良好的社会氛围。

（供稿：石　谦　编写：徐佳男）

四、农业服务信息化案例

4.1 农业部"三电合一"农业综合信息服务项目

一、项目名称和实施主体、时间、范围

"三电合一"农业综合信息服务项目，由农业部市场与经济信息司、农业部信息中心、各省（自治区、直辖市）农业主管部门和项目试点单位共同建设。在部里统一部署和指导下，2005—2009 年"三电合一"项目先后投入财政和基建资金近 1 亿元，在全国 409 个农业部门陆续开展建设，先后搭建了 7 个省级、78 个地级和 324 个县级农业综合信息服务平台。

二、所使用的信息技术及设备设施

该项目采用了网络技术、通讯技术、数据库技术、一体化交换机呼叫中心平台（信息接入平台）、网络设备、存储设备、摄录设备、计算机及其附属设备、操作系统和数据库软件。

三、所使用的方法和流程

部级成立项目领导小组和实施小组，省级农业部门确定一名主管领导主抓项目实施，相关处室确定一名处长为联络员，具体负责项目的组织指导工作。项目单位成立由主管领导任组长的项目实施领导小组，确保项目实施工作。

充分借鉴和发挥现有信息资源优势，积极整合相关部门信息资源，建立全国公用数据库、地方个性化数据库、数据采集与交换系统，实现信息资源共享。

组织跨行业跨学科的专家队伍，及时解答农业生产经营者的各方面问题。

各地根据实际情况，创新工作机制和服务方式，开展多种模式的信息服务，如吉林"12316 新农村热线"、浙江"农民信箱"等。

通过网络、电话、电视、电台、平面媒体等多种载体发布信息。

挖掘信息服务新方法，研究信息服务新举措，很多项目单位相继建立了短信服务、视频点播、远程视频诊断等业务系统。

注重加强与畜牧、水产、林业、农机、兽医、粮食、统计等涉农部门的沟通

协调，同时主动与电信、电视台、广播电台、报纸杂志等部门加强合作，争取广泛的支持，确保“三电合一”工作取得实效。

四、项目实施的目标及取得的成果

整合共享政策、科技、市场等信息资源，通过电话（手机）、电视、电脑“三电合一”服务模式，扩大信息服务覆盖面，为农业生产经营者提供及时准确的信息服务，有效解决农业信息服务的“最后一公里”问题，促进农业增效、农民增收。

促进了农产品流通，增加农民收入；整合了农业资源，实现信息共享；及时发布各种信息，减少了经济损失；带动了地方投入，初步建立运行机制；促进信息化观念转变，提高服务效率；缩小城乡“数字鸿沟”，推进现代农业发展。

五、该项目实施的下一步打算

改革投资结构。加强专业人才队伍建设。广泛开展媒体宣传工作。逐步建立市场化运作机制。总结经验开展工作交流。

（供稿：唐文凤　编写：王　昕）

4.2 中央农业广播电视学校农民教育培训现代远程公共服务平台

一、项目名称和实施主体、时间、范围

农民教育培训现代远程公共服务平台，由农业部农民科技教育培训中心（中央农业广播电视学校）、全国农业广播电视学校系统共同建设，面向教育培训、科研、技术推广机构和农业企业、农户提供学习交流平台，为“三农”教育培训、科学普及、技术推广和信息资源传播提供公共服务。

二、所使用的信息技术及设备设施

利用数字技术，实现农业技术、农民教育培训信息资源数字化采集、加工、储存和传播，建设数字化农业技术、农民教育培训信息资源库。通过天网（广播、电视、卫星网络等）、地网（教育培训基地、互联网络等）、人网（师资队伍、技术服务队伍），移动数字媒体播放器（学习机）、触摸屏等新媒体终端，多种媒体、信息技术相衔接，形成全国性信息资源共享传播网络平台。

三、所使用的方法和流程

通过共建共享在中央农广校形成农业技术、农民教育培训数字化媒体资源库，存储丰富的数字化农业技术信息资源。通过中央及地方广播电台，中央及地方电视台，互联网、卫星网、移动通信网，新媒体终端等，现代化传播手段和传统媒体有机结合，面向全国传播共享优质信息资源、开展远程教育培训。用户通过收音机、电视机、大喇叭、卫星接收站、电脑、数字移动媒体播放器、手机等多种终端，接受到多种形式的远程教育培训、科学普及、技术推广和信息资源。

四、项目实施的目标及取得的成果

通过共建共享、整合优化、多种媒体衔接，建设国家级农民教育培训数字化媒体资源库，形成快捷、实用、高效的农民教育培训资源共享传播平台。利用优质资源和先进技术，创新农民教育培训和资源传播服务模式，基本建成手段多样、功能完善的远程公共服务平台。

中央农广校已初步实现了数字化采集、处理和存储，建成了近3 500小时的农业实用技术、农民教育培训音视频数字化资源库。中国农村远程教育网、中国农村劳动力转移培训网已建设了网上教学培训、资源点播、技术推广和交流互动系统。“农广在线”网站承担农业部2010年为农民办实事之一为农民提供网上音视频培训节目。部分省建设了网络直播、资源传播分中心。卫星网已经建设了580个远程接收站点，县级校通过“天地网”能够快捷接收到培训资源，及时通过不同方式传送给农民。结合新技术、新媒体应用开发了数字媒体播放器（农业技术多媒体资源库）等产品。

五、该项目实施的下一步打算

优化和完善中央校网络环境、功能，建设网上教学培训、资源点播、技术推广和交流互动系统，提升教学支持服务、资源传播、技术普及能力，建成面向教育培训机构、农业行业企业和农民，有一定影响力的服务网络。

加快推进省级网络直播分中心建设，共用“天地网”，提升省级校独立开展区域性远程教育培训和资源传播服务的能力，推动构建本省农民教育培训远程公共服务平台。

加快推进县级远程资源接收中心（信息资源加油站）建设，使县级校通过“天地网”快捷、方便地接收到中央校和省校的培训资源，及时通过不同方式传送给农民。

加快数字化媒体资产管理系统建设，采集收录文字、图片、音频、视频、多媒体等媒体资源，建设国家农民教育培训数字化媒体资源库，逐步在农业系统或其他培训机构形成全国性优质农民教育培训资源共享系统。

跟踪信息技术的发展，加快开发、推广适用于培训机构、培训教师、技术服务人员等不同类型、不同功能的数字化媒体资源播放设备、服务终端，推进数字化媒体资源的开发利用，拓展培训资源传播的新方式和新渠道，丰富农民教育培训手段。

（供稿：邵明旭　编写：王　昕）

4.3 农产品加工网络信息化平台

一、项目名称和实施主体、时间、范围

农产品加工行业网络信息化平台，由农业部农产品加工局主办，各有关单位承办。中国国家农产品加工信息网、乡镇企业统计直报系统、农产品加工国际标准跟踪信息网自2004年7月先后开通，经过改版，运行良好。

二、所使用的信息技术及设备设施

农产品加工行业网络信息化平台利用网络技术、数据库技术和编程等技术，整合全国农产品加工信息和媒体资源，发布政务信息和各类服务信息，以网络为依托为农产品加工企业提供电子商务服务。同时探索建立农产品物流信息化平

台，推进农产品加工企业信息化，为宏观决策、促进产业发展提供丰富的信息资源。

三、所使用的方法和流程

中国国家农产品加工信息网，目前在农业部网站群中月访问量排名第四位，日均访问量30余万次。2010年以来，网站进行了整体改版，增加了市场、产业、高校、供求、企业、产品、招聘等功能模块，建立了技术、装备、专家等多个专业数据库，开设了预警平台、研发中心、技术推广等特色频道，及时发布国内国际农产品加工业政策和行业信息。

乡镇企业信息统计直报系统是一款高性能、高速度的数据统计软件，具有操作简单，界面清晰、填报速度和工作率高、功能强大、方便查看等特点。自2007年上线以来，经过多次修改，系统功能日趋完善。2009年乡镇企业信息统计新增加了休闲旅游农业项目，为各级农业和旅游管理部门提供了大量可靠数据。

农产品加工国际标准跟踪信息网，设有标准法规动态、行业标准动态、标准文本数据库、预警信息、企业心声等9大板块，通过标准查询、信息发布、专家论坛、网上交流等多种形式，将农产品加工国际标准跟踪研究的动态信息和结果及时、免费地向大众发布。经过5年的建设，网站功能逐步完善，影响力日益提高，信息被国内多家食品安全和标准领域的知名网站所引用，已成为农产品加工标准研究领域一个重要的公共信息交流服务平台。

四、项目实施的目标及取得的成果

农产品加工行业网络信息化平台利用专业网站、专用软件，建设多个系统和数据库，面向农村、农民、专家、各级领导和农业科技工作者，提供专业、全面的服务，从多方位、多角度解决农产品加工业信息化问题。其中，中国国家农产品加工信息网开通6年来，取得了重要成就，已逐步成为内容丰富、特色鲜明、功能专业的权威农产品加工业专业网站，成为连接政府、企业、科研单位、高校之间合作交流的平台。

五、该项目实施的下一步打算

农产品加工行业网络信息化平台将结合自身优势，建设规模较大的信息资源库，加强数据库开发。同时，大力挖掘信息资源，把信息视野扩展到农产品加工相关的各个领域，更好地满足不同层次、不同对象的需求，逐渐向功能性网站转变，办成内容丰富、特色鲜明、功能专业、具有较高知名度的精品网站。

（供稿：李增杰　编写：张文静）

4.4 中国兽药信息网站

一、项目名称和实施主体、时间、范围

中国兽药信息网及兽药信息数据库系统，是中国兽医药品监察所（农业部兽药评审中心）于2002年建立的公益性政府涉农类兽医兽药行业专业网站，是履行兽药监督管理职能、面向社会提供服务的官方网站，是实现政务信息公开、服务企业和社会公众、互动交流的兽药行业专业信息平台。

二、所使用的信息技术及设备设施

中国兽药信息网站主要采用网络技术、数据库技术以及服务器、安全管理系统，软件主要利用TRS全文检索系统平台WCM系统，构建了网站的系统平台，通过制作网站页面模板，设置用户权限，编发文档，实现信息采集、编审、发布系统化管理。2008年，中国兽药信息网正式改版，重新设计了页面，规划了系统频道及栏目，网站内容力求简洁、规范和标准化。

三、所使用的方法和流程

中国兽药信息网站坚持“信息公开，服务公众”的工作原则，先后开辟了新闻动态、通知公告、地方新闻、法律法规、监督管理、兽药政务以及相关的参考资讯等20多个版块栏目。登录中国兽药信息网站，可获取大量相关行业信息，了解行业动态。同时，充分利用现有资源优势，开发建成兽药信息数据库系统，包括兽药产品、生产企业、法律法规等10个数据库，现有18.4万条记录。用户只需输入希望查询的关键词，即可了解兽药产品的批准文号、兽药生产许可证号以及相关产品及生产企业的情况等。兽药数据库系统便于用户浏览、查询，为企业、用户以及相关兽药行政管理部门提供信息参考和政府审批数据。

四、项目实施的目标及取得的成果

该网站旨在宣传国家的兽医药品产业方针政策、法律法规；宣传农业部和中

国兽医药品监察所的工作情况及进展，推进兽医药品政务公开，提高办事效率；宣传产业、推进科技进步，普及推广科学知识，是国家兽医药品监管政务信息的重要发布渠道，提供丰富的兽医药品政务和行业公共信息，为政府、行业和普通公众服务。为此，有效的资源整合、机制共享及多样的工作模式，为兽医兽药行业优良的信息化工作环境创造了必要条件，搭建获取信息的网络平台。先后五次荣获涉农网站百强荣誉称号。

五、该项目实施的下一步打算

将加强网站采编发的监控和管理，更加突出兽药特色，强调新闻性、信息性、实效性、真实性、准确性、专业性。加强网络安全建设，对系统软硬件进一补加固升级，完成网站信息安全三级等级保护测评，强化系统的安全稳定，确保信息安全。强化安全监管，保障网站网络稳定运行。

（供稿：刘 玲 编写：曹庆波）

4.5 中国休闲农业网

一、项目名称和实施主体、时间、范围

中国休闲农业网暨中国乡村旅游网，于 2007 年 6 月开通，由农业部、国家旅游局主管，农业部乡镇企业局、国家旅游局综合协调司主办，农业部农村社会事业发展中心承办，农业部信息中心、国家旅游局信息中心提供技术支持的全国休闲农业、乡村旅游专业政府网站。服务休闲农业、乡村旅游市场，向国内外推介休闲农业和乡村旅游景点。

二、所使用的信息技术及设备设施

该网站总体结构包括内容管理系统、会员管理系统、在线预订和搜索系统、

在线评论与投票系统、论坛系统、留言板系统、流量统计系统、友情链接系统、后台管理系统等九大系统。采用 ASP、JSP、.NET、PHP、PHOTOSHOP、DREAMVER、FLASH 等语言和工具开发。用 4 台服务器，分别做 WEB 数据库服务器、数据库服务器、邮件服务器和备份（并发）服务器。系统软件初步选择：Windows Server 2003 操作系统、ORACLE 数据库、Magic 邮件系统、Symantec 病毒防护系统、HP 网络管理系统。

网站还采用了扩展性强、集成度高的网站群创建管理系统。为在全国建设立完整、快捷、高效、稳定、安全的乡村旅游网站群，实现信息数据资料的分布存储、共通共享和快速提取创造了技术条件。

三、所使用的方法和流程

中国休闲农业网（中国乡村旅游网）按照起点求高、内容求精，快速起步、逐渐完善的原则，以发布全国休闲农业、乡村旅游发展的政务信息、权威数据为核心内容，以各级农业和旅游行政管理部门、休闲农业与乡村旅游提供者和消费者、乡村旅游相关服务机构等为服务对象，开展全方位、高质量的休闲农业及乡村旅游信息服务。

网站创建了政府服务、游在乡村、活动专题及互动沟通 4 个功能版块，共 20 多个数据库。根据栏目框架速度快、拓展性强、修改方便的要求，设置了政务功能、专题活动、服务市场、互动、辅助等五大类型栏目。借此，公众可以及时了解国内外发展休闲农业、乡村旅游新闻等政务信息和各类服务信息。

四、项目实施的目标及取得的成果

自网站开通以来，上传景点1 000多处，吸引了来自美国、中国台湾、中国香港等 59 个国家和地区的网民点击浏览。网站为各级农业和旅游部门、休闲农业和乡村旅游经营管理者、广大农民和旅游者提供了一个广泛的信息服务平台，成为大家了解休闲农业与乡村旅游的一个窗口。

中国休闲农业网的建成，对于指导各地推进农业功能拓展，引导和促进乡村旅游发展，推进农民增收，发展和繁荣农村经济，展示我国农村良好面貌，增进城乡交流，促进政府公共服务信息与乡村旅游信息的共享和集成，有着十分重要的作用。

五、该项目实施的下一步打算

进一步做细做实休闲农业资源开发利用工作，推进功能农业发展。

（供稿：傅金凯　编写：张文静）

4.6 中国农业科学院农业信息研究所“农搜”网系统

一、项目名称和实施主体、时间、范围

“农搜”是中国农业科学院农业信息研究所多媒体技术研究室开发的农业专业搜索引擎。该项目 2006 年启动，于 2007 年开始通过农搜网站（http：//www. sdd. net. cn）提供农业领域的精确信息搜索服务。

二、所使用的信息技术及设备设施

农搜网是一种农业专业搜索引擎，专门针对农业、农村、农民的搜索引擎。目前农搜网提供多项搜索服务，如【农业网页】、【科研单位】等，这些服务涉及农业各个方面。各类农业科技信息和市场信息的企业、部门、农户可以通过农搜网搜索引擎，迅速找到自己想要的信息。

三、所使用的方法和流程

针对于中文农业网页，研发专业化的搜索引擎，实现农业信息的精确搜索是农搜网站的目的和出发点。

“农搜”采用了独特的智能页面分析技术和 SDD 语义检索引擎，实现中文农业网页信息的结构化索引，用户输入关键词后，返回的结果集中不再是没有关联和分类的网页集，而是分成了农业科研单位、农业专家人才、农业实用技术等分门别类的相关网页信息集，在专业化、大众化信息服务的基础上，实现了精准、个性化的信息服务。“农搜”帮助基层用户实现了农业信息的“推”和“拉”，将有效推动和提高我国长期以来积累的丰富的网络信息资源发挥其应有的效益，为急需农业科技信息和市场信息的企业、部门、农户精确获取农业信息提供了有益的工具。

四、项目实施的目标及取得的成果

通过近两年的使用，“农搜”得到了用户的欢迎，例如，在农业信息研究所河北怀来成果示范基地，已经把“农搜”嵌入到当地的农业信息网，提供区域性

的农业网络信息搜索服务。到目前为止，“农搜”访问的 IP 地址累计33 993个，主页访问量115 710次。

五、该项目实施的下一步打算

拟在原有农搜网站的基础上，进一步研制能够在 3G 手机上运行的“农搜”系统，使得用户可以通过 3G 手机使用“农搜”提供的农业网络信息智能搜索服务，项目的研究成果将降低“农搜”的推广门槛，快速扩大用户规模，让成千上万农业行业的企业、基层农业管理部门、农村种养大户足不出户，就能迅速获得精确的农业新闻、农产品价格、农业科技成果、农业实用技术、农业专家等信息。

（供稿：王　剑　编写：曹庆波）

4.7 中国兴农网

一、项目名称和实施主体、时间、范围

中国兴农网是由中国气象局主办，公共气象服务中心承办、各省气象部门联办的为农服务网站。

二、所使用的信息技术及设备设施

新版的中国兴农网最大特色是可以实现农业气象信息服务到县、到作物的功能，并可以为每位用户建立一个可个性化定制农业信息的网络服务平台，为农业生产管理者提供及时有效的天气信息及相应的农事建议。该网站的兴农互助合作社是基于 SNS 技术搭建的网络版“三农”服务系统，是农民之间互助、与农业专家及时沟通交流的平台。

三、所使用的方法和流程

网站建立了强大的涉农信息搜索引擎、信息再加工和应用、互动社区等

功能，设立了农业气象、灾害防御、农业政策、市场价格等 14 个频道，近百个栏目。

网站提供全方位的农业气象信息服务，目前已有2 348个市（区）、县的针对农作物的天气预报信息，支持农作物定制，方便农民及时了解作物长势情况、生育期、可能遇到的天气灾害和如何防御的农事建议。致力于农村气象灾害防御，为广大农村用户提供及时的台风、暴雨、大风、冰雹、干旱、雷电、高温、寒潮、霜冻、暴雪等气象灾害预警信息；针对不同气象灾害提供专业的防灾减灾知识。

该平台的特点是使农民能有针对性的寻找和关注针对自身需求的专家圈和群体，农民能适时地收到专家建议和各种农产品的价格、供求等相关信息。是集农民的生活、娱乐、休闲和商业信息于一体的大型综合性论坛。此外，中国兴农网农业气象百科是基于中文维基百科的网络农业气象百科全书，内容开放、自由，利于检索和查询。

该网与农业部和农业企业深入合作，共同发布权威农产品市场价格、农业技术指导、农产品价格指数等产品，网站以灵活机制引进农业企业的加盟，使网站的信息内容更具专业性和指导意义。

四、项目实施的目标及取得的成果

该网站是以农村经济发展和防灾减灾、农民需求为导向，以“三农”经济信息和农业科技信息为基础，以气象防灾减灾信息为特色，以搜索引擎和网络互动为纽带，探索多部门、多层级联合的发展模式，集成为农服务信息资源，建设为农服务综合信息平台，通过农村信息站实现气象服务到农村、农户，打造中国兴农网知名品牌，推动农村公共气象服务体系建设。

该网基本形成了国家、省、市、县、乡五级农村综合信息服务体系。全国已有 31 个省（自治区、直辖市）、计划单列市气象局与当地农业部门紧密合作创办了省级兴农网，270 多个市和1 300多个县分别开通了地（市）、县级兴农网，建有乡镇信息站9 700多个，农村信息员 30 余万人。中国兴农网开设的农业气象服务、农业科技、市场供求等栏目深受农民欢迎，成为农业生产的好帮手，农村致富的好平台。中国兴农网已经发挥了重要作用，产生了巨大的社会经济效益，不断得到社会各界的好评与肯定，在 2004—2009 年度由农业部信息中心、中国互联网协会举办的“中国农业网站百强评选”活动中连续 6 年都进入百强行列。

五、该项目实施的下一步打算

计划在 3 年内进入国内涉农网站综合类前 5 名；与 30～50 家涉农网站建立

良好的合作和推广关系；建立较为完善的农业气象信息服务规范；建立和完善网站的互动服务功能；建设与完善农村信息站；建设农村信息员管理和培训系统；打造知名的产品应用模块和地方信息港；建立国家级和省级分中心规范的信息采集和运行管理机制。

（供稿：托丽娜 编写：张文静）

4.8 北京都市型现代农业“221行动计划”信息平台

一、项目名称和实施主体、时间、范围

2004年北京市启动实施了“221行动计划”，即摸清农业资源和市场需求两张底牌，搞好科技和资金两个支撑，搭建一个集信息查询、分析决策、综合服务为一体的信息平台（简称221信息平台）。2009年1月上线试运行，2010年进入推广应用阶段。

221信息平台由北京市农村工作委员会主办，市级相关单位和郊区各区县协办，北京市农业委员会信息中心（市城乡经济信息中心）承办，北京农业信息技术研究中心负责开发建设和技术支持。

二、所使用的信息技术及设备设施

221信息平台综合集成了遥感、地理信息系统、全球定位系统、数据仓库、数据网格、数据挖掘、专家系统、虚拟现实等多种新技术；引入和研发了气候因素模拟、空间分析、作物适宜性分析、生态农业等方面最新的农业分析模型。

三、所使用的方法和流程

信息查询功能：可以查询北京市13个区县任意区域内的综合情况及任意地

百宝箱 中国信息化与现代农业案例及分析

块的基本信息、重金属含量、土壤养分、适宜性评价等。

分析决策功能：可以按地块分析是否适宜种植无公害、绿色、有机作物；可以对重大动植物疫情进行防控应急处置。

综合服务功能：可以对三品基地、设施农业、特色农产品、民俗旅游村、农贸市场等进行专题查询。

四、项目实施的目标及取得的成果

221 信息平台共整合了市级 15 家共建共享单位和 13 个郊区县农业资源数据 105 类、490 项数据，形成了设施农业、农产品供求、农业金融等 138 个专题，土壤信息、市场分布等 240 个信息图层，以及农村经济等 100 多个非图形数据层，已经成为北京市“三农”工作的综合信息平台。

通过 221 信息平台为北京市科技委员会提供了全市农田环境质量监测点的情况，以及北京农产品产地安全现状分析结果，为科技北京行动计划、科技进步促进区县发展主题的立项提供了依据。

通过 221 信息平台为编制《北京市都市型现代农业基础建设及综合开发规划》、《农产品质量安全三年行动计划》等产业发展规划提供了基础数据和依据。

在部分重点乡镇、新农村试点村编制区域规划、产业规划等过程中提供了数据支持。

北京市农业局通过 221 信息平台全面掌握北京市设施农业建设的分布情况，为开展设施农业管理提供了有效的信息支撑；通过 221 信息平台数据资源，详细分析了北京市耕地土壤肥力分布状况，针对不同的作物进行了施肥区划。同时，进行新建设施菜田土壤专题调查，分析土壤肥力情况，形成设施菜田土壤改良方案；依据 221 信息平台中的农贸市场、连锁超市等分布信息，对农产品行情监测点的规划与布局进行了科学调整。

五、该项目实施的下一步打算

将以完善功能、深化应用为重点，进一步加强数据采集、更新机制和共建共享机制的研究和建立，更好地发挥支持服务决策、引领消费、指导生产的作用。

（供稿：蔺育华　白　晨　编写：曹庆波）

4.9 天津武清养殖业信息平台

一、项目名称和实施主体、时间、范围

武清养殖业信息平台，实施主体是天津市武清区畜牧水产业发展服务中心，实施时间2007—2009年，实施范围是天津市武清区的56个奶牛场和29个乡镇街的全部养殖场户，涉及各类养殖畜禽近3 000万头只。

二、所使用的信息技术及设备设施

该平台基于Web方式和Internet全光纤综合传输网络构建，采用固定会员制登录及功能授权管理。平台包括1个门户网和3个服务系统，即武清养殖业信息平台门户网和奶牛综合服务、动物疫病防控和鲜奶质量监管系统，信息涵盖全武清区，该平台通过及时数据信息更新，不仅能随时掌握全区每个场户的养殖档案、饲养管理、繁殖育种、防检疫、产品质量安全等畜禽健康养殖生产管理，而且还能够为消费者提供养殖环节产品质量可追溯管理信息。

三、所使用的方法和流程

奶牛综合服务系统：全区56个奶牛场全部配备DMS牧场管理软件，录入牛群基本信息和每天变化信息后，自动生成各种分析数据，利用决策支持系统使奶牛场生产管理由传统的经验管理向科学管理迈进。达到了牛只档案、鲜奶生产、选种选配、生产预警、物资管理五在线信息管理。使奶牛场生产活动适时透明、牛群变动一幕了然。同时，还可联合我国奶牛饲养、繁育的专家，通过信息平台对各养殖场的奶牛数据结果进行分析，有针对性地进行在线指导。

动物疫病防控系统：全区29个乡镇街畜牧水产站全部配备动物疫病防控管理软件，实现了村级防疫员管理、防疫、检疫、抗体水平监测、生产统计5个方面在线登记。不仅能随时了解每户养殖畜禽防检疫情况，还能知道各类畜禽健康状况，什么时间做什么免疫，用什么药、休药期多长时间，抗体水平监测模块还

可为养殖户提前预告防疫、检疫时间，强化防疫、检疫工作开展，确保无规定疫病区建设。

鲜奶质量监管系统：以加强生鲜奶质量安全监管为主，武清区56个奶牛场全部安装具有存储功能视频监控，通过区政务网100兆全光纤综合传输网络，可远程在线视频观看每个奶牛场的奶牛投入品使用、设备清洗、挤奶操作、鲜奶储存等生鲜乳生产、收购环节的实时监督管理。

四、项目实施的目标及取得的成果

为武清区养殖业搭建一个从生产到加工、销售环节的产品质量安全可追溯制度。在市场终端各客户可通过允许的访问权限，追溯查询到各类养殖业的健康养殖、产品质量安全生产情况。有利于树立本地畜牧业行业的良好品牌形象。

可促进武清畜牧业各类疫情疫报的严格监控和管理。只要把防检疫信息及时上传到平台，畜牧管理部门就不用应用大量纸质资料，在网上可随时查询、审阅各乡镇、村、养殖场户的畜禽防检疫情况。

可为养殖场户提供更加优质的技术服务。联合我国奶牛饲养、繁育的专家，通过远程服务，借助各种业务专家知识库系统和决策支持系统的支撑，对各养殖场的奶牛数据结果进行分析，可推动全区奶牛产业由传统的定性分析、经验管理向定量分析、专家指导、数据管理迈进，实现标准化、规范化、现代化管理。

可增加养殖效益。通过建立产品可追溯制度，提高产品质量，实现优质优价;通过建立完善的奶牛系谱档案，对奶牛实行良种登记，向国外协会有优质奶牛登记一样，生产的后裔血缘谱系清楚，质量有保障，做到好牛卖好价。

通过牧场管理软件应用，可为奶牛场提供一个崭新的管理模式。事先可通过智能预警，提前预知奶牛干奶、配种、妊检等生产环节管理工作的任务制定、安排、实施，做好“事前预知”，引领养殖户依靠数字化经营，提高饲养管理水平。

五、该项目实施的下一步打算

计划从养殖品种上，逐渐扩大信息化管理范围，逐步将生猪、蛋鸡养殖大场、大户纳入信息化管理，使其依靠信息化实现科学、便捷管理，依靠信息化增加养殖效益。

（供稿：付卫田　编写：曹庆波）

4.10 山西农科110服务指挥体系

一、项目名称和实施主体、时间、范围

山西农科110服务体系，实施主体是山西省科学技术协会、山西省财政厅，于2007年3月开通。

二、所使用的信息技术及设备设施

山西农科110服务体系由三方通话系统、远程语音视频专家咨询系统、网络语音监录系统、语音回放系统、电话—历史记录自动识别调用系统、农业知识/常见问题库管理系统、专家基本信息管理系统、专家及坐席员工作考核管理系统、统计分析系统、权限管理系统等组成。

山西农科110服务体系在山西省中心建设和部署了呼叫中心软硬件设备；在5个地市建立了呼叫中心分处理中心；在山西省各个村镇建立了1 500多个农科110服务站，每个服务站都配备了2～3台农科110专用IP电话。分处理中心转接省中心分发的服务任务，农科110服务站的IP电话可以为农民朋友提供免费直拨省中心、市中心农科110热线的服务。

三、所使用的方法和流程

山西农科110服务体系的核心理念是农民点题，专家服务。主要服务功能是在全省开通统一的服务热线969000110（固话、联通）和12590110（移动），热线在全省任何一地均可拨打，仅收市话通信费，无任何长途费用及信息服务费。中心聘请有山西省农业科学院、山西省农业厅、山西农业大学等农业科研院所的百余名专家，随时解答农民生产中遇到的技术难题。主要服务形式是服务中心接到热线后，根据实际情况，通过电话咨询解答服务、Internet网络远程视频会诊服务、专家现场指导服务、媒体点题服务、物流配送服务5种服务形式，满足农民对科技和信息的需求。

电话咨询解答服务，是指农科110受理群众热线电话咨询后，坐席代表从资

料库中调度出相应的解决方案、或由服务中心将电话转接至相关专家进行解答、指导。

Internet 网络远程视频会诊服务，是指群众在科普惠农服务站农科 110 服务站或通过其他途径登陆农科 110 网站，点击音频、视频求解问题时，由农科 110 中心坐席专家通过语音、视频和群众面对面交流，进行远程零距离式解答、会诊服务。

专家现场指导服务，是指农科 110 受理群众热线呼叫后，由服务中心根据群众要求和技术人员的技术特长、工作区域，通过电话或短信等方式调度服务人员在规定时间内赶到现场，为群众提供现场指导咨询服务。

媒体点题服务，是农科 110 中心根据热线中群众咨询的热点、难点等共性问题，或根据时令、季节，通过报刊、网络、电台、电视台、手机报等媒体对农民提出的问题公开答复。

物流配送服务，是以热线服务系统为依托，根据群众需求，联动科普惠农绿色通道工程，以科普惠农服务站为基础，建设省、市、县、乡、村五级物流服务中心，为群众提供、配送质量可靠、价格合理的种子、化肥、农药等农业生产资料。

四、项目实施的目标及取得的成果

该项目实施目标一是建立专业且权威的省、市、县、乡、村五级服务体系；二是为农民提供专业的可靠的信息和技术服务；三是为农民提供真正全程免电话费的信息服务；四是实现农民和农业专家的及时零距离交流；五是为农民提供远程视频专家咨询服务。

农科 110 热线从开通至今，共为农民解答科技难题 21.3 万个、专家远程视频门诊 1.3 万次，下乡现场指导 386 次，真正实现了农村与信息一点通，农业与科技零距离，农民与专家面对面。

在服务体系建设方面，在完善省级服务中心的基础上，在山西省建立省、市、县、乡、村五级农科 110 服务体系。目前已经在全省建立起农科 110 服务站点1 500多家，使农科 110 进一步深入农村，贴近农民。

五、该项目实施的下一步打算

进一步完善系统的服务功能；在全省范围内建立起 1 万个农科 110 服务站；拓宽咨询服务的范围，增加，增加县乡土专家；引入其他社会公益服务机构共同参与农科 110 服务体系的建设；完善技物结合的物流配送服务体系。

（供稿：陈　凯　编写：曹庆波）

4.11 山西农易通农业综合信息化系统

一、项目名称和实施主体、时间、范围

农易通农业综合信息化系统，实施主体是山西省农业科技信息中心、山西农易通科技有限公司，于2009年12月到2010年7月完成技术研发，目前已在山西省十几个农业技术协会试点实施，下一步将覆盖山西全省农村推广。

二、所使用的信息技术及设备设施

农易通农业综合信息化系统主要技术应用：嵌入式开发技术的应用；WEB2.0技术的应用；数据挖掘技术的应用；人工智能数据匹配技术的应用；流媒体技术的应用；防伪识别技术的应用。多个终端设备，系统集成于智能手机终端，运行于智能手持设备上；同时系统还可运行于平板电脑和农科110专用电脑上。

三、所使用的方法和流程

已开发了手机版、平板电脑版和农科110专用电脑版3个版本，农民可以通过手机 、平板电脑和农科110专用电脑使用该系统。用户可以通过系统菜单进入十大功能区进行相关操作。十大功能构成：交易宝；农科百事通；农科110；农产品防伪；科普视频；农业手机报；科普广播；科普图书；农科专家；科普资料下载。同时，建立了四大服务体系：农业知识、技术服务体系；农产品移动电子商务服务体系；农民远程培训服务体系；农产品防伪识别服务体系。

四、项目实施的目标及取得的成果

农易通农业综合信息化系统2010年在全省推广，实现了全省范围内农产品移动电子商务，农产品信息的智能化“零媒介”传播，一个智能化的动态的农村供求流转大网络圈，一套集广播节目、视频节目、电子图书、“三农”手机报、农科110专家问题解答汇总为一体的农业知识电子移动普及系统，农民实现农

业专家“随身行”，提供农产品防伪查询服务，建立山西省农产品防伪统一数据库。

该系统已在山西全省通过试点—县域—全省的思路实施，农民、农业服务机构、农产品服务商等是系统的直接应用者和受益者。

五、该项目实施的下一步打算

在全省建立100个农业信息化基地，培训2万名“农易通”使用者，重点培养20个“农易通”推广示范县。

（供稿：冯婷婷　编写：曹庆波）

4.12 山西省农业类手机报

一、项目名称和实施主体、时间、范围

山西省农业类手机报，实施主体是山西省科学技术协会、山西省移动公司。主要面向山西省农村用户，为全省村干部及农民提供最新的农业政策及“三农”资讯，同时向农民传递最新的实用信息、致富项目及生活资讯等。

农业类手机报自2008年初创办，目前已由最初的7份手机报发展到如今的针对不同用户群体、不同读者需求的15种手机报。分彩信和短信两种，主要有今日农业手机报、村官手机报、新农宝（农民版、养殖版、农资版、果农版、菜农版）系列报纸、农村新百科（综合版、“三农”快报、科普惠农、村干部手册等）系列报纸。

二、所使用的信息技术及设备设施

山西省农业类手机报管理系统由以下子系统组成：中国移动山西公司本地手机报业务管理平台、山西移动农信通后台管理系统、短信内容管理模块、彩信内

容管理模块、数据查询模块、WAP内容管理模块、角色管理系统以及用户管理系统等。

山西省农业类手机报基于省移动手机报业务管理平台，向用户发送手机报内容。山西省数字科技传媒中心数字报刊工作室依靠科学导报、山西科技报农科110网、山西科普网、今日农业等资源，经过前期信息采集整理、编辑、审核等多道流程后，传送到手机报业务发送后台，后台审核通过后发送给全省农民。

三、所使用的方法和流程

农业类手机报主要服务形式是，用户订制，专家服务。

农业类手机报订制简单，阅读方便，用户只要发送相应的短信订阅代码到10658658，收到回复确认后即可订阅，或拨打10086转人工台订阅。用户可登陆山西科普网手机报订阅平台进行订制。用户可将自己的问题编辑短信内容发送至10658658010,农业专家即可在线为农民朋友解答，并将答案发送到用户手机上。

四、项目实施的目标及取得的成果

农业类手机报已经成为全省高效快捷的农产品供求信息发送平台，可以为农民提供专业可信的资讯及技术，实现了农民和农业专家的及时交流。

由于农业类手机报内容及时，形式活泼多样，互动性强，实用性好，推出以来受到了广大用户的一致好评。截至目前，农业类手机报用户已发展到8万余人，其中今日农业手机报用户已近3万。农业类手机报已成为促进山西农村发展、农业增效、农民增收的重要手段。

五、该项目实施的下一步打算

进一步提高内容编辑质量，为用户提供更有价值的实用技术和信息；加大与用户的互动力度，让用户真正享受到手机报的便利和快捷；扩大新农宝等5份免费手机报的受众群体，5年内达到订户100万；配合省新型农民远程培训计划，打造全省最大的农民免费培训平台。

（供稿：陈　凯　编写：曹庆波）

4.13 山西移动我爱我村网

一、项目名称和实施主体、时间、范围

我爱我村网，是山西移动投资建设的全国最大规模的省、市、县、乡、村5级架构的农村门户网站。其前身是中国生活网·我爱我村频道。2008年12月1日，我爱我村网山西站正式上线。

二、所使用的信息技术及设备设施

结合市场需求，我爱我村网利用先进的计算机技术、网络信息技术成功地搭建起一个规模庞大、实现互联互通的农村信息平台，这个平台深入乡村，是全面进行经济活动交流、旅游推介、产品购销、招商引资的低成本平台。

三、所使用的方法和流程

我爱我村网为山西省11个市、119个县、1 198个乡镇、28 203个行政村和1 684个社区都建立了自己的门户网站，每个门户网站承载着本村新闻、本村商品、本村招商引资等，所有的网站既独立，又联动。在每个村门户都设立了村网掌门人。他们能将我爱我村网上发布的农业信息在第一时间让全村百姓都知道，同时又能在第一时间把每个村庄的信息发布上来。这些掌门人不定期接受农业科技、经营管理和计算机网络应用基本常识的培训。

网上农博会：覆盖全省每个村子，具备农产品的发布、销售、结算；订单农业的生产，农产品成熟后进行网上批发、零售以及农资产品对比选购、网上订货、结算等功能。同时还能进行农业科技学习、接受农业专家指导、进行农资质量投诉与举报等功能。

学宝教育网：改变传统教学模式、融入全新的网络教育理念，将最优秀的教育教学资源实现共享，在中小学生与优秀教师之间构建信息高速通道，使每一个孩子都能享受到最好的教育。其涉及的教育领域包括婴幼儿教育、中小学教育、语言教育、成考、自考、考研辅导、职业培训、农村教育等。

四、项目实施的目标及取得的成果

旨在建立起政府、企业与农民共建共享、市场化运作的农村信息服务体系运营机制，为广大农民提供求职招聘、产品购销、学习教育、婚恋交友、招商引资等综合服务的平台。

我爱我村网山西站的工作得到了山西省委、省政府的支持和肯定，已成为全省农民生产生活离不开的朋友。具体说，丰富的信息源打开了农民眼界，使农民在传统的种养业基础上掌握了新技术；多元信息渠道使农产品价格公开透明，销路增多；架起政府与农村、农民沟通的桥梁；改变了农民传统的生活和娱乐方式，开阔了农民眼界，提高了农民素质，使村风文明、政治民主水到渠成；电脑已经成为农村的"百事通"，培养了新一代农民；服务广大"大学生村官"，成为"村官"工作新平台；远程教育提升了农村教学质量，弥补了农村教学资源的严重不足。

五、该项目实施的下一步打算

进一步加强我爱我村网山西站的发展，使其更加贴近农村、贴近农民，为山西"三农"工作做好服务，让更多的农民通过网络掘金；建立良好的农村商务运营模式，形成长效运行机制；扩大我爱我村网的发展规模，在做好山西站的基础上开始全国站的开发建设。

（供稿：山西移动　编写：曹庆波）

4.14 内蒙古镶黄旗牧区综合信息服务试点

一、项目名称和实施主体、时间、范围

镶黄旗牧区综合信息服务试点项目，是国家发展和改革委员会为培育新农村综合信息服务建立的试点项目。该项目由镶黄旗信息化办公室负责建设，于

2010 年 12 月 30 日在全旗正式建设完成并开通使用。

二、所使用的信息技术及设备设施

该项目包括镶黄旗政务网络平台、信息群发、牧区防灾减灾综合平台、“三级联动”便民服务网络、蒙汉双语基础信息平台、蒙汉双语网站群体系。采用了互联网技术，使用了网络设备、存储设备等。

三、所使用的方法和流程

服务内容涵盖产前、产中、产后，包括技术服务、市场行情、市场供求、农村政务、商业服务、劳务用工等内容，以农牧民、农资经销店铺、产业化龙头企业等农牧业产业链上的相关机构和个人为服务对象。以综合牧区信息服务点为依托，为牧民提供实际需求的各类信息服务。

构建“三级联动”系统。按照全盟推进新农村新牧区建设工作，积极构建旗县市（区）、苏木（乡镇）、嘎查（村）网络系统，形成旗有行政审批服务中心，苏木镇有便民服务大厅，嘎查有综合信息服务点。为牧民提供全方位的服务。

在建设政务网站群方面，全面完成了以镶黄旗综合门户网站为主站的镶黄旗蒙文政务网站。针对语言特点，涉牧信息提供两种文字显示，便于牧民了解最新的国家政策、法律法规和牧民关心的其他相关信息。同时，制定安全保障制度。

积极探索在市场经济条件下，逐步由政府主导向社会服务转变。

四、项目实施的目标及取得的成果

该试点建设目标是实现综合牧区信息服务覆盖率 100%，实现“三级联动”办事服务体系延伸牧区，发挥辅助服务系统服务牧区发展；蒙语信息资源不断完善。

截至 2010 年底，访问量已突破1 200万人次，访客留言5 800余条。便民服务体系，共接待咨询办事群众 8 万人次，外来客商5 000余批次，累计受理各类审批事项 3 万项，办结29 700项，办结率达 99%，比过去分散办理提前了 1 万个工作日。“牧民在线”及科技系统 96048 服务平台为主线，专门开辟了农牧业专栏、牧业科技、致富天地、畜产品价格查询 4 个服务。共发布招商引资牧业产业化项目 16 个，网上实现成功招商 6 个，到位资金 500 亿元。实现累计转移牧区人口 4 800人。通过信息化拉动牧民人均纯收入可增加 180 元。畜牧业信息服务保障了牧民的需求。发布各类信息5 000余条，受益牧民达 1.4 万余人，占全旗牧区人口总数的 90%以上。举办党员集中培训 5 期，牧民科普知识培训 6 期。

五、该项目实施的下一步打算

继续整合涉牧部门信息资源，把政府部门涉牧业务资源统一整合到平台上来，避免重复建设。探索民族地区信息化服务手段创新，为其他民族地区信息化发展总结宝贵经验。建立良好的商务运营模式，形成长效运行机制。

（供稿：孙 健 编写：王 昕）

4.15 辽宁省信息服务站核心站建设

一、项目名称和实施主体、时间、范围

辽宁省信息服务站核心站建设，由辽宁省农村经济委员会和中国移动通信集团辽宁有限公司共同主办。实施时间2009—2010 年度，已运行两年。在辽宁省全境运行。以核心站为载体，推进信息下乡、进村、入户，实现全省信息全覆盖。

二、所使用的信息技术及设备设施

为有效管理信息服务站，基于 12316/12582 语音热线、辽宁移动农信通平台，使用移动农村信息机、集团 V 网、企信通等业务，通过语音、短信、彩信等多种方式，实现实时的信息交互与传播，同时将“大金农网”作为骨干，联合辽宁省农委开发农信通本地化产品，确保信息服务站有效运行和网络互动。

建设信息服务站核心站有“九个一”标准：具备一处固定服务场所、一套设备（计算机、农村信息机/MAS/企信通、打印机、电话机等）、一条畅通的通信线路、一本台账、一个信息发布栏、一套管理制度（设备管理制度、上网制度、信息员工作制度等）、一个信息站的牌子、一个网页、一名专职信息员。

三、所使用的方法和流程

信息站的建设实施分为调查研究、选点和系统开发、试点运行、全面推进 4 个阶段。由辽宁省农委和辽宁移动双方共同推进项目实施和建设管理，辽宁省农委负责信息站的推荐和信息采集与发布；辽宁移动负责移动业务的指导。由双方

共同组织和完成相关的培训工作，规范各站点的服务内容、服务标准、业务流程，保障信息服务的规范性、实用性、有效性和及时性。

四、项目实施的目标及取得的成果

为了确保全省行政村的信息服务全覆盖，加强信息服务站的服务能力，信息服务站的建设分为基础信息服务站（简称及基础站）和核心信息服务站（简称核心站）两种形式建设，在已建的8 000余个信息服务站的基础上，2010—2011年通过新建或完善两种方式，在辽宁省建设1 800个核心站；在未实现村级信息服务的行政村建设基础站，使全省100%行政村具备信息服务能力。

五、该项目实施的下一步打算

对于已经建成的信息站，加强信息站管理与监督，提高信息服务能力；对于准备建设的信息站，根据信息站建设标准进行严格筛选，保证新建的信息站充分发挥信息的收集、发布与传播作用。

加强核心站信息员培训，使信息员熟练应用各种移动终端设备，了解信息业务，更好发挥信息服务站的信息服务能力。

计划开发具有当地特色的农信通本地化产品进行推广，同时也可以代办移动相关业务，在服务农民的同时创造收入，保证核心站更好的运行。

计划依托位置比较有利的核心站建设 LED 终端信息发布系统，丰富农民获取涉农信息渠道。

（供稿：张世龙　编写：王　昕）

4.16 辽宁省 12316 金农热线

一、项目名称和实施主体、时间、范围

辽宁省“三电合一”项目——12316 金农热线，实施主体是农业部和辽宁省

政府共同建设、辽宁省农村经济委员会主办、辽宁省农村经济委员会信息中心具体实施，于2005年7月11日正式运行，已稳定运行逾5年。主要在辽宁全境运行，同时可辐射省外周边地区。

二、所使用的信息技术及设备设施

项目在12316工作平台上运行。建设12316工作平台主要应用了计算机电信集成技术（CTI）、互动式语音应答技术（IVR）、自动呼叫分配技术（ACD）、J2EE技术、工作流引擎技术、WEB技术（WEB客户端技术、WEB服务端技术）、数据库技术。使用硬件：多媒体交换机、CTI/IVR服务器、业务服务器、录音服务器、UPS不间断电源、3家运营商中继线、32台套远端坐席（包括PC机、耳麦等）。使用软件：系统软件和应用软件，其中应用软件又包括12316坐席操作系统、12316管理系统、录音软件、运行监控系统等。

三、所使用的方法和流程

项目提供公益性服务，由政府财政提供项目经费。项目始终坚持"扎扎实实办好热线，全心全意服务农民"的原则，在机制上不断探索和尝试，确立了"独立创办、部省共建、三家运营商支持、公司化运营、专业化服务"的运作机制。项目实施注重团队建设、与大学联建实训基地、将服务流程化和标准化、实施绩效考评、进行商业探索等，以保障热线服务通常运行，不断提升和优化热线服务质量。

在项目运行过程中，针对各项业务，专门制定了业务流程和操作规范，指导和规范各项业务活动。

四、项目实施的目标及取得的成果

项目以服务"三农"为总体目标，核心业务为在线受理农民咨询问题，其他如农村经济监测、入户调查、信息及产品编发推送、农业数据库建设与应用、农村联络体系建设、专家组织应用、电视广播节目直播、下乡服务等为辅助和延伸业务内容。运行5年来成效显著。成功架通了农民与政府、农民与专家、农民与市场之间交流互动的桥梁，解决"最后一公里"问题、掌握农村乡情民意、促进政府职能转变、增强农业部门"话语权"、推广农业技术、开展农业预警等方面发挥了重要作用。被评为辽宁省直机关为农民办的最佳实事。截至2010年9月，热线已累计受理省内外农民咨询近152余万例，推送各类涉农信息逾500万字，播发电视广播节目1 800余期，出版科技图书1万册，开展下乡服务60余次，服务涉及农民生产和生活的多个方面，帮助农民挽回及创造收益约20亿元。

五、该项目实施的下一步打算

努力夯实作为农业新媒体和农业服务与发展中心的基础，实施以下4项主要建设计划：

1. 建起一个一体化的全通道信息交互平台 将融合互联网、电信网和广播电视网技术，有效集成呼叫中心系统、管理信息系统、视频传播系统、短信系统、网络发布系统、专家服务系统、固定联络户服务系统、预留地理信息系统、全球卫星定位系统集成空间。

2. 打造一支稳定高效的三位一体服务团队 服务团队由咨询分析师、专家和联络户共同组成，三位一体，高效服务。

3. 建立一套科学易行的工作机制和服务流程 以现有流程规范为基础，不断积累完善，增强科学性、规范性、指导性和可操作性。

4. 创建一个自有平面媒体 以农业用户（农民、农村工作者）为目标读者，以自有资源为主体内容，整合相关内容，创办自有报刊产品。

（供稿：关玲玲　编写：王　昕）

4.17 辽宁农信通短（彩）信项目

一、项目名称和实施主体、时间、范围

农信通短（彩）信服务，实施主体是中国移动通信集团辽宁有限公司、辽宁省农村经济委员会、新华社辽宁分社、辽宁省气象台、各市农委等多家单位。从2006年正式运行，已经稳定运行4年。项目主要在辽宁省内运行。利用中国移动自身网络、业务、服务优势，基于手机、农村信息机等移动终端，通过短信方式、彩信、语音（IVR及人工服务）、WAP、网站等方式满足农村产供销、农村政务管理和民生问题等农民关注的信息化需求。

二、所使用的信息技术及设备设施

农信通业务采用移动通信技术手段，实现业务信息以短信、彩信语音（IVR

及人工服务)、WAP、网站等方式提供农业信息。

三、所使用的方法和流程

通过短信 CMPP V3.0 协议，彩信包协议，实现农信通产品的短彩信发送；通过 WAP、HTTP 协议，实现 WAP 和 WEB 网站，同时在管理上实现用户以互联网方式登录至操作平台，实现对业务的管理、信息的采编、审核、发布与业务分析；利用语音排队机技术，实现 IVR 语音业务功能，用户可以通过拨打语音电话获取农信通业务信息。

该项目在产品的使用上提供多种方便实用的定制和退订的方法，在信息内容上严格把关，保证发送到农民手中的信息都是经过权威专家审核通过的信息，确保准确、及时。在新产品的开发上，始终从农民的需求为出发点，开发具有本地特点，农民乐于接受的信息。

四、项目实施的目标及取得的成果

农信通短彩信业务已经拥有 200 多万用户，因农信通产品栏目、内容贴近农业生产，深受农民好评；近期由省农委和辽宁移动联合开发的农信通彩信产品更是因其图文并茂的形式吸引众多用户，极大地丰富了农户的生产生活。农信通业务已经深入到了日常农业生产、农民生活当中。

目前，农信通业务共有 508 个短信业务，其中 4 个点播业务，252 个个人短信业务，252 个集团短信业务，定购用户 2 294 983 人。彩信业务共有 5 个，定购用户 8 426 人。可见，农信通业务设置十分丰富，定购用户量比较大，影响面较广。

五、该项目实施的下一步打算

将以地市特色化业务为发展的重点，突出本地化特色、重点发展以农业合作社为龙头代表的专业性农业团体，使农信通业务更加有针对性、专业性、实用性。

继续发展各地市特色化农信通产品，联合辽宁省农村经济委员会，各地市农委等政府部门，针对农民专业合作社、种植养殖大户等发展有针对性的农信通产品，使产品更加符合本地农民的需求。

加大宣传推广力度，通过电台、电视台植入农信通业务宣传信息，扩大农信通业务的感知用户群体。

继续建设多媒体信息平台，开设 WAP 手机农业信息网站。继续丰富地市乡镇网站及建设工作。

（供稿：张世龙　编写：王　昕）

4.18 吉林省“三农”综合信息服务平台（“1+N”模式）

一、项目名称和实施主体、时间、范围

吉林省以构建“三农”综合信息服务平台（为1），由吉林省农委统筹规划、组织协调，40个相关部门共同参与建设和服务（为N），吉林省农村经济信息中心运维、管理。该模式从2006年启动，到2009年趋于定型。国家信息化专家咨询委员会专家们曾对这一“1＋N”模式给予了充分肯定和高度评价。

二、所使用的信息技术及设备设施

综合信息服务平台，有网络设备、存储设备，内设数据中心、呼叫中心、短彩服务中心、音视频发布中心。采用跨平台语言JAVA设计，主要技术有RMI、JDBC、JSP、JAVA MAIL和SOCKET，数据库采用的是ORACLE。

三、所使用的方法和流程

组织方面实现了行政力量与事业力量、社会力量、企业力量的“1＋N”格局；平台方面实现了省级综合平台与多层级平台、多部类平台、多属性平台的“1＋N”格局；资源方面实现了农业部门建设与涉农部门共享、发挥市场机制作用的“1＋N”格局；渠道方面实现了电脑网络与传统介质（广播、电视、纸质媒体等）、通讯类介质（电话、短彩、手机WAP等）的“1＋N”格局；应用上实现了为农村经济发展服务与为农村政治、文化、社会建设服务的“1＋N”格局；投入上实现了政府投入与运营商投入、市场主体投入的“1＋N”格局。

四、项目实施的目标及取得的成果

农民通过电话、手机、电脑等各种渠道咨询信息已超过万人次。各类市场主体呈现出了旺盛的创造活力。农民的信息需求热带来了农村信息服务市场的持续升温，电信运营商、传统媒体不断推出新的产品和服务，受到农民的广泛好评。党和政府的威信得到了较大的提高。平台在对农民的项目指导、技术指导、市场指导、政策指导、生活指导等诸多方面发挥出了明显的作用，农民满意率达到

95%以上。

五、该项目实施的下一步打算

发展实名化用户，推行“实名实业”制，组织农民及各类生产经营主体在平台注册，实现政务、服务、商务活动细分。开展专业化服务，依托网络建立各种专业群组，引导信息活动的团聚团发、服务活动的团需团供、商务活动的团购团销。建立科学化机制，建立与涉农部门的资源合作机制，与各层级平台的协作机制，与运营商、传媒、电子商务企业的联合机制。开辟市场化路径，积极探索商务模式，实现平台的快速、健康、可持续发展。

（供稿：吴秀媛　编写：王　昕）

4.19 吉林农业手机报

一、项目名称和实施主体、时间、范围

《吉林农业手机报》由吉林省农委主办，中国移动吉林公司和吉林省农村经济信息中心承办，吉林省农村经济信息中心有限公司运行维护。2010年4月9日正式开通。现有固定注册用户8万，体验用户15万。

二、所使用的信息技术及设备设施

网络设备、存储设备、信息库、彩信服务中心的多媒体制作设备。采用的主要技术有：RMI、JDBC、JSP、JAVA MAIL和SOCKET，以及彩信平台的接口间采用的是无缝连接技术，数据库采用的是ORACLE，信息资源共享平台。

三、所使用的方法和流程

主要通过彩信方式，为用户提供价格参考、涉农政策法规、种养技术、市场行情分析、天气预报、灾害预警、健康保健、休闲娱乐等各类农业信息服务。

主要服务由三大中心承担完成：

采编服务中心。负责联系落实省、市、县各个层次、各个领域的农业权威专家服务团队进行定期约稿和征集稿件；结合农事需求，自身寻找题材编写稿件；协同12582综合信息服务平台健全与维护全省农副产品价格信息采集点；四是编辑、选取12582平台热点焦点共性问题的整理、分析，形成标准文稿。

传媒服务中心。负责手机报的稿件整体编辑、排版、美工、策划，以及与相关媒体的联合互动，形成立体交叉式的宣传与共享。

技术维护服务中心。负责吉林农业手机报的发送工作与技术通道的正常维护工作；同时承担吉林农业手机报各类信息资源导入数据库的维护与更新工作。

四、项目实施的目标及取得的成果

成为广大农民解决生产生活问题的信息服务载体，努力打造成适合农村农民的第一主流新媒体。

农业手机报的开通与服务，实现了由被动式的单一性服务格局向主动式的综合性服务格局转变。为破解农业信息化战略发展的瓶颈问题提供了可行的解决方案。服务用户由建设初期的1万～2万人发展到现今的近30万用户，现已发行了192期，得到了社会各界，特别是广大农民的充分认可。在2010年11月农业部和工信部主办的“2010信息化与现代农业博览会”上获得大会颁发的农业信息化推广应用一等奖。

五、该项目实施的下一步打算

实用方面：内容编排符合农业生产和农民生活各阶段的信息需求，板块设置灵活、实用。

时效方面：发布时间要考虑到读者收到后有充足的操作时间。

易用方面：内容思路清晰，知识点明确，文字简洁，可操作性强，让读者能懂、能学、能作。

加强手机报营销策划：通过现有用户推荐引导周围人群应用注册；通过单独知识点订阅引导读者应用注册；通过与企业合作开发手机报服务产品促进手机报用户增长；制作手机报宣传彩铃，赠送给所有手机报注册用户和体验用户；将手机报业务与移动农村售卡业务绑定；通过12582短信群发，并结合电视、报纸、手机报三大媒体互动宣传引导注册。

（供稿：吉林省农村经济信息中心　编写：王　昕）

4.20 吉林黑土地农村信息连锁互动网

一、项目名称和实施主体、时间、范围

黑土地农村信息连锁互动网，由长春金鹰智谷科技集团在2005年6月开发完成并投入应用，是吉林省"三农"综合信息服务平台的组成部分。

二、所使用的信息技术及设备设施

一体化综合接入中心平台（农民电脑、手机、电视接入平台）、网络设备、存储设备、运营支撑平台、信息资源共享平台。

三、所使用的方法和流程

设计开发接入设备——"农民电脑"，操作使用便捷，普通电话线既可接入。录入模式化，设计出"农民界面"，看图识字的"傻瓜式"点击，无需录入汉字、拼音。集中收发农民信息，兼收互联网等涉农信息，结构性数据分析，高度个性化提供，使处于各个层面的农民都可以各取所需。信息数据一次下载，可脱机离线反复查询。采取电子硬盘防写入技术，使各类电脑病毒无法侵入，同时网络远程自动维护，对农村电压波动有很大宽容度，解除农民使用的后顾之忧。

创立并实行网络实名制，确保信息的真实性，提高交易诚信度。利用信息追索技术和主要商品识别系统，为农民交易提供诚信保证。通过信息分类"制导"技术，绘制出一张农民——企业"联络图"，使得产品信息集群化，供求信息公开化。

利用信息分析技术，及时对来自千家万户农民的鲜活信息汇聚编辑，反馈到政府及相关部门，据此及时发现判断并处理农村倾向性问题。通过信息采集编辑技术，把农民需要的政府涉农政策、科技服务，以及市场需求等有效信息及时送到农村千家万户。政府利用信息互动、回帖等方式，同农民网上对话。为适应新农村建设需要，不断拓展信息服务领域和范围，开辟新专栏，如政务公开、政策咨询、科技导航、用工务工、网上信访、专家观点、乡村娱乐等。

四、项目实施的目标及取得的成果

以解决农村信息化“最初一公里”问题为目标，帮助农民应用互联网解决生产生活问题。

目前已在吉林的磐石、桦甸、蛟河、集安及内蒙的奈曼旗和宁夏银川等地发展终端用户4 000多家，辐射周边农民150多万户，农民通过该网络平均每年发布信息10万多条次，被称作炕头上的互联网。得到了国家有关部门领导和省领导的肯定，农业部、商务部等部门先后将其列为农村信息化综合信息服务试点项目。

五、该项目实施的下一步打算

融合政府涉农信息资源，打造吉林农村综合信息服务网，利用广播、电视、手机、互联网资源进行多渠道发布。在黑土地网项目基础上继续投入资金研发“金土地”项目，依靠黑土地网项目组织的“信息流”之后，解决农村信息化中的“物流”和“资金流”的信息化问题，进而打造农村的电子商务平台。与区域购销伙伴开展合作，加大运营管理和服务力度。

（供稿：韩洪飞　编辑：王　昕）

4.21 黑龙江农垦现代农业信息通信系统

一、项目名称和实施主体、时间、范围

黑龙江农垦信息通信系统，由黑龙江农垦通信有限公司管理、经营与建设，连接着分布在黑龙江省74个地市县境内的9个农垦分局、113个农牧场及企事业单位，是中国唯一服务农垦的专用信息通信系统。该系统起步于黑龙江农垦开创之初的1947年，经历4个阶段的发展建设，满足了垦区的社会进步、经济发展、广大人民群众对信息通信需求，已成为黑龙江农垦事业的重要组成

部分。

二、所使用的信息技术及设备设施

该项目利用2.6万公里通信线路（其中：光缆1.4万公里、微波1 600公里及1.2万公里通信线路）、微波1 600公里，数字程控交换设备127套、视频会议系统125套等主要设备，组建了一套完整的农业信息通信服务体系，建设内容包括：固定电话子系统、互联网子系统、办公自动化子系统、视频会议子系统、GPS卫星导航子系统、平安垦区监控子系统、北大荒网子系统、有线电视传输子系统等。

三、所使用的方法和流程

依靠以下8个系统开展工作：

固定电话子系统：电话程控交换机127套，同步于国家运营商发展，与各运营商实现了全国互联互通。电话网络覆盖了全垦区98.16%生产队与社区。

互联网子系统：拥有完善的自主建设、经营与管理体系，同步于国家运营商发展，宽带网络覆盖黑龙江垦区96%的生产队与社区，远远高于国家运营商在农村宽带接入水平。前期主要通过采用光纤+电话线DSLAM到户接入方式，后期主要采用光纤+LAN到户接入方式。

办公自动化子系统：主要采用独立专线接入或宽带综合业各平台接入两种服务方式。其中宽带综合业务接入平台，由黑龙江农垦总局、9个管理分局、113农牧场等120个广域网节点互联组成一个城际广网络。

视频会议子系统：通过宽带光纤网络共开通了125套专用视频会议系统，现已覆盖了9个农垦分局及所属的农牧场，覆盖率100%。

GPS卫星导航子系统：黑龙江农垦卫星导航系统是应用美国先进的GPS技术，专门服务于汽车定位、导航、安全防范、地理信息、森林防护、精准农业、智能交通、物流、车辆调度等。

平安垦区监控子系统：采用光纤及视频服务器技术实现黑龙江农垦打防控一体化的网络防范体系，实现对垦区社会治安的全时空、全方位防控，确保在第一时间获取情报信息、第一时间准确打击犯罪活动、第一时间防范事态扩大、第一时间控制复杂局面，最大限度地维护国家安全和社会安宁。

北大荒网子系统：黑龙江农垦信息通信系统现有以北大荒网为主体的自主建设与营营的涉农网站100多个，主要推介黑龙江农垦各个地域人文化、风土人情、农业、农机、畜牧、气象、名优特产、专家系统等，成为让世界了解北大荒、让北大荒走向世界的重要窗口。

有线电视传输子系统：黑龙江农垦通信网络通过1.4万公里光纤网络承载着

黑龙江农垦广播电视信号传输业务。

四、项目实施的目标及取得的成果

为黑龙江农垦政治、经济、文化各个领域提供畅通、价廉、稳定的信息载体。现已发展固定电话 26 万部、互联网宽带用户 10 万户、办公自动化系统 12 个及局域网 634 个、专业视频会议系统 125 套、平安垦区监控系统一套、涉农网站 100 多个。

五、该项目实施的下一步打算

推进黑龙江农垦“三网融合”工程；进一步完善通信网络建设，光纤覆盖黑龙江省农垦所有的农牧场及企事业单位；进一步完善通信网络功能，实现黑龙江农垦宽带无线覆盖业务；利用现有网络资源、用户资源开展新增值服务业务。

（供稿：才宏伟　于孟京　编写：张文静）

4.22 黑龙江农民专业合作社信息化服务

一、项目名称和实施主体、时间、范围

黑龙江省鑫雨农民购销信息专业合作社于 2007 年在双鸭山市宝清县成立，是打造以农民为主体、以网络为平台、以县级合作社为载体、以村级信息服务站为终端的农村信息化服务新模式。合作社建立了全省农民购销信息网络平台、县级农民购销信息网络平台和村级综合信息网页，依托网络平台建立了县级合作社和村级信息服务站。

二、所使用的信息技术及设备设施

该项目采用“智能农业专家系统”和基于 H. 264 视频编解码技术，利用 IP

网络召开会议的远程视频培训系统，县级合作社建立了30台电脑联网的农民培训中心，每个村级信息服务站配备1台联网电脑、1部电话、1套打印设备，依托网络平台把近百个乡村综合信息服务站连在一起，形成网上网下相结合的系统服务体系。

三、所使用的方法和流程

由县级合作社依托县级购销网，在全县各乡村建立村级综合信息服务站，开通村级综合信息网页，服务站由要求具备一处固定场所、一套联网电脑及通信设备、一名合格的信息服务人员和完整的信息服务管理制度，信息员由具备条件的合作社社员代表担任，按为农户提供的综合信息服务量获取报酬，县级合作社按服务农户的满意度对村级综合信息服务站进行表彰或奖励。

由县级合作社组织村级服务站开展电脑网络培训、期货农业培训、网上信息查询、购销产品补贴、技术项目培训5项服务，并实现农民利用网络与合作社服务互动，同时培训农民从被动等待信息转向主动发现信息，实现了“种对”和“卖好”；从传统农民转向技术专家型农民，从现在的传统生产向农业科技成果要效益，实现增产、增收；从消费者、销售者转向市场经营者，向“购买”和“销售”环节争取利润，实现“省钱”和“赚钱”；农民素质的普遍提高，增强了农业的经营能力，从而促进现代农业发展。

四、项目实施的目标及取得的成果

该项目试点实施的目的是探索农民合作组织参与农村信息服务的可行性和服务效能。经过3年的实践探索，合作社参加农村信息服务，不但效果好、成本低，还能持续发展和普遍推广。项目在宝清县试点期间正赶上农产品市场行情波动较大，信息服务在帮助农民增收上发挥了“四两拨千斤”的作用，通过发布大豆价格将会上涨，大豆价格可能翻番，建议农户出售大豆，大豆价格将会下跌等网络信息，累计帮助宝清及周边地区农户增收近亿元。

五、该项目实施的下一步打算

合作社将不断完善探索和总结发挥农民参与农村信息化服务的新机制，力争把合作社参与农村信息服务的新模式，从“点”推向“面”，在全省9 157个行政村建立村级综合信息服务站，实现“村村有网页，户户会上网，培训新农民,建设新农村”的发展目标，为全省现代农业和农村经济发展贡献力量。

（供稿：周鑫雨　编写：张文静）

4.23 黑龙江“三农”信息查询求助服务系统

一、项目名称和实施主体、时间、范围

三农信息查询求助服务系统由黑龙江惠农信息技术服务有限公司于 2010 年实施建设，目前适用于黑龙江省农村地区。

二、所使用的信息技术及设备设施

通过嵌入式软件和传感采集设备实现农业信息的互动式服务及实现农业生产基础数据采集、图像信息的采集和数据存储。

三、所使用的方法和流程

项目通过覆盖黑龙江省 13 个地级行政单位的强农信息通终端机及信息员网络团队发挥作用，农民可以在终端机上查询信息、与专家在线连通。该项目实现了与“三农”信息检索和专家智能数据库与智能分析相结合，用户还可以根据地域差异自主添加资料，使之更符合当地农情。

四、项目实施的目标及取得的成果

公司目前已在黑龙江省 13 个地级行政单位 700 多个乡镇，建立了县、乡、村三级信息网络，拥有专职信息员 700 多名，会员12 000多名，初步完成了黑龙江省内的网络建设。项目产品现已取得国家实用新型专利及软件著作权证书，并在哈尔滨市科学技术局立项，获得高新技术企业专项资金支持。

预计用 3 年时间完成覆盖黑龙江省的服务于“三农”的完整的服务网络体系。项目的建成，可以对农业及农村经济结构的调整、农业生产安全、农民增产增收等方面产生重大影响。

五、该项目实施的下一步打算

完成农村信息服务总平台和信息中心建设任务，同时建立农业信息资源数据库（建立信息管理中心）。在条件较好的乡（镇）做出试点。在县级完成建设信息管理分中心任务，进一步充实和完善信息服务体系，同时农业产业化龙头企

业和专业协会要全部实现入网。拟尝试面向全国开展“三农”信息查询求助服务。

（供稿：左晓冬 编写：张文静）

4.24 上海为农综合信息服务平台

一、项目名称和实施主体、时间、范围

为农综合信息服务平台，由上海农业信息有限公司开发，是融合多种信息应用服务、各渠道各级别信息源、提供客户端系统将个性化信息通过简单、易学的方式提供给农民的农村综合信息服务应用平台。该系统于2008年1月推广至今，在运行中不断完善，不断创新，今已初具规模。

二、所使用的信息技术及设备设施

为农综合信息服务平台采用了基于SOA和Web Service的应用集成方案，整合所有外联及外联子应用系统，通过消息路由和内容聚合实现信息流转和采集；建立基于P2P网络的远程视频系统；采用Gossip协议构建无结构的应用层覆盖网络；采用3G通讯技术保证偏远行政村的网络覆盖。在农民、农业企业、各级政府、涉农单位之间建立起沟通的电子平台。

平台服务终端设备，主要包括展示屏、触摸屏、摄像头、电话。部分示范性终端还包括了读卡器、条码扫描枪、小票打印机等硬件设备。通过上述的设备终端可以为广大的农民提供视频展示、信息自助查询、远程视频通话、条码识别、票据打印等一系列服务。

三、所使用的方法和流程

上海农业信息有限公司依托上海市农业信息化工作已基本实现的市、区

(县)、镇和部分农业企业的互通网络，完善的农业信息化组织体系以及上海初具规模的农业信息网络，在3年时间内分多个批次在上海各级涉农单位和千余个涉农行政村进行了平台终端的推广。为保证平台推广的可靠，在推广工作开始前在上海市松江区进行了30多个点为期一年的试运行。

为农综合信息服务平台实时地从不同层面的农技中心、批发市场、农资超市、气象部门等处接收信息，经数据中心汇总后，根据不同村的实际需求发送到各村"为农综合信息服务站"。村民可在各个信息终端机上查询。点击触摸屏上的各个项目，农民不仅可以与市区农科专家连线、"面对面"请教农业生产问题，点播最新制作的农技、农科、农机远程教育视频课件，查询农产品市场行情，还可以找到全市范围内的非农就业岗位信息、政府补贴培训项目以及本村村务公开信息等。一些紧要信息如突发天气灾害、病虫害信息等，也会及时提醒，滚动播出。

四、项目实施的目标及取得的成果

为农综合信息服务平台建设的主要目标是为了解决农村信息化发展的"最后一公里"问题。转变传统的农村信息化建设思路，将工作重心从信息网络建设转移到信息平台层和应用服务层的建设。伴随着平台软、硬件的不断推广，在基层还要建立起一支信息员队伍。

为农综合信息服务平台自开通以来，已建立起省市、区县、镇、村4级信息服务支撑体系，与农信和农技相关的110家涉农单位和1 000多个涉农行政村得到了应用。平台累计发布各类信息170余万条，直接使用过本平台的农民累计超过1 400万人次，上海"农科热线"通过平台进行视频咨询服务17万余次，举办了60多次远程授课活动。

五、该项目实施的下一步打算

将更加注重自身内容的不断扩充与延展。将整合众多的子系统，如远程支付系统、就医挂号系统，为广大农民提供更多、更好的符合农民实际需要的功能。通过不断推广将覆盖上海市90%以上的行政村，终端数量将达到1 500个。

(供稿：胡建明　编写：曹庆波)

4.25 江苏为农服务网远程视频诊断系统

一、项目名称和实施主体、时间、范围

江苏为农服务网远程视频诊断系统，由江苏省农业信息中心开发，2010年7月投入运行。该系统为农户和农业领域专家建起了面对面沟通的平台。系统为广大农业生产者提供生产指导和帮助，同时也为广大农业生产者建立了一个互动的交流、学习平台，有助于提高农业生产者的知识技能和素质。

二、所使用的信息技术及设备设施

该系统融合了无线技术、人工智能技术、WEB技术、大型数据库技术等多种现代信息技术，架构在微机服务器上，同时可允许100名用户同时在线交流诊断。所提供浏览器和客户端两种登录方式，远程用户可配备专业摄像头和耳机通过互联网随时随地登录系统。借助于音频、视频等工具，用户可以和农业专家实时就出现的问题进行沟通和交流，足不出户解决问题。

三、所使用的方法和流程

该系统通过软件方式实现高质量、高可靠性的音视频传输、远程诊断、网络课堂、文档共享等多项功能，可以有效地节约时间和经费，主要特点体现在以下几方面：①病虫害远程诊断。通过图片共享、文件共享等功能协助远程诊断。农民可以把田间病虫害样本图像、实物图片等通过该系统传给专家，专家根据实际病症予以远程诊断。②实时远程咨询。为农民提供实时的技术讲解、技术答疑、技术咨询，轻松实现专家和农民“面对面”交流。③远程监控生产。将远程摄像头安装在养殖场、温室大棚等生产一线，可以轻松实现专家全程监控农业生产，随时提供相关技术指导。

四、项目实施的目标及取得的成果

远程视频诊断系统得到了全省广大农民朋友的认可，为用户提供了病虫害诊断的多种途径，用户可以利用一种或多种途径解决生产中遇到的问题。通过视频

连线和实时语音交流，及时进行疾病的诊断和治疗服务，切实解决了农户技术差、看病难、治疗难的问题，大大节约了成本，可以达到“及时诊断、及早治疗、安全用药、健康种养”的效果。

五、该项目实施的下一步打算

进一步扩大系统规模，健全管理制度，以更好地为广大用户服务。

（供稿：王平涛　编写：王　昕）

4.26 江苏省有机农产品地理信息系统

一、项目名称和实施主体、时间、范围

江苏省有机农产品地理信息系统由江苏省农委信息中心、绿色食品办公室共同研制开发，于2008年7月投入使用。主要采集江苏省有机农产品的生产、加工、认证信息，及时掌握全省有机农产品产业发展动态，科学指导有机农产品有序发展。

二、所使用的信息技术及设备设施

采用ESRI ArcGIS套件作为系统的基础平台，其中包括ArcEditor、ArcView和ArcIMS等基础空间数据应用和数据管理软件。采用Oracle10g数据库存储地理信息数据，空间地理数据由各市县组织专业技术人员运用手持GPS现场采集。

三、所使用的方法和流程

项目以GIS、WebGIS、网络、数据库技术为支撑，采用目前先进的通用开发工具和开发技术，实现江苏省有机农产品数据的收集、整合以及统一管理功能，并预留数据的扩展接口，实现江苏省有机农产品高效、科学、信息化管

理。系统建立在互联网之上，采用浏览器/服务器（B/S）方式供全省相关业务管理部门使用，功能以满足江苏省有机农产品的日常管理、维护、应用为主。

项目实施的主要流程包括：①结合全省 1∶10 000地形数据加工、整理全省有机农产品的产品、基地、企业三类数据；②以 1∶10 000地形图为空间定位标准，建立江苏省有机农产品专题数据库；③建立数据安全管理机制，对用户权限进行严格控制，保证各类数据安全；④基于 GIS、WebGIS、数据库等技术建设有机农产品地理信息系统。

四、项目实施的目标及取得的成果

本系统综合运用 GIS 技术、数据库技术，采用浏览器方式实现有机农产品生产加工企业和基地的数据上报与查询、统计分析、等值线和等值面制作、数据动态演进、信息发布等功能。到 2009 年底，全省近 400 个有机农产品的数据已经全部录入到系统中，通过本系统，能直观、全面、实时了解和分析全省有机农产品发展现状，方便地对全省有机农产品种类和单个产品进行分析预警，提高对有机农产品的动态管理水平，有效解决目前有机农产品生产经营过程中"监管难"问题；能绘制有机农产品分布图，直观地展示全省有机农产品发展状况，使用户更加详细了解全省有机农产品生产、供应、价格等信息，进一步促进了有机农产品销售，加快全省有机农产品产业发展。

五、该项目实施的下一步打算

在不断进行软件升级完善的基础上，及时准确采集全省有机农产品相关数据并上网发布，逐步开展全省绿色食品、无公害农产品的数据采集、发布工作，实现全省"三品"的动态监控。

（供稿：王平涛　编写：王　昕）

4.27 江苏省 12316 惠农短信平台

一、项目名称和实施主体、时间、范围

根据《农业部关于启用 12316 短信息服务专用代码的通知》文件精神，江苏省农业信息中心联合中国移动集团江苏公司共同开发建设江苏省 12316 惠农短信平台，于 2010 年 10 月 25 日正式投入运行，用于开展技术推广、农民培训、政策宣传、通知公告、行政管理、应急反应、工作指导、会议服务等。

二、所使用的信息技术及设备设施

江苏省 12316 惠农短信平台建设使用了网络技术、无线通讯技术。主要设备设施有网络服务器、无线通讯网等。

三、所使用的方法和流程

制定相关标准：江苏省 12316 惠农短信发送管理平台由专业公司开发，省农业信息中心制定短信和用户分类标准，设定了信息分类目录，包括粮油、园艺、畜禽、水产、蚕桑、政策、市场、气象等共 13 个大类 74 个小类，将用户分为种养大户、农业企业人员、农产品行业协会成员、农民专业合作社成员、基层农业技术人员等，每类用户信息包括姓名、手机号、所在市、县（市、区）、镇（乡）和需要接收短信类型。

组建短信专家队伍：为保证 12316 惠农短信准确、可靠、及时，并具有较强的针对性和指导性，从全省农业系统中聘请了一大批工作责任心强、经验丰富、解决实际问题能力强的农业科技人员担任惠农短信专家。

制定相关制度：制定《12316 短信发送管理制度》，严格执行短信发送登记审批制度，不得发送未经审批的短信或超出审批范围发送短信。

四、项目实施的目标及取得的成果

江苏省 12316 惠农短信平台能对省内所有移动、联通、电信手机用户发送短信。为用户提供专家咨询互动服务。目前，已对包括农民专业合作组织成员、农

产品行业协会成员、涉农企业从业人员、农村种养大户等农业生产经营服务对象，及市、县、乡三级农业技术人员等用户信息共 6.84 万个用户不定期发送短信。

五、该项目实施的下一步打算

继续征集服务对象（用户），扩大短信服务对象覆盖面，不断丰富信息内容。

（供稿：江苏省农业信息中心　编写：王　昕）

4.28 江苏丰县中华果都网

一、项目名称和实施主体、时间、范围

丰县是农业大县，农产品丰富，特色鲜明，产业化水平较高。1999 年，丰县农林局以本地丰富的农产品资源为依托，积极实施以农业信息化带动农业现代化战略，创建了中华果都网站。

二、所使用的信息技术及设备设施

目前网站拥有农业信息综合服务大楼1 000余米^2，专业技术人员 20 名，网络服务器、信息采编电脑、视频非线编辑等设备 50 余台（套），已开辟了果蔬新闻资讯、实用技术、专家咨询、市场行情、电子商务、视频培训等十大版块，成为集信息采集、处理、检索、数据库运用、网络培训于一体的公益性果蔬信息服务专业网站，在全省乃至全国享有较高知名度。

三、所使用的方法和流程

该项目以种植大户、农民经纪人、龙头企业等市场竞争主体为重点，发展网员3 000名，其中核心层网员 500 名。并在全县 14 个镇建立了农业信息服务站，

在70个行政村建立了信息服务点，选择了236个种植养殖大户、农民经纪人作为农业信息示范户。做到了县有网站，镇有信息站，村有信息点、示范户。项目建设涵盖5个方面，一是积极扶持市场竞争主体上网。通过深入农村、龙头企业及农产品批发市场，帮助他们建设网站、制作网页及上网发布收集信息，此外还扶持部分专业大户配备了电脑。网站实行全天候优质服务，随时为农户上网发布供求信息。在收获季节，组成小分队深入基层进行现场信息服务。二是建设“四电一厅”信息服务平台。将电脑与电话、电视、电台有机结合，达到互联互通，实现资源共享。建设多媒体网络现场直播大厅，实现用户与媒体双向实时沟通。三是办好《专家之见》、《农产品供求热线》和《丰县农林信息》等纸质信息载体，发送给信息员、农民经纪人和种养大户等。四与电信合作开通了12316农业服务热线，整合全县农业技术服务力量，组织30位农业专家，通过语音服务平台解决农民提出的各种技术难题，农民足不出户就可以获取农业专家提供的技术，通过座机获取信息的农民有1.5万多人次。五是创建了集摄、录、编为一体的农业电视节目制作中心，定期制作农业节目在县电视台进行播放。

四、项目实施的目标及取得的成果

10年来，网站紧密联系本地实际，创新服务方式，努力探索农业网站发展及为农服务的方法和途经，在促进农业增效、农民增收和现代农业发展方面取得了显著成效。中华果都网站在农业信息网站的激烈竞争中站稳了脚跟，展露了头角，赢得了声誉。网站多次承办全省农业信息现场会，并连续五年被评为全国农业网站100强。原全国人大副委员长许嘉璐、原全国政协副主席孙浮凌，及省领导梁保华、张连珍、黄莉新等先后到中华果都网站视察指导工作，中央、省、市媒体都曾予以报道。

五、该项目实施的下一步打算

2009年中华果都网站被国家发改委列为“全国首批信息化试点项目”建设单位。目前，网站正以此为抓手，全力开展各项信息服务，相信通过项目实施，中华果都网站的信息服务能力将得到进一步提升，服务成效将进一步凸显，丰县的现代农业也必将得到更好更快发展。

（供稿：丰县农林局中华果都网站　编写：王　昕）

4.29 江苏东台市镇村农业信息服务站点

一、项目名称和实施主体、时间、范围

东台市镇村农业信息服务站点项目，于2009年9～12月，由江苏省东台市农业委员会负责实施，该项目覆盖东台市23个镇和100个村。

二、所使用的信息技术及设备设施

东台市镇村信息服务站点项目，以东台市农委下属农业信息流通站牵头，组建市（县）、镇、村三级信息服务体系，借助互联网，以网站、视频会议等互动平台，实行信息资源共享，依托技术优势，通过平台，及时发布种植新品种、新技术、病虫害防治、疫病控防和市场行情，通过服务平台与农民、种养殖大户实现信息互动，发布供求信息，咨询所需的技术、品种，促进增产增效增收，实现农村致富。采用了网络设备、服务器、电脑、视频传输设备。

三、所使用的方法和流程

23个镇级信息服务站，按照“六有”标准，即有“一块牌子、一套制度、一套上网设备、一部热线电话、一个镇级二级农业网站、一个农业信息发布栏”逐一完善。100个村级信息服务站点，结合全市产业结构分布，力求方便农户上网收集种植、养殖技术和市场行情，及时发布供求信息，这100个站点基本上覆盖了全市80%以上的农户。东台市镇村信息服务站点项目给每个村级站点配齐了电脑，配备了一名信息员。

东台市给镇村农业信息服务站（点）配置了电脑、数码设备等硬件设备，同时组织全市镇村408名信息员，集中半个月时间进行业务培训，培训内容包括图表制作、信息发布、网上交易、电子商务等。并与镇村信息员建立了日常信息报送、发布制度，定期进行检查。

四、项目实施的目标及取得的成果

通过镇、村农业信息服务站点建设，使农业信息服务的触角向基层延伸，覆

盖辖区内农、畜、渔产业，为80%以上的农民和种植养殖大户提供及时有效的信息服务和交流平台，镇村信息服务站点项目的实施进一步加强了基层农业信息网络和基层信息员队伍，为信息服务探索了新措施和新方式，为种植、养殖结构的升级、现代农业的发展和农业增效，农民增收，提供了有力支撑。

五、该项目实施的下一步打算

根据本市农业结构调整和产业布局情况，重点在已经形成的西瓜、青椒、食用菌、甜菊糖等十大特色支柱产业上做文章，强化信息服务与指导，拓展网上销售、订单销售等新型销售方式。其次是不断壮大基层农业信息员队伍，根据工作需要和信息点操作员实际水平的需要，定期组织他们进行互联网知识、操作技能等技术培训，真正使他们更加熟练高效地开展农业信息综合服务。

（供稿：崔旭东　编写：王　昕）

4.30 中国园艺网

一、项目名称和实施主体、时间、范围

中国园艺网，项目实施主体是常州绿意传媒有限公司，项目实施时间为2010年开始。

二、所使用的信息技术及设备设施

中国园艺网建设主要是利用互联网技术、移动通信技术、数字电视技术和现代传媒技术构建的一个融合互联网服务、短信服务、电话服务、传媒服务的综合服务平台。设置1 000米^{2}的核心技术中心机房，接入电信、移动、广电专线，配置电话语音呼叫服务中心、短信服务平台、信息采编中心、IT技术创意中心。此外，在全国花木之乡常州夏溪镇建设80亩花木新品种引繁推广中心。

三、所使用的方法和流程

中国园艺网建设总投资1 200万，主要用于网络信息传媒通道建设、花木新品引繁推广基地的建设和网上电子商务平台建设。其中网上电子商务平台的建设主要包括在线网店系统、分类信息搜索引擎系统、产品价格行情系统、在线交易订单管理系统、客服系统等五大系统。信息传媒通道的建设主要包括短信信息服务通道建设、电话信息服务通道建设、期刊传媒服务通道建设、数字电视信息服务通道建设，并实现中国园艺网在线信息与其他通道信息的实时共享和即时发布。花木新品种引繁推广基地的建设主要包括网络新品种的引种、繁育和网络推广3个部分，基地坐落于中国花木之乡常州夏溪镇，占地80亩，建育苗大棚8 000米^2，苗床16 000米^2。

四、项目实施的目标及取得的成果

中国园艺网实现互联网信息平台与短信、电话、数字电视、期刊传媒等通道信息的实时共享和即时发布，预计企业每年可直接创造利税500万元，直接或间接为花木产业从业人员创收过亿元。有效带动和推进花木产业向规模化、集约化的现代农业方向发展；对农业信息服务的产业化升级起到积极的推广和示范效应，实现经济和社会效益共同提升。

五、该项目实施的下一步打算

中国园艺网电子商务功能的开发和推出，旨在引导和带动本地花木市场的信息化水平，使得本地花木企业、经纪人、花农等可以更便利、快捷地使用中国园艺网信息化通道、利用本地的产业优势在中国园艺网发布产品销售和求购信息，促进跨区域的达成交易。下一步将充分发挥电子商务功能，通过先进的网络化平台经营，有力地带动农业不断增效、农村加快发展和农民持续增收。

（供稿：常州市绿意传媒有限公司　编写：王　昕）

4.31 浙江农业信息博览网

一、项目名称和实施主体、时间、范围

2009年，浙江省农业科学院数字农业研究所探索为广大农民提供实用对口信息的方法，开发了农业网络信息自动收集与分类推送信息服务平台，并在此基础上形成了浙江省农业信息博览网（www.7rss.cn）。

二、所使用的信息技术及设备设施

农业网络信息自动收集与分类推送信息服务平台基于C#.net编程技术开发，在信息自动获取与更新上，探索了HTML、XML、RSS等信息流的自动下载、分析、过滤和定期复查、比对、更新的方法和流程，基于B/S网络构架和数据仓库技术发布WWW、RSS、WAP等信息服务。

三、所使用的方法和流程

项目以农业信息本身较强的地域、时间属性为切入点，通过定期跟踪、定量积累主要农业网站信息，挖掘信息的时间、空间二维属性，构建样本信息数据仓库；据此建立符合当地农业资源特色的农业信息分类体系及配套主题词库，引入主题词的类目专指度和时空专指度，构建农业网络文本信息自动化分类知识库和归类判断模型，形成一套快速、准确的农业网络信息自动分类方法。

具体流程包括：农业网络信息自动获取与动态跟踪研究；农业网络信息时空二维属性自动定位研究；农业网络信息主题分类体系研究，建立分类体系和分类主题词典；基于时空二维和分类主题词关联矩阵的归类判断模型研究。

四、项目实施的目标及取得的成果

已建成农业网络信息主题及地域分类数据库各1个，包括分类主题类目300多条，主题分类关键词1 000多个，地域分类关键词4万多个，拥有一套分类完整、更新快速、运行稳定的农业网络信息自动收集和三维定位服务平台。网站信息日均采集300～500多条，累积采集近18万条，涵盖全国省级农科院、省农业

厅、各级地市农业局、农科院、涉农院所等多家单位网站、近3 000多个农业信息频道的内容，较好地促进了浙江省农业网络信息的传播、普及、吸收和利用，为解决农业信息传递“最后一公里”问题提供技术支撑。

五、该项目实施的下一步打算

网站继续优化完善农业网络信息自动分类方法，持续更新维护数据仓库，探索开展基于短信、手机报、数字电视的按需定制、主动推送、质量评价等农业信息服务，使其成为浙江省促进解决农业信息传递最后一公里问题的优选技术方案之一。

（供稿：浙江省农业科学院数字农业研究所　编写：曹庆波）

4.32 浙江省农业科学院科技推广互动点播系统

一、项目名称和实施主体、时间、范围

浙江省农业科学院科技推广互动点播系统，实施主体是浙江省农业科学院数字农业研究所，实施时间和范围是2009—2010年、浙江省。

二、所使用的信息技术及设备设施

所使用的信息技术主要有数据库技术、网络技术、多媒体技术、互动直播与点播技术等。使用的设备设施主要有数字摄像设备，多媒体制作服务器、Web服务器等。

三、所使用的方法和流程

该系统在农业科技教育与示范推广多媒体节目制作、培训讲座组织与录制等的基础上，基于多媒体互动直播与展示原理开发，支持以嵌入模式、浮出模式和弹出模式集成互动推广农业优新技术成果。作为一种在线研讨、培训、发布和示

范推广的全新网络服务平台，将农技推广多媒体节目、文档、PPT 与互动问答等紧密结合，利用互联网（或专网）和先进的多媒体通信技术，通过在网上构建一个虚拟会场，使农业技术部门或个人可以直接在线进行语音、视频、数据的全面交流与互动，可根据需要进行实时发布或 7×24 小时点播，使目标受众可以在方便的时间和地点随时参与和互动；在录播或直播的过程当中，通过用户注册、在线调查和疑问解答等各环节，收集大量的用户信息和其他技术需求信息。

四、项目实施的目标及取得的成果

利用该系统已发布网络化视频资源（包括农业技术视频及其配套 PPT 资料与技术问答）共 60 套，如畜禽规模养殖场排泄物无害化处理与资源化利用、优质蚕茧的节本与安全生产、高致病性禽流感的防治等；通过院地合作科技示范，主推农业技术 23 项，如蘑菇规模化高效生产与栽培废料循环利用技术、高效优质猪配套杂交技术、草莓脱毒种苗繁育技术等，开辟了一种农业技术推广新模式。

五、该项目实施的下一步打算

进一步开展系统的推广应用；在以农业科技推广互动点播模式为主的基础上，进一步推动向互动直播模式的全面发展。

（供稿：浙江省农业科学院数字农业研究所　编写：曹庆波）

4.33 安徽省农业综合信息服务平台

一、项目名称和实施主体、时间、范围

2009 年安徽电信与省农业委员会、省经济与信息化委员会等涉农政府部门

开展合作，共同建设信息田园——安徽农业农村综信息合服务平台，建设农村综合信息服务站点，实施信息化乡镇、信息化村建设，为农业农村信息化发展提供综合服务支撑。

二、所使用的信息技术及设备设施

信息田园平台遵循大容量、多层次、多渠道、全方位、全覆盖的特点，按照平台一体化、服务多元化的理念和思路建设，包括电话语音在线信息服务系统、手机信息服务系统、农业视频和电视上网信息服务系统、农业网站等 4 个应用子系统。

三、所使用的方法和流程

信息田园——安徽综合信息服务平台开发方面，完成系统管理、客户和应用信息采集（含站点信息采集）、信息多通道发布、信息审核、供求匹配、产品管理、统计分析、质量评价等功能；构建涉农信息库，开发信息搜索引擎；完成与声讯、短信/彩信、IPTV、互联网平台接口开发；完成 WAP 网站开发；制定统一接口规范，与农业信息网等合作网站进行信息共享。完成全程代理、村民信箱、自助建站产品、田园通、农博士等产品的开发与推广。

信息田园网站建设方面，先后完成简化版和完整版上线，完成资讯、商务、政务、技术、推荐 5 个种类共 20 个频道建设；实现村民信箱、自助建站等功能建设；实现供求发布、价格信息导入、企业建站、农博士问答、乡镇网站群、万村网页群、农家乐网站群功能；完成小岗村网站、农业信息化协会网站、小麦抗旱保苗等各类专题页面等设计开发。

基于 800 万的电话用户建设 96800、12316 语音服务平台，为农村用户提供基于声讯平台的供求信息发布、生活、教育、农技、娱乐等电话信息服务。基于 IPTV 技术建设电视上网平台，提供农技培训与专家互动等功能。基于手机系统开发了农业信息机和安徽农村手机报等手机信息服务系统，以最便捷的通道下达最新农情信息、实现供求务工信息匹配。信息田园平台为农村用户提供全方位信息服务，打造了农村信息化建设的新模式。

四、项目实施的目标及取得的成果

信息田园农业农村综合信息服务平台的建成，着力解决了涉农资源的整合和信息传输问题。通过平台，全面整合各部门涉农类信息资源，实现数据的跨部门共享、交换，并将信息通过网络、语音、短信、电视多种渠道送达至农民手中。

信息田园平台目前覆盖各类用户数达1 000万用户，汇集各项信息条数达 500 万条。信息田园建设信息化乡镇和一村一页工程，共完成乡镇网站1 200多个，村级网站建设 1 万多个。

五、该项目实施的下一步打算

安徽电信与省农业委员会、省经济与信息化委员会等涉农政府合作，继续打造信息田园品牌，整合涉农资源，提升社会影响力，将信息田园平台——安徽农业综合信息服务平台作为推进农业农村信息化的重要手段。

（供稿：朱宗阳　王　婷　编写：张文静）

4.34 安徽农业信息服务技术体系建设与示范项目

一、项目名称和实施主体、时间、范围

安徽省积极利用世界银行贷款农业科技项目，经世界银行和国家农业开发办公室批准，由中国科学院合肥智能机械研究所承担，于 2008 年 10 月立项实施了农业信息服务技术体系建设与示范项目。

二、所使用的信息技术及设备设施

通过软机器人自动采编发、信息精准推送等应用系统的研发，该项目实现了互联网海量农业数据的智能聚合与分类（图 1）。以中国搜农、信息精准推送平台为技术支撑，以计算机、手机、信息机等多种设备为客户端，建立了农村信息普惠服务技术体系，并通过不同信息服务模式——手机模式、信息机模式、计算机模式的运用为农民提供低成本、简便化的农业信息服务。

三、所使用的方法和流程

在安徽全省选择了 38 个农民专业合作社为示范对象，对其中的 76 名信息员及 541 户农户进行农业信息服务技术示范培训。选择计算机、信息机和手机 3 种信息服务终端设备，采用计算机模式、信息机模式、手机模式和信息机＋手机、

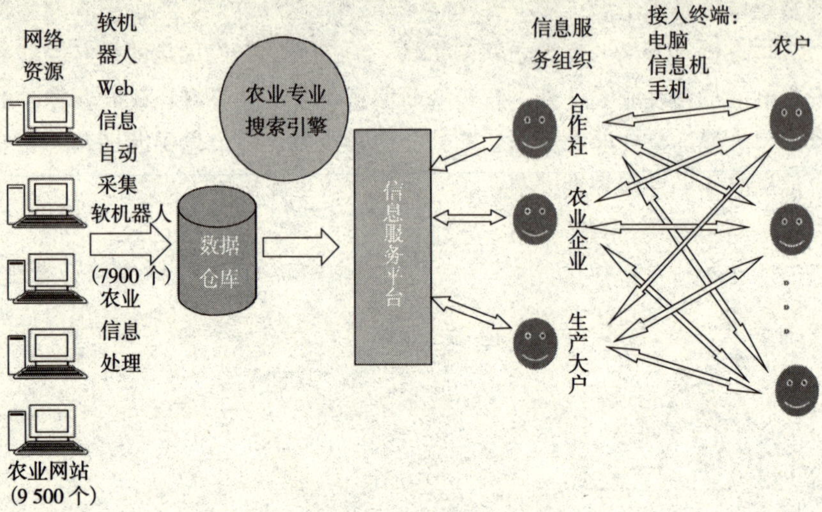

图 1　农业信息服务技术体系技术路线

计算机+信息机、计算机+手机、计算机+信息机+手机等 8 种服务模式，为用户提供农业信息服务。

科研机构+公司+农民专业合作社+农户的新型农业信息服务模式，由中国科学院合肥智能机械研究所解决农业信息化领域内关键技术。如各类农业数据库构建，应用软件的研发。主要针对农民专业合作社信息员、农户进行示范培训以及信息系统的维护与保障工作。通过对农民专业合作社信息员的各种应用系统培训，期望信息员将农户所需的各种农业信息通过不同服务模式进行传递。

四、项目实施的目标及取得的成果

该项目实施目标是以安徽农民专业合作社及其社员为主要应用对象，解决农村信息服务的“最后一公里”问题，以提高农业综合效益，增加农民收入。

截止到 2010 年 10 月份，“中国搜农”用户注册数2 156户。农民增收明显，安徽省合作社以及农户受益分布。

安徽省农业委员会重视推动农民专业合作社信息化，先后有1 000多家农民专业合作社信息员接受了信息化技术培训，上百万农民从信息服务中受益。

该项目教育和培训了大量的新型农民。如太湖县小池镇利用该项目，共培训了 5 期 10 批次农民信息员，培训社员达 720 人次。促进了农民生产发展，解决了社员们遇到的“技术难求、产品难销”两大难题。如太湖县金桥服务农民专业合作社利用网络平台，2010 年通过网络专家会诊，及时诊断出猪高热病情，解决了养猪社员的技术难题。该合作社还利用“中国搜农”网站，把本地生产的三黄鸡、大白鸡打入南昌、武汉、广州市场。促进了地方信息化建设，促使党委政府对农民专业合作社和农业信息化进一步重视，带动众多合作社、农业企业和种养大户加入农村信息化建设大军，它们纷纷购设备、建平台、开网站，将合作社建成了社员之家、社员免费网吧。

五、该项目实施的下一步打算

进一步加大与发挥信息员在推广示范中的作用；重点推广应用计算机模式、手机服务模式；加强与政府相关涉农网站的合作，政府农业网站其用户广、访问量大，政府推广力度大，多方合作能更好地发挥各自优势，实现资源共享；根据农村实际情况，开发相应的应用服务系统，进一步完善农业信息服务技术体系。

（供稿：王儒敬　编写：王　昕）

4.35 福建省农业服务热线系统

一、项目名称和实施主体、时间、范围

福建省农业信息化综合服务平台项目是一个开放的、基于标准的覆盖省、市、县、乡（镇）4级的农业综合服务平台，该项目是由福建省农业厅主管，福建省农业信息中心承建，于2010年建设实施。

二、所使用的信息技术及设备设施

项目以“五有”标准开展农业信息化建设，即有统一网络信息平台、有应用服务数据中心、有实用信息应用服务、有农业服务技术队伍、有管理制度考核指标。项目先进性体现在移动远程控制技术、媒体多级分发管理技术、多格式文件

编播插播技术、多屏同步异步播放控制技术。

三、所使用的方法和流程

开发福建省统一的网络应用平台，建设两级数据中心，以电视机、触摸屏电脑终端及打印机三硬件装备乡村信息服务站，承载农业科技远程咨询服务系统、农业技术远程培训系统、农业信息服务系统、农业行政管理系统，建立“队伍、技术、内容、运行、制度”五项保障机制，实现系统“实用性、傻瓜式、有创新、可持续”的功能特点。

该项目从农民的迫切需求及福建省农业信息化的现状出发，建设全省统一的服务平台，部署适合农民使用的、简单易用的科技咨询、科技培训、信息服务和农业管理等基本应用服务系统，用较少的投入解决多数农业人口所需的最基本的农业信息服务问题。其中农业远程视频咨询专家服务共享系统、乡村电子黑板报应用子系统具有较强的创新性。

农业远程视频咨询专家服务共享系统的服务终端采用触摸屏形式，内置电话机、摄像头，实现全省农业专家资源共享，为农民解决农业生产过程中遇到的实际问题。乡村电子黑板报应用系统，利用乡村信息服务站的触摸屏终端以及与终端连接的电视机，通过互联网策略管理，实现电视机时时播放多级部门分发确定媒体播放列表，解决农村应急通知、宣传培训、行政管理等问题。

四、项目实施的目标及取得的成果

该项目将创新农业信息服务方式和运行模式，实现信息服务的纵向延伸、便捷服务，提升为农服务效率和服务质量。

项目首期已完成省级、三明市级数据中心和 8 个县级点、64 个乡村信息服务站的建设，取得了比较好的示范效果。

五、该项目实施的下一步打算

目前项目二期已经启动，将继续扩大试点范围，建设 7 个县级点 56 个乡村信息服务站。总之，农业信息化“五有”标准建设是一项创新性的工作，也是福建省农业系统第一次真正完全基于“信息社会、网络生活”的理念进行设计、组网和建设的一项纵贯省、市、县、乡镇和村五级的信息化系统应用工程，对于信息化时代的农村社会发展具有重要的意义。

（供稿：周乐峰　林　新　编写：张文静）

4.36 江西省畜牧业公共服务信息平台

一、项目名称和实施主体、时间、范围

江西省畜牧业公共服务信息平台是一个覆盖全省畜牧业组织机构体系、规模养殖、种畜禽生产、良种选育、先进养殖技术推广等方面的大型基础化电子信息化数据库和网上监管系统。该平台实施主体是江西省畜牧技术推广站，实施时间2008—2010年，实施范围在全省11个区市108个县（市\区）畜牧业技术支撑机构、种畜种禽场、规模化养殖场、畜牧业经济合作组织、种猪联合育种单位等。

二、所使用的信息技术及设备设施

信息技术：数据库技术，使用目前最为成熟的商业数据库解决方案，采用Orcale11大型数据库；电子表格技术，系统采用大家比较熟悉的Excel数据文件作为数据交换的载体，将有关结果导出为Excel文件；Web技术，采用面向服务的软件架构SOA（Service-Oriented Architecture）以EXT3.0技术的基础设计平台前端页面。

设备设施：计算机，系统的信息数据整理、归档、上传。因此，硬件设备软件配置相对要求较低，便于基层单位推广使用；打印机，通过查询系统查询完成后，输出所需信息；数码相机，拍摄相关图片资料。

三、所使用的方法和流程

江西省畜牧技术推广站统一组织技术培训。讲解系统采用的技术方法，系统的操作使用方法。市、县各级畜牧管理机构进行必要的数据收集、整理、归档、上传，提交省级专家审核。建立省—市—县级数据库。各级单位可以按需审核、查询、下载所辖区域的各类畜牧业生产数据。

四、项目实施的目标及取得的成果

通过项目的实施，建立了江西省畜牧兽医体系、畜禽养殖登记备案、种畜禽

场管理、良种补贴管理、种猪联合育种等5个子平台。具体内容如下：

畜牧兽医体系平台：实现全省各级畜牧业管理机构信息逐级报送、审核、存储、处理和分析的电子网络化。实现对畜牧业管理机构信息的统计、查询。

畜禽养殖登记备案平台：统计全省规模以上畜牧业生产单位背景资料备案和生产信息统计，对全省畜牧业生产信息查询，根据历年资源数据的统计汇总，进行年度进展分析。

种畜禽场管理平台：对全省发证的种畜禽场进行登记备案和生产信息统计，根据历年资源数据的统计汇总，进行年度进展分析。

良种补贴管理平台：对参与每年江西良种补贴的各个供精单位进行登记备案和生产信息统计，实现对各供精单位完成全年供精计划情况实现电子监管。

种猪联合育种平台：利用现代猪育种原理制订各性状的标准检测方法和程序，根据猪联合育种的需要采用动物模型BLUP法估计个体育种值评定个体的种用价值和各生产单位的生产管理水平评定结果，通过计算机网络传送到各生产单位逐步建立以场内测定为主的遗传评估系统和良种登记系统，实现区域猪联合育种。

通过建立完整的畜牧业信息资源库，可准确把握生产形势，为政府部门决策提供基础依据，为各个用户提供优质、方便、准确的信息服务。该平台还增加了数据信息的历史查询和各数据统计功能，通过整合相关信息资源，使全省畜牧业生产逐步向管理透明、合作紧密、高效运行的方向迈进，进一步提升江西畜牧业的发展和管理水平。

五、该项目实施的下一步打算

将继续加大对该信息平台的投入力度，不断完善平台功能，分期分批实现对兽医、饲料等相关子平台建设。软件结构上将GPS地理定位系统纳入平台建设内容。让信息系统全面覆盖畜牧业生产的全过程，实现全程管理。

（供稿：杨　眉　编写：王　昕）

4.37 江西电信公司信息田园平台

一、项目名称和实施主体、时间、范围

中国电信江西公司信息田园平台，实施主体是中国电信江西互联网信息运营分公司，实施时间为2006—2010年，实施范围是江西省7 000多家涉农企业，农工部、农业厅等农口单位、全省农村农民用户。主要应用包括田园快讯（农事天气及重要惠农通知）、农博士（农业技术咨询答疑）、农贸通（涉农企业客服服务及产品推广）、家教通（农村家庭教育应用）、健康通（农村医疗健康及就医导诊应用）、务工通（农民工务工信息及职业培训信息应用）。

二、所使用的信息技术及设备设施

该项目根据各类信息要素，规范信息数据应用标准，开发出融合、统一的数据体系，通过与宽带、语音、短信的接口对接，将数据使用的流程与信息田园网站、呼叫中心、手机短信无缝整合。

信息技术：数据库技术，为了适于海量数据存储及查询，采用Oralce 10.0版本；编程语言，为了更好地与多设备兼容及信息传输，采用Java语言进行开发；通信融合，采用多种接口技术融合宽带、短信、语音形成统一的信息存储、信息流转及信息传递；通信技术，TTS语音系统、WAP网站、手机报平台等。

设备设施：服务器，采用二台IBM数据库服务器及20台IBM刀片服务器，为了保障通信的畅通，所有服务器二次冗余；网络设备，用二台三层交换机进行汇聚，采用四台二层交换机进行接入；安全设备，配备2台CISCO防火墙进行网络安全保障；均衡设备，配备2台负载均衡设备保障访问量高峰时的分流。

三、所使用的方法和流程

为了加快推进江西农业信息化建设，中国电信江西公司积极与江西省内涉农政府部门寻求合作，共享涉农信息资源，先后与江西省农业科学院、江西省农业

厅、江西省人才市场、中共江西省委农工部等单位签订了合作协议，2010年承建并运营了中共江西省委农工部江西“三农”信息网、江西省农业厅12316惠农短信平台和惠农热线，为全省农业产业化龙头企业、农民专业合作社、农村专业大户和乡村干部等客户提供专业化、个性化的信息服务。

农民通过电话、短信或网站直接发布等方式将农业生产生活中遇到的问题、农产品供求信息等提交给信息田园平台，平台工作人员根据信息的种类将农业问题提交相应的农业专家，由专家在48小时内提供详细的解答；将供求信息发布到网站、WAP及短信平台。

信息田园还与各涉农厅局合作，在全省建立了1 000多个农村信息服务站，农民可以使用信息服务站的宽带及电脑将信息发布至信息田园网站。

四、项目实施的目标及取得的成果

经过4年多的发展，信息田园已经成为江西农业信息服务的知名品牌，旗下有农博士、农贸通、务工通、田园快讯等多个面向农村市场的信息化产品，现有会员用户达40万户，网站访问数突破3 000万PV，各类农技知识30万条，农产品贸易信息100万条，帮助涉农企业推广经销产品上亿元，为400万农村用户提供信息化服务。

并多次获得国家级荣誉及奖项：①2007年，江西信息田园网站荣获全国第七届信息港论坛农业信息化应用金奖；②2008年和2009年，江西信息田园网站分别荣获中国农业信息化最佳解决方案和中国农业网站百强单位；③2010年，中国电信江西公司被评为2009中国农村信息化杰出贡献单位，荣获2009年度中国最具创新农业网站称号。

五、该项目实施的下一步打算

中国电信江西公司将在江西省委、省政府和中国电信集团公司领导下，充分发挥江西电信的通信网络和信息田园平台优势，创新和建设更多更优的农业信息化产品，为“三农”信息化作出更大的贡献。

（供稿：汪尚宇　编写：王　昕）

4.38 山东省农业科学院星火科技12396信息服务平台

一、项目名称和实施主体、时间、范围

星火科技12396信息服务平台，由山东省农业科学院科技信息工程技术研究中心于2001—2009年研发承建。

二、所使用的信息技术及设备设施

采用信息协同技术，综合利用计算机技术、网络技术、数据库技术、通讯技术等技术，实现了语音、视频、互联网的有效集成和多功能融合，为农民提供了便捷、高效的信息获取、发布和反馈新途径。

三、所使用的方法和流程

服务系统由语音、视频、短信和网络4部分组成。①语音系统：采用NTX通讯编程技术，研发出通讯网和因特网有机融合的语音系统，将坐席搬到了专家身边；融合呼叫技术与数据库技术，实现了自动语音查询和便捷的呼叫转接功能。②视频系统：专家、农民及基层服务站凭ID号便可上网登录12396视频系统，进行病虫害等的远程视频诊断。③短信系统：研发了信息田园手机业务，将农村信息服务功能嵌入手机的操作系统；首次将短信目录引导功能应用于用户主动点播，创建了农村信息服务新模式。④网站系统：开发了省、市两级星火网站，既分工明确又互通互联、内容共享、协同服务，形成了专业集群网站服务优势。

支撑系统由数据、技术、组织和条件4部分组成。①数据支撑：开发了基于本体的包含310万余条的数据支撑系统。②技术支撑：组建了707人的省级、市级、乡土专家队伍，满足了农民对多层次专家的需求。③组织支撑：构建了省、市级中心和基层服务站三级服务体系，已建成11个市级服务中心，273个基层服务站。④条件支撑：建立了呼叫中心、网络中心、视频课件中心。

四、项目实施的目标及取得的成果

按照平台上移、服务下延、扁平化管理的总体思路，设计研建星火科技

12396综合信息服务平台，通过开发整合各类农村信息资源，建立完善平台服务和支撑系统，实现信息资源共享与对称，为农民提供方便、快捷、准确、实用、全面的信息服务。

星火科技12396信息服务平台研发成功后，首先在威海、烟台、潍坊、东营4个市应用，随后不断升级，扩展到济南、泰安、聊城、德州、莱芜、日照、枣庄、滨州8个市，2008年全省开通。每天平均接听电话200余个，视频诊断30余次，网站日均访问量3万余人次，注册手机用户30多万户，累计获得经济效益11亿元。

五、该项目实施的下一步打算

结合示范省建设工作，承建山东省农业农村信息化综合服务平台，高效快速采集、加工、整合各个部门和地方涉农信息资源，直接面向农民、农业合作组织、涉农中小企业及社会大众提供高质量、方便快捷的农业农村信息服务。推动农业农村信息网络由分散建设向整合利用转变，从信息系统独立运行向互联互通和资源共享转变。

（供稿：朱建华　王殿昌　编写：曹庆波）

4.39 湖北省农村综合信息服务平台

一、项目名称和实施主体、时间、范围

农村综合信息服务平台，是由湖北省农业厅、湖北神农信息科技有限公司共同建设，于2006年底在全省范围内推进，至2010年10月已覆盖全省11个地市、服务于2 000万农民。

二、所使用的信息技术及设备设施

一体化交换机呼叫中心平台（信息接入平台）、网络设备、存储设备、多媒

体制作设备、综合信息发布平台。

三、所使用的方法和流程

分布在全国28个省（自治区、直辖市）的2万多名神农信息员通过互联网与神农网后台上传当地有效涉农信息，完成原始涉农信息、数据采集工作。神农农业信息分析师团队通过对比分析近10年来全国范围各涉农产品价格、生产分布、贸易变化、加工企业、加工能力、消费能力等综合信息数据，为电信增值业务、互联网业务、视讯节目业务提供内容支撑。各业务部门根据每日更新的热点内容制作相应产品，为农户提供权威综合农业信息服务。

搭建农业部门与社会各方面以及各涉农部门之间的信息交换平台，实现信息资源共享。

通过网络、电话、电视、电台、平面媒体多种形式向农民发布区域性农业服务信息；通过农业产业化企业、农产品批发市场、农村中介组织、农村信息员等向农民传递信息。

统一组织领导，建立协同配合制度。由湖北省农业厅与湖北神农信息科技有限公司对平台进行共同建设、共同维护、共同管理。

整合服务资源，建立责任分工制度。各参建单位根据各自的职责，形成了分工协作、有机统一的工作格局。

强化队伍建设，建立专家团队与人才库。组建专门专家队伍，除湖北神农信息科技有限公司自有农业分析师团队外，还由湖北省各地市农业局组建一支专门的农业专家团队。

突出跟踪问效，建立督查督办制度。建立平台受理、解答、督办和反馈制度。

注重工作实效，建立考核考评制度。对各乡镇信息站工作进行定期或不定期检查督导，并将各地信息站参与服务平台的工作列入年度考核。

加强保障体系建设，建立多渠道投入机制。在政府主导下，推行企业参与，以市场换投资的策略，吸引社会力量投资。

四、项目实施的目标及取得的成果

实现“政府主导、企业参与、市场化运作，整合共赢”的理念，建立起全国涉农综合信息服务平台。

湖北神农信息科技有限公司在湖北省建立起农村信息化综合信息服务网络，开发了生猪、蛋鸡、农资经营管理系列软件，为农户、信息员、涉农企业、涉农部门与机构提供了增值电信业务、互联网业务、视听节目业务等综合信息服务。

目前，农村综合信息平台服务范围已覆盖全湖北省，服务农户逾2 000万人。

五、该项目实施的下一步打算

通过乡镇信息站的网络体系，建立一个为农户及各涉农经济主体提供农村信息流与物流的综合服务平台，让农户可以通过服务平台获得城市的涉农物资信息，让城市的涉农企业通过服务平台获得农村的资源与农产品信息资讯。

通过电子商务方式进行采购节约采购成本和时间，利用电子商务技术改造传统经济下的商品交易流程，形成由信息流、资金流、物流、商流组成的并以信息流为核心的全新商务流程，促进农村经济发展，使涉农市场交易进入“电商时代”。

进一步整合全国农村资源，把政府部门涉农业务资源统一整合到平台上来，有效加强政府农业部门与涉农企业、用户互动与沟通。

（供稿：程琪源　编写：张文静）

4.40 “三网融合”基础上的湖北农村信息化服务

一、项目名称和实施主体、时间、范围

近年来，中国电信湖北公司利用基础网络覆盖的优势，重点建设湖北农村信息化工程，特别在2010年启动了“湖北信息化乡镇”建设，对120个重点乡镇的网络进行改造、优化，大大提升宽带、语音和信息化服务能力。同时，结合湖北组织部党员远程教育平台建设和信息田园信息化服务平台建设，与省委组织部、湖北省农业厅强强联合，就“三网融合”形势下的农村信息化服务模式进行了积极的尝试，从内容整合、渠道整合、平台整合方面入手，逐步实现农村信息化服务产品的品牌统一、内容统一、多终端呈现的体系特色。

二、所使用的信息技术及设备设施

通过与湖北省农业厅联合，打造互联网核心信息化服务平台，建立统一的核

心涉农数据库，让农户通过互联网、电视和手机终端随时在线访问“三农”信息服务。该采用流行的 .net 多层应用体系架构，外部接口包括 ITV 平台、168 声讯平台、SP 平台接口。

三、所使用的方法和流程

建设农村信息化服务核心涉农数据库，实现信息化服务的内容统一；搭建“圈子信息化”应用服务平台，为农业生产、生活服务产业链上的各个实体提供以“圈子”为核心的信息化服务；通过 ITV 互动电视、声讯、手机短彩信和门户网站 4 种展现形式在线服务广大农户及涉农企业。用户可使用个人电脑，通过电信 ADSL、光纤宽带或移动互联网的方式登录到信息田园门户网站获取农业信息，还可以通过天翼手机发送短信代码到特服号订购相应的短彩信手机报，或拨打语音热线进行农业专家咨询，随时了解农资农情，亦可通过 ITV 互动电视农业频道，同步观看最新的农业节目。

四、项目实施的目标及取得的成果

优化翼农手机报，实现手机报的互动功能，用户可随时随地通过短信、彩信的方式与农技专家在线交流，同时让专家成为手机报报主，通过制定各种考核及奖励方式对专家进行评定，达到手机报内容的及时性及高价值性。实现信息田园网站个人及企业实时农资价格查询、农产品在线交易功能，开发“翼农”电子商务手机客户端，实现农产品手机在线交易，优化翼农语音热线，实现电话农资农产品订购、交易等电子商务功能。

五、该项目实施的下一步打算

当前的目标规划：“翼农”手机报、“翼农”专家语音热线，年度稳定用户 100 万；信息田园门户网站年度个人注册用户 50 万，企业用户 2 000 家，付费用户占用户总数的 30%；“金翼”电子商务服务，年度交易金额总量 60 亿元。

以建设和谐新农村为目标紧紧抓住湖北“中部崛起”和谐新农村建设重大机遇，以政府主导、各方配合、电信实施、优势互补、共同推进为发展模式，从覆盖基础网络、建设支撑系统、引导网络应用 3 个层面扎实推进所取得的成果。

强化农村信息化网站的圈子化功能，通过乡邻互动圈、企业营销圈、专家服务圈、专业交流圈，汇聚乡镇信息、企业产销、专业技术交流和专家服务为一体，覆盖农业发展、农民生活、农村建设，为农户、农企提供基于生活链、产业链的信息交流和融合。

（供稿：中国电信湖北公司　编写：张文静）

4.41 广西田东县农业信息进村入户项目

一、项目名称和实施主体、时间、范围

田东农业信息进村入户项目，由田东县农业局、金融办、基层办等部门联合实施，于2004年10月建设，覆盖全县8万多个农户。

二、所使用的信息技术及设备设施

所使用的技术设备主要有："三电合一"网络平台设备、农村信用信息采集查询设备、农村"农事村办"网络办公系统设备。

三、所使用的方法和流程

"三电合一"信息服务：以电脑网络建立"田东县、乡、村三级农业网站"及配套信息服务站点网络、网络信息办公传输体系；以电话、手机平台建立农技110、农业短信；以电视台建立农业互动频道、农业专题节目等多种形式的信息服务模式。

农村信用信息体系：开展农户信用信息采集和信用村（镇）创建工作，通过采集农户信用信息，并对采信农户进行信用等级评定。

"农事村办"服务：在村里设"农事村办"服务窗口，实现证件村里办、小病村里医、矛盾村里调、补贴村里领、农资村里买、书报村里读、信息村里询、技术村里学、问题村里解。

四、项目实施的目标及取得的成果

通过电话、电视、手机等比较普及的媒体工具，使广大农民及时获取农业信息，解决农业信息服务"最后一公里"问题；完成全县农户信用信息的采集工作，成为全区首个"信用县"，初步解决农民在产业发展上"资金"瓶颈问题；设立"农事村办"服务站、服务点、服务户，解决农民群众"办事难"的问题。

已累计接待群众来人来电咨询4万人次，指导群众解决重大生产疑难问题7 800多个；收集发布信息3万余条，发布短信0.8万条；全县每个乡镇均有一家以上金融机构网点接入现代支付系统，拥有的自助服务机具总量和人均占有量居广西县域前列，在全国率先实现了资金跨行支付“乡乡通”目标。“农事村办”则把服务窗口下移至村屯，为5万名群众提供了服务，受理群众申请事项1.6万件，为群众办实事3 600多件，发放惠农补贴8 000多万元。

五、该项目实施的下一步打算

进一步加大“三电合一”项目的投入、宣传力度等，进一步深化“农事村办”工作，使农业信息以更大程度地服务于“三农”，使农业增效，农民增收；加快推进农村金融改革试点工作，提升金融惠农作用，促进特色农业迅速发展。

（供稿：李　生　编写：张文静）

4.42 重庆市农村信息化三级示范工程及信息入乡工程

一、项目名称和实施主体、时间、范围

农村信息化三级示范工程及信息入乡工程，是重庆市农委牵头、各区县农委（农业局）配合完成的一项农村信息化建设工程，技术支撑单位为重庆市农业信息中心、各区县农业信息科。建设时间为2010—2015年，实施范围是全市39个区县、1 035个乡镇。

二、所使用的信息技术及设备设施

区县配备农村信息服务直通车、交换机、服务器、电子显示屏，摄影机、照相机、录音笔等信息采编设备；建立镇乡农业信息网，配备信息采编设备；建立

村级农村信息服务点，依托党员远程教育网和大学生村官，配备村级软视频服务终端，开展远程诊断服务。

三、所使用的方法和流程

重庆市农委为市级项目管理单位，负责制定项目建设的总体方案，协调市级相关部门支持项目建设，制定项目申报指南，组织项目评审，统筹安排项目资金与设备采购，组织项目检查与验收。

各示范区县农委（农业局）为项目管理责任单位，分管此项工作的领导为项目管理责任人；各示范区县农业信息中心（信息科）为项目技术责任单位，信息中心主任或信息科长为项目技术责任人。

各示范区县项目管理责任单位统筹协调本区县三级示范建设，积极争取本级行政、财政和相关部门对项目建设的配合与支持，争取一定数量的配套经费作为项目运行维护费用支撑，制定本区县项目具体实施方案，严格按照“项目建设规范”组织、协调、督促项目实施。

各示范区县项目技术责任单位按照项目要求制定本区县项目建设的技术方案，组织相关人员参加全市统一项目培训和本区县培训，负责指导示范镇乡、示范村项目建设与项目后续维护。

四、项目实施的目标及取得的成果

示范区县建立完善农业信息服务体系，重点搭建农业综合信息服务平台，建设完善县级农业信息网，建立满足网站访问、视频互动等需要的计算机网络支持环境；示范镇乡建设农业信息网，添置信息采编设备，推广“农政通”农村电子政务应用，搭建为农服务的信息平台，农业公共信息服务能力显著提高。示范村建设重点配置1台信息机、1条宽带线、1个兼职信息员，1个专家远程诊断软视频服务终端，利用党员远程教育网络，开展信息机与计算机、手机、广播、电视集成的多终端、多渠道信息服务。发展大学生村官或村干部为兼职信息员，开展村级农村信息化服务。

五、该项目实施的下一步打算

组织设备选型及项目培训；组织项目实施和验收；建立项目管理的长效机制。

（供稿：重庆农业信息中心　编写：曹庆波）

4.43 重庆市10万核心用户“对点”信息服务平台

一、项目名称和实施主体、时间、范围

重庆市10万核心用户“对点”信息服务平台，是重庆市农业委员会联合重庆移动、重庆电信、重庆联通公司开发的“点对点”信息服务平台，于2009年建设启用，服务范围为全市农村基层干部、种养大户、专业合作组织及协会、农村经纪人等10万重点服务对象，通过电话语音和手机短（彩）信开展服务，政府推行“信息补贴”政策，让10万核心用户免费获取农业信息。

二、所使用的信息技术及设备设施

该项目依托10万核心用户数据库平台、农网广播、农信通、农业新时空分类信息发布平台，实行按用户需求的“对点”信息发布，以重庆市农业委员会信息资源系统、内容编辑系统和通信运营商的通信网络系统为主要技术支撑。

三、所使用的方法和流程

核心用户基础数据录入：核心用户基本信息采集由各区县（自治县）委（农业局）牵头，相关部门配合，对照分类下达的目标任务，按照：如数、准确、优先发展种养大户和专业合作社会员的原则，完成核心用户的基本信息采集，通过核心用户群信息管理系统完成数据录入。10万核心用户数据录入按照：农村基层干部、农村经纪人、供销经营户、粮油、生猪、柑橘、蔬菜、水产、其他果树、牛羊、家禽、农机、家兔、食用菌、茶叶、花卉、蚕桑、中药材、养蜂等19个用户群进行细分登记。

设计有针对性的信息服务产品：根据不同用户群的需求特点，有针对性地设计了重庆农业手机报、农网广播、农业气象、企业之声、市场动态、粮油科技、生猪科技、柑橘科技、蔬菜科技、水产科技、果树科技、牛羊科技、家禽科技、农机科技、家兔科技、食用菌科技、茶叶科技、花卉科技、蚕桑科技、中药材科技、养蜂科技21个短彩信和语音服务产品，初步实现了信息分类、用户分群、

服务“对点”的信息服务目标，收到了很好的信息示范效果，深受广大用户的欢迎。核心用户的辐射带动作用，推动了全市100万普通信息用户的发展，提高了农村信息进村入户率。

分类发布“对点”信息：重庆市农业委员会组织500名农业专家对21个短彩信和语音服务产品进行分类编辑录入，实现服务平台内容日编辑、日更新、日发布的目标。

四、项目实施的目标及取得的成果

到2012年，在全市发展15万种养大户、专合组织、龙头企业成为核心用户、免费享受信息服务，农村信息化服务惠及150万农户。接受有效信息服务的重点核心用户已达到1 440万人次，其中重庆农业手机报彩信540万人次。

五、该项目实施的下一步打算

继续推进“信息补贴”政策，实施“信息惠农”计划；扩大核心用户服务规模，增加农村实用信息的农户受益面；提高信息服务质量，增强信息服务的针对性和实效性。

（供稿：重庆农业信息中心　编写：曹庆波）

4.44 重庆农村信息网 12582

一、项目名称和实施主体、时间、范围

中国移动通信农村信息网（www.12582.com）于2006年由中国移动通信集团公司在重庆正式开通，由重庆移动建设运营，立足重庆、服务全国。中国移动农信通业务各项重要产品的展示、应用的综合支撑平台，也是共享全国涉农信息和海量涉农信息的交互枢纽。

二、所使用的信息技术及设备设施

该项目结合了互联网、手机通信、网络交换、数据库等多项技术，支持多终端结合，在有电脑和宽带条件的地方使用电脑软件；在信息化基础条件较差的地方，可以通过手机 GSM 网络以 SMS 短信方式与网站交互信息。

三、所使用的方法和流程

访问 www.12582.com 即可使用网站浏览功能，要使用更多信息发布，接受短信信息等功能，需注册成为网站用户，选择成为企业、个人或组织机构等用户类型后可使用该类型用户特定功能。

网站规划为内容与特色服务两大板块，提供后台信息发布与管理，农信通业务插件，短信定制网站内容等功能。

内容板块主要有：村官家园，为大学生村官打造工作、学习、生活的特色交流平台；咕哇，农村信息网特色微博；村镇录，展现全国新型村镇的信息聚合平台；农业百科，农业百科信息全书。

特色服务板块主要有：农业病虫害自测，为用户提供农产品病虫害进行专业的查询、自测，可获得对应的预防和治疗方面的指导，是网站独有系统，填补了国内互联网相关应用空白；互动直播，农村信息网在线访谈栏目；集市，提供农产品供求信息线上展示、交流的在线市场；业务展示与业务插件，介绍农信通各项业务，并提供业务使用插件以互联网、手机相结合的方式推动涉农用户的信息互通。

四、项目实施的目标及取得的成果

该网站定位于特色化涉农信息综合服务网站，依托中国移动强大的服务网络，深耕“三农”信息市场，全力构建中国第一的移动涉农互联网平台，成为城乡之间的互动交流平台和城乡共同的生活展示窗口。其中村官家园，为大学生村官提供网络上的生活家园，提供特色农村信息化应用工具，满足村官工作、学习和交流需要，为助力新农村的经济发展提供帮助，是村官、村民、企业在线互动、交流的网上新农村。

网站目前日均点击量 65 万次，日均用户信息交互量 40 余万条，LEXA 排名10 752位，拥有注册企业用户5 342家，注册用户超过 12 万，是中国最大的涉农网站。其中，村官家园频道覆盖全国 28 个省，注册区县村官大队 425 个，实名注册村官2 567人，活跃村官 302 人。

五、该项目实施的下一步打算

拟与重庆市委组织部等相关部门筹备大型活动，引入社会资源及涉农资源项目需求，旨在推动大学生村官积极参与，并结合农村现有资源提出可实施的建议方案，为村民多办一些实事。

将陆续改善现有平台功能及应用，帮助村官、村民将当地的特产、资源推广出去，引入外界资源和技术，最终形成农村资源与城市资源的有效合理置换渠道。

（供稿：中国移动农村信息网运营中心　编写：曹庆波）

4.45 重庆市巴渝新农网农村综合信息服务平台

一、项目名称和实施主体、时间、范围

巴渝新农网农村综合信息服务平台，是重庆市农委与重庆电信、重庆移动和重庆联通、重庆电视台三家公司及媒体联手，以电话语音、手机短信、电视节目为载体的农村信息服务窗口。自2006年以来面向全市39个区县、700多万农户提供信息服务。

二、所使用的信息技术及设备设施

建立连接市、区县、乡镇的三级农村综合信息平台及网络支持系统，包括与三家电信运营商合作的农网广播、农信通、农业新时空，实现无缝对接的信息发布系统，巴渝新农网农业技术，信息分类标准体系，农业政策、科技、市场、劳务和涉及农村社会事务的综合数据库，呼叫中心，专家系统等。

三、所使用的方法和流程

农网广播语音服务：开设了当前农事、农业政策快讯、农业科技、农产品市场行情、农业技术咨询问答、农产品适时行情等7个栏目，用户拨打11896789农网广播专用号码，按键选择就能收听到相应栏目信息服务，还可无限量拨打农业专家坐诊电话，咨询需要解决的农业生产技术难题。

农信通短（彩）信服务：农信通以短信服务为主，服务内容突出农村手机用

户对农产品市场信息、农业科技信息、农业政策信息的需求。移动手机用户只要将所需信息栏目编码发送至06999，就能获取该栏目的信息。也可拨打12590110注册所需栏目信息或向农业专家咨询技术难题。

农业新时空短信服务：农业新时空设置农网热点、农产品市场信息、农业政策信息、农业科技信息、农产品供求信息、天气与农事、农业政务信息等固定栏目。联通用户只要将需要的栏目编码发送至3688，就能获取该栏目的信息。当用户在生产、生活、工作中遇到难题时，可以通过发送短信到3688或拨打语音电话10109555，向专家咨询相关问题。

四、项目实施的目标及取得的成果

自2005年以来，共发展农网广播、农信通、农业新时空注册用户250万户，辐射带动1 250万农户从中受益、享受技术和信息服务的成果。按照每个注册农户接受有效技术和信息服务后增加收入（或减少损失）100元测算，全市农民累计增加2.5亿元直接经济收益。

五、该项目实施的下一步打算

进一步优化升级巴渝新农网平台，加大信息产品的推广应用力度，应用信息化手段切实解决重庆边远地区信息入户的“最后一公里”难题，助推现代农业和统筹城乡发展。

（供稿：重庆农业信息中心　编写：曹庆波）

4.46 贵州农经网

一、项目名称和实施主体、时间、范围

贵州农经网由贵州省人民政府主办，各联席会议成员单位联合建设，贵州省

气象局承办。2000 年 8 月，贵州农经网正式开通运行。

二、所使用的信息技术及设备设施

该网基于 J2EE 体系的内容管理平台、网络设备、存储设备、多媒体制作设备、信息资源共享平台、一体化声讯平台、短信平台。

三、所使用的方法和流程

该网集成互联网等现代信息技术，不断丰富信息服务方式，采用互联网、声讯语音、手机短信、无线 LED 屏、数字电视、信息大篷车等信息传播手段，创新建立"五位一体"信息传播服务模式，有效地解决为农信息服务"最后一公里"问题。通过农经网省、地、县三级培训服务体系、村级农民多功能信息服务站培训基层信息员和通过信息大篷车"千乡万村行"现场培训与服务乡镇、村农民累计达 2 万人次以上，建立起一支稳定的农村信息员队伍，同时提高了农民使用信息技术的技能和素质。

该网省、地、县三级均实行联席会议制度，各级农经网工作列入各级政府年度目标管理，省、地、县、乡镇四级信息中心（站）逐级进行业务管理和指导，制定各级农经网工作标准、工作模式和工作规范，建立起信息采集、发布考核和激励制度，建立长效管理机制。

四、项目实施的目标及取得的成果

建网 10 年来，已发展成为政府指导农业和农村发展的重要工具，"三农"获取信息服务的重要平台，企业宣传推广产品和技术的最佳媒介，各部门开展农村信息服务的重要载体和渠道。

信息员总数达 1.5 万余人。搭建了数据总量达5 000万余条的全省最大的涉农数据库，建立起日更新发布信息 1 万余条的网站信息发布平台。农经网基层信息站（点）辐射全省 80%以上农民，短信订制用户已达130 万户，全省 120 万电视用户均能收看贵州农经网"三农时空"数字电视节目，农经网信息发布电子显示屏辐射农村人口 500 万人以上，信息服务扎实向乡、村级延伸。

2009 年以来，按照服务下延的理念，整合农经网、农村党员远程教育、文化信息共享和农家书屋等农村信息化工程资源，在全省范围 23 个行政村建立农民多功能信息服务站，使农民就近、集中通过互联网查询或发布信息，接受远程教育培训，阅读书籍，观看数字电影，视频呼叫各类专家咨询科、教、文、卫、法律等问题，农民工留守子女与外出亲人视频亲情对话等，真正实现"一站多用"。2010 年，通过建设2 000个便民利民党务政务综合服务中心（站、点）、400 块气象、农经网信息发布电子显示屏，进一步扩大为农信息传播服务的覆盖面。

截至2009年底，该网各级信息员面对面为涉农企业、农村产业基地、涉农协会、农户等开展信息服务达百万次以上。通过各类信息服务，促成全省企业、协会、特色产业基地及农户销售农产品和政府招商引资总额达63亿元，极大地提高了传统农产品的商品转化率。

"贵州农村综合经济信息网创建与推广应用"项目获贵州省2009年科技成果转化奖一等奖。贵州农经网的创建与应用有力推动了全省农村信息化建设，为探索西部地区农村信息化建设积累了宝贵经验。

五、该项目实施的下一步打算

将进一步推动体制机制创新，建立贵州农村信息化建设的科学发展模式，建立涉农信息整合共享服务平台、完善农村信息传播服务体系建设、开展农村信息技术普及培训、强化新农村综合信息服务、发展互联网增值信息服务，在促进农业发展、促进农民增收方面发挥更加积极的作用。

（供稿：刘雪梅　编写：张文静）

4.47 贵州省安顺市农业信息化应用体系

一、项目名称和实施主体、时间、范围

贵州省安顺市农业信息化综合应用体系，是由安顺市农业委员会实施，于2006—2010年分阶段建设完成的覆盖全市8县区（管委会），直接面向220万农户及农业部门、龙头企业、农民协会服务的农业信息化体系。

二、所使用的信息技术及设备设施

主要内容是以12316电话语音服务平台、咨询通移动短信平台、安顺市农业

信息网站三大平台；农业电视节目制作系统、委机关办公自动化系统、省市级农业视频会议系统、农业生态资源环境及卫星遥感调查信息系统 4 个系统为主体的农业信息化应用体系。

三、所使用的方法和流程

通过三大平台、4 个系统的综合应用，实现信息在供需双方的“推送”和“拉引”，实现信息服务的无缝集成，全方位、全覆盖、零距离的农业农村信息服务。

建立信息平台运行机制。完善规章制度。建立完善了 12316 热线值班、服务、机房安全管理及信息审查、发布、反馈等 16 个制度规章；强化队伍建设，免费提供了 400 余台农村信息机及5 500余台手机，累计发展农村信息员1 500余人；完善基础设施。建成远程教育终端接收站点2 169个，覆盖 100%的乡镇及行政村。

四、项目实施的目标及取得的成果

实施目标是实现安顺市农业农村信息服务的全方位、全覆盖、零距离。促进了特色农产品生产较快发展，全市农民人均纯收入连续 8 年实现两位数增长。及时发布病虫害防治、抗灾减灾信息，有效地减轻了自然灾害对农业生产的不利影响，累计挽回经济损失 2 亿多元。推动了农业信息服务全方位开展，实现了农业信息服务“零距离”。提高了行政办公效率和透明度。加强了政府与企业、农民的联系，密切了党群、干群关系。

五、该项目实施的下一步打算

进一步抓好龙头企业、农民协会、种养大户信息网站（点）及信息员队伍建设；加大信息资源整合，避免重复建设，强化农业系统电子政务应用；启动数字农业科技示范园建设，形成具有安顺特色的规范化、科学化、智能化的农业信息化平台。

（供稿：伍　巨　严　杰　编写：张文静）

4.48 甘肃省 12316 "三农" 服务热线

一、项目名称和实施主体、时间、范围

甘肃省 12316 "三农" 服务热线，由甘肃省农牧厅、省广电局、省通信管理局、省广电总台、省电信公司等通信运营商共同打造的为"三农"服务的综合信息平台，于 2008 年 4 月 1 日正式开通。

二、所使用的信息技术及设备设施

甘肃省 12316"三农"服务热线设立呼叫中心，组建省级坐席专家和市县专家队伍，利用各种媒体，探索信息发布的新方式等。热线依托电信部门现有的 118/114 语音平台，通过话务员分类转接、专家一对一解答的方式为农民解决诉求。

三、所使用的方法和流程

用户在甘肃省内使用固定电话、小灵通或移动电话直接拨打 12316，无需加拨区号。资费按市话标准收取。热线全天 24 小时值守，在用户开始咨询之前，先由话务员记录用户基本情况，包括姓名、所在地、职业等信息，然后了解用户需要咨询问题的类型后，按不同专业将电话转给设在兰州的省级"呼叫中心"坐席专家（每天早上 9 点至下午 5 点）或场外专家给予解答，对于不能通过电话当时解决的疑问或事件，咨询相关部门或专家后专门予以回复，或安排专家出现场实地解决，通过广播、电视、报刊、网络、手机短信予以发布。每天中午 1 点至 1 点 40 分，通过甘肃人民广播电台新闻综合广播、农村广播直播热线。

四、项目实施的目标及取得的成果

截至 2010 年 7 月底，甘肃省 12316 "三农" 热线总话务量突破 15 万次，制作午间广播电台直播节目 820 期，节目中安排专家坐席5 740人次，共有 157 名专家参与了接听电话工作，发布农产品供求信息 1.2 万多条（次）。针对农情农时，制作专题 52 期。累计组织和动员省、市、县专家出现场 240 多次，培训农民 3 500多人（次），协调解决了惠农政策不到位以及乱收费等问题，为农民朋友提

供了及时、科学、有效的种养技术咨询和指导服务。

五、该项目实施的下一步打算

将以有效提供农民最急需的市场和技术信息为重点，完善热线运行机制，拓展热线服务功能，提升服务质量，打造农民欢迎、专家热心、政府满意的综合信息服务平台，让热线惠及更多的农民朋友。主要做好 4 个方面的工作：一是加强配合，坚持不懈抓好热线宣传工作。二是上下联动，着力加大现场解决问题力度。三是完善制度，切实加强对热线运行的管理。四是进行信息资源开发，增强信息服务针对性。

（供稿：王明远　编写：张文静）

4.49 新疆农业信息网及维文网站

一、项目名称和实施主体、时间、范围

新疆农业信息网是自治区农业厅门户网站，由新疆农业厅农业信息中心创建，于 2006 年 8 月开通并在公网运行。在新疆农业信息网的基础上，2009 年新疆农业厅农业信息中心申请自治区电子基金专项资金创建了维文信息网站。

二、所使用的信息技术及设备设施

新疆农业信息网由新疆西菱公司设计完成，2010 年完成的新版由北京广域齐民信息技术公司设计完成。维文信息网站采用西北星公司设计研发的维文信息编辑软件。

三、所使用的方法和流程

新疆农业信息网各栏目信息由各处室及各地县提供，农业厅农业信息中心进行审核、分类、编辑后发布。维文信息网的信息由农业厅农业信息中心和农业厅

编译室共同维护。

四、项目实施的目标及取得的成果

新疆农业信息网共设置 76 个一级栏目，108 个二级栏目。经过 4 年多的建设，新疆农业信息网已成为新疆农业对外交流的重要窗口。为充分发挥网站服务功能，保证信息的时效性，农业要闻、信息快报、特色农业、农技推广、行政通知、招商引资等重点栏目做到每日更新。每个工作日更新 20 条以上，共发布和更新各类信息15 000余条，网站点击率 100 余万次。维文信息网站实施的目的是为新疆广大少数民族干部和群众建立一个专门的维语农业信息网站，帮助解决基层少数民族农牧民由于缺少必要的信息手段，获得市场信息的渠道相对闭塞，造成信息资源失衡和信息供求不对等的问题。建立维文农业信息服务平台，为新疆特别是南疆三地州少数民族群众提供政策、科技、市场信息服务，更好地为南疆三地州农业发展、农民增收，提供及时的农业农村信息服务，进一步提高农业农村信息进村入户率，实现农业信息“零距离”服务，帮助南疆少数民族群众尽快走上脱贫致富之路。

五、该项目实施的下一步打算

计划调动农业厅各处室站的力量，要求各单位对相应业务栏目指定专人进行维护；设计筹建新疆农业信息网商务版。

（供稿：新疆农业厅农业信息中心　编写：曹庆波）

4.50 新疆“三农”专家科技信息手机服务平台

一、项目名称和实施主体、时间、范围

“三农”专家科技信息手机服务平台建设项目由新疆农业厅农业信息中心实

施，实施时间是2010年1～12月，实施范围是全疆14个地（州、市）、88个县（市）及部分乡镇、村。

二、所使用的信息技术及设备设施

利用移动通讯技术和电信企业通道；新疆农业信息中心负责组建自治区专家队伍，由各地各行业农业专家分析各地的作物结构，提出各地信息需求，同时在操作技术上对农业专家进行培训；合作公司对农业专家提供的大量农业信息进行分类，再通过新疆移动公司将信息发送给定制用户。

三、所使用的方法和流程

目前全区农村中国移动手机用户占有率达到（50%）以上，可以成为传递惠农政策和农牧业科技信息进村入户的有效载体。服务方式是由基层农技专家将所要指导、提醒、告知的“三农”信息，通过手机免费打到自治区呼叫中心，再由呼叫中心以短信息形式实时群发到所指导地区定制农信通业务的农牧民手机上；同时，农牧民也能通过农信通平台向基层农技专家提出各类问题，实现信息双向沟通。基层农业专家包括各县农牧业局相关站所业务骨干，乡镇农技人员，行政村、专业协会主要负责人等。

四、项目实施的目标及取得的成果

缓解小生产和大市场的矛盾，保证生产、加工及流通的协调发展，实现稳定生产、均衡供给的目标。目前，全区用户数已达到10万，可有效解新决全区分散的农户和小规模的经营与大市场之间的矛盾，以此推动新疆粮食、棉花、特色农产品、畜禽等大宗农副产品长期稳定进入国内外大市场。同时，该项目为农牧民与农牧技术推广人员、农牧民与政府主管部门间提供了一条有效渠道，进一步提高农业农村信息进村入户率，实现农业信息“零距离”服务。

五、该项目实施的下一步打算

完善管理与服务，加强信息反馈，建立健全激励机制，加大宣传推广力度，实现全覆盖。进一步提高短信信息服务水平和信誉度，增强信息的针对性、时效性和实用性。用户数达到100万人。

（供稿：新疆农业厅农业信息中心 编写：曹庆波）

分　析　篇

一、农业生产信息化分析

近年来，我国农业信息化快速发展，对于加快转变农业发展方式、发展现代农业起到了有力的推进作用。农业信息化包括农业生产、经营、管理、服务等多个环节的信息化，其中生产信息化是直接作用于并改造传统农业生产方法、过程的基础环节，是实现农产品有效供给、保障国家粮食安全、提高农业综合生产能力的十分重要的科技支撑力量。

一、农业生产信息化的概念

农业生产是一个过程，是一种经济活动。纵观农业发展历史，农业生产活动所利用的主要工具从人力到畜力再到机械，不断进步，生产效率不断提高，推进着农业的现代化发展。今天信息技术飞速发展，其应用已渗透到农业生产的全部过程，不断地提高着农业生产信息化水平，使传统农业生产方式有了本质的提升。

所谓农业生产信息化，就是充分运用现代信息技术及设备设施装备农业，实现农业生产信息和知识的获取、处理、传播和利用，实现农业生产智能化、精准化，提高生产决策水平、农业生产效率的过程。从农业经济发展所包含的环节来看，农业生产是农业经济发展的基础，没有生产，就没有交换、分配、流通和消费。正因为如此，农业生产信息化也是农业信息化最基础的部分，它是直接作用于并改造传统农业生产方式的重要部分，能够促进产量提高、品质提升、节本增效。农业生产信息化，从近年实践看，主要包括以下几个方面：一是种植业信息化，包括大田种植信息化和设施农业信息化。二是畜牧兽医信息化。三是渔业信息化，包括水产养殖信息化和渔业捕捞信息化。四是农机信息化，包括农机跨区作业信息化和农机维修服务信息化。五是农垦信息化，包括精准农业、农产品质量安全追溯信息化。六是农产品加工信息化。

农业生产信息化有以下几个主要特征：一是农业生产装备数字化。即用现代信息技术和产品装备农业，如在农田、温室大棚、养殖场等装备无线传感器、探测头，及时准确采集和传输光、热、水、气、肥等环境因子信息，为生产决策和管理提供科学依据。二是农业生产管理智能化，是指现代生物工程技术、农业工程技术、环境工程技术、信息技术和自动化技术应用于农业生产领域，根据动植物生长的最适宜生态条件由计算机智能系统发出指令，使有关系统、装置及设备有规律运作，将温度、水分、肥料等诸因素综合调整到最佳状态，确保种养生产活动科学、有序、持续进行。三是农业生产作业精准化。采用 3S 技术、专家系统等信息技术和人工智能技术，对耕地和作物长势进行定量实时诊断，根据土壤肥力和作物生长状况的空间差异，调节对作物的投入，实施定位定量的精准田间管理，或者根据动物个体健康状况和体重差异，调整饲料投喂量，实现精确配料、精确养殖等等。总之，信息技术对传统农业的现代化改造和农业产业结构的调整将产生深远影响，不仅可以提高农业生产力，而且是实现优质、高产、安全、低耗、环保的可持续发展农业的有效途径。

二、农业生产信息化现状

伴随着农业信息化的快速推进，信息技术在我国农业生产中的应用逐步展开，计算机技术、网络技术、各类专家系统、决策支持系统、遥感技术、地理信息技术、全球定位技术等多项技术已得到示范应用和推广，大大提高了我国农业生产信息化水平，也有力地推动了现代农业发展。

（一）农业各行业信息化水平全面提高

1. 种植业生产方面 重点加强了农情监测、精准施肥、智能灌溉、设施农业智能监控、病虫草害监测与防治信息化试点示范，提高了农业生产设施装备的数字化、智能化水平。精准农业技术逐步由示范应用走向生产一线，3S 技术、自动控制系统技术等在一些地区农业示范园区以及农垦系统取得良好应用成效。测土配方施肥不断融入信息技术，建立了主要粮食作物施肥指标体系和测土配方数据库。设施农业中温室环境自动监控系统、智能化节水灌溉系统等设备和技术都有应用。

2. 畜牧业生产方面 重点加强了畜禽精细养殖、动物疫病防控信息化示范，通过对畜禽生产过程的信息化管理，实现饲料投入、繁殖育种、环境监控、远程诊断等。动物标识及疫病可追溯体系、畜禽养殖管理信息系统逐步推广。设施养殖自动化和智能化水平提高，四川、山东等省规模化养殖场以自动化、数字化技术为平台，通过模拟生态和自动控制技术，每一个畜禽舍或养殖场都成为一个生态单元，能够自动调节温度、湿度和空气质量，能够自动送料、饮水、产品分检和运输。

3. 渔业生产方面 加强了水产精确养殖、水质监测和病害防治信息技术以及远洋捕捞信息化应用。广东、上海等地区在养殖场应用水质实时在线连续监测装备和系统，实现远程数据采集和信息发布，异常水质实时监测报警，远程控制与调节输氧或水温。山东、江苏等地区加强水产养殖病害测报体系建设，利用呼叫中心技术、远程在线技术、移动通讯技术和视频推送技术，建立水产养殖病害防治及咨询系统，加强了对养殖病害的有效监管和控制。

4. 农机作业方面 加强了全国农机跨区作业服务信息化，实现了作业进度实时管理、对机手全时和全方位信息沟通服务，农机维修服务信息化初步应用。

5. 农产品加工方面 资源规划（ERP）、客户关系管理（CRM）、供应链管理（SCM）等管理系统在部分农产品加工企业得到应用，机器视觉技术、X 射线成像技术、近红外光谱技术、电子舌和电子鼻技术、高光谱成像技术等在农产品加工过程中的应用越来越广泛。相比较而言，畜牧业、渔业等养殖业由于规模化、集约化程度高于种植业，生产信息化水平也高于种植业。

（二）信息技术应用贯穿农业生产全过程

信息技术在动植物品种选育、农作物苗情监测、土壤肥力、空气温湿度等环境监测、病虫害监测及防治、畜禽饲喂、作物收获等各环节都有应用，传统的农业生产方式正在逐步向现代农业智能、自动方向转变。

1. 在育种方面 浙江省建立了主要农作物数字化辅助育种平台，利用数字化技术提高资源的利用效率、缩短育种周期，改进传统育种方法。山东省开发应用了集约化奶牛场繁育与饲养数字化关键技术，实现大范围奶牛育种数据的自动采集、传输和分析，对于促进奶牛育种、精细营养技术、原料奶质量可追溯技术研究具有重要价值。

2. 在生产管理方面 农情监测信息化水平不断提高，山东等省基于物联网的农作物生产智能测控系统，可实现对土壤、肥料、水分、光照、温度、空气等农田环境数据进行快速、准确的采集、传输、分析。作物精确管理技术不断成熟，江苏等省基于模型的作物精确管理决策支持系统，根据气象、土壤、品种特性、技术措施等多种影响农业生产的因素，为生产者因地制宜提供精确化和数字化的现代作物栽培管理技术。特别是设施园艺应用较为普遍的自动监控系统，通过传感器自动采集温度、湿度及土壤含水量，并根据系统设置的标准，自动控制窗户开关以调节室内环境温度，自动控制滴灌电磁阀使温室内的土壤含水率保持在最适宜作物生长的范围内。养殖精确管理技术逐步推广，安徽等省采用畜牧养殖协同管理平台，实现养殖过程精确的配方、根据个体特征自动调整饲喂量。

3. 在作物收获方面 装有 GPS 的联合收割机可以自动测量产量，自动采棉系统通过计算机自动控制能够准确掌握每一台采棉机的运行路径、精准计算每台机器的油耗。此外，采用自动化技术，研制的机器人能代替人从事一些繁重的农事操作，如苹果收获、黄瓜采摘、挤奶等。

以“2010 年信息化与现代农业博览会”上报项目为例，农业各行业所应用信息技术比重见图 1。

（三）发达地区及农垦系统生产信息化水平较高

从各地农业生产信息化实践看，在发达地区、大城市郊区、规模化农业园区、农垦系统信息技术应用较为普遍，信息化水平较高，应用效果好，尤以农垦系统为现代农业的代表。在北京、上海、天津、江苏、浙江等地依靠政府雄厚的财力建立了精准农业示范区、现代农业示范园区等，采用信息技术和产品，提高

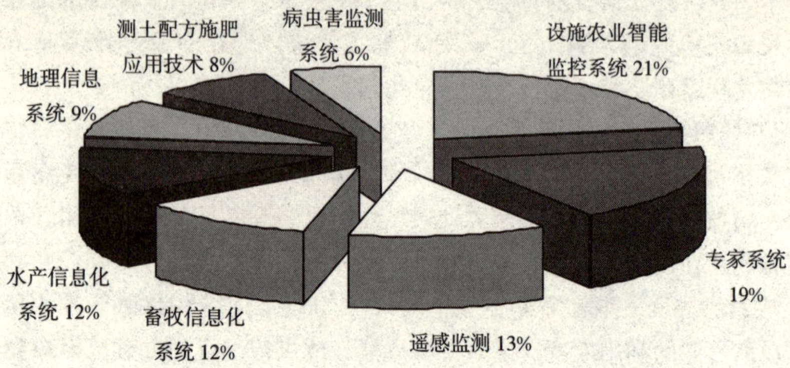

图 1　2010 年信息化与现代农业博览会生产信息化上报各类信息技术比重

现代农业生产管理水平。仅从“2010 年信息化与现代农业博览会”上报的生产信息化项目看，上海、江苏、浙江、山东、天津五省市就占了 58%（图 2）。新疆生产建设兵团自 1996 年开始实施“兵团精准农业信息化系统”，以兵团 14 个师（垦区）的 175 个农牧团场为主体，加快发展数字化、智能化、实时指挥和控制自动化的精准农业管理，目前以膜下滴灌为标志的高新节水技术推广面积达到 1 000万亩，占总播面积的 62%，微机决策平衡施肥系统推广应用 700 万亩，机采棉推广应用累计达 900 万亩，农业机耕、机播、机整和粮油作物机收水平达到 100%，农业综合机械化水平达到 88%。黑龙江垦区综合运用计算机技术、通讯技术、遥感技术发展精准农业，在播种、施肥、灌溉、生产监控等方面实现了信息化精确管理。广东垦区运用地理信息技术，组织开发了以土地权属管理为基础，集土地经营、农业生产、职工管理等功能于一体的综合性土地信息化管理系统，实现了农场土地的精确管理。

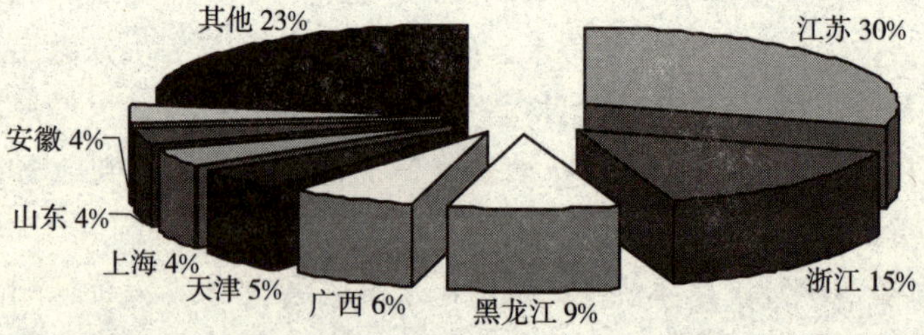

图 2　2010 年信息化与现代农业博览会生产信息化上报项目各省比重

（四）多元化信息技术研发推广模式逐步成熟

在各地各级政府部门支持和组织下，信息技术向生产一线的推广应用正在加快。IT企业、科研院校是农业信息技术的研发主体，龙头企业、合作社、农户等是信息技术的应用主体，各地在实践中产生了科研院校＋龙头企业＋农户、科研院校＋合作社＋农户、IT企业＋科研院校＋农业企业、IT企业＋农业企业等多元化生产信息技术研发和推广应用模式，加快了农业信息技术成果转化。如江苏吴江市水稻精确种植管理系统，是在吴江市农业委员会支持下，由南京农业大学研究开发的一套精确农业生产技术指导软件，在吴江市的同里北联、汾湖雄丰、平望庙头、胜墩等地试点实施。安徽安泰克国际技术转移有限公司和安徽省畜牧兽医局共同开发的畜牧养殖协同管理平台在广德县、绩溪县等地生猪示范合作社试点后，由安徽省农委发文在全省合作社范围推广应用。有些是由企业自主研发的，如南京奇水工贸有限公司，立足园区实际特点，于2008年建成了“GPRS水体在线监测监控系统”，以进一步提升青虾产品档次，提高青虾养殖单产、规格质量和效益。海芯华夏（北京）信息技术有限公司自主研发生产的设施农业物联网应用系统自2010年3月起在当地农业部门的组织协助下，陆续在内蒙古、青海、甘肃等省投入使用。总体看，在这些推广应用模式中，农业部门起到了重要的引导、组织和推动作用。

三、农业生产信息化成效分析

信息技术在农业生产领域的推广应用有效地改变了传统农业粗放、低效的生产方式，促进了农业发展方式转变，加快了农业现代化步伐，也产生了实实在在的经济效益、社会效益和生态效益，受到了广大农民和农业企业的欢迎。

（一）改变传统农业粗放生产方式，促进实现节本增产增效

专家系统、精准农业技术等是农业生产应用较为广泛的信息技术，改变了传统农业粗放、低效的生产和管理方式，实现了农业节本、增产和增效。重庆市使用柑橘产业数字化精准管理系统，使柑橘生产管理的决策系统化、科学化、简单化。经测算，示范区柑橘单产551千克/亩，比常规管理区单产增加41.8千克/亩。江苏姜堰市绿色稻米生产管理专家系统技术项目实施后，3万亩示范区稻米产量比大面积农田增产10%。安徽在生猪养殖业推广使用畜牧养殖协同管理平台，提高了母猪繁殖效率、饲料转化率等。通过多个400～700头母猪场实践，提高综合经济效益33.8万～62.8万元/年。其中：降低饲料损耗15万～30万元/年，新增效益18.8万～32.8万元/年。江苏南通市多个养鸡场采用环境远程监控系统，实现了规模鸡场智能化管理，减少养鸡场35%用工量，养鸡成活率从93%提高到了98%以上，经济效益提高了20%以上。无锡市惠山区使用物联网精准农业管控系统，大幅减少用工，以前1个技术人员只能管50亩地，现在可以管理150～200亩地。新疆生产建设兵团所采用的采棉机每台相当于600个人工，大大提高了采收效率，采收成本也仅是人工的 1/5（图 3）。

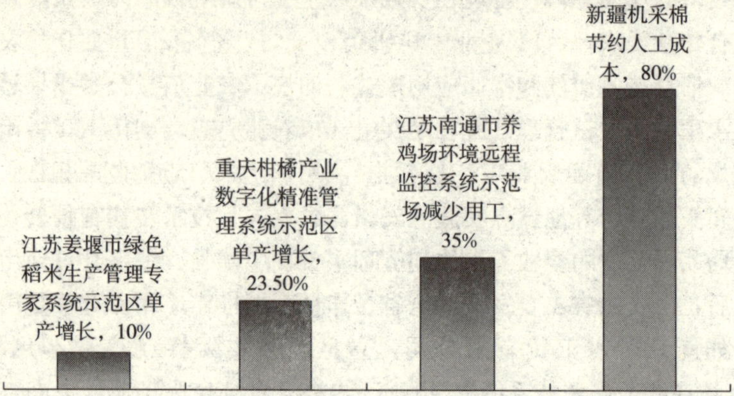

图 3　2010 年信息化与现代农业博览会生产信息化上报项目成本效益示例

（二）促进实现农业生产标准化，提升产业竞争力

在种养殖业生产过程中，采用信息技术根据作物状况实施精量施肥、精量灌溉，自动识别动物个体并实施精确喂料等，促进了农业生产标准化水平的提高，进而提升了产业竞争力。广西农垦永新畜牧集团有限公司采用信息化管理系统，对生产全程严格控制，使过程指标和最终产品达到标准要求。该公司永新源牌猪肉已经成为优质、安全的代名词。2008 年，该公司良圻原种猪场生产的三元杂商品猪由于瘦肉率高、肉质好、损耗少、食品安全有严格控制程序，成功获得香港市场准入资格，其生产的三元杂商品肉猪全部直销香港，并在香港叫响永新源猪肉品牌，销售价格比普通肉猪高 1 元/千克。二元杂商品猪通过海丰公司分割进入香港百佳超市。2010 年，良圻原种猪场出口香港生猪数量达到 3 万多头，为广西最大生猪供应中国香港市场。

（三）提高资源利用率，减少环境污染，实现农业可持续发展

采用信息技术实现农业生产的节水节肥，不仅降低消耗，也能起到环保作用，是适应经济社会发展需求非常好的技术。上海市循环水工厂化水产养殖系统采用信息技术改造使用新型清洁生产模式，养殖节水率达到 95%以上。中农先飞（北京）农业工程技术有限公司研究开发的智能灌溉施肥及环境测控系统，主要适用于温室环境调控及大田、果树、花卉、园林、高尔夫球场等灌溉工程，在北京、河北、内蒙古、福建等地区应用，取得良好的社会效益及经济效益：与现有技术相比，运用该系统可实现节水 30%以上、节能 15%～20%、节肥 20%～30%、减少农药施用量 30%～35%，全面实现节能减排、减少环境污染、高效利用自然资源的效果，有利于改善生态环境，实现农业发展与生态环保的协调、可持续发展。

（四）有效防范自然灾害损失，确保农业生产稳定发展

在防范和减缓农业自然灾害损失方面，信息技术发挥了重要作用，一定程度上改变着农业靠天吃饭的状况。如遥感监测苗情，实施科学分类指导；人工影响天气，减少灾害损失；这些都对农业稳产增产起到重要作用。2009 年我国北方冬麦区发生了历史特大干旱，通过遥感技术增加了农田应急监测频次，准确掌握苗情，及时实施了有针对性的田间管理措施，有效促进了小麦苗情转化升级。当年我国冬小麦仍然获得丰收并实现增产，为保障国家粮食安全作出了重要贡献。2010 年入冬以来，我国北方冬麦区再度遭遇严重旱情，旱区气象部门抓住 2 月份出现自然降水的有利天气条件实施了人工降雨雪，为缓解旱情起到积极作用。据统计 2 月份人工增雨（雪）效果约 16%～17%（即总降水量中人工降水量占比）。新疆兵团农五师通过采用人工影响天气雷达信息传输网络，采用 ISDN 网络技术，在原有无线通讯网络的基础上，实现了雷达实况资料传递，提高了人工防雹指挥作业质量，减少了灾害损失。

（五）培养了大批适应现代农业生产的新型农民

现代信息技术和信息产品的广泛应用，改变了传统农业劳动者“面朝黄土背朝天”、“只能种地，靠天吃饭”的低效生产方式，催生了一批懂信息知识、会信息技术、精通现代经营管理的新型农业生产者。特别是一些生产经营大户、农民专业合作社管理者，注重用工业化理念来管理农业。如宁波市江北区洪塘街道周陈村种植大户徐腾达联合周边 100 多个农户成立了水果合作社，有葡萄、梨种植基地2 600多亩，面积大了，学习企业化管理模式，果园安装了自动监控设备，实行电脑控制，以前是人工浇水，现在装了自动监控设备，缺水分时系统会自动滴水，温度超过设定值就会自动报警，工人可及时采取调温措施。据统计，我国农民专业合作社数量已达 30 万个以上，加上生产经营大户，相对有条件运用先进生产力，信息化武装了他们，他们同时也是推进信息化的新型农民。

四、农业生产信息化存在的主要问题

虽然近年我国农业生产信息化发展取得了不小的成绩，但仍然存在小规模制约信息化水平提升、信息技术成果转化率低以及投资严重不足、推进力度偏弱等一些问题。

（一）小规模生产制约信息化水平提高

目前，我国小规模分散生产格局在一定程度上制约着信息化成果的应用和推广，这也可以说是一种国情。作为小规模农户本身来讲，一是信息化成本偏高的制约；二是农业收入越来越不是主要的增收来源，他们不是很在乎两三亩地上的丰歉，对信息化投入缺乏积极性。该情况导致一大批先进实用的信息技术和产品不能很好地得到应用推广，造成闲置浪费，限制了传统农业向现代农业的转型。

（二）信息技术成果转化严重不足

据有关资料，目前我国半数科技成果沦为“展品”，科技成果转化率大约在25%左右，真正实现产业化的不足5%，与发达国家80%转化率的差距很大。农业信息技术成果的转化率也可想而知。有些项目表述成果为“发表重要学术论文100多篇，出版著作2部；登记国家计算机软件著作权12项”等，具体在多少企业、多大面积范围内应用则没有明确说明。这一方面原因是农业信息技术应用主体如农业企业、合作社、大户等新知识接受力不够强、经济条件有限，一方面也在于信息技术及产品本身存在应用价值、操作便捷性不够等问题。有些科研立项时就“脱离了实际”，成果鉴定之后，只能束之高阁；有些应用技术研究的首要目标是国内一流、世界领先，而不注重实用价值；有些项目没有改变科研立项的学术思维，从科研项目最初的指南到后期的评审，都只是专家主导，研发过程没有企业和用户参与，难以真正体现“市场价值”。

（三）对农业生产信息化的投入不足

我国农业信息化整体水平已有显著提高，但投入仍然是很不够的，相对于电子政务、电子商务等管理、经营、服务方面，对生产信息化的投入更是不足。总体看，我国农业信息化电子政务水平比较高，国家实施的金农工程以及各省实施的信息化工程项目，偏重于提高行政管理效率和服务水平，政府部门建立了各种各样的网站，以提供政策、科技、市场等信息服务为主。社会主体在农业信息化方面的作为和作用也以信息服务为主，如我国已有各类农业网站3万多个，其中以信息服务居多；电子商务也是国家着力推动的信息化工作重点之一，如商务部推动的“信福工程”，从政府到企业积极利用网络技术，实现农产品产销信息对接和有效流通，发展也比较快。但生产方面有计划、成规模实施的信息化工程还不是很多，有的长期停留在试点示范性质，有的应用主要集中在农场、现代农业园区。

五、农业生产信息化发展趋势及对策建议

信息技术作为当今最活跃、最具变革作用的技术类型，发挥着经济增长“倍增器”、发展方式“转换器”、产业升级“助推器”的作用。在国家政策有保障、农村生产有需求等几方面因素作用下，信息技术将进一步渗透和融合于农业产业，生产信息化应用水平将进一步提高，应用实效将进一步显现，将进一步提升现代农业发展质量，更好地实现农业生产与资源节约、环境保护之间的良性协调发展。

（一）农业生产信息化发展趋势

1. 信息技术应用将普及化 首先，近年国家对农业生产信息化的重视程度在不断加强。党的十七届三中全会明确指出，要不断促进农业生产经营信息化。2008 年中央 1 号文件指出，鼓励有条件的地方在农业生产中积极采用全球卫星定位系统，地理信息系统，遥感和管理信息系统等技术。在《国民经济和社会发展第十二个五年规划纲要》中进一步指出，要发展农业信息技术，提高农业生产经营信息化水平。可以预见，信息技术对农业高产、优质、高效、生态、安全的推进作用将更加明显；其次，我国农业生产发展面临日趋严峻的土地、水、劳动力等各种资源约束，要实现保障农产品有效供给的目标，就必须采用节约资源、低成本、高效率的生产技术，信息技术将大有可为；第三，现代信息技术发展日新月异，而技术要有持久的生命力，必须要与产业相结合，为产业发展服务。信息技术与农业产业相融合，催生出多种新型、实用的电子产品和技术。如果园自动对靶喷雾机、设施农业物联网技术、安装了卫星导航系统的无人驾驶拖拉机，等等。这些新技术及产品的诞生，拓展了信息技术及产品的发展空间，更有针对性地为传统农业改造提供新的技术和工具手段。

2. 信息技术开发应用将向综合、专业和全程方向发展 农业生产管理需要多种综合化技术，与此相应农业信息技术要朝着综合、专业和全程化开发与应用，以全面改造传统农业生产方式。综合，即单项信息技术不再独自作战，而是要与其他技术相结合，信息技术与生物技术结合，信息技术与作物模型相结合，信息技术与农机技术相结合，信息技术与节水技术结合，自动采集与智能控制技术相结合，数据库技术与网络技术、多媒体技术相结合等等。专业，即针对不同生态区域、不同农产品品种，有针对性地开发信息技术和建立专用信息系统。全程，即信息技术应用贯穿从繁殖育种到生产过程管理再到收获、产品上市的整个生命周期。这些趋势特点也要求信息技术研发与推广应用单位进行纵向、横向联合，发挥综合资源优势。

3. 农业生产智能化和精准化将较快推进 我国自 20 世纪 80 年代以来实施的“863”智能化农业信息技术应用示范工程研究开发出了一批农业专家系统，建立了一批应用示范区，为发展智能精准农业提供了强有力的支持。利用传感技术、物联网技术、专家系统、自动控制技术、3S 技术等，将使农业种养生产由传统的粗放型转向智能化、精准化。如自动采集和计算庄稼所需化肥、水分等需求量，使各种投入品的使用量达到准确的程度，根据病虫害情况自动控制农药喷洒量，根据土壤状况自动调节拖拉机耕种深度，防止土地板结和肥力下降，自动识别每头奶牛并配给精粗饲料，根据水质环境自动调节输氧或水温，这类技术将有广阔的应用前景。

4. 生产信息化与资源节约和环境保护结合将更紧密 转变经济发展方式是实现我国科学发展的必由之路，而资源节约、环境友好是加快转变经济发展方式的重要着力点。长期以来，我国粗放型农业增长模式使得农业资源的开发与利用浪费严重。如我国年化肥施用量5 400多万吨，每公顷农田用量 379.5 千克，是世界平均水平的 3 倍左右。化肥过量使用不仅加重了农业资源的短缺，也造成严重的环境污染。因此，加快建立低度消耗资源的节约型农业生产体系，以可持续发展理念引领农业发展是我们面临的迫切任务。未来要以农业信息技术进步作为农业发展方式转变的重要支撑，使信息化的深入应用成为降低农业能源和资源消耗的重要途径，成为实现绿色生产、低碳经济的重要手段。

（二）对策建议

1. 创新生产组织方式，拓展信息化发展空间 现代信息技术的推广应用要有与之相适应的承载主体，在农业生产趋向规模化的基础上，信息化能更多地发挥效用。如，据测算，小麦施肥适用于精准农业技术实践的经济可行的最小面积约为 85.6 公顷，而我国有相当的差距。要加快提高农民组织化程度，多种形式推进农业生产规模化，大力发展种养大户、农民专业合作社、农业龙头企业等，并以他们为信息化应用的重点对象，不断拓展信息技术和产品应用空间，提高生产信息化水平。

2. 健全多元化投入机制，探索可持续生产信息化发展模式 信息化建设往往是投入大，见效慢，但长期效益明显。而我国农业的弱质性、农民的弱势性决定了生产信息化建设仍然首先要有政府投入作保障，每年安排专项资金，用于支持基础信息技术产品研发、成果转化和推广。其次，要发挥市场机制作用，积极引导企业及其他社会主体参与和投入。作为企业目标很明确，其信息技术及产品研发推广会更加注重和贴近实际需求，能够克服政府投入和推动对项目建设考虑的多，对营运考虑的少，对绩效考虑的少，缺乏可持续性的弱点。要引导企业根据农村实际制造低成本信息终端，建立起有效的信息技术供给和农业产业应用需求之间的互动机制，使技术产品研发与应用服务紧密结合，更好地满足现代农业发展需求。

3. 围绕现代农业发展目标，着力推进农产品供给安全信息化建设 粮食足则天下安。解决好 13 亿人口的吃饭问题始终是政府关注的首要问题。“十二五”期间，确保农产品有效供给，特别是国家粮食安全，是我国现代农业发展的首要目标，因此农业生产信息化要紧紧围绕农产品供给数量安全和质量安全开展工作。重点应包括以下几个方面：一是国家粮食安全生产信息化建设，加强测土配方、专家系统等信息技术应用，着力提高农田质量、单位面积产出等。二是重大动物疫情疫病监测信息化建设，加强疫情疫病及时监测和有效防控，保障畜禽水产品供给安全。三是农业应急指挥信息化建设，及时监测重大农业自然灾害，有害生物及外来生物入侵、渔业作业水上安全等，提高应急处理能力，降低成灾率，减少灾害损失等。

4. 加强项目示范，发挥辐射带动作用 在各地农业生产信息化经过多年发展取得丰富实践经验的基础上，在我国传统农业向现代农业快速转型期，农业生产信息化已到了重要推进的阶段。为此，应更加注重生产信息化总体规划，进一步调动各方面参与建设的积极性。要注重信息技术和产品应用的实效性，结合广大农业农村生产实际，因地制宜组织实施信息化示范项目，包括大田种植业信息化示范、设施园艺信息化示范、畜禽养殖业信息化示范、渔业信息化示范等重点示范工程，通过示范工程，带动辐射更多的农业生产经营企业和农户采用信息技术，从整体上提高农业生产信息化水平。

（执笔人钟永玲　参与讨论郭作玉　汤艳丽　徐伟平　张祚本
刘　涵　闫东浩　张　熵等）

二、农业经营信息化分析

一、农业经营信息化概念

(一) 农业经营信息化内涵

党的十七届五中全会指出，在工业化、城镇化深入发展中同步推进农业现代化，是“十二五”时期的一项重大任务。信息化是推进农业现代化的重要手段，也是转变农业发展方式的重要途径，其中推进农业生产经营信息化是农业农村信息化发展的重要组成部分。所谓农业经营信息化，是指在农产品及生产资料的质量监管、仓储（保鲜）、运输、营销、市场交易、交易方式、售后服务等环节，在因地制宜利用农业景观资源发展观光、休闲、旅游等农村服务事业中，使农民在农业功能拓展中获得更多收益等新兴农业经营领域，不断利用信息技术实现信息化的过程。

(二) 农业经营信息化外延

1. 农产品质量监管信息化 随着农产品供求的基本平衡、人民生活水平的不断提高和农产品国际贸易的快速发展，消费者对农产品质量安全的要求越来越高。2007 年和 2008 年中央 1 号文件连续提出要加强农业标准化和农产品质量安全工作，健全农产品标识和可追溯制度，强化农业投入品监管。农产品质量监管信息化就是通过建立从产地到市场的全程质量控制系统和追溯制度，以产品追溯条码为信息传递工具，对农产品产地环境、生产过程、产品检测、包装盒标识等关键环节进行电子监管和可追溯。农业部自 2001 年开展例行监测工作以来，共监测蔬菜样品 8.3 万个，畜产品 4 万个，水产品1 500个。2008 年，农业部农垦系统已全面启动农垦农产品质量追溯项目建设工作，到 2010 年已有 56 家产业化龙头企业、规模企业建立可追溯系统。

2. 农产品价格信息化 农产品价格是反映农产品供需最灵敏的信号，它关系到农业生产、农产品流通、农民收入水平以及整个社会经济生活的安定。农产品价格信息化是借助网络平台搭建农产品价格查询系统，实现价格信息的发布、汇集、展示、查询等。农产品价格信息化可使农民及时快捷地了解到全国或地方各类农产品价格，有助于农民及时调整种养结构，提高适应市场的应变能力，也为政府适时精确掌握各种农产品销售情况提供客观依据，缩短决策反应时间。如农业部网站，“每日价格”栏目每日公布全国各地主要农产品批发市场的各种蔬菜价格、水果价格、粮油价格、水产品价格、禽蛋价格以及农资和农机价格，方便各方决策参考。

3. 农产品供求对接信息化 近年来，我国农产品市场频频出现局部供求失衡、部分农产品价格波动异常的现象，造成这一局面的原因很大程度上是由于市场信息不对称，供求双方不能及时对接，造成农业市场资源配置的低效率。农产品经营信息化要解决的一个重要问题就是实现供求信息低成本、快捷地达到买卖双方。当前，全国各地涌现了许多民营的农产品供求信息网，有些地区还利用手机短信向供求双方提供免费或低成本的信息发布功能，使供求双方第一时间获得供求信息，平衡地域间的农产品短缺或过剩。如浙江“农民信箱”，自2005年9月启用至2007年5月，实名制用户已突破140万，用户可免费使用农民信箱接收、发送购销等涉农信息，有效地加强了信息双向交流，在农产品产销对接上发挥了巨大作用，帮助农民实现了可观的经济效益。

4. 交易方式电子化 农业经营信息化带动了交易方式的变革。传统的农产品及生产资料市场以现货、现金交易为主。随着农业电子商务的发展，电子支付将逐步取代传统的交易方式。电子支付具有多重优势，可以减少现金流动，降低交易成本，提高交易的安全性和方便性。电子支付的形式不断多样化，目前有网上银行、支付宝以及手机支付的“掌上通”等数十种支付工具。如海南中橡电子交易市场2007年推出了网上支付功能，年交易额达50亿元，使我国70%以上的天然橡胶实现了网上交易。

二、农业经营信息化发展现状

（一）农业经营信息化发展迅速

近年来，各地农业经营信息化飞速发展，农业电子商务、批发市场信息化建设等都取得了显著成效。休闲农业信息化建设虽然起步较晚，但“十二五”期间也面临重要的发展机遇。

互联网与传统农业融合的电子商务模式，是农业经营信息化的重要内容，近年来发展迅速。电子商务目前采用的模式是B2B、B2C、C2C，其中B2B是最主要的应用形式。经过10多年的发展，我国农业网站基本上覆盖了农业领域的各个方面，据统计目前我国农业网站已有3万多家。农业部为农民和企业提供网上营销服务的“一站通”网络服务平台，全国注册会员已超过35万，年信息发布量超过100万条，日均点击量在100万次以上。第三方农产品电子商务网站也正在兴起。2010年，工业与信息产业部、农业部等五部委联合印发《农业农村信息化行动计划（2010—2012年）》（以下简称《行动计划》），准备到2012年选择300家农业龙头企业、农产品批发市场、连锁超市开展试点，培育一批年交易额超过5亿元的农产品电子商务交易平台。当前，国内比较有代表性的农产品电子商务平台有中粮我买网——豪门电子商务、寿光蔬菜产业集团交易所有限公司、重庆农产品（集团）有限公司、河北大宗商品交易市场、上海大宗农产品电子交易市场等。

我国农产品批发市场的信息化发展较快。随着近年来国务院对农产品批发市场的重视，原国内贸易局、农业部、国家发展和改革委员会曾先后对各地农产品批发市场配备检测设备和信息化设备提供了资金和国债贴息支持。据相关报告显示，2006 年 56.1%的农产品批发市场建有质量检验检测室，比 2000 年的 0.4%大幅提高了 55.7 个百分点；2005 年，建有电子屏幕的农产品批发市场占总量的 21.36%。目前，通过农产品批发市场改造，全国已有一批大型骨干农产品批发市场成功试行了电子商务贸易。如重庆市农产品市场价格信息服务系统于 2004 年研发成功，2005 年 1 月正式在全市 40 个区县农贸市场、产地批发市场和农业部定点批发市场开始价格信息采集与报送。

信息化在新兴的休闲农业领域面临重要发展机遇。据有关部门测算，目前，全国有休闲农业和乡村旅游景区（点）已达 1 万多个，其中国家级农业旅游示范点 359 个，农家乐 150 万家，直接从业农民 400 多万人，年接待游客 4 亿人次，年收入达3 000亿元，其中农民直接获益1 200亿元（郭焕成，2010）。各地涌现出大批休闲农业的网站，如中国休闲农业网、北京乡村旅游网、中国园艺网等。《行动计划》中指出，要整合各地休闲农业信息资源，建设全国统一的休闲农业电子商务平台。开发、挖掘全国农村旅游资源，整合全国休闲农业产业链，建设休闲农业资源数据库。到 2012 年，在农村地区的国家级风景名胜区、红色旅游区和文明遗产遗址保护区以及现代农业基地全面开通网络预约和票务管理系统。2010 年，农业部与国家旅游局联合部署了“十二五”时期，发展休闲农业要重点实施的六大工程，其中，“支撑体系建设工程”是要围绕休闲农业产业发展需求，加快建设休闲农业公共服务平台，形成集全国休闲农业信息服务、管理咨询、营销推介、物流交易、虚拟展示为一体的现代信息支撑体系。随着休闲农业的快速发展，这一领域的信息化必将迎来一个加速发展时期。

（二）农业经营信息化已渗透到农业经营的各个领域

“十一五”以来，农村信息基础设施加速普及，面向农业农村的信息服务模式不断创新，农业经营活动信息化水平日渐提升，已经渗透到农业经营的各个领域。

当前，部分省（自治区）正在围绕本省重点农产品，扶植和建立一批跨区域、专业化的特色网站和交易网络，农业电子商务服务体系涉及批发市场、商贸中心、物流调度中心和商品集散地等农业经营的各个环节。与批发市场信息化相配套的现代物流体系也在快速发展，信息化正在与订单农业、连锁经营、物流配送相结合，正在逐渐成为促进农村现代流通方式和新型流通业态发展的重要手段。如湖南“村村通”农业电子商务平台的网上销售系统采用 B2B 模式，提供产品展示和销售功能。江苏凌家塘农副产品批发市场信息系统于 2000 年开始实施信息收集发布于2004年开始实施安全监控指挥调度，目前已建成1个指挥调度中心、2个监控分中心，全场交易区有效监控范围超过90%，冷链物流信息系统一期也已于2010年实施并投入使用。

农业经营信息化另一个重要内容是建立质量安全追溯体系，对于不同类型的农产品及加工品，采用不同的方法，从生产的源头对产品进行标识和监控。如养殖业通过耳标、RFID等，种植业通过一维或者二维条码把生产信息、产品形成的过程信息、检测信息等信息，通过软件系统存放到计算机网络的服务器上。消费者在购买农产品时，采用专门或通用的设备扫描标识代码，通过电话、手机短信、电脑和触摸屏等设备就能得到该产品全流程的质量信息，北京、上海等省（直辖市）在这方面已经有了比较成功的做法。浙江实施了蔬菜流通信息化与农产品安全生产溯源项目。湖北省荆门市建立了G3移动二维码绿色食品溯源系统，将特色农产品从生产到销售整个环节的产品信息和生产厂地等信息加入到二维码中，实现源头控制。

伴随着新兴功能农业的出现，信息化在休闲农业、生态农业等领域也开始应用。虽然这一领域起步较晚，但目前几个农业旅游大省正积极探索，涌现出一批特色休闲农业网站。如2010年9月正式开放的广西“八桂田园虚拟游”网上观光平台，游客可以通过鼠标上下、左右任意旋转选择视角，对八桂田园22个景点进行360°景观操作体验。观光平台开通几个月已吸引了几10万点击量。2009年，西安市长安区农业局利用宽带技术三维实景农家乐旅游服务展示系统对全区环山公路沿线的九大农家示范村进行网络宣传展示，依托网站围绕吃、住、游、购、娱进行信息查询、网上预约、农产品订购等服务。

（三）农业经营信息化发展不足且不均衡

农业经营信息化的发展程度与经济实力、技术进步、政策法律、诚信度等各方面因素息息相关，我国农业经营信息化程度发展不足且呈现明显的区域发展不均衡特征。从“2010信息化与现代农业博览会”参展的农业经营信息化项目统计来看，其中东部占43.75%，西部占25.00%，中部和东北部分别占15.63%。需要说明的是，西部地区省份最多，有12个省（市），但参展项目仅占了全部项目的1/4；而东北部只有3个省，其参展项目与中部地区所占比例相同，可见农业经营信息化程度与经济发展程度密切相关，东部、东北部经济较发达地区，农业经营信息化程度发展较快；而中部和西部地区发展较慢见图1。

农业经营信息化的内容发展也不均衡，以本次博览会参展的农业经营信息化项目统计为例，其中农业电子商务发展最快，展出项目最多，占56.25%；其次是农产品质量安全追溯系统的应用，占18.75%；第三是批发市场的信息化建设，占 15.63%；休闲农业起步较晚，参展项目最少，仅占 9.38%，见图 2。

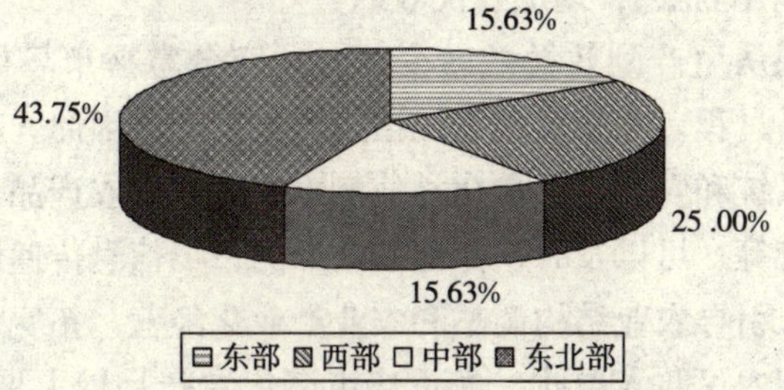

图 1　农业经营信息化不同区域发展比较

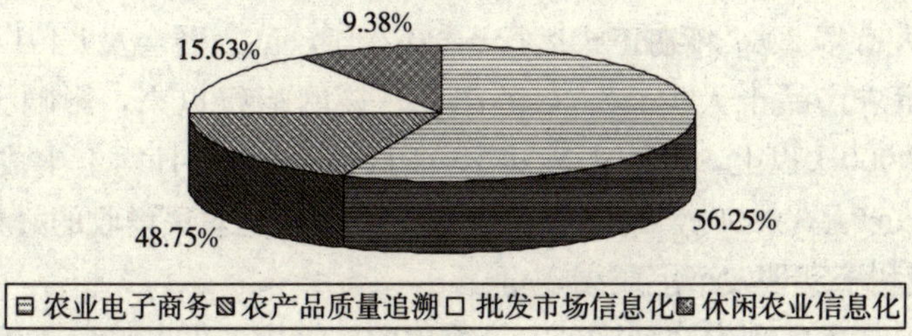

图 2　农业经营信息化内容比较

三、农业经营信息化的效益分析

（一）运用信息技术手段降低交易成本

农业经营信息化通过信息技术与网络优势满足现代农业市场的要求，实现农民与市场、生产与市场的有效对接，在整体上实现资源优化配置。农业电子商务交易方式不受营业时间、地理位置、零售渠道的影响，有关市场主体能自由地参加商务活动，拓宽了交易的时间和空间。信息发布和查询系统可充分发挥网络信息传递速度快、范围广的优点，通过网络进行广告宣传，展示待售农产品数量、价格、休闲旅游等信息，降低信息的获得成本。网络在线交流功能利用现在非常成熟的在线即时通信技术和语音视频通信技术可以直接连线供需双方，从而降低谈判成本。电子结算系统，为买卖双方提供安全、可靠、便捷的结算服务，可以降低产品交易费用。物流配送跟踪系统通过销售企业与物流公司合作，自买方完成付款，从发货开始，就可通过实时跟踪监控系统及时了解货物位置以及各种突发问题，安全及时地将货物发送至买方，降低运输成本。如黑龙江林甸县农产品网上交易信息系统，自 2009 年 7 月开通以来，通过对网上产品展示、在线订购、物流配送等资源的整合有效地实现了林甸县农产品的农超对接，大大降低了供需双方的交易成本。

（二）促进农产品流通，增加农民收入

农产品要实现从生产到效益的转变，必须充分掌握市场供需状况和价格走势，只有完成交易过程，才能实现农民增收和再生产。因此，利用信息技术开发农产品信息发布系统和农产品供求交易信息系统，建立农产品交易平台，打造农产品物流配送系统等，可以及时快捷地把农产品市场信息传递给农业生产者和消费者，通过市场来引导农业结构调整和农业产业化经营，拓宽农产品销路，加速农产品流通，实现农民收入增收。如重庆市名优农产品网上展厅于2002年正式启用，重点推介全市39个涉农区县重点农产品加工企业和名优农产品。截至2010年，已实现网上销售3亿多元，极大地提高了当地农民的收入。中国伊春农产品网上大市场2007年初正式运行到2010年，已入驻会员1 401个，展销名、优、新、特等农产品十大类、2 592种产品。该网运行以来，影响力不断扩大，日访问量达8 000次以上，总点击率达260万次，平均每日网上生成订单84个，网上年销售农产品3 900吨，销售额近2 000多万元，是农民增收的好帮手。

（三）有利于实现农产品质量安全

通过信息技术实现农产品质量安全管理的网络化，可以强化我国农产品质量安全监管，实现全过程的农产品质量安全追溯，使监管部门和消费者及时了解农产品生产的环境以及农药、化肥等各种投入品的使用情况，实现农产品从生产到消费全过程的监控，保障农产品质量安全及消费者的知情权。如2008年，浙江绍兴县茶场在9 200亩茶园中实行农产品质量追溯，对龙井茶和蒸青茶从生产、包装、存储到销售实现全程追溯，消费者可通过手机语音、短信和网上查询等形式了解采购茶叶的相关信息，如果出现质量问题，消费者可追溯至问题根源，完全做到了生产可记录、信息可查询、流向可跟踪、责任可追溯，满足了广大消费者的知情权和监督权。

四、农业经营信息化存在的主要问题

（一）农产品质量标准及检验检测体系建设不足

目前，农产品质量标准及检验检测体系建设在我国已有较大发展，但由于地区差异和农产品生产的特殊性，农产品质量标准的建设参差不齐，采集的信息类型千差万别，采用的技术手段也各不相同，普适性不强。农产品质量追溯系统是保证农产品质量安全的重要措施，但目前农产品质量追溯网络建设远远不够，信息采集和发布规范，以及信息分类、编码标准、数据交换等尚未有全国统一标准。追溯系统的基础设施建设和技术研发的投入不足，影响了初级农产品及食品从生产到销售各环节质量信息管理与服务的积极性。生产者和加工企业在产品标

识和质量信息采集方面与国际标准相比差距还很大，而确保质量信息的真实性和可靠性是农产品质量追溯的前提和基础。在“2010 信息化与现代农业博览会”上，农产品质量追溯展出的案例均是各省（自治区、直辖市）基于某一公司或企业自己的农产品实行的，全国整体行业质量追溯体系尚未形成。

（二）仓储及冷链物流体系发展不足

农产品冷链保鲜对进一步延伸现代农业的产业链，是农业经营的重要一环，2010 年中央 1 号文件指出要“加大力度建设粮棉油糖等大宗农产品仓储设施，完善鲜活农产品冷链物流体系，支持大型涉农企业投资建设农产品物流设施。”但当前我国实际冷藏容量仅占货物需求量的 20％～30％，远远低于发达国家，由于冷链物流发展滞后，果蔬类在流通过程的损耗率也大大高于发达国家（表 1）。据统计，截至 2009 年底，我国拥有冷库总容量为 880 万吨，主要集中在经济发达或农产品资源较为集中的区域；综合冷链应用率仅为 19％，果蔬、肉类、水产品冷链流通率分别为 5％、15％、23％。可以说，我国在生鲜产品的流通上，还没有建立起真正意义上的仓储及冷链体系，冷链物流业尚处于初级阶段，专业化的冷链物流企业比较缺乏，第三方物流比重不高，冷链物流还没有强制的执行标准，冷链信息系统、监控体系也不健全，这些制约了农业电子商务的发展与应用。

表 1　我国与发达国家冷链特流部分指标对比　　单位：％

	发达国家	我国
冷藏容量/冷藏货物需求量	80～90	20～30
果蔬类流通过程中损耗率	<5	25～30

（三）农产品流通中间环节过多，抬升了农产品价格高

当前，我国农产品从田间到餐桌要经过收购、运输、批发、零售环节，还有“中间经纪人”和“小贩子”，才能到消费者手上，由于农产品流通环节较多，每个环节的成本上升最终会导致农产品价格的大幅上扬。据 2008 年农业部对若干种农产品从地头到大城市超市的价格调查，具体验证了“两头叫、中间笑”的问题。如寿光农民卖的一种番茄 0.71 元/千克，北京超市 2.35 元/千克，中间环节拿走了 1.64 元/千克。由于生产和销售价格的信息不对称，以及缺乏有关措施，结果对生产者和消费者利益显失公平。现在 70％～80％的鲜活农产品都是通过批发市场、集贸市场和社区菜市场这样的传统渠道，但这条主渠道的现代化和组织化程度太低，导致整个运输、储存、销售环节损耗大、费用高，提高了农产品销售成本，产品质量也得不到保证。据有关资料估算，现在我国农产品流通成本是世界平均水平的3倍左右。

（四）农业电子商务行业缺乏规范性

近年来，以网络为基础的农业电子商务得到了快速发展，但当前农业电子商务行业发展不平衡，缺乏规范性的问题仍比较严重。中小企业电子商务发展水平滞后于大企业，中西部地区滞后于东南沿海地区。在电子商务交易中，买卖双方通过网络完成商贸洽谈的前提条件是提供的信息必须真实可靠，但目前我国相关的法律法规不健全，与之相伴的信用体系目前尚未建立。随着我国农业电子商务的快速发展，原来大多只提供网上供求信息服务、不参与实际交易，现在越来越多的农业商务网可实现电子支付。据统计“2010信息化与现代农业博览会”参展的电子商务项目中，可实现电子支付的占55.56%。但目前国内法律法规还不能给电子支付业务发展提供充分的保障，涉及计算机和网络领域的立法工作还相对滞后，缺乏保障网上银行和电子商务活动有效开展的法律框架体系。

五、农业经营信息化发展趋势

（一）农业经营信息化将向全程管理方向发展

当前农业经营信息化在我国尚处于起步阶段，虽然在农产品销售、批发市场、农产品质量安全、功能农业发展等各个领域，信息技术为传统的农业经营注入强劲的动力，但农业经营信息化仍处于模式简单、各自为战、信息化链条短的现状。

今后农业经营信息化将向全程管理方向发展。通过健全的制度与信用机制，统一的编码体系，将农产品生产、销售、服务连接起来，实现从“田间到餐桌”的全程控制，使小生产与大市场实现融合。

提升网站功能，改变简单地发布供求信息的现状，未来网站应加强农业信息基础数据库建设，增强农民与市场的互动交流，强化网站分析与预测能力，提升网站服务功能。同一类型的网站，要实现资源重组与共享；形成业内功能齐全、点击效率高的大型网站。休闲农业网站应将宣传、预定、投诉、缴费等全程经营内容全部纳入进来，实现一网全覆盖。

加快“三网融合”和3G技术在农业经营信息化中的应用，提高农业电子商务水平，实现随时随地通过信息技术营销农产品。物流体系的配套建设，也将使农产品批发市场的信息链进一步延伸。

（二）农业经营信息化服务方式将更加多样化

近年来，国家高度重视农业农村信息化发展，在农业经营信息化领域，从农业部到各省（自治区、直辖市）已逐渐摸索出了一些行之有效的服务方式。如农业部的一站通全国农村供求信息联播系统、12316综合信息服务平台、浙江的农民信箱、湖北的G3移动二维码绿色食品溯源系统、兰州市农产品冷链物流连锁配送信息系统，等等，大多采用计算机网络供需信息发布、手机短信平台、电话热线咨询、电子支付等服务方式。未来国家将进一步鼓励基础电信运营商、电信增值业务服务商、内容服务提供商和金融服务机构相互协作，打造移动农业电子商务服务平台，全面提升电子商务服务方式；在现有农产品电子交易平台的基础上，开发手持式农产品供求信息发布和农产品价格信息采集终端系列设备，开发电子交易辅助系统，完善农产品电子交易体系；加快将3G和传感技术应用到物流业与供应链信息化建设中，创新仓储物流配送体系服务方式。

（三）农产品质量追溯体系将不断完善和普及

当前，我国农产品生产经营主体数量大、规模小且分布零散，多部门、分散式的农产品质量安全监管模式尚在不断磨合与改进中，单纯对生产环节的监管和控制已很难保障整个链条中农产品的质量安全，未来要实现从生产到流通全程质量监控和可追溯。

国家有关部委正在积极推动农产品质量追溯工作。商务部为提高农产品出口质量，增强国际竞争力，设立了农产品贸易促进资金项目，对农产品出口行业公共技术平台和出口农产品质量可追溯体系进行专项补贴。国家质检总局发挥质量管理、质量标准以及对EAN·UCC比较熟悉的优势，鼓励部分省的质量标准研究部门也积极加入到农产品追溯体系建设中。农业部农垦系统2008年正式实施了“农垦农产品质量追溯系统建设项目”，在全国24个垦（热）区建成了农产品质量安全追溯系统，为健全和完善我国农产品质量监管长效机制做了积极探索。

未来农产品经营过程中的质量安全追溯系统将不断完善和普及。首先是建立市场准入制度。为保证国内外农产品市场的需求，保证供应合乎质量标准要求的农产品，必须实施农产品质量安全市场准入制度，实行优质优价，维护生产者和消费者的利益。同时应引导生产者发展有机食品和绿色无公害食品，申请注册具有地方特色的农产品品牌等。其次是完善基础性工作。前提是必须建立一个全国统一的信息平台，在此基础上建立农产品统一编码档案，企业生产管理档案，农户生产管理档案。通过编程制作，信息传递，建立农产品质量安全追溯信息平台，逐步实现农产品质量信息可查询，质量安全可追溯，问题产品可召回。第三是构建以批发市场为核心的农产品质量安全追溯系统。以批发市场在农产品流通中的重要作用，将质量安全追溯系统的产权配置给农产品批发市场是最具经济性的选择，也是未来批发市场信息化的重要内容之一。

六、政策建议

（一）大力推进电子商务建设，实施好示范工程

推进农产品电子商务建设不仅是解决农产品“买难卖难”的重要手段，也是加强国家监管、稳定农产品物价的必要支撑，因此要大力推进电子商务建设，并实施开展示范点工程。一要加强综合性农业电子商务服务体系建设。围绕重点农产品，扶植建立一批跨区域、专业化的特色网站和交易网络，形成以批发市场、商贸中心、物流调度中心和商品集散地为依托的农业电子商务服务体系。整合各地休闲农业信息资源，建设全国统一的休闲农业电子商务平台。二要向基层延伸电子商务服务。建设县级农产品批发市场信息平台、农产品电子商务平台、休闲农业综合信息服务平台，及时快捷地把农产品经营信息传递给农业生产者。三要适时实施示范点工程。重点示范电子商务技术、互联网技术、短信彩信技术、呼叫中心技术等在批发市场、休闲农业、仓储物流等领域的应用示范。

（二）加强农产品物流配送体系建设

物流配送体系是农产品批发市场信息化的必要的配套措施。当前物流发展水平偏低，物流设施总量不足，物流配送中心不完善，运作效率不高，已经成为我国农业电子商务发展的一大瓶颈。顺利发展农业电子商务，一方面应着力建好和提升现有的农产品批发市场，将市场网络覆盖到各个区域中心城市；另一方面，应该建设大型的全国范围内的农业物流信息平台，建立和加强农业物流行业协会，积极培育和发展冷链运输等现代物流体系，在条件成熟的地区发展现代化的农业物流企业或者物流基地。发展农产品物流配送体系可以解决农业电子商务发展的物流瓶颈，必将进一步促进农业电子商务的发展。

（三）强化标准建设，促进资源共享

农业电子商务要求网上交易的农产品品质分级标准化、包装规格化以及产品编码化。由于农产品具有特殊性，外形尺寸和内在品质很难统一，难以进行人工控制，加大了其在特征质量方面度量标准的判定难度，且全国统一的农产品标准尚未出台，从而影响到农业电子商务的发展。今后应加快农产品标准特别是主要农产品的内在品质、加工性能、分等分级、包装保鲜和安全卫生等标准的制定和修订。目前，许多农业电子商务网站都在尝试制定标准，如中农网按照采购者的习惯，将农产品及其加工品分成了 18 大类，每一大类分成 5～10 小类不等，基本解决了农产品标准化问题。

近期看，可先以农业农村信息化发展较快的地区和行业作为示范，建立省、市、县三级联动的数据库，统一指标和标准，建立经营信息采集和发布规范、信息分类、编码标准、数据交换等标准，实现资源共享，逐步实现跨地区跨行业的数据资源共享。

长远看，最能解决问题的办法应是在全国建立规模化生产的农业生产体制，规模化生产不仅是提高劳动生产率的需要，也是保证农产品规格化、标准化生产

的基础，还应建立以加工和食用品质为中心的质量检查评价系统、农产品市场体系和市场价格系统，研究开发适合我国国情、符合我国消费特点的农产品规格标准系统。

（四）加快制度建设，提高交易信用度

加强农产品批发市场信息化法律法规的建设。我国曾于20世纪80年代初颁布实施了《城乡集市贸易管理办法》，此后再也没有出台有关农产品市场的法律、法规。《城乡集市贸易管理办法》的内容已经远不能适应当前农产品批发市场管理和发展的需要。我国农业生产和农产品流通方式与日本、韩国等国家基本类似，都是小规模经营的家庭农业，具有产销高度分散的特点。因此，借鉴他们制定农产品批发市场法的经验，抓紧研究制定《农产品批发市场法》，对市场性质、开设程序、主体资格、交易方式、交易行为、管理者责任、市场监管等方面作出相应规定。在规范批发市场的基础上，抓紧制定批发市场信息网络和农村市场供求信息系统的管理办法和法律法规，引导和鼓励龙头企业大力搭建电子商务平台，形成以批发市场、商贸中心、物流调度中心和商品集散地为依托的农业电子商务服务系统。

加快出台电子商务的法律法规。电子商务的法律法规可为发展电子商务、解决发生的纠纷提供法律基础，没有法律规范的电子商务是难以正常发展的。建议立法机关和相关部门应充分借鉴国外的先进经验并结合我国的国情，参照现有的《电子商务法》及配套的单行法规，加紧组织制定有关农业电子商务的知识产权保护、税收环境、安全环境、个人隐私权保护、电子支付和结算、消费者权益保护等法律法规，以促进我国农业电子商务健康、有序地发展。

制定信息化有关法律法规的同时，还要出台相应的扶持政策，发展和壮大农民合作社，一方面专业的农民合作社有利于收集、发布和整理农产品信息数据，有助于建立和管理数据库，并组织农民进行信息技术的培训；另一方面，可以借鉴美国等发达国家各种协会的成功经验，由合作社为其社员提供担保或是向第三方提供其社员的信用状况。

（五）培育多元主体，加大投入力度

农业信息服务带有较大的公共物品的性质，多年来实践证明，农业农村信息化建设不是只靠运营商或某几个企业就能推动起来的，农业是国民经济的基础产业，开发集成信息技术以改造传统农业必须坚持政府主导原则。目前，政府对农业农村信息化建设的投资无论是绝对数还是相对比例都远远不够。

在政府的主导下，还要充分利用市场机制，多鼓励其他投资主体积极参与，甚至吸收利用外资，逐步形成电子政务建设靠政府，生产示范投入政府为主导、企业为主体、电子商务靠市场的投入新格局。要逐步形成中央和地方多个层级，政府、企业、个人等多种投资主体参与的不同投资组合，共同支撑农业经营信息化的投入需求。

（执笔人刘涵　参与讨论郭作玉　钟永玲　汤艳丽　徐伟平
张祚本　闫东浩　张　嫱等）

三、农业管理信息化分析

一、农业管理信息化概念

农业管理是对农业生产、农业农村经济活动、农村公共事务管理等工作进行计划、组织、指挥、控制、协调和监督，使各项工作顺利达到预期目标的过程。农业管理信息化是指应用现代信息和通信技术，将农业管理和服务通过网络技术进行集成，以及对政府需要的和拥有的信息资源进行开发和管理的过程。农业管理信息化主要包括以下几方面的内容。一是农业办公信息化，是指农业部门日常办公、行政审批、业务管理和为民服务的电子化、网络化，如数据库、视频会议等基础设施信息化，政府网站、在线审批与服务等行政管理的信息化。二是农业安全生产管理信息化，包括农业生产调度、农业防灾减灾、草原防火、渔政指挥、动物疫病防控信息化等。三是农业市场监管，包括农产品市场监管、农业生产资料市场监管、农产品质量安全监管信息化等。四是农业资源管理信息化，包括土地资源、水资源、气候资源和农林生物种质资源管理信息化等。五是农村电子政务，包括村务公开、农村社会公共事业管理信息化等。

农业管理信息化具有以下特征：一是农业政府网站是农业管理信息化的重要平台。农业政府网站作为各级农业部门对外发布政务信息、提供在线办事服务和实现政民互动的平台，是各级农业电子政务的重要组成部分，是各级农业部门开展农业电子政务管理的重要载体。二是具有明显的行业性。我国农业涉及多个行业，每行业的生产周期、工作流程、市场流通特点都不相同，农业管理的内容、采取的信息化手段也不相同，因此具有很强的行业性。三是具有多技术集成与多系统协同特点。农业管理信息化是跨区域、跨部门对农业生产和经济活动进行市场监管和宏观调控，这就决定了管理信息系统需要多项信息技术支撑和多个业务系统协同才能够完成。四是农业管理信息化发展模式呈现多样化。目前我国农业管理信息化发展呈现出以农业核心业务、农业政府网站建设和农业政府网站+核心业务为主线的3种发展模式，并且呈现出在政府网站功能逐步完善后，农业核心业务管理信息化逐渐成为各级农业部门建设的重点。

二、农业管理信息化发展现状

（一）农业办公信息化水平得到提升

近年来，各级农业部门以提高行政效率、深化行政审批制度改革、提升为民服务水平为重点，在不断建设和完善农业政府网站体系基础上，建设和开发了农业行政办公、在线行政审批、农机购置补贴系统、视频会议系统和数据库等农业办公信息系统，提升了农业部门在线行政办公、项目监管、信息安全保障和面向公众在线办事服务的能力和水平。在参展项目中，农业办公信息化类型最多，占参展项目的35%，这表明提高农业办公的信息化水平是农业管理信息化的重要基础工作，同时也是各级农业部门重点建设和完善的内容（图1）。

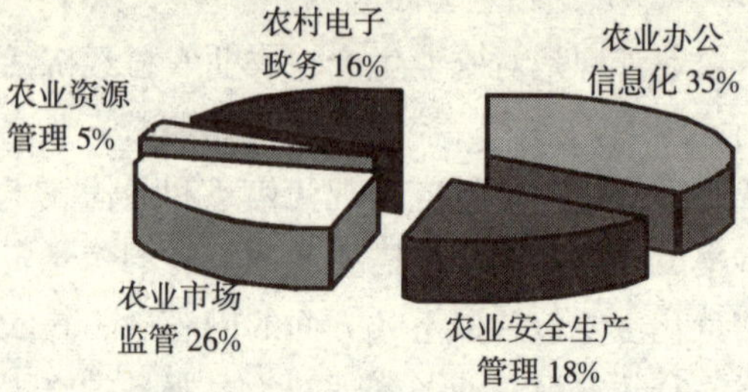

图1 不同管理信息化类型所占比重

通过对“2010信息化与现代农业博览会”62个参展的农业管理信息化项目（简称参展项目，下同）统计分析。从建设的主体看，项目的建设和投资主体主要是国家和省级农业部门，二者所占比例分别为50%和45%，而市级仅占5%。

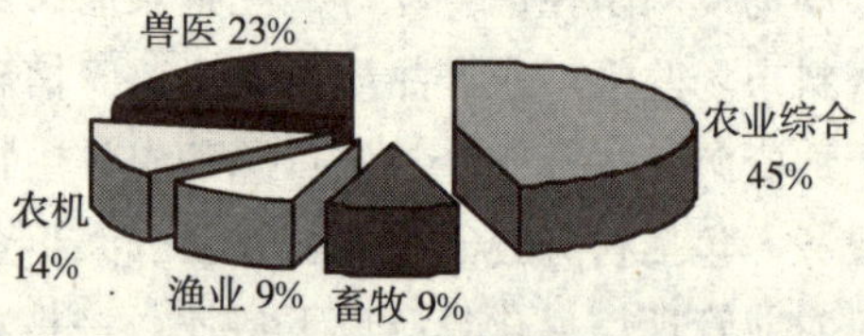

图2 农业办公信息化涉及行业所占比重

从涉及的行业看，在参展的项目中，农业综合（包括种植业、畜牧、兽医等行业，下同）、兽医、农机、畜牧和渔业所占比例分别为45%、23%、14%、9%和9%（图2）。从各行业参展项目的具体内容看，农业综合主要是在线行政审批与业务、会议视频系统和数据库系统等；兽医行业主要是兽医管理数据库、监管评审和信息安全保障系统；农机行业主要是农机购置补贴和农机产品申报系统；畜牧业主要是统计监测预警系统；渔业主要是渔业安全通信网和数据共享平台。

（二）农业管理信息化共享平台得到较快发展

经过多年建设，农业部及各级农业部门大力推进政务信息资源整合、利用与共享，围绕农业核心业务管理搭建多级农业管理信息化共享平台，不仅促进了政务信息资源整合和共享，提高了各级农业部门行政管理效率，而且有力地促进了农业管理信息化共享平台的发展。

在参展项目中，仅适用于部门内部的管理信息化项目，占49%；适用于2个及以上政府层级的项目，即农业管理信息化共享平台，占51%，这表明各级农业部门在建设管理信息化项目时，越来越注重整合多级政务信息资源，搭建多级信息化管理共享平台。

从建设主体看，共享平台的建设和投资主体主要是国家和省级农业部门，二者所占比例分别是69%和28%（图3）。其中，国家级农业部门建设的主要是国家、省、市三级和国家、省、市、县4级共享平台，二者所占比例均是50%；省级农业部门建设的主要是省、市、县三级和省、市、县、镇四级共享平台，二者所占比例分别是75%和20%，这表明共享平台主要延伸到县级农业部门。

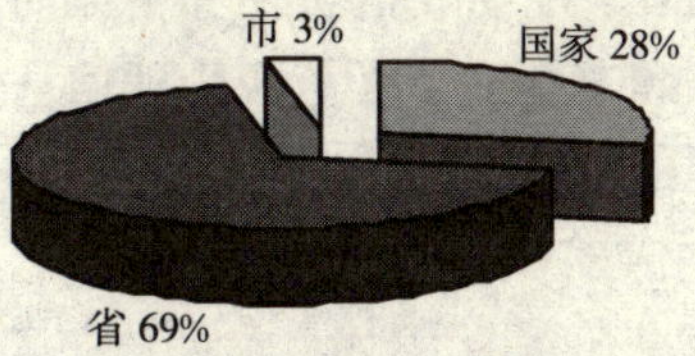

图3 共享平台不同建设主体所占比重

从共享平台涉及行业看，主要是农业综合、畜牧、兽医、种植业、渔业和农机，六行业管理信息化项目所占比例分别为48%、14%、14%、10%、7%和7%。从管理信息化类型看，农业办公和农村电子政务发展较快，所占比例分别是35%和28%；农业市场监管、农业安全生产管理和农业资源管理所占比重相对较低，分别为17%、17%和3%（图4）。具体到每个管理信息化内容看，农业在线行政办公与服务、农村社会公共事业管理信息化、动物疫病防控和农产品市场监管所占比重较大，分别为28%、17%、10%和10%。

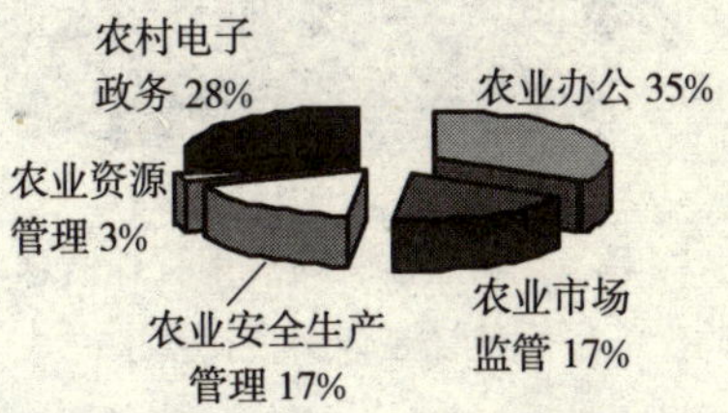

图4 不同类型共享平台所占比重

（三）农业监管与管理决策信息化水平逐步提高

各级农业部门在提高农业办公信息化基础上，加强了信息技术在农业监管和宏观决策中的应用，相继开发了农业部卫星指挥调度、渔政指挥、动物疫病防控、农产品监测预警、农产品质量安全追溯、财务监管等管理决策系统，实现对农业生产与经济活动、农业资源等多方面信息化管理，强化了农业部门在农产品和农业生产资料的市场监测预警、农业安全生产管理方面的能力，提高了农业的市场监管、宏观决策和应急处理能力。在参展项目中，农业市场监管与管理决策信息化是农业管理信息化的重要内容，其中农业市场监管、农业安全生产管理和农业资源管理信息化项目所占比例分别为26%、18%和5%，共计49%。

从参展项目建设主体看，农业市场监管、农业安全生产和农业资源管理等核心业务管理信息化的建设和投资主体主要在县级及以上农业部门。在参展项目中，上述三类项目由国家、省级和市级建设的所占比例分别是30%、43%和20%（图5）。

从参展项目涉及的行业看，农业市场监管、农业安全生产管理和农业资源管理主要涉及种植业、畜牧、兽医和渔业，4行业参展项目所占比例分别为38%、14%、21%和17%（图6），这主要由于农作物产品在农产品中所占比重较大，是我国农业市场和农产品安全监管的重点。从参展项目的内容看，农业市场监管主要包括农产品质量安全监管、农产品市场监管和兽药监管，三者所占农业市场监管项目的比例分别是69%、19%和13%；农业安全生产监管主要包括渔业指挥管理、动物疫情防控和草原防火应急指挥系统，三者所占比例分别为40%、40%和20%；农业资源管理信息化主要是农用地管理信息系统和农林生物种质资源信息系统。

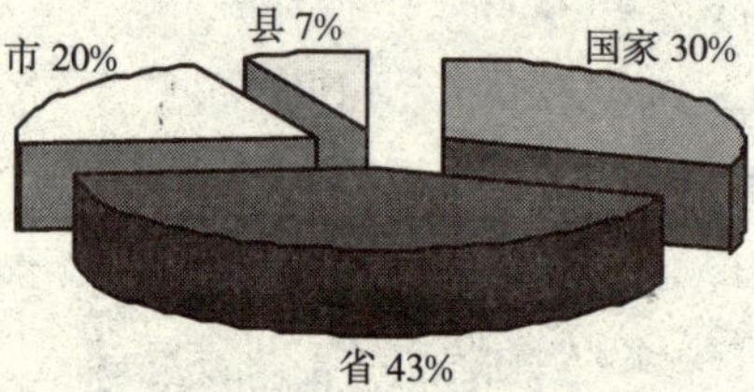

图5　农业监管与决策管理信息化建设主体所占比重

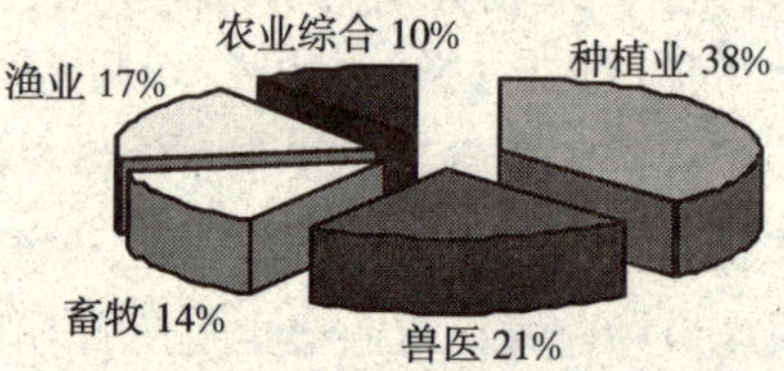

图6　农业监管与决策管理信息化涉及行业所占比重

（四）农村电子政务逐步推进

目前，我国一些地区开展了农村村务公开和农村社会管理信息化建设，把电子政务延伸到农村社区。这些地区通过开发推广使用市镇村管理系统，推动人口、土地、企业基础数据建设；利用信息化手段开展计划生育、社保、就业、征兵、选举、财务、救济、基础教育等业务，并免费发放给镇、村使用，提高镇村管理和服务水平；逐步实现网上办事，更加高效、合理地开发利用各种农业资源，有力地提升了本地的农村电子政务水平，推动了农村经济发展和社会进步。在参展项目中，农村电子政务占参展项目的比例仅为16%，这表明目前农村电子政务还处于探索、起步阶段。

从参展项目的主体看，农村电子政务主要是省级搭建的覆盖全省的农村电子政务平台，其中省级、县级和企业（农垦企业）建设的项目所占比例分别为80%、10%和10%。

从参展项目的内容看，农村电子政务项目的建设重要内容是农村社会公共事业管理信息化，占参展农村电子政务项目的70%。其中农村社会公共事业管理信息化主要是农村合作医疗系统、土地承包经营流转、农民合作社信息管理和农村集体资产管理信息化，四项所占比例分别为29%、29%、29%和14%。

三、农业管理信息化成效分析

（一）促进了农业行政管理规范、透明

农业管理的电子化和网络化不仅节约农业部门的办公成本，提高办公效率，而且有助于规范农业部门行政管理和促进政府的廉政建设。通过政府网站发布政府信息，公开办公流程等，保护了公众的知情权、参与权和监督权；通过建立行政审批一站式在线办公系统、行政执法系统和市场监管系统等规范办事流程，公

开办事规则，增强了政府与公众的交流互动，大大减少了那些容易滋生腐败的“暗箱操作”，有利于促进农业部门的廉政建设。如，江苏省农业委员会的行政权力网上公开系统，确定了247项行政权力办理流程图，细化156项含有自由裁量权的行政处罚权力行政处罚标准，并对行政权力运行进行受理—办理—办结全过程监督，推动了农业部门执行力、行政监督更加规范有效，实现痕迹可查、责任可追。截至2010年10月，该系统共受理行政许可材料1031件，办结率100%。

（二）确保了农业生产和经济平稳运行

近年来，农业部及省级农业部门通过实施“金农工程”建设了一些农产品市场监管系统、农业生产资料市场监管系统、农业管理应急指挥系统和农业资源环境保护监测系统等，大大提高了农业部门对农业生产和经济运行监管、农业决策管理和和应急指挥的信息化水平，增强了各级农业部门及时发现问题，及时进行科学决策和应急处理的能力，为我国农业生产和经济平稳运行提供强有力的技术支撑。如，农业通过重大动物疫病防控信息管理系统，开展重大疫病防控信息采集、报送、汇总、分析等工作，及时准确掌握了动物疫病防控信息，实现了对重大动物疫情的智能化监测与防控。2009年1～11月，全国共监测禽流感样品459万份，口蹄疫样品190万份，基本实现了动物疫病的智能化预警和防控。农业部搭建的全国草原防火信息管理平台，实现草原防火数据的采集、获取、分析、管理与应用功能，对于增强对草原防灾的应急防能力具有重要的作用。

（三）有利于解决农产品质量监管问题

针对近年存在农产品质量不高、农药残留超标、农产品质量安全事件时有发生等问题，农业部和一些省、市农业部门借助现代信息技术，开发建设了农产品质量认证、农产品和畜产品质量监管与追溯系统，实现了对农产品企业及其产品实行产地环境质量、投入品使用、产品包装与标识、产品质量检测、质量安全问题追溯、年度检查制度等全程数字化监管，对解决影响人民群众身体健康，影响农业生产，甚至会影响社会稳定的农产品质量监管问题发挥了重要作用。如，从2004年起，南京市农业委员会实施了农产品质量安全IC卡监管体系建设，建立了“产地准出，市场准入账、标识溯源，实时监控”的农产品质量安全数字化全程监管体系，通过IC卡监管系统，对全市“三品”和地产优质安全农产品运用标识，实行网络化的申报、审核、发放、统计和监管。截止到2009年底，基本实现了对全市所有通过无公害产地认定、“三品”认定的农产品生产企业实施了质量安全全程数字化监管，确保全市农产品质量安全。

（四）促进了农村社会进步和农民增收

各级涉农部门充分利用信息化手段推进农村政务公开和农村社会公共事业管

理信息化建设，实现农户信息管理、土地管理、村级财务管理、党员信息管理、计划生育管理、村务公开管理、农村医疗等业务管理信息化，提高了镇、村管理和服务水平，不但有利于农村村务信息公开及时公开和方便村民监督，同时也为村民带来了极大的生活便利，促进了新农村建设和农村社会进步。如，江西电信村务信息管理系统帮助了村务工作者提高办公效率，提升了村务工作形象。村务工作人员通过信息管理系统方便及时将村务信息进行上报，做到了村务工作及时公开方便村民监督；通过系统中发送短信的功能，加强了村务工作人员与村民间的沟通机制，拉近了公务人员与村民之间的距离，促进了体察民情的工作。

各级农业部门通过推进农产品质量安全监管信息化建设与应用，不但确保了农产品质量安全，同时也促进了农产品生产企业或农户实现农业生产的专业化、标准化、规模化和集约化，推动高效农业发展，增强企业市场竞争力。通过农业部门强化农业市场监管、监测预警等宏观管理决策的智能化水平，不但提高了农业部门的宏观决策能力，而且可以面向企业、公众提供农业生产和经济监测与预警信息等，及时引导农业结构调整、指导农业生产，促进农业增效和农民增收。如四川省畜牧食品局建设的四川省生猪生产及价格监测预警系统运行以来，为政府宏观调控和提示养殖场户规避市场风险，发挥了积极作用。其中在 2009 年和 2010 年两个上半年的生猪价格巨幅下跌过程中，为省政府启动冻猪肉储备计划提供了政策出台的依据。2010 年 5 月下旬，监测周报建议养猪户可以适度增加仔猪存栏，新都区等地的养猪场户立即购进仔猪，结果在国庆前都赶上了行情，卖了个好价位，增加了农民收入。

四、农业管理信息化存在的主要问题

经过各级农业部门多年建设，我国农业管理信息化建设取得了一定成绩，但与我国电子政务与现代农业发展需求相比，还存在一些有待深入和加强的问题。

（一）缺乏统筹发展规划和顶层设计

农业管理信息化不仅可以提高农业科学管理水平，促进农业生产力的发展，也是农业管理体制机制的再创新。因此，农业管理信息化建设是一项系统工程，需要强有力的政府主导，实行统筹规划、顶层设计。由于我国农业部门涉及多个行业，农业管理信息化建设管理体制还不健全，缺乏统筹规划和顶层设计，形成了各行业管理部门或不同业务部门在建设农业管理信息化项目时，各自为政、分散管理。由于各单位建设时采用的标准不相同，所建管理系统之间无法实现互相衔接和信息共享，不仅造成重复投资，而且由于应用范围窄，管理信息化的效能相对低下，降低了资源的利用率。

（二）电子政务信息资源整合开发和业务协同程度低

我国在农业电子政务信息资源整合、开发和共享方面偏弱，主要表现在以下几个方面：一是各部门、各系统、各数据库之间缺乏信息共享机制与手段，部门信息处于封闭或半封闭状态，造成信息资源条块分割，形成信息孤岛，重复建设和资源浪费现象相当严重。二是信息资源共享和业务协同程度较低。一些重要的基础信息库，像农业科技、政策法规、农村经济数据库的建设推进缓慢，各行业部门信息资源共建、共享方面管理机制还没有真正建立起来。三是跨部门的业务协同信息化建设上推进很缓慢，目前基本上是行业内不同政府层级部门之间的协同较多，跨部门之间的协同发展比较缓慢。

（三）农业管理信息化向基层延伸不够

随着农村经济的发展对信息化程度要求越来越高，农村和城镇之间的“数字鸿沟”阻碍了农业管理信息化的发展。而且基层农业管理信息化能否推进，直接关系到能否为广大农民带来农业信息服务、丰富农村生活内容、拓宽就业渠道、增强农村基层民主和方便农民享受农村社会公共服务等功能。但在实际应用中，由于乡镇和农村存在信息网络设施建设滞后、基层政府电子政务服务意识和能力欠缺，以及农民接受网络信息能力低等问题，造成了我国农业管理信息化建设在延伸到县级以后很难向城镇、乡村延伸，基层农业管理信息化水平明显低下，严重阻碍了基层村务公开和社会公共事务管理信息化发展。

（四）农业重要业务管理信息化开发建设与应用不足

虽然国家及省级农业部门依托“金农工程”，围绕农业部门重要业务建设了农业监测预警系统、农产品和生产资料市场监管信息系统等大大提高了农业部门的管理信息化水平，但仍然存在农业重要业务管理信息化的开发建设和应用不足等问题，主要表现在以下两个方面：一是目前我国在农业生产调度、农业应急指挥、农业市场监管、农产品质量安全管理、农用地资源管理等方面的信息化水平与现代农业发展的要求相比，还有一定的差距。二是目前我国农业管理信息化发展重点还是停留在提高农业部门行政办公信息化水平，而农业生产监测、市场监管和应急管理等重要业务管理信息化还处于试点、应用和推广阶段，应用水平还有待提高。

五、农业管理信息化发展趋势及对策建议

（一）发展环境

1. 政策环境 《国家电子政务总体框架》提出，为满足政府经济管理和社会管理的需要，政府要提供市场与经济运行、农业与农村、资源与环境等方面的信息监测与分析服务。《2006—2020 年国家信息化发展战略》（简称《发展战

略》，下同）也提出我国电子政务的重点是改善公共服务、加强社会管理、强化综合监管、完善宏观调控。2010 年工业与信息化部、农业部等五部委联合发布的《农业农村信息化行动计划（2010—2012 年）》（简称《行动计划》，下同）提出要推动电子政务向乡村延伸，完善农村社会事业信息服务体系，完善农业生产和市场监管信息服务体系。特别是《中共中央关于制定国民经济和社会发展第十二个五年规划的建议》明确提出“以信息共享、互联互通为重点，大力推进国家电子政务网络建设，整合提升政府公共服务和管理能力”。国家及相关部委有关政策、发展规划都为农业管理信息化发展创造了良好的政策环境和机遇。

2. 技术环境 当前，各种现代信息技术迅猛发展，其中最具典型性的是物联网技术和云计算技术，这些现代信息技术将给农业管理信息化发展带来实现跨越式发展的新机遇。随着农产品质量安全问题日趋受到关注，物联网技术将率先为我国农产品质量安全提供重要支撑，并最终贯穿于整个农产品供应链。随着业务应用系统对海量数据高速处理的需求越来越高，云计算技术有利于整合信息资源、实现信息共享，促进政务信息化的发展。同时，云计算技术可以提供丰富的云端设备，有利于移动办公等新业务的开展。

（二）农业管理信息化发展趋势

随着我国电子政务和农业农村经济发展、发展现代农业、农业市场化进程的加快，农业管理信息化发展将呈现以下趋势：

1. 建设的重心将向下移 2010 年中央 1 号文件提出“加大统筹城乡发展力度，进一步夯实农业农村发展基础”，并把统筹城乡发展作为全面建设小康社会的根本要求。同时《中共中央关于制定国民经济和社会发展第十二个五年规划的建议》（简称《十二五规划建议》，下同）也明确提出“统筹城乡发展，积极稳妥推进城镇化，加快推进社会主义新农村建设，促进区域良性互动、协调发展”。《发展战略》提出，我国电子政务要“重视推动电子政务公共服务延伸到街道、社区和乡村”。《行动计划》也提出要推动电子政务向乡村延伸。《全国农业和农村信息化建设总体框架（2007—2015）》（简称《总体框架》，下同）提出“推动电子政务公共服务向农村延伸，提高办事效率”。这些政策都要求我们推进电信、广电公共信息服务设施向农村覆盖，推进农业公共事务管理信息服务向农村渗透、促进农业管理信息化向农村延伸，缩小城乡“数字鸿沟”，提升农业生产力水平，推动农业农村经济快速发展。因此，积极推进基层农业管理信息化的建设与应用将是今后农业农村信息发展的重要内容。

2. 从为政府自我服务转向公共服务 2008 年，胡锦涛在中共中央政治局第四次集体学习时强调要推进服务型政府建设，全面提高为人民服务能力和水平。

温家宝在十一届全国人民代表大会第三次会议的政府工作报告中指出，“以转变职能为核心，深化行政管理体制改革，大力推进服务型政府建设，努力为各类市场主体创造公平的发展环境，为人民群众提供良好的公共服务”。《十二五规划建议》指出“以信息共享、互联互通为重点，大力推进国家电子政务网络建设，整合提升政府公共服务和管理能力”。《发展战略》明确指出电子政务建设要“逐步增加服务内容，扩大服务范围，提高服务质量，推动服务型政府建设”。《行动计划》也提出要完善农村社会事业信息服务体系。因此，随着我国公民对政府公共服务意识的觉醒，会对农业部门的公共服务提出更高的要求，因此将促使农业管理信息化建设在满足政府自我服务的同时，更多地转向面向企业与公众的公共服务。

3. 农业市场监管和宏观调控能力将不断得到加强 《“十二五”规划建议》明确指出：“在工业化、城镇化深入发展中同步推进农业现代化”，“提高农业综合生产能力、抗风险能力、市场竞争能力”，“促进农业生产经营专业化、标准化、规模化、集约化”。《总体框架》也指出：“加快农业应急信息系统建设，提高农业自然灾害和重大动植物病虫害的预测、预报和预警水平，加强对突发事件的监控、决策和应急处理的能力。”另外，从我国农业生产的实际看，我国农业领域广，时空变化大，生产的稳定性和可控性程度较低，抗风险能力低，这就要求各级农业部门运用现代信息技术，强化对农产品市场监管、农产品质量安全监管、重大动物疫病防控和市场风险防范；利用遥感技术，精确估测作物产量、及时监测农业自然灾害，有效提高农业的抗风险能力；强化对农业生产和经济运行监测能力，提高应付突发事件的监控、决策和应急处理能力，确保农业生产安全和经济平稳运行。因此，发展现代农业和我国农业生产的现状，决定了我国将不断强化应用现代信息化技术提高各级农业部门对农业市场监管和宏观调控能力。

4. 信息资源整合工作将得到快速推进 我国农业管理信息化建设已由建设初期的网络建设、信息发布开始转向了以政务信息资源整合为主体、以提高政府监管能力和服务水平为目标的应用阶段。而应用阶段需要突出解决的一个重要问题是信息资源整合、开发和应用，只有实现信息资源的整合与共享，才能实现跨部门的业务应用和工作协同，才会切实有效的发挥农业管理信息化的公共服务、市场监管、宏观决策的重大作用。从政策的角度看，《总体框架》提出：“完善信息共享机制，建设标准统一、实用性强的信息共享平台和公共数据库，推动农业各行业和其他涉农部门资源整合”。《行动计划》制定了“信息资源整合集成计划”，将建设国家和省级农业农村综合信息资源和服务平台。因此，信息资源整合与集成将会作为我国农业管理信息化建设的基础而重要内容而被快速推进。

（三）发展对策建议

1. 做好发展规划和顶层设计，统筹协调推进 农业管理信息化建设是一项系统工程，必须坚持全局观念、统筹规划，突出重点、分步实施。要制定针对东部、中部和西部经济发展、农业农村信息化水平和发展现代农业的要求编制农业管理信息化发展规划，确保得到均衡发展。要建立农业管理信息化统筹发展机制，发挥各部门及相关机构在农业管理信息化工作中的重要作用，调动地方各级政府的积极性。充分整合各部门及相关机构在农业管理信息化工作中的服务资源，依据各部门的职能，明确责任和任务，建立部门之间分工协作、有机统一的组织协调机制。要重点围绕农业、畜牧、渔业、农垦、农机等生产信息监测与调度、农业经济与市场信息监测与预警、农产品质量安全管理、农业应急指挥和农业资源管理等领域制定从国家到地方总体发展规划。

2. 构建管理制度和建设标准规范体系，促进信息资源整合 统一标准是互联互通、信息共享、业务协同的基础。因此，我们要从农业管理信息化建设总体标准、应用标准、技术标准、信息安全标准、网络基础设施标准和管理标准等方面入手，构建我国电子政务的标准化体系和统一的电子政务网络平台。建立健全农业管理信息化建设、管理、运维相关工作制度，推动农业管理信息化建设规范化和制度化。研究制定农业管理信息化建设相关软硬件技术标准、信息分类标准、编码标准、数据交换等标准；建立信息采集、存储、加工、处理标准和信息服务规范。完善信息共享机制，建设标准统一、实用性强的信息共享平台和公共数据库，推动农业各行业和其他涉农部门资源整合。

3. 推进基层电子政务建设，提升农村公共服务与社会管理水平 积极推动电子政务向乡村延伸，丰富乡村电子政务应用，推动电子政务与基层行政服务中心、政务公开的紧密结合。依托市县电子政务平台推进乡村政务公开和村务公开，实现农村财务、选举、固定资产、土地承包、计划生育等信息公开，为保证广大农民知情权建立信息通道。充分利用互联网、手机等现代通信技术，拓宽农村社情民意表达渠道，增强农民参政议政能力，促进村民自治和民主管理。扩大新型农村合作医疗管理和服务信息系统覆盖范围，加强面向农村疫情和突发公共卫生事件的疾控信息系统建设，加大农村现代远程教育的能力和水平。推进城乡一体化劳动保障信息服务体系建设，全面覆盖劳动就业、农村养老保险、最低生活保障、减灾救灾、社会赈济等农村社会保障事业。

4. 加强农业重要业务管理信息化建设，提高农业市场监管和宏观调控能力 充分利用重大信息化建设工程，推进农业管理信息化建设。推进智能化的农业生产决策、指挥、管理等支持系统的开发与应用，为农业宏观决策和管理提供支持。建立重大动物疫情监测、动物标识及疫病可追溯信息系统，创建饲料安全管理信息系统，确保全行业实行健康安全养殖。开发应用农产品和农业生产资料质量安全监管信息系统，切实提升农产品和农业生产资料的质量安全监管能力。完善粮食主产区的植被气候变化、生态环境保护、气象监测预报、重大自然灾害防范预警和植物病虫害监测等业务系统，在有条件的地区加快物联网的应用，提高农业生产运行监测和预警能力。

（执笔人闫东浩　汤艳丽　参与讨论郭作玉　钟永玲　汤艳丽　徐伟平　张祚本　刘　涵　张　嬬等）

四、农业服务信息化分析

一、农业服务信息化概念

（一）农业服务

农业服务作为现代农业的重要内容，不仅在推动现代农业发展中担当着重要的角色，也是建设现代农业的一个重要切入点。它有着丰富的内涵，至少包含以下几个方面的内容：

一是良种服务，即为广大农民提供粮食、畜禽、水产、苗木等优质高效种子种苗。二是农资服务，即为广大农民提供化肥、农药等农业生产物资服务，保证农民用上放心农资。三是农业技术服务，即发展以农业科研院所、农业企业、农业专业性服务组织为主要内容的新型农技服务体系，为广大农民提供高效适用种养模式和技术。四是培训服务，即培育新型农民，拓展农民增收致富道路。五是信息服务，即为广大农民及时提供国家的有关政策、市场行情及先进高效种养技术等急需的信息服务。六是流通服务，即通过发展农产品批发市场、农产品超市等物流载体，为广大农民及时提供优质安全的农产品交流平台和服务。七是休闲服务，即满足人们回归自然、休闲娱乐和体验农耕文化需求，促进农民增收。八是保险服务，即对农民的种养产品实施政策性及商业性保险，减轻农民在灾害面前的经济损失，增强农业应对各种灾害的能力。

（二）农业服务信息化

农业服务信息化是农业社会化服务体系所从事活动的信息化，是对农业产前、产中、产后各环节服务信息化支持的过程，是利用现代信息技术及其网络为农业产、供、销提供信息化支持的过程，其主要特征是信息服务。

二、农业服务信息化发展现状及成效分析

（一）发展现状

1. 农业服务信息数据库建设初具规模 目前，农业部门信息采集已涵盖了种植业、畜牧业、渔业、农垦、乡企、农机和经管等领域，涉及农业生产、市场、科技、质量安全、动植物疫病和资源环境等内容。资源开发逐步展开。多年来，农业部以不同方式进行了信息资源开发利用，开发建立数据库，编写各种分析报告。以中国水产科学研究院的渔业科学数据共享平台为例。该平台整合了渔业水域资源与生态特征数据、渔业物种资源与生物基础数据、渔业生物资源野外调查数据、渔业生态环境野外调查数据、水产养殖数据、捕捞渔业及管理数据、渔业装备与工程技术数据、渔业基础设施状况数据、渔业科技与经济管理数据 9 类渔业科学数据。目前，已建成数据集 112 个，27 万条数据记录，数据量达 37GB。

地方农业部门也十分重视农业数据库建设。如 2010 年上线运行的上海农业

数据中心，覆盖了基础地理信息、土地资源、种植业、养殖业、农机化、农产品信息、农村社会经济、农业机构人员八大数据分类。该数据中心高度集成了上海各涉农部门的信息，使上海农业信息化步入了一个新台阶。

2. 农业服务信息化网络建设健康发展 农业信息网络作为国家信息化基础设施建设，受到了国家的高度重视。

在网络基础建设方面，据工业和信息化部的资料显示，截至2008年底，“村村通电话”工程圆满完成年度计划，全国通电话行政村比重达到99.17%，通电话自然村比重达到92.14%，全国98%的乡镇能上网、95%的乡镇通宽带。根据目前的信息技术，能通电话的地区在理论上就能实现上网，但要完全实现网络覆盖，以目前的趋势尚需数年时间。

在网站建设方面，目前覆盖省、地、县、乡的农业信息网络平台已呈现出一定规模。据《2009中国农业网站发展报告》，截至2009年10月，我国农业网站数量已达3万多家。目前，我国已建成覆盖种植业、畜牧业、渔业、农垦、农机、农业科技教育和农产品市场等各领域的农业网站，各级农业政府部门、科研机构、农业院校、涉农企业及社会团体等网站如雨后春笋般纷纷出现。全国31个省级农业部门、80%左右的地级和40%左右的县级农业部门建立了局域网和农业服务信息化网站。涉农网站发展形势喜人，已经呈现网站群的规模发展趋势。从中央部门来看，农业部已经建立起以农业部网站为核心、集20多个专业网为一体的国家农业门户网站，全国有3 000多个网站与此建立了链接，日均访问量500多万次。从行业来看，种植业方面，已经形成以中国种植业信息网为核心的网站群；畜牧兽医业方面，已经形成以中国畜牧业信息网、中国兽医网为核心的网站群；农机方面，已经形成以中国农业机械化信息网为核心的网站群。从地方来看，各省（自治区、直辖市）十分注重网站群建设。重庆、广东等地都已经形成了以省级农业信息网为核心的涉农网站群。

3. 农业服务信息化模式日趋多样化 以政府为主导、多种农业服务信息化主体参与的体系建设格局正在形成。从2005年开始，农业部在全国试点建设电视、电话、电脑“三电合一”信息服务平台。2006年申请开通了12316全国农业系统公益服务统一专用号码。2006年7月，工业和信息化部专门召开了中国电信、网通、移动、联通、铁通、卫通等工商企业参加的农业信息化建设座谈会，鼓励工商企业参与农业信息化建设。目前，全国省级或其地县农业部门与中国移动合作的有20个，与中国电信合作的有18个，与中国联通合作的有15个，与中国网通合作的有9个，这些为农业服务信息化水平的提高打下了良好基础。

目前，以政府部门主导的农业服务信息化工作已遍布全国多数省市区县。从“2010信息化与现代农业博览会”226个农业服务信息化项目来看，政府主导项目186个，占比高达82%。如图1所示。

图1 “2010信息化与现代农业博览会”政府主导项目占比

目前来看，政府主导的服务是我国农业服务信息化较为显著的特点。政府以其雄厚的财力、丰富的信息资源、充足的人才力量，保证了为农服务项目的质量、规模。这些项目大多以集成各种技术手段、具备多种功能并提供综合服务的大型综合农业信息服务平台形式出现。据不完全统计，“2010信息化与现代农业博览会”参展项目中，各种综合服务平台有79个，其中95%以上由政府主导建设。

其中，上海市2008年建设运行了上海为农综合信息服务平台。该平台集农业信息查询、农科热线远程诊断、农业技术推广、农业灾害预警、远程教育、电子商务、供求信息发布、村务公开、农业专家系统、公共事业等服务功能于一体。平台自开通以来，已建立起省（自治区、直辖市）、区（县）、镇、村4级信息服务支撑体系，在上海各级110家涉农单位和1 000多个涉农行政村得到了应用。截至目前，平台累计各类信息170余万条，直接使用过平台的农民累计超过1 400万人次。

与此同时，全国各地涉农企业纷纷探索农业服务信息化发展路子，在各地政府部门的指导和支持下，企业通过自身的努力，为广大农民用户提供多样化的农业服务，其中较为典型的项目有：国家农业信息化工程技术研究中心农务通智能手机研发、福建联通公司蓉中村信息化示范项目、黑龙江惠农信息技术服务有限公司“三农”信息查询求助服务系统、湖北电信“三网融合”形势下的农村信息化服务模式、河北华夏神农基于云计算的新农村综合信息服务体系、吉林长春金鹰智谷科技集团黑土地农村信息连锁互动网、江苏移动农家手机致富报、江西电信公司信息田园平台、辽宁移动农信窗乡村信息发布系统、山西移动“村村通大喇叭”、安徽电信信息田园农业综合信息服务平台等。

除此之外，还有一种较有显著成效的服务模式，即农民专业合作经济组织，它是以社团协会自筹资金开展自助式服务为主要特征的，由社团协会将农业技术、市场等信息带给广大农户，它是农民为适应市场经济的要求以某种专业产品或某项专业技术服务为纽带，在自愿互利和平等协商的前提下，自己组织起来的一种自主性民间经济技术合作组织。这种服务形式与当地农业生产经营活动紧密结合，运用自身的信息优势和规模优势，选择技术针对性强，解决问题及时，开展信息提供、咨询服务、技术引进、专家培训等信息服务工作，农民参与的主动性也比较强，从而提高了农民进入市场化的程度。具有代表性的杰出案例包括安徽皖南竹乡土特产产销专业合作社网站、黑龙江省鑫雨农民购销专业合作社农村信息化服务新模式等。

4. 农业服务信息化产品种类多样化 据对“2010 信息化与现代农业博览会”参展项目的统计，农业服务信息化项目达到了 226 个。其中，利用广播、电视、电话、手机、报刊等手段进行资讯服务的项目有 42 个，利用网站进行服务的项目有 43 个，各种建有数据库支持的专家服务系统 62 个，采用多种手段进行服务的综合服务平台 79 个。如图 2 所示。这与我国当前农业服务信息化发展的现状基本符合。

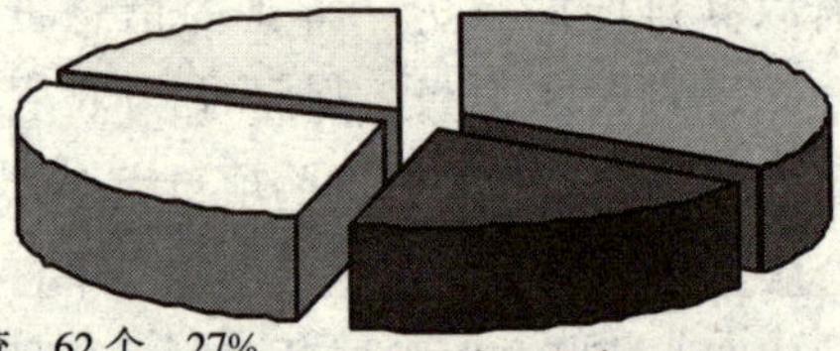

图 2 “2010 信息化与现代农业博览会”农业服务信息化项目比重

5. 农业服务信息化体系基本建立 据已有统计资料显示，97%的地（市）、80%左右的县级农业部门设置了农业信息管理和服务机构，67%的乡镇成立了信息服务站，发展农村信息员队伍近 25 万人，农业龙头企业近 4 万个、农村合作及中间组织近 18 万个、农业生产经营大户近 120 万户、农村经纪人 240 万人。同时，各涉农部门、各类农业中介组织、科研院所、农业企业也在积极开展面向“三农”的信息服务。一些地方农业部门在加强农业系统信息服务队伍建设的同时，积极利用农民经纪人、种养经营大户、专业合作经济组织以及有关社会中介的力量，发展农村信息员队伍。

（二）成效分析

农业服务信息化在解决我国“三农”问题方面的社会效益集中体现为以下几方面：

1. 增强农业综合竞争力 农业从传统方式步入现代方式的显著特征是农业综合竞争力的提高。发展农业服务信息化使得农业信息和信息技术在农业各个领域被广泛应用，农业生产结构的调整更加合理、有效和适时，农业走向了大农业、信息农业和国际化农业的广泛领域。

2. 提高“粮食安全”和“食品安全”两大安全体系的运行效果 粮食安全

和食品安全两个主题，关乎人民生活和国家发展。粮食安全需要建立完善的预警系统调整农业产业结构，这就需要信息服务作为支撑，以便国家更准确及时地把握粮食需求状况，稳定粮食生产。农业服务信息化体系在其中所发挥的作用就是通过服务体系内部的各种组织的行为活动，在全国大范围内能够建立粮食预警的服务网络。食品安全则需要一套保证食品质量的技术体系和监督机制。我国食品加工企业近些年来发展很快，其产品也日益丰富化，然而随之产生的问题之一就是一些企业为了追求眼前利益，不顾产品质量，发生了一些危害人健康的情况。因此加强食品安全，需完善技术和市场监督，信息在其中的作用显而易见，农业服务信息化体系可以提供农产品质量和食品安全标准以及检验情况，通过提供食品安全信息建立“连接用户与食品企业”的质量监督机制，发挥出良好的服务功能。

3. 有助于农民就业 目前，我国农村剩余劳动力转移问题受到广泛关注，尤其是农民进城务工政策、制度、模式更是热点话题。农民处于信息弱势地位，在进城选择新就业岗位的过程中，诸多权益难以保证。有些企业甚至存在偏见，导致务工企业对农民违约。为改变这种状况，农业服务信息化建设贡献了力量。基层农业服务信息化所应该具有的功能之一就是提供就业信息以及对农民进行就业培训。通过建立就业信息服务网络，形成农民和务工企业之间的双向信息沟通机制。这对于促进我国农业劳动力稳定有序转移、维护劳资双方权益和增加农民收入，都具有重要意义。

4. 促进农民增收 及时、可靠、权威的农业信息服务可以帮助农民进行生产经营决策，减少农业生产的盲目性和被动性。因此，充分发挥农业信息服务的作用，用高科技的信息技术、现代化的传播手段，向农民传递政策、科技、生产和市场信息，可以从根本上改变农村信息贫穷导致物质贫穷的局面，使广大农民投入到农业结构调整的实践中去，有效地增加农民收入，最终使农民获益。

5. 提高农民科学文化素质 切实有效的农业信息服务有助于有力提高农民的综合素质，如互联网能够帮助农民找到商机，同时也会激发广大农民上网学习的积极性。通过参加各种网络培训班，可提高当代农民的素质。通过集成整合相关的信息资源，可提供符合农民实际需求的信息。农民通过互联网可解决生产、经营、生活中的问题，也可了解新闻等其他方面的信息，开阔眼界，如分享文化信息，丰富文化生活，交流各种信息，促进人与人之间的交流。

三、农业服务信息化存在的主要问题

（一）农业服务信息资源不足

目前我国农业服务信息资源供给还基本上呈现“自上而下”的状况，综合性信息、简单堆砌的信息多，专业性信息、特色性信息、分析处理过的信息少，实用性还比较弱；内容上多为宣传本地农业为领导服务，农民急需的指导农业生产，有分析、协助农民对生产决策的实用性较强的信息比较少；表层的直接的信息比重大，前瞻性预测性的信息比重小；一般性的信息多，复杂、权威性、可用性的信息少，结合本地情况开发利用的信息资源相对匮乏。据统计，在过去10年我国数据库中，农村数据库仅占6.8%。世界三大农业数据库GABI、AGRICOLA、AGRIS，每年文献报道量分别为10万条、12万条、13万条，而我国最具规模的农业数据库中国农林文献数据库年报道量仅3万多条，中国科技期刊数据库农业专业的总报道量仅为4万多条。

信息服务对时效性要求比较强，而目前农业服务信息化网站过时的信息较多，缺乏第一手信息和第一时刻发表的信息，不能实现信息的及时更新，网站提供的信息不完整、不准确，信息内容单调，使用价值和实用价值低，重复访问率和页面点击率低。目前，据有关资料，农业信息网站更新频率，实时更新的仅占6.1%，每日更新的占28.8%，每周更新的占11.9%，每月更新的占20.8%，每季更新的占4.2%，年度更新的高达21.6%，不定期更新的占6.6%。

（二）农业服务信息化基础设施建设不足

目前我国已初步建成省、市、县三级农业服务信息化平台，但乡、村两级的信息服务则是刚开始发展。据统计，目前全国34 000多个乡镇中，有独立政府域名的乡镇政府仅为2 719个，不到全国乡镇政府总量的1/10。因此信息服务“最后一公里”问题还比较突出。农业服务信息化基础设施建设上仍然存在着很多问题，这主要表现在两方面，第一是领导重视程度不够，资金投入不足。第二是信息传播网络有断层，断层表现在两个方面：一是纵向体系结构上，目前一些重要信息从中央传到农民那里往往严重衰减甚至杳无音讯，农民甚至乡镇有什么信息也难以上传。这是由于大部分乡、村两级信息网络传输还没有建立起来，绝大多数乡村缺乏网络沟通手段，使得村、乡、农户这“最后一公里”的数据传输网络出现断层，信息到达农户出现了梗阻。二是地域服务水平差异较大，东、中、西部地区基础设施建设差距大，导致各项信息服务及其成效的指标差距明显。

（三）农业服务信息化需求有限

据有关研究显示，信息服务要有一定规模才能获得经济效益，这个“一定规模”是一个均衡点就是盈亏点，不少国家推崇的“精细农业”只有规模在250公顷以上农场才能发挥其作用。我国农业经营规模小而分散，一般农民农产品生产数量较少，几乎不具备与互联网上的大市场实现交易的条件，对网络信息的应用空间较小，信息应用效益不明显。不少地方农业产业化程度低，难以形成正常的信息需求，也限制了信息资源发挥作用的范围和效果。

目前，农民收入增速一直慢于城镇居民收入的增速，城乡收入差距呈扩大趋势。在现有消费结构下约有1/3的农民对信息服务的支付能力不足。农户较低的收入水平限制了农户对信息服务的支付能力，从而抑制了农户对农业服务信息化的有效需求。从实际来看，农村许多信息服务成本都高于城市，网络信息传播过高的基础投资和使用费，超出了农民现有的承受能力，限制了农民利用网络信息的积极性。

整体上农民受教育程度偏低。接受科技培训覆盖面较小，科技素质低下，直接限制了农民对信息技术和网络知识的学习理解能力，导致往往对信息嗅觉迟钝，捕捉和利用市场信息的能力局限性明显。

（四）农业服务信息化人才短缺且结构不良

据统计显示，目前每百个农村人口中信息科技人员数为0.09，远低于美国的0.41。农业服务信息化的发展，离不开大量既懂农业又懂信息技术的人才，而目前农业服务信息化人才十分短缺。主要原因，目前农业服务信息化的直接效益不明显，各种服务条件尚不成熟，对从事农业服务信息化人才的吸引力较小。农业服务信息化人才专业知识结构不能满足实际需求。目前从事农业服务信息化的人员主要来自农业学科专业、图书馆情报学专业、计算机信息专业，工程建设、项目研究、市场投资分析、经营指导、市场营销、咨询服务等方面的专业人才相对缺乏。

四、农业服务信息化的发展趋势

（一）政府、企业、社团之间协同服务将日益完善

政府通过制定农业信息服务目标、方针，将创造良好的信息服务环境，引导农业信息服务向规模化、规范化和现代化发展。同时不断鼓励和引导社会力量共同推进农业信息服务，形成以国家为主导、社会各方面积极参与的多元化农业信息服务格局。农业信息技术研发、应用推广和农业信息咨询等将受到越来越多的重视。通信运营商网络层层覆盖，现代网络技术与传统媒体相结合将更加有力地促进农业信息在农村的传播。

（二）农业服务信息化需求将不断提高

对信息需求量的大小与国民经济发展呈现正相关系，即在国民经济发展不断提高的同时社会信息需求量将飞跃性增长。信息需求的增加会打破信息服务供需之间的均衡，农民对农业信息的需求会越来越强烈，无论从数量还是质量上都将有很大程度的提高，从而刺激信息服务供给的增长。随着农业农村经济的发展，生产者、经营者需求的信息将会多种多样，农业服务用户的需求将从以技术为核心向以市场为核心转变，信息需求内容将更多地从产中信息向产前、产后等综合信息方面延伸，需要对特殊服务对象提供针对性的信息化服务，为不同层次的用户提供方方面面信息服务。各主体在服务内容上将有所侧重，功能也各不相同。

（三）农业服务信息化体系将逐步壮大

政策环境是培育和发展农业信息开发与利用的重要生态环境，直接决定着农业服务信息化的发展水平。因此，通过政府加强对农业信息资源开发的宏观调控，整合服务信息化产业资源，协调参与各方整体作战，以政府行为引导产业的发展，形成一套比较完整的农业信息收集、加工、处理、发布、利用体系，各个环节将日益达到规范、有效运作的状态。

（四）农业服务信息化城乡发展将进一步协调

随着城乡一体化发展进程的加快，农村的农业信息基础设施将不断完备，互联网、卫星通信、有线电视等现代化信息传播方式将落户农村，使用现代通信方式生产生活的农民数量愈来愈多。这一方面促进农业信息化的发展，另外一方面将改变农民的生产生活方式和农村环境，能够有效缩小农村与城市的生活差距。

五、农业服务信息化发展的对策建议

（一）提高信息资源质量

建立严格的信息采集标准和制度，明确信息采集内容、范围、时间、方法和责任，保证信息的及时性和真实性；建立信息分析与预测制度，强化信息资源的深层次开发利用，增强信息引导的科学性与有效性；建立信息的定期发布制度，明确发布内容、时间、渠道和责任，同时要规范运作，提高信息服务质量，严禁传播虚假信息。加强与农业有关的生产、市场、价格、品种资源、技术、政策、病虫害、自然灾害等信息的收集、处理和利用；加强资源共享，加强对各种农业资源数据库的应用；加强网站实用性、时效性农业信息的发布，及时将农民手中的信息有效地发布出去，根据农民对信息的需求，收集和发布有针对性的信息。

（二）加大投入力度，建设好服务网络

进一步加强农业服务信息化基础设施的建设。各级部门都应安排专项资金，用于农业信息服务硬件建设、软件开发、人员培训、人才引进、网络运行、信息发布、信息资源开发利用等方面。同时在投入时要科学安排好各部门之间的投入比例，注意兼顾硬件（计算机网络、电信网、有线电视网、广播等）和软件（农业信息资源，其重点是数据库）建设，使其产生较好的经济效益。

（三）发展多元化服务模式，培养可持续发展机制

在加强政府部门信息服务机构主渠道建设的同时，鼓励从事农业信息服务的事业单位、社会团体和有关企业多元化信息市场主体的发展，积极探索农业信息服务产业化路子，改革现有农业信息运行机制，积极引导、建立和完善适应农业信息化建设的多渠道投融资体制，创造多元化投入的政策环境，拓宽投融资渠道。

对许多卓有成效的农业信息服务模式，应积极认真总结推广，对成功案例要加强扶持。

（四）加强农业信息服务人才的培养

制定人才培养规划和建立制度，利用多种渠道分层次培训信息工作人员。建立以农业院校为主的农业信息服务培训基地，对农业信息工作人员进行技术技能的培训，定期对农业信息服务人员的农业技术知识、农业和农村经济管理、信息技术、综合写作能力等方面做综合培训及考核，提高信息服务能力。加大农业信息技术学科的研究生培养力度，同时注意选派科技骨干出国考察、进修、合作研究、参加学术会议等，学习国外先进技术和经验。农业信息服务专业队伍建设，包括农业信息服务组织管理和农村信息员队伍建设。管理人才要具备组织、协调、指导农业信息服务工作的能力；技术人才要具备系统操作能力，能够熟练、规范地采集、传输、处理、应用农业信息，有多方面知识及服务能力。

（五）增强信息素养教育，培育农业信息需求市场

信息用户群体的整体素质从根本上决定着社会信息资源的利用水平。因此要加强对用户进行信息意识、信息素养和信息能力的教育与培养。通过信息教育，建设一支动态发展的、在规模上不断扩大、在整体信息素质和信息需求层次上不断提升的农业信息用户群体。采取集中学习和具体指导、典型示范和普通推广的办法，对农业信息用户进行接受农业信息能力的培训，提高信息接受能力。可以举办农业服务信息化培训班，有计划重点培养农业服务信息化典型示范户；利用广播、电视进行普及化的农业信息知识宣传，提高全体农业信息用户的农业信息接受能力。具体解决农业信息用户存在的问题，使其得到使用农业信息的实惠，不断提高利用信息的积极性及其相关能力。

（执笔人张　燏　参与讨论郭作玉　钟永玲　汤艳丽　徐伟平
张祚本　刘　涵　闫东浩等）

五、信息化与现代农业发展分析

信息化在现代农业生产、经营、管理、服务各个领域的广泛渗透，有力地加速了我国现代农业发展的进程。而现代农业各个领域对信息化的强烈需求，也迅速地提升了信息化发展的水平。以农业部、工业和信息化部共同举办的“2010 信息化与现代农业博览会”的展出情况为例，充分说明信息化与现代农业发展是一种完全的正相关关系。本报告主要从信息化在我国现代农业生产、经营、管理、服务各个领域中的突出应用出发，论述一下我国信息化与现代农业发展的现状与发展趋势，尝试提出一些促进信息化与现代农业发展的建议。

一、信息化与现代农业发展

（一）信息化

信息化是充分利用信息技术，开发利用信息资源，促进信息交流和知识共享，提高经济增长质量，推动经济社会发展转型的历史进程（参见《2006—2020年国家信息化发展战略》）。信息化包括：开发利用信息资源，建设国家信息网络，推进信息技术应用，培育信息化人才，制定和完善信息化政策等方面。

信息化的主要特征：①具有高投入性。信息化是以高新知识，高新技术，高新设备，以及高智力密集为依托，具有高投入性。②具有高回报性。信息化引导产业向适度规模化、集约化发展，从而极大地提高产业的综合效益，具有高回报性。③具有开放性。信息化在工业、农业等行业间相互渗透，利于行业间的交流与合作，具有开放性。

（二）现代农业

现代农业是指用现代物质条件装备农业，用现代科学技术改造农业，用现代产业体系提升农业，用现代经营形式推进农业，用现代发展理念引领农业，用培养新型农民发展农业，提高农业水利化、机械化和信息化水平，提高土地产出率、资源利用率和农业劳动生产率，提高农业素质、效益和竞争力。建设现代农业的过程，就是改造传统农业、不断发展农业综合生产力的过程，就是加快转变农业发展方式、促进农业又好又快发展的过程。

随着信息技术日新月异发展和普及，现代农业提升为依托信息技术对传统农业进行脱胎换骨的彻底改造，使农业的发展不再受时间和空间的制约。现代农业最主要的特征是数字化、网络化、智能化等先进技术的应用。

（三）信息化与现代农业发展的关系

信息化对发展现代农业的贡献，主要表现在农业信息的泛在和自动采集，农业生产装备的信息化改造，农业的自动化和智能化，以及农业的信息化管理。由此引发的农业信息化，将有力推动农业生产工具的全新的变化，对农业进行全新的改造；将有力地推动农业科学技术不断取得新的突破，促进农业技术的跨越式发展；将更加有效地利用农业资源、市场信息和战略要素，从而全面提高农业的发展能力。

二、我国信息化与现代农业发展现状

当前，信息化已成为世界经济和社会发展的大趋势，信息化发展水平是衡量一个国家的国际竞争力、现代化程度、综合实力和经济成长能力的重要标志。与发达国家相比，我国信息化与现代农业发展起步较晚，但发展速度快，在渔业、种植业等领域已接近国际先进水平。

（一）党和国家十分重视信息化与现代农业的发展

推进信息化建设，提高现代农业发展的水平，始终得到党中央、国务院的高度重视。2004 年以来，中共中央连续 7 个 1 号文件都强调要加强农业信息化建设。特别是中共中央 2007 年 1 号文件明确指出，发展现代农业要大力提高农业水利化、机械化和信息化水平，强调要用信息技术装备农业。

（二）各有关部门、各地积极投入信息化与现代农业建设

1. 工业和信息化部、水利部、国家气象局等部门纷纷采取行动 工业和信息化部大力实施的“村村通”工程，已经全面实现行政村通电话，正逐步覆盖自然村。组织实施“宽带下乡”工程，鼓励宽带运营企业优先采用光纤宽带方式，加快农村信息基础设施建设，推进光纤到村。计划到 2012 年，建成先进适用、稳定可靠、贴近农民、进村入户的农业农村信息基础设施和农村综合信息服务体系。水利部建设了全国水情雨情监测预报系统、实时水情传输计算机广域网络、国家防汛抗旱指挥系统等。在全国重要防洪流域、重点防洪地区实现了水雨情、旱情信息时时监控。在大中型灌区改造、节水灌溉、牧区水利、雨水集蓄利用等农田水利基本建设实现了节本增效。国家气象局建立了农村气象灾害防御体系和新一代天气雷达信息共享系统工程等。有效提高了农业防御气象灾害水平，提升了农业应对气候变化能力，提升了农业防御气象灾害、应对气候变化的能力，较大程度地减轻了灾害损失。

2. 各地积极探索，共谋信息化与现代农业的发展 各省（自治区、直辖市）信息化与现代农业发展的典型案例精彩纷呈，有力地推进了信息化与现代农业的发展。如浙江省的“农民信箱”，吉林、辽宁、福建、湖北等省多种形式的 12316 新农村热线，上海的农民一点通、内蒙古的农信通、宁夏的三农呼叫等各具特色的信息服务；山西、陕西百万农民上网工程，实现了涉农行政村全覆盖；江西测土配方施肥专家咨询系统；新疆远程灌溉信息控制应用系统；四川生猪生产及价格监测预警系统；江苏、河北、天津等省（市）蔬果、畜禽、水产等质量

安全追溯管理信息平台；河南、海南、广西等省（自治区）建立的小麦、白糖、天然橡胶等电子交易系统等。

(三) 近年来我国信息化与现代农业发展条件已有明显提高

1. 农业信息基础设施建设速度较快 截止到2009年底，全国行政村电话普及率达到99.9%，互联网普及率达到91.5%；全国乡镇互联网普及率达到99.3%，通宽带普及率达到97%；全国农村网民规模达到10 681万，占整体网民的27.8%，同比增长26.3%。我国农村网民用手机上网呈现出快速发展的态势，在农村网民中的比重迅速扩大。我国农村居民家庭平均每户至少拥有1部手机，比10年前增长25.7倍；农村手机上网用户约为7 189万人，占农村网民总体的67.3%（图1）。

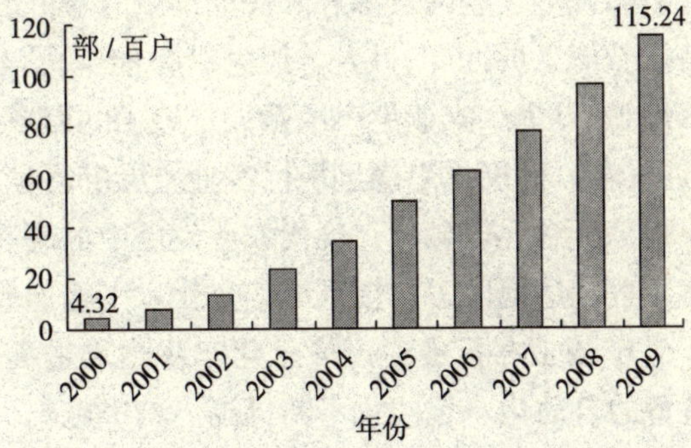

图1 我国农村居民家庭手机拥有量变化趋势图

我国农村家庭彩色电视机和家用计算机的拥有量也出现大幅增长。截止到2009年底，农村居民百户家庭彩色电视机拥有量为108.9台、计算机拥有量为7.5台，分别比10年前增长1.2倍和14.9倍（图2）。

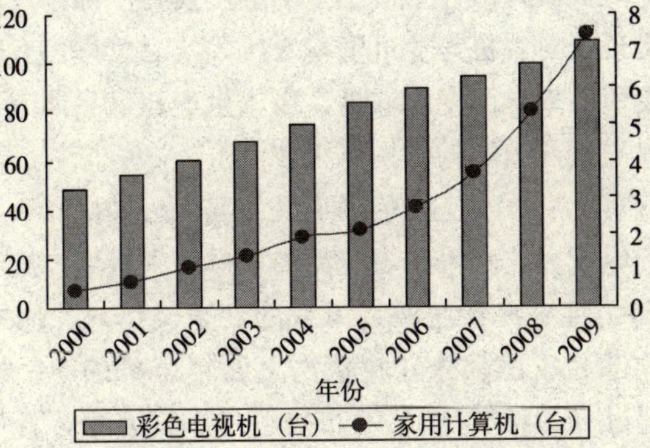

图2 我国农村居民家庭平均每百户电视电脑拥有量变化趋势图

2. 农业农村综合信息服务体系初具规模 2004年中央1号文件要求："从2004年起，中央和地方要安排专门资金，支持农民专业合作组织开展信息、技术、培训、质量标准与认证、市场营销等服务。"各级农业部门积极发挥引导、协调和推进的作用，基本形成了以部、省、市信息中心为主导，广泛吸纳电信、IT企业等社会力量共同推进农业综合信息服务体系建设。

2010年，基本实现100%地市、95%以上县、85%以上乡镇、65%以上行政村能够共享互联网资源和政民互动信息服务。初步统计，全国基层综合信息服务站培养信息员近25万人，信息服务能够覆盖农业龙头企业4万多个、农村合作社近18万个、农业生产经营大户近120万户、农村经纪人240万人。

（四）信息化渗透到现代农业发展的各个领域

综合看，信息化在现代农业发展中的表现，畜牧业和渔业信息化水平高于种植业，发达地区、农垦系统信息化水平普遍较高。

1. 农业各行业生产信息化水平全面提高 种植业科学决策水平和生产设施装备的自动化、智能化不断提高。精准施肥、智能灌溉、农情监测、病虫草害监测与防治等重点示范项目正在普及推广。

畜牧业重点加强动物标识及疫病可追溯体系建设，对畜禽生产从饲料投入、繁殖育种，到环境监控、远程诊断等过程采取信息化管理，一些省建成规模化、智能化养殖场。

渔业生产已具有较高的信息化水平，精确养殖、水质监测、病害防治以及远洋捕捞等方面信息化已得到较好应用。如广东、上海等地养殖场的远程监测和自动控制系统，山东、江苏等地的水产养殖病害测报系统，沿海及远洋捕捞的信息化网络服务等效果明显。

信息技术在全国农机跨区作业服务上的应用覆盖了河南、河北、山东等平原地区产粮大省，实现了对农机作业进度和农机手实时管理，有效降低了农机调度成本，提高农机使用效率。黑龙江农垦、新疆生产建设兵团农机在精量施肥、播种、收割等方面提高生产效率的作用巨大。

农产品加工业对信息技术应用的表现最为突出。如机器视觉技术、近红外光谱技术、电子舌和电子鼻技术等在农产品加工过程中得到广泛应用。

2. 信息化在有力地支持传统经营方式的变革 信息化应用变革了传统的经营方式，如，农业部为农民和企业提供网上营销服务的“一站通”网络服务平台，注册会员已超过35万，年信息发布量超过100万条，日均点击量在100万次以上。信息化正在与订单农业、连锁经营、物流配送相结合，已有一批大型骨干农产品批发市场成功实施了电子商务贸易。同时，农产品质量安全追溯体系建设较快。我国动物标识及疫病溯源体系已经覆盖32个省级机构，472个地市级机构，3 941个县级机构，注册使用单位已达40 523个，实现农产品从生产到消费全过程的监控，保障农产品质量安全及消费者的知情权，产生了明显的社会效益。

开发、挖掘农村旅游资源，整合休闲农业产业链，建设休闲农业资源数据库，休闲农业、功能农业等方兴未艾。如广西八桂田园虚拟游网上观光平台，游客可以通过鼠标上下左右任意旋转选择视角，对八桂田园 22 个景点进行 360 度景观操作体验。

3. 信息化在深入推进农业部门管理职责转变 以提高行政效率、深化行政审批制度改革、提升为民服务水平为重点的各级农业政府网站建设，开发了在线审批、农机购置补贴、视频会议系统等农业管理信息系统，为公众提供公开、公正、规范、实时在线办事服务。部分经济发达地区开展了村务公开信息化建设，把电子政务延伸到农村社区，引导农民网上办事，符合农村个性化服务的需要，对农村经济发展和社会进步意义深远。

信息化在农业监管和宏观决策中发挥重要作用，如农业部卫星指挥调度通信系统、全国渔政应急指挥系统、草原防火指挥系统、动物疫病防控系统、主要农产品监测预警系统等，对农业生产与经济活动实时监测准确获取信息，为领导宏观决策提供翔实的数据支撑，特别在重大事件发生的应急决策方面，及时准确的信息资源能为领导科学判断与决策提供重要依据。

4. 信息化在不断提升农业服务水平 互联网不受时间、空间和内容的约束，能够满足多元化、多层次、个性化综合农业信息服务的需求，为农民、涉农企业、农产品经销商等提供及时准确的市场咨询、技术指导、技术培训等服务；为各级领导及时了解掌握农业生产、经营情况、指导农民科学种田、防御自然灾害、规避市场风险等搭建沟通交流渠道。

根据农民对农业服务的信息需求，政府相关部门不断探索、积极创新信息服务方式。多年来农业部在全国建设“三电合一”信息服务体系，开通 12316 全国农业系统公益服务专用号码。工业和信息化部倡导中国移动、中国电信等与农业部门合作打造无线信息服务平台。如江苏移动农家手机致富报、山西移动“村村通大喇叭”等。

（五）信息化正在有力地支持我国农业由传统走向现代

2010 年 11 月，农业部、工业和信息化部共同举办了“2010 信息化与现代农业博览会”，从展出的盛况和生动的效果及深远影响看，说明我国农业信息化已经破了题，我国农业已经正在由数千年以来的传统方式向精准化的现代方式演进。

博览会集中展示了信息化在农业各行业的应用成果。农业部、工业和信息化部、水利部、气象局等多个部委（局），农业部种植、畜牧、兽医、渔业、农垦、农机、乡企等 7 大行业司局，19 家全国农业教学科研单位，29 个省（自治区、直辖市）农业部门，若干电信运营商、IT 企业、信息服务商等 113 个单位参展，参展项目 621 个，覆盖现代农业生产、经营、管理、服务各领域。

种植业：展示了农情调度系统，通过地面调查与卫星遥感相结合、抽样调查与定点监测相结合、灾情调度与灾后评估相结合、交流与部门会商相结合，增加农情信息的科学性、及时性和准确性，成为各级领导了解情况、研判形势、科学决策和指导生产的重要依据；信息技术在精确灌溉和精确施肥等方面的应用，利用计算机模拟作物生长过程，利用专家系统进行动植物生产技术咨询和病害诊断，利用卫星定位技术跟踪病虫害动态等。

畜牧、兽医行业：展示了动物标识及疫病可追溯体系，依托传感技术和 RFID 技术，通过对动物个体进行标识，实现对动物防疫和动物产品安全的可追溯管理；国家兽药产品监管和追溯信息系统，全国饲料质量安全监管信息系统，草原管理应急指挥系统等应用。

渔业：展示了各级渔业部门利用该系统实现渔船管理、渔政执法、养殖许可证等业务实时动态管理，全面提高了渔业行政服务能力和科学管理水平；远洋渔业卫星遥感信息服务系统，获取渔场附近海域的渔况和海况信息、综合遥感分析的海洋水温、水色等信息；水产品安全追溯系统平台，实现了“从鱼塘到餐桌”的全程信息追溯等。

农垦系统：展示了从育种、生产、加工到物流的现代农业全过程信息技术应用成果，如应用地理信息技术建立包括土地承包、农业生产、社会保障、政策补贴、企业管理等综合性土地信息化管理系统，实现对农场土地资源和生产经营的精细化管理；综合运用网络通信技术、计算机技术和数字标识技术，建立农产品从源头生产到市场流通全程、动态、开放式质量追溯系统；依托互联网技术，建立谷物、天然橡胶等优势农产品电子商务交易系统等。

农机行业：展示了利用卫星导航建立的全国“农机跨区作业服务直通车”系统，通过对农机跨区作业进度实时监管，为农机手提供全天候和全方位的信息沟通服务，降低了农机跨区作业的调度成本，促进了农机具有序流动；全国农机购置补贴信息系统，实现补贴申请、签订协议、审核供货、资金结算等全过程电子化、快捷化，在提高工作效率、加快补贴实施进度、加强操作监管方面发挥了重要作用；农机故障远程诊断系统、智能机器人和卫星导航自动驾驶拖拉机等机械化与信息化融合的成果。

农产品加工：展示了全国农产品加工监测预警直报系统，建立农产品生产、加工、运输、销售的数据库，全程监测行业发展；农产品加工国际标准跟踪信息网，实时跟踪、分析国际组织和主要贸易国的农产品加工标准；农产品加工技术推广对接平台和信息服务体系等。

地方上，主要展示 29 个省（自治区、直辖市）信息化改造传统农业的最新成果和试点示范项目。如测土配方施肥、自动化控制节水灌溉、远程诊断及可视化预报农作物重大病虫害、设施农业物联网技术应用、农产品安全追溯系统、农民信箱、农民手机报、远程视频互动等。

科技方面，重点展示了智能技术、自动化技术、专家系统、精准农业、农业物联网等成果在现代农业中的应用。如，精准农业是运用信息技术和智能装备技术对农田进行单元化精细管理，通过精确投入、精准施肥和精细化管理，提高耕地、肥、水和药等生产要素的综合利用率；农业物联网，由各种农业信息感知设备、信息传输网络、智能分析决策和末端执行机构组成，对有效实现农产品的生产、流通，减轻人力劳动强度、降低生产成本、提高生产效率，意义重大。

企业方面参展，主要是电信运营商、IT 企业、信息服务提供商的信息技术应用成果。如中国移动带动全国各地移动公司提出：三网惠“三农”、助建新农村的目标，旨在利用信息和通信技术优势助力现代农业、服务广大农民。

三、信息化与现代农业发展成效分析

（一）拓宽农业生产节本增产途径，促进农业可持续发展

如广西壮族自治区智能化土壤资源与安全施肥信息系统，利用网络信息技术，把现代的科学施肥理论、农产品安全生产技术规程、土壤属性、量化的施肥模式等有机结合起来，具有很强的农业技术和施肥技术指导能力，在生产应用中取得了良好的经济效益。2005—2006 年，全自治区累计推广测土配方施肥面积突破3 000万亩，肥料利用率提高 5.5 个百分点，农民节约化肥 10 万吨；水稻增产 31.2 千克/亩，玉米增产 36.5 千克/亩，累计全自治区共增产粮食 8 亿多千克，农民节本增收超过 10 亿元。

不用架电线，通过无线通信设备和传感器相结合的远程监控系统在辽宁省应用后，过去一亩地生产 200～250 千克玉米卖 300 元左右，现在一亩地如建一个油桃大棚、年产油桃3 500千克、收入可达 2 万元以上；过去一个农民管理一个棚非常辛苦忙碌，现在沈阳市苏家屯区红菱街道烟台村农民何庆辉一个人管理 7 个大棚，坐在家里就能了解生产状况，还可跟踪最新的种植技术，获取市场信息。

信息技术有助于提升我国公海渔业的综合竞争力。如大洋金枪鱼资源开发关键技术，应用区域海洋学、GIS 空间统计等理论与方法，有效缩短探鱼时间，降

低燃油成本，提高捕捞效率。推广应用到 47 家企业，301 艘金枪鱼渔船。据用户应用证明和相关统计，1993 年以来，累计捕捞金枪鱼 76.1 万吨，产值 213 亿元。最近 3 年，累计捕捞金枪鱼 37.28 万吨，产值 99.1 亿元，累计增收节支 17.4 亿元。

（二）精简农产品流通环节降低交易成本，提高农民收入

如北京的物美超市农超对接项目，利用物流信息管理系统，使得一部分山东生产的蔬菜进入北京的物美超市的价格竟比农贸市场低 20%。由于精简了中间环节，不仅能让农民在交易中直接获利，也保证给消费者比较合理的价格。

北大荒粮食电子交易市场创构了粮食主产区与主销区的电子交易渠道，开创了全国粮食流通与资金运作的新模式。截至 2010 年 5 月，销售水稻总量 69.5 万吨，带动种粮农民3 521户，比农户田头销售合计增收8 700万元。目前，客源覆盖北京、陕西、四川、湖南、山西等 21 个省（自治区、直辖市），标准合约撮合交易总量达到4 600万吨，总成交额超过1 300亿元人民币。

中橡电子交易市场有限公司，开发成功具有自主知识产权的中国天然橡胶竞价交易系统，为中国天然橡胶行业上下游企业提供公开、公平、安全的在线交易服务、信息服务。截止到 2010 年 6 月 30 日，累计交易橡胶 285 万吨，成交金额达 399 多亿元，增值金额 2.39 亿元，交易量占全国总产量的 70%，占国内总需求的 25%。

（三）促进农业管理公开、规范、透明，提高政府服务水平

行政审批一站式在线办公系统、行政执法系统和市场监管系统等既规范了办事流程、公开办事规则，也增加了政府与公众的交流互动窗口。政府通过网站发布政务信息，既保护了公众的知情权、参与权和监督权，也有助于规范农业部门行政管理和促进廉政建设，提高办公效率。如 2010 年江苏省农业委员会在 10 个月里受理行政许可材料1 031件，办结率达到 100%。

信息化在农业监管系统的应用，有利于综合分析情况，有问题早发现早解决，保证我国农业生产和农村经济平稳运行。如国家“金农工程”的建设，提高了政府部门对农业生产和经济运行监管力度，提升了农业决策管理和应急指挥的信息化水平。

（四）农业服务信息化解决农民难题，帮助农民增收

农业服务信息化的开展，增加了专业人员就业，满足农民个性化需求。如，吉林省 12316 新农村热线，吸引吉林省 600 多位专家共接听 450 万个农民提出的各种疑难问题，无偿培训了 150 万农民，累计创造经济价值近 30 亿元。目前，热线日均通话量超过12 000次，日最高峰值达到 2 万次，成为全省农民获取农业

农村信息的重要平台，在促进党的惠民政策落实、传递科技致富信息、增加农民收入等方面作出了重要贡献。

农业服务信息化的发展，催生了一批懂信息知识、会信息技术、精通现代经营管理的新型农业生产者。如辽宁省沈阳市苏家屯区八一镇来胜村农村经纪人路殿勇，1995 年开始销售大米，由于活动面窄，信息不畅通，生意一直没有大的起色。2006 年在区农业信息中心举办的“阳光工程”农产品经纪人培训班上，通过系统学习经纪人基础理论和业务技能，以及计算机和网络知识，申请办理了彪哥牌大米的注册商标，成立了彪哥米业有限公司，与农民签订单，带动 200 多户农民共同致富。

四、信息化与现代农业发展存在的主要问题

（一）农业产业化、规模化水平偏低制约着信息化的发展

如农产品仓储冷链保鲜是农产品流通产业链的延伸，是现代农业经营的重要环节，2010 年中央 1 号文件指出要“加大力度建设粮棉油糖等大宗农产品仓储设施，完善鲜活农产品冷链物流体系，支持大型涉农企业投资建设农产品物流设施。”但仓储及冷链物流体系发展不足，实际冷藏容量仅占货物需求量的 20%～30%，远远低于发达国家 80%～90%的需求量。果蔬、肉类、水产品冷链流通率分别为 5%、15%、23%，处于产业初级阶段，冷链物流没有统一的执行标准，冷链信息、监控体系也不健全，这些制约了农业电子商务的发展与应用。

（二）核心技术掌握不够，信息技术成果转化严重不足

国内信息技术领域发明与国外相比差距较大，自主创新能力亟待提高，信息技术成果转化严重不足。农业信息技术成果的转化还处于示范阶段，普遍没有得到大面积、大范围推广和应用。主要原因：一是科研立项脱离实际；二是盲目追求国内一流、世界领先，而不注重实用价值；三是科研项目以专家为主，没有企业和用户参与，难以体现市场价值。

（三）信息化向基层延伸不够，信息资源利用不足

在欠发达地区，乡镇存在信息网络设施建设滞后、基层政府电子政务服务意识和能力欠缺，以及农民接受网络信息能力低等问题。信息资源方面，农业服务信息资源供给还基本上呈现“自上而下”的状况，综合性信息、简单堆砌的信息多，专业和特色信息、分析处理过的信息少；农民急需的指导农业生产、帮助决策的信息比较少；前瞻性的预测判断信息比重低。

（四）缺乏统筹发展规划和顶层设计

长期以来行业间封闭管理各自为政的弊端，使得信息化与现代农业发展在统筹共享等方面欠缺规划和行政执行力度。农业电子政务缺乏信息共享机制与手

段，管理系统之间无法实现互相衔接和信息共享，不仅造成重复投资，而且由于应用范围窄，管理信息化的效能相对低下，降低了资源的利用率。

（五）信息化投入有待加强，技术培训严重不足

一是对重大项目运行维护资金需求认识不够，投入不足。二是对生产信息化的资金投入不够，相对于电子政务、电子商务等对生产信息化的投入比较薄弱。三是信息化基础设施建设需要进一步加强投入。四是农业专业信息化人才短缺。据统计，我国每百个农村人口中信息科技人员数为0.09，远低于美国的0.41。专业人才是推进信息化与现代农业的根本，急需国家增加培训投人，扩大培训范围。

五、信息化与现代农业发展趋势及对策建议

（一）发展趋势

《中华人民共和国国民经济和社会发展第十二个五年规划纲要》明确指出，加快建设宽带、融合、安全、泛在的下一代国家信息基础设施，推动信息化和工业化深度融合，推进经济社会各领域信息化。毫无疑问，“十二五”期间我国现代农业发展要加快构建下一代信息基础设施，全面提高信息化水平。

1. 数字化、智能化将为现代农业发展贡献更多的力量 现代农业将使信息技术越来越融入测土配方施肥、畜禽水产养殖、节水灌溉、农机调度等农业生产管理过程，全面提高农业综合生产能力。如，精确农业，通过地理信息系统（GIS）对地理数据和绘图进行分析和管理；利用全球定位系统（GPS）对地理数据进行定位及定义；利用变量投入技术（VRT）开发精准、特定的投入应用；利用遥感（RS）识别功能和田间监控技术对作物生长进行记录等。信息技术在现代农业生产过程的深入应用，自动化控制和智能化管理能够减轻人工作业量，改善工作环境，实现绿色生产及低碳经济，极大地提高劳动生产率。

2. 物联网技术将驱动现代农业经营全程网络化、信息化 2010 年 9 月发布的《国务院关于加快培育和发展战略性新兴产业的决定》，将新一代信息技术、节能环保、新能源等 7 个产业列为我国的战略性新兴产业。目前，物联网技术作为新一代信息技术的重要组成部分，受到政府、企业和科研机构的青睐。物联网的核心和基础仍然是互联网，是在互联网基础上延伸和扩展到任何物体与物体之间，进行信息交换和通信。物联网被称为世界信息产业发展的第三次浪潮。

随着生活水平的提高，消费者对农产品质量安全的要求已经不仅仅满足于产地和品牌，需要对其质量安全从“田间到餐桌”全程掌控。即对产前农作物品种选用或养殖产品的雏苗，产中生长过程，产后加工和包装，流通环节的冷藏和运输等信息全程记录。

3. 电子政务迅速推进将进一步强化现代农业管理 《中华人民共和国国民经济和社会发展第十二个五年规划纲要》明确提出，"以信息共享、互联互通为重点，大力推进国家电子政务网络建设，整合提升政府公共服务和管理能力"。"十二五"期间将加快利用互联网技术，克服条块分割、信息孤岛，加快实现中央与地方互联互通，推动农业电子政务公共服务延伸到乡村。农业电子政务系统的应用和推广，将进一步促进政府职能转变，增强决策和管理能力，提升办公效率和服务水平。

4. 网络化、多媒体化将空前满足现代农业对信息及服务的需求 "十二五"期间，农业信息服务的网络化和多媒体化将得到较快发展。网络化将有利于不同地域的生产者、经营者、消费者低成本共享信息技术和信息服务，有利于让农民及时、全面、详细获取个性化信息服务，有利于改变贫困农村经济被边缘化的现状。

信息服务多媒体化，通过计算机或其他电子手段传递文本、图形、声音、动画和视频信息的组合。可以将十分复杂的农业技术，以较为简单、易懂、易学的方式表现出来，同时传播速度快、覆盖面广、形象逼真。如，病虫害远程诊断系统，利用网络医院、远程培训、视频会诊等应用系统，为农民提供专门技术指导病害防治。展望未来，传统上门求教预约服务的方式，将被多媒体技术提供的个性化技术指导和培训取代。

（二）对策建议

1. 着力落实农村宽带普及工程，增加重要信息系统运维投入 我国34 000多个乡镇要实现100%乡镇通宽带，75%行政村通宽带，农户宽带接入速率平均不低于2 MB/s，采用xDSL接入方式的乡镇宽带接入能力接近30MB/s，需要国家资金大力支持，需要各级政府和有关部门共同努力。我国农村普遍缺资金、缺人才，人均计算机拥有量严重制约了信息化作用的发挥。建议国家财政对农户购买计算机给予一定的补助，一些资源免费给农民使用。

目前，一些已建系统运行维护资金严重不足，甚至没有系统运行维护经费。建议国家增加系统运行维护投入，要建、管、用并举，充分发挥已建成的重要业务信息系统的作用。如进一步加强测土配方施肥专家系统等技术应用与普及，加强推进农业智能化决策、指挥和管理系统的开发与应用，加快建立健全重大动物疫情监测、动物标识及疫病可追溯信息系统、饲料安全管理信息系统，加强疫情疫病及时监测和有效防控，加强农业应急指挥信息化建设，及时监测重大农业自然灾害，有害生物及外来生物入侵、渔业作业水上安全等。

2. 创新生产发展方式，进一步拓展信息化发展空间 现代信息技术的推广应用要有与之相适应的承载主体，在农业生产趋向规模化的基础上，信息化能更多地发挥效用。如据测算，小麦施肥适用于精准农业技术实践的经济可行的最小面积约为85.6公顷，而我国有相当的差距。要加快提高农民组织化程度，多种形式推进农业生产规模化，大力发展种养大户、农民专业合作社、农业龙头企业等，并以他们为信息化应用的重点对象，不断拓展信息技术和产品应用空间，提高生产信息化水平。

在充分发挥市场机制的同时，予以政策性财政扶持，积极引导多元社会主体投入农业信息化。作为企业目标很明确，其信息技术及产品研发推广会更加注重和贴近实际需求。要引导企业根据农村实际制造低成本信息终端，建立起有效的信息技术供给和农业产业应用需求之间的互动机制，使技术产品研发与应用服务紧密结合，更好地满足现代农业发展需求。

3. 加强农业市场信息服务和推进农业电子商务建设 目前，大宗粮棉油糖产品卖难问题不是太突出了，主要是进一步解决好成本、价格及效益的问题，畜产品、水产品、水果、园艺产品尤其是设施农业产品（如蔬菜等）卖难问题是存在的，解决好有关的市场信息服务，包括提供质量标准、检验检测信息、市场行情分析预测，衔接好供求平衡关系，使生产者能够卖得出去并卖出好价钱，是一项突出的现实任务。因此，帮助农民卖出农产品卖个好价钱，采取现代流通方式，推进电子商务建设是非常必要的。

政府有关部门的重视、研究、支持包括资金投入可以起到主导和引导的作用，可以在政策法规建设上解决环境问题，也可以在电子交易平台建设上发挥支撑作用，如建农产品批发市场似的让农民进场交易，政策搭台让农民、经纪人、消费者进场交易。具体讲，要加强综合性农业电子商务服务体系建设，围绕重点农产品扶植建立一批跨区域、专业化的特色网站和交易网络，形成以批发市场、商贸中心、物流调度中心和商品集散地为依托的农业电子商务服务体系；整合各地休闲农业信息资源，建设全国统一的休闲农业电子商务平台。向基层延伸电子商务服务。同时，下工夫解决好物流配送体系建设。

4. 重视农村基层电子政务建设，提升农业农村公共管理水平 积极推动电子政务向乡村延伸，丰富乡村电子政务应用。依托市县电子政务平台推进乡村政务公开和村务公开，实现农村财务、选举、固定资产、土地承包、计划生育等信息公开，为保证广大农民知情权参与权监督权建立信息渠道。充分利用互联网、手机等现代通信技术，拓宽农村社情民意表达渠道，增强农民参政议政能力，促进村民自治和民主管理。扩大新型农村合作医疗管理和服务信息系统覆盖范围，加强面向农村疫情和突发公共卫生事件的疾控信息系统建设，加大农村现代远程教育的能力和水平。推进城乡一体化劳动保障信息服务体系建设，全面覆盖劳动就业、农村养老保险、最低生活保障、减灾救灾、社会赈济等农村社会保障事业。

5. 采取切实措施，努力提高农业服务信息化水平 首先要注意提高服务信息的质量。保证信息的及时性和真实性，增强信息引导的科学性与有效性，严禁传播虚假信息。加强与农业有关的生产、市场、价格、品种资源、技术、政策、病虫害、自然灾害等信息的收集、处理和利用。

进一步加强农业服务信息化基础设施的建设。应安排专项资金，用于农业服务信息化的硬件建设、软件开发、人员培训、人才引进、网络运行。

加强农业服务信息化人才的培养，加强对农民群众信息素养的培训。注意解决农业信息用户存在的问题，使其多分享农业服务信息化的实惠。

（执笔人徐伟平 参与讨论郭作玉 钟永玲 汤艳丽 张祚本 刘 涵 闫东浩 张 熇等）

理论探讨篇

推进农业信息化　促进现代农业发展

农业部副部长　陈晓华

（2010 年 6 月）

党和国家高度重视发展现代农业。以现代信息技术改造传统农业，是促进现代农业快速发展的有效途径。当前，大力推进农业生产经营信息化，对于加快推动农业发展方式根本转变、促进现代农业发展具有重要的战略意义。

我国农业信息化建设成效显著

（一）农业信息化基础设施建设进展明显

目前，全国农村居民家庭平均每百户拥有固定电话 67 部、移动电话 96.1 部、电视机 109.1 台、电脑 5.4 台；中央电视台卫星频道和省级卫视在农村的覆盖率分别达到 89.4％和 64.7％，广播基本实现了全覆盖；到 2009 年底，全国 99.3％的乡镇能上互联网，98.6％的乡镇通宽带，90％以上的行政村具备了上网条件。

（二）农业电子政务建设深入推进

随着“金农工程”的顺利实施，国家农业数据中心已完成建设任务，农业监测预警系统、农产品及农资市场监管信息系统已投入使用，动物疫情防控系统等 10 多个电子政务信息系统正陆续上线运行。以农业部门户网站为核心、集 30 多个专业网站为一体的国家农业门户网站群初步建成，部、省两级电子政务平台得以完善。农业电子政务的推进，大大增强了农业部门工作的开放性、透明度和效率，大幅度提高了农业部门决策、管理和服务“三农”的能力与水平。

（三）农产品电子商务稳步发展

农业部建立了“一站通”全国农村供求信息联播系统、网上展厅等网络服务平台，为农民和企业提供网上营销服务。“一站通”全国注册会员已超过 35 万，年信息发布量超过 100 万条，日均点击量在 100 万次以上。通过农产品批发市场改造，全国已有一批大型骨干农产品批发市场成功试行了电子商务贸易。第三方农产品电子商务网站正在兴起。

（四）信息技术在农业生产经营各环节的应用稳步推进

近年来，农业科研、教学单位、电信运营商及 IT 企业与农业生产、经营管理部门及农民合作社等密切协作，正在把先进的电子信息技术开发应用到农业生产经营的各环节中去，启动应用了数据库技术、管理信息系统、人工智能及自动化技术、专家信息系统、遥感技术、地理信息系统、全球定位系统等，使一批先进信息技术在我国农业领域推广应用，并转化为新的生产力。

（五）信息服务成效显著

以“三电合一”建设项目为载体、面向“三农”的信息服务迅速发展。截至目前，全国 31 个省（自治区、直辖市）农业行政主管部门、97%的地（市）和 80%多的县级农业部门建立了信息化管理和服务机构，70%的乡镇成立了信息服务站。“三电合一”项目先后搭建了 7 个省级、78 个地级和 324 个县级农业综合信息服务平台，12316 新农村热线、农民信箱、“三农”呼叫中心等多种形式的“三农”信息服务平台不断涌现，农民可以非常便捷地获得生产管理、科学技术、市场经营、政策法规等多种信息服务，成果惠及全国 1/3 以上的农户。

充分认识推进农业信息化的重要意义

（一）农业信息化是建设现代农业的必然选择

充分运用现代信息技术，对农业生产的各种要素实行数字化设计、智能化控制、精准化运行、科学化管理，必将大大提高我国农业的综合生产能力和国际竞争力。利用遥感技术，可以精确估测作物产量、及时监测自然灾害；运用专家咨询和诊断系统，可以及时为农民集成农业管理技术措施，开展动植物生产技术咨询、重大病虫害远程诊断和预测预报，彻底改变传统的农业技术推广方式，进而更新农业生产经营管理理念，实现信息化带动和推进农业现代化的目标。

（二）农业信息化是促进城乡统筹发展的重要举措

推进农业信息化，可以有效消除城乡居民信息占有和利用的差别，缩小城乡“数字鸿沟”，促使城乡文明相互渗透；可以提升农业生产力水平，推动农业农村经济跨越式发展，促进城乡经济的良性互动发展；可以让农民享受到改革开放与发展的成果，逐步推进国家公共服务的均等化，为破除城乡“二元结构”壁垒、促进城乡统筹发展作出重大贡献。

（三）农业信息化是转变农业农村经济发展方式的紧迫需要

目前，我国经济社会发展正处于重大转型期，转变农业农村经济发展方式任务十分艰巨。推进农业信息化，有助于推行现代农业技术和科学管理方法，从而有效地改造传统农业，将农业资源、生产要素、市场信息的运用提升到一个全新的水平。同时，推进农业信息化，可以创新农业发展体制和机制，提高农业生产经营的标准化、集约化、产业化及组织化水平，最终实现转变我国农业农村经济发展方式的战略目标。

（四）农业信息化是培养新型农民的有效途径

培养造就一大批有文化、懂技术、会经营的新型农民，是新农村建设的一项重要内容，也是发展现代农业不可或缺的基础。加强农业信息服务，有助于农民及时掌握先进实用农业技术和市场信息，实行科学化生产经营；有助于实行农产品产销对接，促进农业增效、农民增收；有助于提高农民的整体素质，改变落后的思想观念，增强依法维权的能力，从而培养出大批适应时代要求、充当现代农业建设主力军的新型农民。

（五）农业信息化是转变政府职能、提高工作效率的有力推手

利用现代信息技术，将有效促进政府职能转变和业务职责优化重组，大大提高管理能力与服务水平。例如，通过推行电子政务和建立健全生产经营监测系统，政府部门可以及时、准确地汇集、处理和分析农业生产运行动态和经济信息，并制定出科学的宏观决策和管理措施。国内外的成功经验都证明，在农业农村充分利用信息技术，并促其不断地向横向和纵向拓展，将切实转变政府职能，提高行政管理的效率。

推进农业信息化亟待破解的主要问题

（一）对农业信息化重要性的认识不足

尽管自2004年起，连续7个中央1号文件对农业信息化予以高度关注，2009年国务院印发的《电子信息产业调整与振兴纲要》，把信息技术改造传统农业、提高信息化服务“三农”水平作为应对全球金融危机的重要举措，但从各地工作实际来看，有的地方尚未真正认识到加速推进农业信息化的重要性和紧迫性，尚未认识到农业信息化对农业生产、经营、科学管理与调度乃至对农村经济、社会稳定与发展的重要性。因此，当前促使各级各地真正重视、关心和支持农业信息化建设，仍然是非常重要而紧迫的任务。

（二）农业信息化建设发展规划严重滞后

信息化不仅促进生产力的发展，也推进生产关系的变革，是体制机制的再创新。因此，信息化建设是一项系统工程，需要强有力的政府主导，实行统筹规划、统一设计。目前全国农业信息化建设缺乏部门间的统筹协调，缺乏宏观发展规划，缺乏统一的顶层设计，降低了资源的利用率。

（三）农业信息化基础设施还十分薄弱

总体来看，我国中央和省级的农业信息化建设已有一定基础，但县、乡、村信息化基础设施仍很薄弱。全国绝大多数的乡镇农业部门尚未配置计算机，特别是中西部地区的农村信息化基础设施建设十分落后。据统计，“十一五”期间，全国省、地、县3级农业部门用于信息化基础设施建设的总投资约10亿元，仅相当于新建10多公里高速公路的投资规模，远远不能满足我国农业农村经济发展需求。

（四）农业生产经营信息化水平比较低

近年来，全国农业信息化工作侧重于推进电子政务和传播涉农信息，以信息技术改造传统农业和服务“三农”还很欠缺。在全国农业系统中既懂信息技术又精通农业科技和经济专业的复合型人才少，在基层农民群众中真正掌握信息化知识和基本技能的实用人才匮乏，严重阻碍了信息技术的有效利用和普及推广。目前，农业生产经营领域的信息化，离现代农业发展要求还有很大差距。主要体现在：信息技术未能全面渗透到农业生产作业、经营决策、市场服务和行业管理中；信息技术的应用没能跟上农业产业化发展步伐；农业生产经营信息化的实现途径，各地还在摸索之中。

（五）信息资源开发共享机制亟待建立

由于涉农信息分散在多个不同部门，农业信息化标准尚未建立，导致信息难以互通共享，为农民提供的信息服务经常出现信息重叠、信息差异和信息滞后等现象。建立促进信息资源共享和高效开发利用的管理、服务机制和体制，非常紧迫。

开拓创新，采取切实措施加快农业信息化进程

当前和未来一个时期，农业信息化建设要以科学发展观为指导，以现实需求为导向，紧紧围绕转变农业和农村经济发展方式的战略任务，坚持“政府主导、社会参与、市场运作、多方共赢”的原则，创新发展思路，突破制约瓶颈，加快建设步伐。要以推进农业生产经营信息化为重点，着力完善农业信息化基础设施，大力开发农业信息资源，充分利用信息技术，全面构建农业产业体系、科技创新体系、信息监测预警体系、科学管理决策体系和面向农村农民的服务体系。在发展战略上，要做到整体推进与局部突破相结合、信息技术的推广应用与农业

百宝箱 中国信息化与现代农业案例及分析

发展水平相结合、政府主导与社会各类组织广泛参与相结合、满足各类需求与追求发展现代农业的实效相结合、提高信息技术服务“三农”水平与提高现代农业宏观管理水平相结合，统筹规划，协同推进，努力构架资源共建共享、多方共赢的运行机制，有计划、分步骤、抓重点、多层次地推进信息技术在现代农业中的推广应用。

（一）积极营造加快推进农业信息化发展的良好氛围

要认真总结前一个时期我国推进农业信息化的做法、成效和经验，积极探索建立和健全符合我国实际的农业信息化运行机制。加大宣传力度，让全社会认识到信息化对改造传统农业、发展现代农业的至关重要性，大力宣传信息化对提高农业生产、经营、管理水平的做法、经验和成效。要认真办好并充分利用“信息化与现代农业博览会”，营造有利于加速推进农业信息化进程的良好氛围。

（二）切实编制好“十二五”农业信息化发展规划和建设规划，努力做好顶层设计

信息化建设是一项系统工程，必须坚持全局观念、统筹规划，突出重点、分步实施。目前，“十二五”国家农业信息化发展规划和建设规划都在制订过程中。通过规划要在“十二五”期间力争实现农业生产经营信息化与农业政务管理信息化“比翼齐飞”。在生产经营信息化方面，要组织开发、集成、组装农业种、养、加的电子信息技术，认真组织实施农业信息化示范工程，加快实现对生产过程、生产条件及经营管理的自动化控制。在农业政务管理信息化方面，重点围绕农业、畜牧、渔业、农垦、农机等生产信息监测与调度系统、农业经济与市场信息监测与预警系统、农产品质量安全管理信息系统、农业应急指挥信息系统和农业信息服务系统等五大信息系统开展建设，并切实发挥实效。作为农业信息化建设的重要内容，“十二五”期间还要大力推动农业电子商务的发展。

（三）找准工作切入点，加快农业信息化建设

一是进一步加强农业电子政务建设。按照国家的统一部署，充分利用重大信息化建设工程，推进农业电子政务建设。积极筹划“金农工程”二期建设项目。重点是建设好延伸到县乡的一个全国农村信息服务网络，推进智能化的农业生产决策、指挥、管理等支持系统的开发与应用，为农业宏观决策和管理提供支持。

二是建立健全农业生产运行监测系统。建立不同区域不同作物生长模拟和专家系统、病虫鼠害预测预报系统、最佳灌溉咨询系统和配方施肥咨询系统等，保障粮棉油等农产品高产增产；加强农机跨区作业供求对接的信息服务；对畜禽业的设施与规模养殖，实行全程监控与精准管理；对渔业资源及养殖环境，进行及时和全面地监测，并推行鱼病防治和诊断服务；推进远洋渔业的信息化建设，让捕捞渔船可以接收到气象、海况、鱼群探测和生产作业实时指挥等信息，提高海洋渔业捕捞作业效率和生产安全。

三是运用信息技术改造传统农技推广方式。要结合粮棉油高产创建和基层农技推广体系改革与建设示范县项目，重点在全国农产品高产创建和农技推广改革与建设示范县中，积极进行提升农技推广网功能的建设，运用现行的信息技术和3G技术、传感器、物联网等新一代技术，快捷高效地推广农业农村实用技术。要积极推进农业信息化试点示范，普及应用信息技术，以增强对农业产业化龙头企业、农民专业合作组织的辐射带动作用。要积极发展优质、精准、高效和生态农业，加快开发多功能、智能化、经济型农业装备设施，重点开发信息采集、精准作业、管理信息、农业远程数字化和可视化、灾害预警等技术。

四是加速创建农产品质量安全追溯系统。开发应用作物生长、畜禽水产养殖等农业智能管理系统，改革农业耕作制度和种植养殖方式，推行标准化、规模化生产；建立重大动物疫情监测、动物标识及疫病可追溯信息系统，创建饲料安全管理信息系统，确保全行业实行健康安全养殖；开发应用农产品和农业生产资料质量安全监管信息系统，切实提升农产品和农业生产资料的质量安全监管能力。

五是努力打造三农综合信息服务平台。要继续组织实施好“三电合一”项目建设，财政项目的实施重点将放在省级，加强省级三农综合信息服务平台建设，增强省级对本地区的带动能力；基建项目的实施重点将放在县乡村，建设乡村和农民专业合作组织的信息站，重点推进信息服务向基层延伸，在县域范围内着力构建县、乡（镇）、村一体化的农业信息服务体系。要进一步加强与中国移动、联通、电信等电信运营商的合作，加强12316呼叫中心及信息服务平台建设，组建专家队伍，积极开发信息资源，逐步实现面向“三农”的集政策法规、生产技术、市场流通于一体的全方位服务。

六是加快建立农产品电子交易系统。要抓紧实施对全国大型农产品批发市场基础设施的改造和升级，完善全国农产品批发市场信息网络和农村市场供求信息系统，建立国际农产品市场信息服务系统，引导和鼓励龙头企业大力搭建电子商务平台，形成以批发市场、商贸中心、物流调度中心和商品集散地为依托的农业电子商务服务系统。到2012年，选择300家农业龙头企业、连锁超市开展试点，培育一批年交易额超过 5 亿元的农产品电子商务平台。

（四）努力整合各类资源，积极争取多方投入

农业是国民经济的基础产业，开发集成信息技术用以改造传统农业必须坚持政府主导原则。在编制“十二五”农业信息化示范工程和重大信息化建设项目规划过程中，既要用足用好国家政策，努力争取投入规模，又要注意整合各类资源，鼓励社会力量积极参与农业信息化建设。要处理好政府主导与社会参与的关系，积极探索建立多种形式的投入及运行机制，逐步形成电子政务建设靠政府、生产示范投入政府为主导、企业为主体、电子商务靠市场的投入新格局。

（本文原载《农村工作通讯》2010 年第 12 期）

把握发展机遇期　推进农业信息化

农业部总经济师　张玉香

以信息化推进农业现代化，全面提升农业产业质量，促进农业可持续发展，是时代发展的必然要求。“十二五”期间，既是我国工业化、城镇化和农业现代化的加速发展期，也是农业信息化的快速推进期。推进农业信息化，要深入贯彻十七届五中全会精神，落实科学发展观，坚持“政府主导、社会参与、市场运作、多方共赢”的原则，以现实需求为导向，紧密围绕转变农业农村经济发展方式的战略任务，以农业生产经营信息化为重点，统筹规划，潜心研究，开拓创新，真抓实干，通过试点示范的方式，以点带面，全面提升农业信息化水平，实现以信息化促进农业现代化的目标。

（一）快速推进农业生产信息化

一是种植业生产信息化建设，重点做好农情监测、精准施肥、智能灌溉、设施农业、病虫草害监测与防治信息化试点示范，提升农业生产标准化水平，提高农作物单位面积产量和农产品质量。二是养殖业生产信息化建设，重点做好畜禽精细养殖、水产养殖、动物疫病防控信息化示范，通过对畜禽、水产生产过程的信息化管理，实现饲料投入、繁殖育种、环境监控、远程诊断等，提高畜禽、水产品产量和品质，减少养殖场废弃物污染，推动健康养殖，增加养殖效益。三是利用3G等现代信息技术改造传统农技推广方式，创新基层农技体系推广与管理手段，快捷高效地推广农业农村实用技术。

（二）大力推进农业经营信息化

重点开展批发市场、电子商务、休闲农业、农民专业合作社信息化示范，建设农产品经营信息平台，主要包括重点农产品批发市场信息平台、农产品电子商务平台和休闲农业综合信息服务平台等。解决当前农业生产与市场需求的信息不对称问题，及时、快捷地把农产品市场信息传递给农业生产者和消费者，通过市场来引导农业结构调整和农业产业化经营，提高交易效率，降低交易成本，提高市场管理水平和经济社会效益。

（三）着力加强农业管理信息化

一是重点开展农产品质量追溯信息化示范，综合应用电子标签技术、电子识别技术、信息采集与传输技术等，实现农产品从生产到餐桌的完整产业链质量信息全程追溯，尤其要解决我国猪牛羊肉、禽肉、水产品、蔬菜、茶叶、水果等农产品的质量安全追溯，提高农产品质量及其安全水平。二是开展农业资源管理信息化示范，集成综合应用遥感、地理信息系统、导航定位等现有空间信息技术与产品，实现农业资源、自然灾害以及作物种植面积和种植结构的动态遥感监测，为农业生产提供及时、准确、形式多样的信息服务和决策支持服务，提高农业信息化水平。

（四）深入开展农业安全生产信息化

农业安全生产关系到农民的切实利益，以渔业生产安全和农机作业安全信息化建设为突破口，充分利用信息技术加强对农业安全生产工作的监管，进一步提升农业安全生产水平。渔业生产安全信息化示范主要建立渔业安全生产信息控制中心，为渔船配备信息接收终端、卫星船位监测信息终端、AIS避碰设备，大力支持“平安渔业”建设。农机作业安全管理信息化示范重点利用网络、通信等信息技术，建立农机安全管理信息化平台，及时采集农机购买、使用、出租、转让、维护、年检、报废等信息，加强监管，实现农业机械安全检验、登记、驾驶操作人员考试、发牌发证、安全检查、事故处理等监督管理信息化，提高农机作业安全管理水平。

（五）不断强化农业电子政务建设

按照国家的统一部署，充分利用重大信息化建设工程，推进农业电子政务建设。加强“金农工程”项目建设，强化一期项目管理和维护，积极筹划二期建设项目，充分发挥农业电子政务网络及政务信息系统，为农业宏观决策和管理提供支持。按照“突出重点、集中使用、效率优先”的原则，继续加快“三电合一”农业信息服务项目建设，加强部、省、县三级农业综合信息服务平台建设，完善农业农村信息化服务体系。进一步加强与中国移动、中国联通等电信运营商的合作，加强“12316”呼叫中心及信息服务平台建设，组建专家队伍，积极开发和整合信息资源，逐步实现面向“三农”的集政策法规、生产技术、市场流通于一体的全方位信息服务。

农业信息化与现代农业

——在首届中国信息界学术大会上的主题演讲

农业部　薛　亮

（2006 年 2 月 23 日）

一、农业信息化与现代农业的内涵

党的十六届五中全会提出，建设社会主义新农村是我国现代化进程中的重大历史任务。我理解，建设社会主义新农村的过程就是农业现代化建设的过程，没有农业和农村的现代化就不可能有全国的现代化。建设社会主义新农村的根本任务是解放和发展农村生产力，具体说，集中体现在加快推进现代农业建设上。加快农业科技进步，加强农业基础设施建设，调整农业生产结构，转变农业增长方式，提高农业综合生产能力，走出一条有中国特色的农业现代化道路，将是当前和今后一段时期新农村建设的基础工程。

当今时代，现代科学技术飞速发展，信息技术和生物技术是对人类发展将产生根本性影响的两大前沿科学技术。信息化浪潮席卷全球，微电子技术渗透到所有的技术领域，现代电子信息技术和通信技术给整个社会经济生活带来了翻天覆地的变化，人工智能技术实现了人脑的延伸和预示了人类智慧的无限扩展。生物技术不断取得重大进展，特别是 1973 年正式建立的 DNA 重组技术即转基因生物技术，使现代生物技术进入了一个全新的基因工程时代，人类因此可以按照自己的意愿改造和构建生物体，这将对人类的食物供给和构成、作物育种、动物养殖、生物药物、生态环境以至社会经济发展的各个方面产生重大和深远的影响。现代农业正是这两大现代前沿科学技术的结合点，具有极为巨大的发展潜力，两大前沿科学技术的发展也为我国推进现代农业建设带来了重要的机遇和挑战。

农业信息化是现代农业建设的重要内容。现代农业是应用现代农业科学技术和现代技术装备、实行现代经营管理方式的农业，它是一个发展的概念，在不同的历史时期，它的内涵不尽相同。在 20 世纪 50～70 年代，人们普遍认为现代农业是机械化、电气化、水利化、化学化农业，主要强调了农业装备技术水平。改革开放以后，人们又用科学化、集约化、商品化、社会化、产业化等概念来表述现代农业，这更多的是从生产经营方式的角度来强调。目前对我国现代农业较为普遍的理解，主要包括了以下内容：以现代科学技术为主导，以各项农业基础设施和技术装备为支撑，在市场机制与政府调控的综合作用下，产加销为一体，具有多元化、多功能产业形态和社会化服务体系，达到较高的劳动生产率、资源产出率和商品率，能够实现保障农产品供给、增加农民收入、促进农业可持续发展的目标。从20世纪90年代以来，电子信息、网络通信、自动控制等信息技术在农业领域开始广泛应用，信息技术也渗透和覆盖到所有支撑农业发展的技术装备和设施中，使之提升到智能化、自动化的更高的水平，现代农业又增加了信息化的内涵。从这个意义上可以说，农业信息化是新世纪现代农业的重要标志。

我国的现代农业建设，要以信息化带动农业现代化。依托现代信息技术改造传统农业，使之脱胎换骨获得新的发展条件；依靠与现代信息技术的结合，推动农业科学技术的突破及成果推广，实现农业跨越式发展；应用现代信息技术，将农业资源、生产要素、市场信息的运用提升到一个全新的水平，全面提高农业的发展能力；通过现代信息技术的促进，加快转变农业增长方式，实现农业高效、可持续发展。总之，在新的历史发展时期，农业信息化将始终与农业现代化相伴相随。

在现代农业发展的各个层面、各个环节上，无不体现着信息化的重要作用和深刻影响。从总体上看，农业信息化可分解为四大板块，即信息技术基础、生产经营管理、宏观决策监管、社会公众服务。

——农业信息化的应用技术基础。包括：数据库技术，管理信息系统技术，模拟模型技术，计算机辅助决策系统技术，人工智能与专家系统技术，遥感技术、地理信息系统和全球定位系统，自动控制技术，多媒体技术，计算机网络技术，等等。

——信息技术在现代农业生产领域中的应用。包括种植业、畜牧养殖、渔业、林业等各个产业领域，主要是运用电子信息技术对传统农业进行改造，提升农业生产管理水平，提高资源利用和产出效率，增强产业综合生产能力和市场竞争力。如：利用计算机模拟作物生长过程进行研究，提供作物管理措施；利用专家系统进行动植物生产技术咨询和病害诊断；利用遥感技术估测作物产量，监测自然灾害状况；利用卫星定位技术跟踪病虫害动态；畜禽工厂化饲养的电脑辅助管理，农产品加工的自动化控制；利用遥感和地理信息系统进行渔情和水域环境测报、渔船导航，利用计算机提高捕捞自动化水平、养殖生产水平，等等。

——信息技术在农业宏观决策和管理中的应用。利用信息技术为手段汇集、处理动态经济信息，为宏观决策和管理提供支持；运用信息技术实现对农业资源与环境管理、防灾减灾、农业科技管理、企业管理等的信息化管理；通过信息化管理，促进政府职能转变和业务职责优化重组，提高管理服务水平和效率，推动政务公开和公众参与。

——信息技术在公众农业信息服务领域的应用。构建农业信息服务的物理网络体系，建立方便、快捷的服务功能系统，向公众特别是农民群众提供农业资源、实用科技、政策法规、市场动态等多样化信息产品；面向公众、农民以及农业企业开展种植养殖、农产品加工和流通经营等方面的信息服务。

二、我国农业信息化的重要进展

随着信息化浪潮滚滚向前，我国农业信息化取得了一些重大进展。

——初步构建了农业信息网络体系。农业部建立了以中国农业信息网为核心，集 20 多个专业网为一体的国家农业门户网站，并成为点击率仅次于美国农业部的全球第二大农业网站。建设了全国农业指挥调度卫星通信系统，建立了全国渔政指挥中心，实现了全国全行业网络指挥调度。运行了农业部行政审批综合办公信息系统，为申报单位提供了“一站式”服务。建立了农业数据库服务，中央农业广播电视学校开办了网络远程教学。各省农业部门都已建立了局域网和信息网站，80%的县级农业部门建立了信息服务平台，50%以上乡镇建立了农村信息服务站，同时建立了一支信息管理和服务队伍。

——信息技术在农业生产领域得到广泛应用。有关科研单位，京、津、沪等大城市郊区和一些省（自治区）、新疆生产建设兵团等农垦企业，积极开展农业信息化实践，精准农业、专家系统、人工智能、3S 技术、测土配方施肥等信息技术，在农作物种植、畜禽养殖、草原防火、远洋捕捞和基本农田管理等方面发挥着越来越大的作用。例如，国家农业信息化工程技术研究中心开发了 200 多个本地化、农民可直接使用的农业专家系统，建立了包括 10 万多条知识、3 000多万个数据的数据库和 600 多个区域性的生产模型，覆盖全国 800 多个县，使 700 多万农户受益。北京示范区应用专家系统后，肥水资源利用率提高 8%～10%，单产提高 8%～10%，生产成本降低 5%～7%，科技进步对生产的贡献率达到了60%左右。新疆生产建设兵团开始应用精确播种、精确灌溉、精确施肥、精确田管、精确植保、精确收割等六大精确技术，在计算机推荐平衡施肥和滴灌自动化控制两项农业新技术的应用方面处于全国乃至世界的前列。

——农业遥感监测取得突破性进展。目前农业部已建立了 1 个国家级遥感应用中心、6 个区域级遥感应用分中心和 100 个地面样方网点县 3 个层次的监测体系；形成了 3 个运行系统，即大宗农作物监测系统、农业资源监测系统和重大自然灾害监测系统，并实现了全面的业务化运行。在此基础上，对全国四大粮食作物（水稻、小麦、玉米、大豆）和棉花的面积、长势、墒情、产量和灾害等进行了卫星遥感定期监测。在农业资源监测方面，开展了部分地区农用地（耕地、园地、草地、荒地等）变化监测、北方草原资源监测和草畜平衡评价，渔业资源环境监测等项工作。在重大自然灾害监测方面，开展了洪涝、干旱，草原退化、火灾，以及海洋赤潮等的监测评价工作。方法上借鉴了美国农业部和欧盟农业局常规运行方法，结合我国农业的实际情况，开发形成了独立运行的大尺度农作物遥感监测系统，基本达到目前国外同类监测水平。几年来，为中央、国务院和农业部领导提供了大量科学、可靠的信息。从 2004 年开始，农业遥感信息成为农业部信息会商的重要依据，今后农业部的主要粮食信息都将以农业遥感的名义对外发布。

——国家电子政务重点工程“金农工程”开始启动。这将进一步推动我国农业标准化建设，强化政府部门在农产品和农业生产资料的市场监测预警、市场信息服务方面的能力，提升政府管理和服务水平，为推进现代农业建设奠定信息化基础。农业部 2002 年 6 月开始启动农产品监测预警系统，在进行月度、季度经济形势分析的基础上，对玉米、大豆、棉花、糖料等重要敏感农产品实施供求、价格、进出口等的动态监测，逐月提出监测预警报告，对农产品国内外市场供求走势作出分析预测，在农业信息发布领域唱响了“主旋律”。我国农产品质量安全管理工作信息化也已经起步。近年来，我国主要的出口农产品遭遇了发达国家的技术和质量安全壁垒，农业部将通过建立产品追溯制度及信息系统，运用现代信息手段加强对农产品的质量安全管理。

——全面探索信息服务模式，农村信息服务工作逐步加强。各级农业部门积极转变职能、履行政府信息服务职责，不断加强农村信息服务工作，并逐步走向制度化。农业部建立了信息发布日历制度，220 多项信息通过部属网站、报刊、广播电视等媒体和农业部面向全国的数字广播（DVB）系统，定期向社会发布；建立了“一站通”全国农村供求信息联播系统、网上展厅等网络服务平台，为农民和企业提供网上营销服务。在全国推广实施电话、电视、电脑“三电合一”的农业信息入户项目，建设农村信息综合服务平台，使信息服务检索化、立体化、形象化。各地积极探索、拓展信息服务渠道，创造出百万农民上网工程、信息进村入企、电波入户、信息公告栏、信息大集（下乡）、农技 110、为农服务热线号码等多种信息服务模式。这些创新的农业信息服务模式正在为打通农业信息服务“最后一公里”发挥着不可替代的作用。

三、农业信息化的发展方向

我国是世界上最大的发展中国家和传统的农业大国，在新世纪，要完成建设社会主义新农村及现代农业的历史重任，将依托信息技术、生物技术等高新技术的强力支撑，尤其是要加快农业信息化的步伐。

虽然我国的农业信息化取得了令人振奋的进展，但总体上，我国农业信息技术的研究和应用与发达国家相比还有很大差距。如农业信息化法规制度还不完善，农业信息标准化严重滞后；农业信息应用开发分散无序，信息资源分割难于共享；农业信息技术成果商品化程度不高，大量信息资源尚未充分利用；高质量数据库总量不足及互通互联程度低，同时低水平重复建设严重；信息技术在农业产业发展上应用不足，农业电子商务尚未起步，农业电子政务水平还要提高；农业信息员队伍整体素质不高，人才匮乏。

从我国实际出发，借鉴国际上的发展经验，我认为，我国农业信息化未来发展应该把握 3 个方向：一是进一步推进建立在农业科技进步基础上的农业产业发展信息化，加速传统产业的改造升级，提升农业产业的整体水平，加大科技进步在现代农业发展中的贡献率。二是进一步加强以金农工程为契机的农业电子政务建设，促进政府职能转变，增强决策和管理能力，提升工作效率和服务水平。三是进一步加快以农业企业信息化建设和应用为基础的农业电子商务建设，建立完善农产品现代流通体系，降本增效，提高国际竞争力。

加快农业信息化的进程，需要全社会各方面的鼎力支持：一是各级领导要提高对农业信息化的认识和支持。农业在市场经济条件下的发展，农业现代化的建设，农业增长方式的转变等，都有赖于农业信息化的发展。对此，应当予以充分重视，抓住机遇，政策支持，推动发展。二是要加大对农业信息化的资金投入力度。建设各级各类农业的信息网络和服务平台，开发建设和完善各类信息应用系统，优化升级必需的基础设施，队伍建设、人才培养和培训等，都需要有一定的资金支持，要贯彻国家、地方、用户等多渠道投资的方针，大力增加对信息化的投入。三是要建立完善农业信息资源开发共享机制。信息的互通性、共享性和公用性，是现代信息化的天然属性和基本要求，要打破部门、行业间信息封闭的陈旧观念和体制，建立有利于信息资源共享和促进信息资源开发利用的管理、服务机制和体制，提高信息资源的完整性、系统性以及数据库化、网络化程度，提供多样化的为领导和管理部门宏观决策服务的、为社会和基层用户生产经营服务的信息产品。四是要加快农业信息人才的培养。农业信息化需要既懂信息技术、又懂一方面农业科技和经济专业的复合型人才，必须加速培养适应农业信息化各方面需要的各层次的专业人才。特别是农民，是将农业技术和信息转化为现实生产力的主体，必须要对新一代农村青年进行科技、信息意识和基本知识培训，应采取多种行之有效的培训方法，与当地的农业技术推广、职业教育、科学普及等农村科技工作相结合。五是要加强农业信息化的科学研究。在农业科技成果和信息技术的有机结合的基础上，加强农业应用信息系统和关键技术的开发研究；选建农业信息化和信息农业的实验基地，组织多学科力量，利用先进信息技术和自动控制技术，进行系统组装、技术集成和应用开发。积极跟踪农业信息化的国际发展趋势，开展国际前沿技术的研究与试验，力争使我国农业信息化的关键技术研究与应用能力达到国际先进水平，并造就一批多层次的农业信息化科技人才。

信息化与我国现代农业的发展

国家信息化专家咨询委员会常务副主任、博士周宏仁

（2008 年 12 月 20 日）

一、人类文明发展的历程：农业化、工业化、信息化

（一）农业化（公元前 9000—公元前 1500）

旧石器时代的人之所以能成为人，是因为他们学会了说话、制作工具和使用火。农业革命使人类由靠采集食物和捕猎动物为生走向以“栽培植物、畜养动物”为生，人类文明开始了“农业化”的进程。

中国曾经领先农业化。夏、商、西周是我国农业技术的初步发展时期，生产工具和耕作栽培等方面有了较大的进步和创造，出现了青铜农具。春秋战国时期铁犁的出现，反映了我国农具发展史上的重大变革。

中国在农业革命和农业化的进程中曾经走在世界前列，使中国成为人类文明的重要发源地之一。

从技术角度看，引发农业革命的核心技术是犁。犁的发明，使人类首次得以利用自身体力以外的力量作为生产的动力，从而扩展了人类生理的能力，推动了生产力的革命性发展。“从这个意义上说，犁是蒸汽机、内燃机、发电机和核反应堆的先驱。”

农业化永无止境。农业革命发生以后，动植物的驯化或者说农业化，就一直是人类社会的一个永恒的主题。“民以食为天”，农业化不会结束，只是随着科学技术的进步，农业化被注入了新的内涵。人类不会放弃农业生产，再回到原始社会依靠大自然的施舍，靠捕捉小动物、采集食物为生，这是毫无疑问的。

（二）工业化（1775—1860 年）

1. 工业革命的结果 工业革命的结果使人类由自给自足的小农经济走向“货物和服务的商业性生产”的工业经济，人类文明开始了“工业化”的进程。

（1）工业革命和工业化。导致工业革命的核心技术是蒸汽机。1775 年前后

蒸汽机的发明，为制造业准备了新的动力，推动了机器制造业的发展，人类文明进入了机械化的工业化时代。以机器产生的机械力代替人和家畜的自然力成为其主要特征。

19世纪上半叶电的发明和下半叶电动机和发电机的发明，不仅为产业的发展提供了新的能源；同时，也解决了机械能和电能之间的转换问题，从而开启了电气化的工业化时代。这个时代的核心技术是发电机、电动机、内燃机（取代蒸汽机），等等。

“工业化”的准确含义是“产业化”。工业革命导致劳动生产率极大地提高，促进了第二产业的产业化，特别是制造业的产业化在整个国民经济的产业化发展中扮演着非常重要的角色。

工业化使第一产业的农、林、牧、副、渔业等走向产业化，诞生了现代农业。专业化、机械化、自动化、化学化等成为现代化大农业的特征。农业化的水平不断提高。

工业革命也导致第三产业的金融业、保险业、教育业、零售业（如沃尔玛、家乐福等）、饮食业（如麦当劳、肯德基等）等向着产业化的方向发展。

美国农业的工业化历程：美国的农业机械化始于100多年前。收获一英亩（1英亩约合0.405公顷）的麦田，1880年、1916年、1936年各需20小时、12.7小时、6.1小时以上的劳动力。第一台汽油驱动的拖拉机于1892年制造成功。1910年美国有25 000台拖拉机。1920年，增加为246 000台；1940年以后，农田拖拉机达到160万台。1960年，则超过470万台。牲畜，包括马、牛等，作为农业的劳动力，大约在20世纪50年代初从美国农田消失，用了60年时间。1915年，美国农家约拥有23.5万台卡车。到1980年，增加至350万台以上。拖拉机、卡车、联合收割机等农业机械已经承担了所有的农业重体力劳动，用了65年时间。

（2）农业的化学化极大地促进了农业的发展。施以化肥，极大增加了农业的产量，使耕地不再需要休闲以恢复肥力；土地可以不断地使用而且种植的密度也可以提高。杀虫剂、除莠剂和杀真菌剂的大量使用也大大地减少了在农田上所需要的劳动力的投入。畜牧业也实现了机械化和产业化。良种培育技术的进步，新型饲料的发明，以及牲畜用药的革命与机械化大大地提高了畜牧场的生产率。无论是肉、奶和其他相关产品都实现了工业化生产。20世纪80年代，美国中西部的农场可以同时饲养5万头牛。美国约15家养鸡公司年生产37亿只鸡供应美国和其他国家的需要。

（3）农业的机械化预告了美国工业社会的到来。技术的进步使美国在不到

100年的时间内，从一个庞大的农业社会转变为一个城市化、工业化的社会。1850年的时候，美国大约有60%的劳动人口集中在农业，而今天，美国农业占用的劳动人口则低于2.7%。1850年，一个美国农民只可以养活4人；而今天，一个美国农民的产出则可以养活78人。农业人口的下降使农场的数量不断减少而规模却不断扩大。1935—1987年，农场的平均面积由834亩增加至2 772亩。目前，美国32 023家农场的产出占了美国总产品销售的38%。

2. 农业社会向工业社会的转变：产业结构发生巨大变化 研究18世纪工业革命所引起的经济社会变革可以给我们很多的启示。

如果将工业社会的产业结构与农业社会的产业结构做一个认真地对比，不难看出，这种产业结构的变化带有“面目全非”的特点。

工业化在对传统农业进行改造的时候，产生了大量的农业剩余劳动力；但是，也催生了许多新兴产业，吸纳了这些农业的剩余劳动力。换言之，工业化所导致的产业结构变化和经济社会转型解决了农业剩余劳动力的出路问题。

工业化不会结束。

因此，即便就“就业问题”而言，工业化也不是“洪水猛兽”。工业化带来的是社会进步，不是“失业”。

工业革命以后，人类社会不会再回到“自给自足”的农业经济时代，人类“货物和服务的商业性生产”永远不会结束。因此，工业化，或者更准确地说，产业化也不会结束。只是随着科学技术的进步，工业化被不断地注入了新的内涵，工业化的水平也不断提高。

工业化对农业化的影响也不会结束。工业化将使农业化不断地提升至更新、更高的水平。

3. 中国工业化的进展 就工业化是实现“货物和服务的商业性生产”而言，中国第二产业的产业化可以说已经完成；在第三产业，如教育、金融、通信、文化、政府、卫生等许多方面，可以说工业化的任务也已经完成，只是水平的高低有所不同。

目前，中国工业化唯一的、未完成的任务在于农业的工业化，或农业的产业化。全国发展不平衡，有的地区产业化的程度高一些，有的地区则差得很远。

因此，说“中国工业化尚未完成”，主要是农业的工业化没有完成。中国工业化、信息化，或者现代化的核心问题都是要解决农业的工业化和现代化。

农业信息化是国家信息化的战略重点之一。

我国的农业之所以至今仍然与现代农业差之甚远，是因为我们虽然认识到“农业是国民经济的基础”，但是，在工业化的进程中并没有给予“农业的工业化”足够的重视。

过去，我们是牺牲了农业的产业化来实现城市的工业化。其中，一个重要的因素就是顾虑“农业工业化带来的大量剩余劳动力何处去”。结果，中国整个的工业化和现代化进程都受到严重的影响。

信息化必须汲取我国工业化进程中的教训，必须始终关注利用信息技术促进我国农业的工业化和现代农业的发展，力争实现农业化的跨越式发展。

4. 我国农业的工业化历程 中国与美国的国情有很大的不同，中国的农业工业化与美国走过的农业工业化的道路也不可能完全相同。但是，相同的一点是，要使我国的农业现代化，必须实现农业的工业化（产业化），必须大幅度地提高农业的劳动生产率。

影响中国发展现代农业的最重要的制约条件是农业工业化以后所产生的大量农业剩余劳动力问题。解决这个问题要依靠工业化和信息化所形成和壮大的新兴产业来吸收这些剩余劳动力。

美国的农业人口虽不足300万，但却支持了2 000万人口的食品工业，就是一个例子。

（三）信息化（1946年—）

1. 信息化的核心内涵 信息革命的核心技术是数字计算机和微处理芯片。

农业化解决人类的生存问题；工业化提高了人类的生活品质。二者的贡献都是实现了人类的自然力，即体力的延伸。

信息化利用现代信息技术解决信息和知识的规模生产、传播和利用问题。理论上，人类的一切逻辑思维活动都可以计算机化。“人算不如机算”。信息化解决的是人类的自然力，即脑力的延伸。

人类社会的方方面面无处不用“脑”，信息化也就无处不在。这正是信息化的生命力之所在。信息化既影响农业化，也影响工业化。

2. 信息革命引起经济社会转型 信息化的现代农业，建立在农业的工业化（机械化、化学化、自动化）的基础之上，实现的是数字化、智能化、网络化。信息化在进一步提高农业的劳动生产率的同时，更促使农业向高技术产业的方向发展。

信息化对现代农业的贡献主要表现在3个方面：农业生产信息的自动采集和处理，农业生产的自动化和智能化，以及农业生产的信息化管理。

二、信息化促进农业的工业化

（一）农村信息基础设施建设成效显著

全国自然村（20人以上）的通电话比重已经达到92.4%，8个省（自治区、直辖市）实现了所有自然村通电话。

全国97%的乡镇已经能上网、95%的乡镇通了宽带；全国27个省（自治区、直辖市）“乡乡能上网”已成现实（图1）。

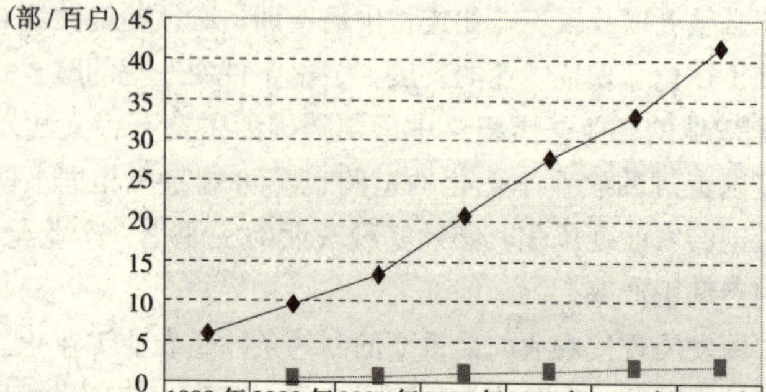

	1999年	2000年	2001年	2002年	2003年	2004年	2005年
城镇居民家用电脑拥有量	5.9	9.7	13.3	20.6	27.8	33.1	41.5
农村居民家用电脑拥有量		0.5	0.7	1.1	1.4	1.9	2.1

图1　1999—2005年城镇与农村居民家庭电脑拥有量

到2006年6月，已经基本解决了全国已通电的11.7万个行政村和10万个50户以上自然村近亿农民群众收听、收看广播电视的问题。

全国20户以上已通电自然村“村村通广播电视工程”建设已经全面启动，在2010年底前解决边远地区“村村通”广播电视问题。

（二）农村信息服务发展很快

农村市场信息服务体系基本完善。全国各省、97%的地市、80%以上的县农业部门设置了农业信息管理和服务机构，50%以上的乡镇成立了信息服务站，发展了数10万人的农村信息员队伍。

农村信息服务平台初具规模。农业部和各省市农业行政主管部门均建立了农业信息网站，80%以上的地级市和60%以上的县级农业部门建立了农业信息网站。全国涉农网站已经超过18 000个。

各省（自治区、直辖市）以不同形式开展新农村热线服务。吉林省开通“12316新农村热线”，组织400多位专家为农民提供咨询服务，日均访问量数千次。

（三）农村信息服务受到广泛重视

多种性质、不同规模、不同专业的农村信息服务正在形成。包括：中央及地方的政府部门，政府直属事业单位，科研、教学机构，社会团体，企业，以及传媒，等等。

多元化的涉农信息服务，正在逐渐改变农村信息匮乏的状况。据不完全统计，至2007年8月，全国已有7万多农业龙头企业，15万左右农村合作组织及中介组织，近100万经营大户，200多万农民经纪人能够定期获得农业部门的信息服务。

农业信息服务逐步走向专业化，满足不同层次、不同地域、不同门类的信息需求。

（四）信息技术在农业生产中的应用进一步加强

北京开发蔬菜、果树、畜禽、水产管理等农业生产管理专家系统，提供广泛的专家决策支持，建立了20多个示范基地，示范面积6万亩，辐射11万亩。小麦和玉米生产管理专家系统，已在全市累计推广400万亩，获得了近1亿元的经济效益。

天津建立智能化农业信息技术应用中心示范区20万亩，向全市累计推广548万亩，新增产量23 577.8万千克，新增产值23 951.9万元。

宁波推进城市数字农业建设，积极推动信息技术在农作物栽培管理、病虫防治等方面的应用，探索建立"精准农业"、灾害预警等信息系统。

（五）国家信息化发展的巨大空间

近年来，我国信息化，特别是农村信息化的发展虽然很快，也大大高于人们的预期，但是，国际与国内、东部与西部、城市与农村，仍然存在着巨大的差距（图2、图3、表1）。

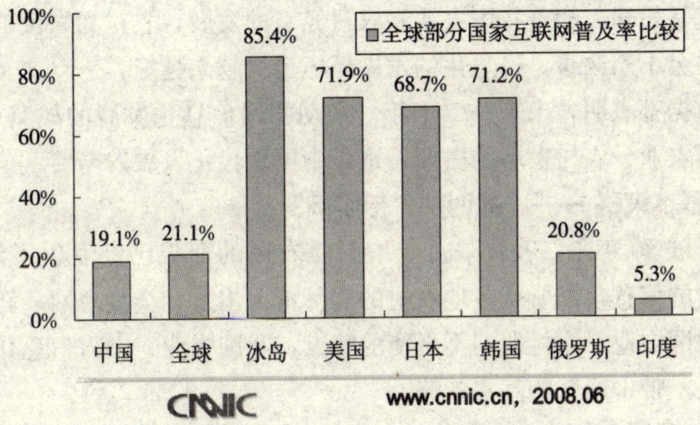

图2　中国网民普及率尚低于全球平均值

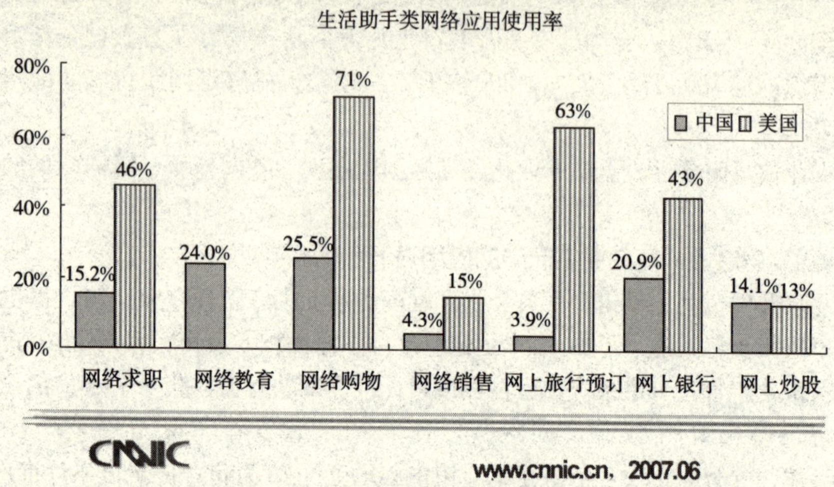

图 3　互联网应用水平差距较大

表 1　东、中、西部农村差距较大

单位：元、%、部

	东部	中部	西部	东北
收入	6 227	4 052	3 646	5 784
电脑拥有率	6.2	0.95	0.42	1.19
固定电话拥有量	86.29	57.14	46.02	76.54
移动电话拥有量	78.89	55.35	44.14	58.73

差距就是机遇。随着我国农业和农村经济的发展，农村和农民的经济、社会和文化条件会不断改善，信息化的发展环境也会越来越好。

各种数据都表明，未来一二十年，推动我国信息化发展的战略空间在农村。这既是我国农业、农村发展的需要，也是中国现代化发展的需要。

（六）基本策略——“抓两头、带中间”

改革开放 30 年来，我国农业、农村、农民的面貌已经发生了深刻的变化。农业、农村的信息化需要从各地农村的实际情况出发，全盘规划，努力推进。

根据我国农业、农村发展不平衡的特点，我国农业、农村信息化的推进要采取“抓两头，带中间”的基本策略。

“一头”是抓经济社会发展较好、较快，有条件采用先进的信息技术的地区；另一头则是经济社会依然欠发达，信息化发展受制约仍然较大的地区。

经济社会条件较好的地区——

加快我国重要的农业生产基地的信息化建设，加快实现农业的工业化和信息化。信息化完全可以支撑这些基地的中国现代农业的发展，向世界先进农业的水平看齐。

在经济社会比较发达的地区，大力建设现代农业示范基地，充分利用各种先进的信息技术，发展信息化的现代农业。

在我国的东北、吉林、新疆等地，以及东部沿海地区，已经有许多非常成功的信息化与现代农业发展相结合的案例，值得总结推广。

欠发达地区的农业信息化——

信息化并不“嫌贫爱富”，不是“发达地区先行”。

关键是怎么搞法。富有富的搞法，贫有贫的搞法。原则是从效益出发，采用各种不一定是最先进，但是是最实用的技术，抓住农民最紧迫、最实际的需求，开展信息服务。

不做“赔本的买卖”，基本做到“稳赚不赔”，十拿九稳。无论地方财政、农民的钱，都是宝贵资源，一分钱都不能浪费。

基本问题还是要找到：对当地而言，信息化提供的发展机遇是什么；对于解决“三农”问题，信息化提供了什么出路和办法。

（七）农业、农村信息化有巨大的创造空间

很多人反对搞农村信息化。一提到农村，很容易想到的就是“贫穷”、“没有文化”、“不可能会用电脑”。搞什么信息化？

实际上，农民是一个非常综合的概念，农民与农民千差万别。农业也内涵丰富，各业不同。思考农业、农村信息化，要对农业、农村、农民的情况加以区分，以不同的方式推进。

掌握信息化推进的规律，吃透当地经济社会发展情况，辨识信息化给当地带来的机遇，善于学习其他地区成功的经验，至为重要。创造性的空间很大。

（八）农业农村信息化的目标

农村信息化的目标：不是为消除“数字鸿沟”而推进信息化；消除“数字鸿沟”是推进农业、农村信息化的结果。

“数字鸿沟”的本质是“经济鸿沟”，经济不发达、落后了，其他都落后了。发展是硬道理。

农业、农村信息化的根本目标是“发展”，是经济、社会的发展。利用信息化，发展经济，通过消除“经济鸿沟”，达到消除“数字鸿沟”的目的。

（九）现阶段我国农业信息化的 8 个战略重点

发展本地农业；发展农村经济；促进农副产品流通；帮助农民工走出去；发展农村信息基础设施；提高农村信息教育水平；开展农村干部信息化培训；务实

推进电子政务。

1. 发展本地农业 首先要关注的是当地的主业和特色农业，特别要把重点放在增产、增收效果明显的农业和农副业上。（什么效益大，效果来得快？）

把覆盖本地农产品全生命周期的相关农业生产技术信息和知识，以农民喜闻乐见、易于接受的形式提供给农民，提高农业生产的科学和技术水平。这是农业、农村信息化的第一个战略重点。

研究适合本地农业发展、有利于提高农业生产水平的、新的农副产品信息和知识，并且，把他们介绍和引进给本地农民。

2. 发展农村经济 解决“三农”问题，要避免就“三农”论“三农”。当地农业的发展只有在当地经济发展的大背景下，才能真正解决。因为，当地经济发展了，支援当地农业发展的力量就强了，农民也有新的就业机会。

因此，农业、农村信息化的发展要将视野扩大到一、二、三产业，不是面面俱到，而是特别关注和支持本地特色产业的形成和发展。

研究当地（县域或区域）经济和产业发展的重点（可能不是农业），确定信息化应该如何支持，是农业、农村信息化的第二个战略重点。

3. 促进农副产品流通，增加农民收入 在农业生产水平一定的情况下，提高农民收入的要点是帮农民解决销售难的问题，帮农民“卖个好价钱”，帮农民解决农副产品流通问题。

为此，需要向农民提供与当地农产品密切相关的国内甚至国际的市场信息，帮助农民实现产品与市场的“对接”；在有条件的地方，可以发展电子商务。

从各地情况来看，这是提高农民收入最直接、最有效的办法，是农业、农村信息化最容易、最能够见到实效的领域，是农业、农村信息化的第三个战略重点。

4. 帮助农民工走出去，增加农民收入 增加农民收入的另一个最直接、最有效的办法，就是帮助农民“走出去”。农民工是农村最富裕的阶层，对提高农民人均收入、改变农村面貌、促进农村剩余劳动力转移、实现农业的工业化，等等，有着不可估量的影响。

为此，需要向农民工提供全国各地用工的需求信息，培训信息，以及其他与农民工利益攸关的各种信息和服务，帮助农民工走出去。

这个方面效果快而明显，是农业、农村信息化的第四个战略重点。

5. 现代化的信息基础设施 建设现代化的信息基础设施是国家现代化和农业现代化都必须完成的基本任务之一。因此，这是农业、农村信息化的第五个战略重点。没有现代化的信息基础设施，招商引资也很困难。

充分利用现有先进技术，实现农村信息基础设施的跨越式发展，极为重要。

河南、山西移动通信在农村推进“光纤进村”、“三网融合”，意义重大，其经验值得重视和推广。

加快互联网在农村的接入覆盖，加快实现“村村能上网”，意义深远。

6. 发展和普及农村信息教育 解决“三农”问题和农业现代化的根本希望在于农村青少年一代。加大投入，大力发展和普及农村信息教育，不断提高农村信息教育水平，是农业、农村信息化的第六个战略重点。

把获取和使用信息的能力赋予农民，特别是农村青少年，对开启民智，转变观念，弱化信息化的分配效应，缩小数字鸿沟，加快“三农”问题的解决意义十分深远。

农村中、小学不仅应该成为农村的教育中心，而且应该发展成为农村的信息中心和知识中心，成为实现新农村信息化的“桥头堡”。

7. 干部的信息化教育和培训 推进农业、农村信息化成败的关键在县一级，而县一级成败的关键在县委、县政府。因此，县委、县政府主要领导对信息革命的认识，对农业、农村信息化的理解，是决定新农村信息化成败的关键因素。

大力开展县和县以下干部的信息化教育和培训是农业、农村信息化的第七个战略重点。

培训的正确性、准确性，避免误导非常重要。一定要注重实事求是，注重方法学的介绍，注重典型引路。培训也要实事求是，避免“花架子”，避免把农村信息化说得天花乱坠。

8. 建设为农村管理和为农民服务的电子政务 电子政务建设是农业、农村信息化的第八个战略重点。要从实际情况出发，有限目标，审慎推进，讲求效益。电子政务的目标应该和农业、农村信息化的目标一致，不是“为电子政务而电子政务”。千万不能搞成办公自动化或者无纸办公！

根据国家电子政务基础设施建设的统一要求，以互联网为依托，集约构建农村地区统一的电子政务网络平台。电子政务建设必须从实际的管理需要出发。

可以考虑以地市为单位，统一部署，以简约为原则，规范化展开，尽量节约投资。尤其不能每个县，甚至每个乡各搞一套。否则，浪费将不堪设想。

（十）信息化工作者要研究农业问题

信息化推进中，比较忌讳的是就信息化论信息化，只考虑怎么把信息和信息技术送到农村、农民；不与“业务”密切挂钩，容易变成“单纯技术观点”，有可能走进“死胡同”。

要从当地经济社会发展的大局，研究农业、农村信息化能起什么作用、能发挥什么效益，才有可能受到政府的重视，否则，也可能被边缘化。

因此，信息化推进者要当好当地经济社会发展的参谋，而不仅仅是农业或农村问题的参谋，更不仅仅是农业、农村信息化的参谋。

（十一）关注重点：农民

农业、农村信息化不可能立即覆盖全体农民，“一个不能少”眼前做不到。从战略上看，首先要关注两类农民，即农民工和农村青少年。

其次，对留在农村务农的农民，首先要关注已经组织起来的农民，即各种农民生产技术协会和流通协会。帮助他们用好信息技术和互联网，效果比较明显。再次，是关注农民企业家和农业大户，通过他们的发展，带动农村和其他农民的发展。

以促进农业生产方式转变，促进农村分工和农业产业化发展，促进农村经济结构调整为核心。（使一部分农民分离出来，搞信息、服务业）。

（十二）信息化：关注农业的工业化问题

信息化要“惠及每一个农民”，这是应该的。帮助每一个农民增加收入、致富、提高信息意识和意识能力，缩小数字鸿沟，都是十分必要的。

但是，从发展的眼光来看，从发展现代农业的全局来看，信息化要支持各种农村合作组织，支持农业大户，支持农业龙头企业。通过支持他们，促进农村向社会分工和专业化的方向演变。

信息化会产生新的农村剩余劳动力，也可以为农民转换社会角色创造新的社会就业和机会。

三、拥抱变革

农业化、工业化、信息化对人类社会发展的所有影响均植根于其所导致的经济、社会重大变革。因此，一个社会对于变革的态度成为其如何应对产业革命、是否能够成功应对产业革命带来的挑战的关键。

在过去的几十年中，根据各种咨询研究机构的调查和分析，信息化系统工程的成功率始终在30%左右徘徊，这就说明创新不易，成功的少，失败的多，或者说不尽如人意的多。

但是，几十年来，世界各国对于信息化的努力从来就没有停止过。原因就在于这种努力所追求的是变革，是创新，是发展，不能停顿。

1. 勇于创新 在中国当前农村的经济社会条件下，推动我国的农村信息化是一项伟大的社会实践，具有极大的开创性，也对中国实现跨越式发展、加速中国的现代化进程有着不可估量的意义。

从全球的角度来看，如何推动欠发达地区的信息化发展、达到促进该地区经济社会发展的目的，是一个困扰许多国家和国际组织的官员、专家、学者的重大问题。像中国30年的改革开放一样，中国农村信息化的成功经验也将成为人类文明发展的宝贵财富。

2. 宽容挫折和失败 社会作为一个整体，应该有鼓励变革的精神，宽容在变革和创新中所产生的各种失误。信息化是一个新生事物，对每一个国家、地区和行业而言，都是从零开始，并没有现成的“模板”可以仿造。既使是一个同样功能的系统，因为是在不同的社会、文化环境下开发，所面临的难点和问题也是完全不同的。

因此，对于在信息化过程中出现的各种缺点和问题，社会不应该动辄予以指责，而是应该在肯定创新的努力的同时，鼓励发现其中存在的问题和失误，在新的起点上再做创新的努力。

（见《中国农业信息化年度峰会演讲》）

从农业现代化走向农业信息化

——迎接新的技术革命和信息社会的到来

中国农业科学院科技文献信息中心主任
中国农业现代化分会理事长　梅方权

（1997 年）

正当世纪末期发达国家全面实现农业现代化、发展中国家走向农业现代化的时候，人们对于农业现代化的研究和发展似乎失去了过去的那种高度热衷。这不仅因为受到发达国家转向发展经济学研究的影响，而且更由于对实现农业现代化以后的农业将走向何处，缺乏明确统一的认识。我们对过去多年的实践探索和对未来发展趋势的预测分析表明，今后中国农业发展可能出现的大趋势是从农业现代化走向农业信息化从现代农业走向信息农业。

一、农业发展历史阶段的划分

以往大量的研究把农业发展的历史大体划分为 3 个阶段原始农业、古代农业传统农业和现代农业，如果今后走向信息农业就可以延伸为 4 个发展阶段。

农业发展历史阶段的划分标准主要有两个方面一是经济和社会发展水平，二是科学技术发展水平。其中，一个主导判断指标是生产工具的变化。每一代新的生产工具的革命，都标志着农业的发展进入到一个新的历史阶段。以下的相关分析可以看出这样的特征：

阶段：原始农业→传统农业→现代农业→信息农业。

工具：石器农具→铁器木制农具→现代农业机械→信息控制装备。

科技：简单劳动→经验技术→现代科技→信息科技。

经济：维持生存→自然经济→商品经济→信息经济。

社会：刀耕火种→手工业社会→工业化社会→信息化社会。

从以上农业发展历史阶段的划分可以看出，各个阶段之间都有一个交叉的发展时期，并没有一条绝对的分水线使各个阶段断开。在上一个阶段尚未完成的时候，下一个阶段的主要特征要素已经开始长人并逐渐壮大，直至上升成为主导要素，这就标志着农业进入了一个新的历史阶段。

二、中国将在世纪前半期实现农业现代化

中国发达地区和世界发达国家的实践表明，农业现代化虽然是一个长期动态化的过程，但确具有明显的阶段性。从宏观总体发展过程来看，可以划分为 4 个阶段：①农业现代化的起始阶段；②初步实现农业现代化；③基本实现农业现代化；④完全实现农业现代化。

根据我们过去的大量研究，这 4 个阶段可以使用以下 7 类指标进行判断和评价：①收入和消费水平；②农村经济发展水平；③农业生产发展水平；④农业基础设施与投人；⑤农业生产技术与教育；⑥农业组织与经营管理；⑦农业资源与环境条件。

（一）农业现代化的起步阶段

1949—1984 年的 35 年间，中国人民长期处在努力解决温饱问题的时期。尤其是在 1978 年以前的近 30 年内，中国的粮食增长速度虽然是比较快的，但是人口的增长速度也是同样比较快的，因此，人均粮食占有量长期徘徊在 300 千克的水平上，无力解决温饱问题。1978 年以后实行改革开放政策，粮食和农业出现了高速增长时期。到 1984 年，人均粮食占有量迅速接近 400 千克，人均每日膳食中热能供给超过2 600千卡*，蛋白质达到 67 克，脂肪达到 51 克，基本解决了温饱问题，具备了一定的物质基础，以加快农业现代化建设。

1978—1995 年，是中国农业现代化建设最快的时期。人均国民收入由 630 元迅速上升到1 659元（可比价格），增加 1.7 倍，人民购买力大幅度提高。食物结构显著改善，在粮食持续增长的基础上，主要动物性食物高速增长，肉、蛋和水产品增加了 3 倍左右，水果和油、糖等食物也出现了大幅度增长的趋势，人均每日热能供给量维持在2 600千卡的水平上，蛋白质达到 70 克，脂肪达到 58 克，主要营养素达到世界平均水平。农业综合生产力相应增强，农田有效灌溉面积所占比重由 47%扩大到 52%，化肥使用量由 884 万吨迅速增加到3 594万吨（有效成分），农业机械化综合水平由 22.3%提高到 33.3%。这表明主要食物消费水平和生产水平提前接近小康水平。

（二）初步实现农业现代化的阶段

到 2000 年，中国将可能初步实现农业现代化。到那时，人民的平均主要食物

* 1 卡约合 4.186 焦尔

消费量将会超过小康水平，用于饲料的粮食占粮食总量的比重将达到33%左右，动物性食物及其加工业和商业将会相应得到发展。农村经济结构中非农产业的比重可能达到80%，农业总产值中畜牧业、渔业和林业的比重将会上升到接近50%的水平，国家和人民有可能增加资金投入推进农业现代化。农业科学技术进步在农业增产中所占份额可能上升到50%，农业机械化水平达到50%、农田灌溉面积比重上升到55%、初中文化程度以上的农民所占农村人口比重将达到55%。这标志着中国农业可能达到初步现代化的水平。

（三）基本实现农业现代化的阶段

到2020—2030年，中国将可能基本实现农业现代化。21世纪30年代，中国的人口将达到16亿左右。按人均的主要食物消费量也将达到最高水平而趋于稳定，接近目前日本人的平均主要食物消费水平。人民的食物结构明显优化，形成稳定的具有中国特色的膳食模式。也就是说，中国的主要食物总量和人均占有量都将达到最高水平，粮食的一半是用作饲料粮，而不需要继续增加食物的数量（出口增加除外），重点是不断改善质量。人民和国家就有可能投入更多的资金加快实现农业现代化。

农村经济结构中，非农产业的产值将上升到90%左右，农业总产值中林牧渔业产值明显超过种植业。农田灌溉面积比重将上升到66%～80%，初中以上文化的农民所占比重将上升到85%～95%，农业机械化水平将达到80%。森林覆盖率可能接近国土面积的1/4，生态环境明显改善。农业组织和经营管理也将明显改善。这标志着中国的农业可能基本实现现代化。

（四）完全实现农业现代化的阶段

到2040年前后，中国的农业将可能完全实现现代化。中国的总体发展战略表明，到22世纪的中叶，实现第三步战略目标，进入当时的中等发达国家行列。2040年前后，中国的人口可能已经开始下降。人民的膳食模式和主要食物消费水平已经趋于稳定。随着科学技术的进步，食物资源利用效率不断提高，原料食物的消耗量将会继续下降。农业现代化的粮食和食物基础将会发生根本性的变革。

农村经济结构中，非农产业的产值将会上升到93%左右，达到目前发达国家的水平。农民文化程度都会达到初中以上，农业普遍实现规模经营，农业机械化将会接近100%的水平，森林覆盖率可能达到1/3的国土面积，形成一个良好的生态环境。这将标志着中国的农业可能完全实现农业现代化。

2040年前后，中国将可能完成农业现代化建设的伟大历史使命，稳步进入农业信息化建设新的历史时期。

三、中国农业信息化建设的前景展望

当代世界经济正在由工业化时期进入信息化时代。以计算机多媒体技术、光纤和卫星通信技术为特征的信息化浪潮正在席卷全球。现代信息技术正在向农业领域渗透，在未来新的农业技术革命过程中，信息技术将上升到更重要的地位。我们必须抓住历史机遇，迎接农业信息新技术的挑战。

在实现农业现代化以后，进入农业信息化建设，这是历史的长期发展过程。正像农业现代化一样，世界各国进入农业信息化建设的时期、方式、速度和类型也是各不相同的，各国对于农业信息化水平的判断指标也各具特色。我们应当加快研究农业信息化的发展规律，掌握农业信息化建设的主动权。

（一）农业信息化的判断和评价

农业信息化建设和历史上各个农业发展阶段建设的判断和评价有共同之处。主要从经济与社会和科学技术发展特征来进行判别和认识。

1. 信息农业的大背景就是国民经济信息化和进入信息社会　当农业历史开始进入信息农业阶段的时候，这个社会必然是一个经济高度发达、科学技术高度进步的社会，物质供应相当丰富。一般的比较分析表明，它的人均国民收入应在15 000美元以上，才具备进入信息农业阶段的物质财富基础。

2. 信息农业的基本特征可以概括为　①农业基础设施装备信息化；②农业技术操作全面自动化；③农业经营管理信息网络化。

我们可以对以上3个标准进一步划分为一系列二级判断指标，进行科学系统的评价。它的主要依据是国内外现代信息技术的研究、开发和应用的丰富实践。这些信息技术的最新成就启示了我们进行新的科学思维和科学实验活动。

（二）农业信息化的科学实践和构思

农业信息化是我们目前认识到的农业发展的最高阶段。农业信息化的实现和完成也要经历一个较长的历史时期。农业信息化建设将是历史上最为复杂的、知识高度密集的、大规模综合集成的系统工程。这项工程可从3个大的方面来理解和认识。

在一个农业生产单位，指一个农场或一个规模农户，可以建立一个小型局域信息网，设置一个网络管理中心，通过信息网把农场的各个生产环节连成一个整体。这样，就可以使农业基础设施的运转、农业技术的操作、农业经营管理运行，通过网络信息的传输，全面实现自动化调节和控制。信息网就是信息农业的基础建设。有了信息网，就可以把信息农业的内部3个主要组成部分连成整体并和外部网络连接起来，自由地进行信息的交流。我们还可以应用空中和地面定位系统（SAS、EAS）控制农业系统的运行。

1. 农业基础设施装备信息化 一是农田基本建设信息化和自控化。如农田灌溉工程中，水泵抽水和沟渠灌溉排水的时间、流量全部通过信息自动传输和计算机自动控制。农产品的仓储内部环境因素变化的监测、调节和控制完全使用计算机信息系统运行。畜禽棚舍的饲养环境测控和运作完全可以实行自控或遥控。

2. 农业技术操作全面自动化 一是农作物栽培管理的自动化。现在国内研制的多媒体小麦管理系统（WMS）和棉花生产管理系统（COTMAS）都可以应用于生产。如农作物施肥，可以在田间设置自动养分测试仪或设置各种探针定时获取数据在室内自动测定，通过计算机分析数据，确定施肥时间、施肥量、施肥方法，使用田间遥控自动施肥机具或与灌溉水结合实现自动施肥。其他耕作管理措施类同。二是农作物病虫害防治信息化和自控。在田间设置监测信息系统，通过信息网发出预测预报，利用计算机模型分析，确定防治时间和方法，采用自控机具或生物防治方法或综合防治方法，对病虫害实行有效的控制。三是畜禽饲养管理的信息化和自动化。可以通过埋置于家畜体内的微型电脑及时发出家畜新陈代谢状况，通过计算机模拟运算，判断家畜对于饲养条件的要求，及时自动输送饲喂配方饲料，实现科学饲养。

3. 农业经营管理信息网络化 一是建立适合各农场自身具体情况的计算机决策支持系统，及时进行模拟决策。二是通过进入乡、县、省，以致全国和全球的信息网络，及时了解市场信息、政策信息，按照市场需求选择生产和合理销售自己的产品，以发挥自己的优势，取得最佳的经济效益。三是通过进入外部的信息网络，广泛获取各种先进的科学技术信息，选择和学习最适用的先进技术，装备自己的农场，不断通过农场土地生产力和劳动生产力，以获取最佳的生产效益。

农业信息化和信息农业要求劳动者具有更高的知识和技术水平，也许必须具备大专专业水平才能取得经营管理农场的资格证书，超过了发达国家现代农业要求的中专毕业生水平，才能掌握新兴的信息化和自动化技术，才能成为信息农业的经营管理者，信息时代的合格劳动者。

（三）农业信息化的战略和政策选择

中国“农业要率先跃居世界先进水平”，就应当形成一个长远科技战略的共识。从现在起就要为22世纪前半叶的农业信息化建设做好基础工作和战略安排。

1. 制订中国农业信息化战略，提出建设中国信息农业的长远规划，把农业重大信息技术列入“S－863”计划，有的项目看准了，就要及早立项。

2. 重点加强中国农业科技、教育和经济信息网络中心的建设，并逐步推进和支持省、地、县、乡信息网络的建设。

3. 选建农业信息化和信息农业的实验基地，充分利用现有先进信息技术和自动控制技术，组织多学科力量，进行系统组装实验，逐步提高系统运行水平。

4. 加强国际农业信息科学和技术的合作和交流，充分吸收发达国家的先进信息技术成果，加快中国农业信息化进程。

5. 加快培养农业信息化科技人才，在大专院校设置农业信息化专业，选择重点单位设置硕士、博士学位点，同时要吸引国外信息科技人才回国工作。

从农业现代化走向农业信息化，是农业发展的必然规律。在努力加快农业现代化建设的过程中，必须加快农业信息化的进程，把握住这一难得的历史机遇，主动地迎接正在兴起的一场新的技术革命的挑战。

（本文载《农业图书情报学刊》1997年第5期）

我国农业农村信息化发展进程

国家信息化专家咨询委员会专家　方　瑜

（2009 年 9 月）

一、引言

我国是一个尚未完成工业化的国家，既要完成从农业社会向工业社会的过渡，又要完成向信息社会的过渡。因此关注“三农”问题，无疑是国家信息化的战略重点之一。对应农业这一古老的传统产业，农业信息化关注的是产业化改造问题；对应城镇化的进程，农村信息化关注的是农村的经济社会发展问题。世界上一些发达国家，由于农村劳动力的转移和城镇化已基本完成，在农村地区，农业已不是主导产业，在农村居住的人多数已经不再从事农业，这种情况下农业信息化和农村信息化可以相互独立、并行不悖。在我国，农村劳动力转移、农业产业化、粮食安全、农村社会保障、农村公共服务等众多发展问题交错而至、互相制约，所面临的压力和困难是上述发达国家无法相比的，在这样的国情下，相当长的时期，农业信息化与农村信息化作为一个整体统筹建设是十分必要的。

中国农业与农村信息化大体上历经了 3 个发展阶段，分别是农业电子信息技术应用阶段，农业信息化建设起步阶段和农业与农村信息化快速发展阶段。依照这一发展历程，本章对我国农业与农村信息化进程和成就的描述，分为农业信息化随改革开放起步、农业与农村信息化在全面建设小康社会进程中快速发展、农业与农村信息化典型案例和近期发展及展望四个部分。

二、农业信息化随改革开放而起步

（一）农业电子信息技术应用阶段

20 世纪 70 年代后期，随着半导体器件和数字电路的应用和普及，中国在农业科研、农业机械和一些农牧生产领域开始研究和应用电子技术，包括粮食水分速测仪、高压脉冲电围栏、电子计数的燃油泵试验台、播种机下种流量电子监测仪、可编程序计算器应用于优化施肥（测土配方施肥）等都有了一些应用，还定型生产了一些产品。

20 世纪 80 年代，随着计算机技术的应用普及，特别是个人计算机的面市，计算技术开始在农业科研、农业生产管理中应用。1981 年中国农业科学院从罗马尼亚引进了 FilexC－512 中型计算机和数据处理系统，并开始与国外知名的农业信息加工与传播机构 CABI 及权威的国际农业科技情报组织 AGRIS 合作，学习引进国外的农业文献检索和数据库技术。1984 年，农业部统计系统开始应用个人计算机进行农业统计，中国农业工程研究设计院也开展了计算机技术的应用研究。与此同时农业温室环境控制系统开始应用微处理器。这些都为农业信息化起步做出了观念、技术和人才上的准备。

（二）农业信息化建设起步阶段

1. 农村改革催生了农业信息化　1982 年中央 1 号文件《全国农村工作会议纪要》的发布，正式肯定了土地的联产承包责任制，充分调动了广大农民的生产积极性，我国农业发生了根本的变化。全国粮食产量 1978 年约为3 000亿千克，1984 年增加到4 000亿千克，同时农业总产值增长 68%，农民人均纯收入增长 166%。在取得令人瞩目的成就的同时，出现了新的问题，在 1984 年全国粮食大丰收的情况下，出现了南方 5 省粮食供给紧张的情况，使农业部的领导认识到，从过去的指令性的生产和收购到农民自主经营，对农业宏观决策信息支持提出了新的要求。1984 年底，农牧渔业部决定筹备成立农业部计算中心，通过广泛调研和信息需求分析，编制了《农牧渔业信息管理系统总体设计方案》，并经部党组批准转发全国农牧渔业部门执行，1987年正式成立农业部信息中心，随后各省农（牧）业厅也相继成立了信息中心。

2. 政府职能转变促进了农业信息化　1992 年春天，邓小平同志发表了南巡重要讲话，当年党的十四大提出了建立社会主义市场经济体制的改革目标，明确要把政府的职能转到“统筹规划，掌握政策，信息引导，组织协调，提供服务和检查监督”上来。1993 年农业部成立农村经济信息体系领导小组，1994 年农业部成立了市场与经济信息司，负责农业信息体系建设的行政工作。

1993 年，经财政部批准，世界银行贷款资助的“中国农业支持服务项目”启动，项目的第一项目标就是要“通过改善信息、计算机联网及监测和评价系统，以加强农业、畜牧、动植物检疫的管理能力”，投资为 300 万美元。项目建设规划方案中首次明确了“特别需要变单向收集为双向信息服务，把工作的重点由支持宏观决策转向指导农民的生产和合理经营”，提出：“农牧业支持服务信息系统的建设，是为了使闭塞的、以分散方式经营的农户在产前、产中、产后的3个阶段，得到社会化信息服务的支持”，并把系统目标定位于“提供科技信息、生产资料质量监测信息和市场信息3个方面”。

工作重点的转移为农业信息化带来快速发展，经过两年的准备和试运行，1995年1月农业部正式开通了全国农产品批发市场价格信息网。这个信息网具有鲜明的双向服务的色彩，从一开始，就确定了面向市场、面向农民、面向社会提供公共价格信息服务的宗旨，坚持做到每个工作日当日采集、当日处理、当日通过中国农业信息网和各类媒体对社会公开发布，并定期发布全国批发市场动态和价格分析报告。从2006年1月起，开始向社会发布当日“全国农产品批发价格指数”。这个信息网运行14年来，取得了良好的社会效益，对促进全国农产品价格形成、引导农产品流通、对接鲜活产品产销和支持宏观调控发挥了积极作用。

农业部于1996年接入了互联网，同年设立了农业部的政府网站——中国农业信息网。中国农业信息网目前已经形成以54个精品频道、28个专业网站以及各省（自治区、直辖市）农业网站为一体的农业系统网站群，全国31个省（自治区、直辖市）、80%以上的地（市）和60%以上的县级农业部门建立了网站，全国各级政府农业网站联网运行，成为具有权威性和广泛影响的国家农业综合门户网站。作为中国政府农业官方网站，其对国内外的影响日益扩大，目前日均点击数600万次左右、访问量在国内农业网站居首位、全球农业网站第二位、绩效水平在我国政府部委级网站中也位居第二。

3. 信息服务行动推动了信息工作体系形成 2001年9月，农业部颁布了《“十五”农村市场信息服务行动计划》，计划用3～5年的时间，基本建立起覆盖全国省、市、县、大多数乡镇以及有条件的农业产业化龙头企业、农产品批发市场、中介组织和经营大户的农村市场信息服务网络。这个文件第一次提出了农业信息化的“最后一公里”问题，指出：“在农村市场信息网络向县和乡镇延伸的同时，要重点抓好组织（队伍）网络的延伸。要充分发挥县、乡农业技术推广站、农经站和农广校学员的作用，联合其他涉农部门，依靠村组干部、农村经纪人、农业产业化龙头企业、中介组织和经营大户，形成‘进村入户’的农村市场信息服务组织（队伍）网络，彻底解决信息服务‘最后一公里’的问题，把信息及时传播到农民手里”。

农业部门围绕实施“‘十五’农村市场信息服务行动计划”，狠抓信息服务网络延伸、信息资源开发和信息发布（服务）3个着力点，信息体系建设和信息服务工作取得了积极进展。目前各级农业部门信息工作机构基本健全，已发展农村信息员20多万人。农业部建立信息采集渠道近40条，涉及农资和农产品生产、市场、供求等多环节，同时开始整合各涉农信息资源，信息报送与处理全面实现电子化。农业信息服务在政府职能转变中的重要地位得以确立，农业信息服务工作体系逐步形成。

三、农业与农村信息化在全面建设小康社会进程中快速发展

从本世纪初，我国农业与农村信息化进入一个快速发展阶段，其主要特征是：

（一）大政方针指导

2002年党的十六大提出了全面建设小康社会的目标，随后在农业和农村问题和构建和谐社会上出台了一系列重大政策。尤其从2004年以来，连续6年中央1号文件对增加农民收入、提高农业综合生产能力、加强农业基础建设、发展现代农业、推进社会主义新农村建设、推进城乡经济社会发展一体化等重大问题作出决定，其中多次提出农业与农村信息化问题。2007年1号文件强调，发展现代农业要提高水利化、机械化和信息化水平，还把"加快农业信息化建设"单独作为一条工作布置。2008年1号文件专门列出一条内容——积极推进农村信息化。2009年1号文件明确提出，要"发展农村信息化"。党的十七届三中全会通过的《中共中央关于推进农村改革发展若干重大问题的决定》，多处提出要发挥信息化为农服务的重要作用。在党和国家推进农村改革发展的大政方针指导下，农业与农村信息化进入了快速发展时期。

2006—2020年国家信息化发展战略，确定了优先制定和实施战略行动计划。其中的国民信息技能教育培训计划提出要"优先发展全国文化信息资源共享工程、农村党员干部远程教育工程等，积极开展国民信息技能教育和培训"。在缩小数字鸿沟计划中提出了"坚持政府主导、社会参与，缩小区域之间、城乡之间和不同社会群体之间信息技术应用水平的差距，创造机会均等、协调发展的社会环境。把缩小城乡数字鸿沟作为统筹城乡经济社会发展的重要内容，推进农业信息化和现代农业建设，为建设社会主义新农村服务"。

（二）国家工程项目带动

1. 金农工程 2002年国家信息化领导小组《关于我国电子政务建设指导意见》（中办发［2002］17号）提出尽快建设和启动包括金农工程在内的12个"金"字头工程。2006年国家发展和改革委员会批准了金农工程项目建议书并正式立项，投资为5.8亿元，主要建设内容：构建三类应用系统，开发两类信息资源，强化一个服务网络。即：建设农业监测预警系统、农产品和生产资料市场监管信息系统、农村市场与科技信息服务系统；开发整合国内、国际农

业信息资源；建设延伸到县乡的全国农村信息服务网络。国家发展改革和委员会于2007年7月核批了金农工程一期（中央本级）项目初步设计。目前，金农工程一期项目建设工作总体进展顺利，预计到2009年底上述建设基本完成。

在金农工程等国家项目带动下，各地农业信息化步伐加快，各级农业部门的调控引导、监管服务等政务工作方式发生了新的变化，行政效率显著提高。农业部行政审批综合办公信息系统，为申报单位提供了“一站式”服务；一些地方农业部门通过网络系统，实现了监管事项办事程序、过程和结果的“三公开”，强化了服务型政府的工作基础。各地农业部门根据管理和服务需要，积极推广应用精准农业、人工智能、3S等信息系统，信息技术正逐步向农业生产经营各领域各环节渗透。

2. “三电合一”项目 为把农民急需的信息及时传播到乡镇村屯，农业部在有关部门的支持下，近几年开始推进电视、电话、电脑“三电合一”农业综合信息服务平台建设项目，深受农民群众欢迎。2006年，农业部申请设立了农业系统公益性服务专用号码12316。目前，各级农业部门建设的“三电合一”平台覆盖面已超过1 000个县，在促进产销衔接、引导结构调整等方面发挥着积极作用，涌现出河南三门峡、河北藁城、广西田东等一批典型。

3. 党员干部现代远程教育工作 2007年，中共中央办公厅印发了《关于在全国农村开展党员干部现代远程教育工作的意见》，提出：为提高广大农村党员干部和农民群众的整体素质，推进社会主义新农村建设，经党中央同意，从2007年下半年开始，在试点的基础上，在全国农村普遍开展党员干部现代远程教育工作，力争到2010年底，在全国基本建成农村党员干部现代远程教育网络体系，包括在此期限完成基础设施建设任务，在乡镇、村基本实现站点全覆盖。目前该项工程进展较快。

4. 全国文化资源共享工程 启动于2002年，由文化部和财政部组织实施。其目标是以数字资源建设为核心，以农村服务网点建设为重点，以共建共享为基本途径，全面实施文化共享工程，到2010年，基本建成资源丰富、技术先进、服务便捷、覆盖城乡的数字文化服务体系，成为公共文化服务体系的重要支撑，使广大基层群众能够普遍享受到数字文化服务。截至2009年5月，各地已累计投入建设资金19.17亿元。目前已建成1个国家中心，33个省级分中心，1 687个县级支中心，4 797个乡镇基层服务点，与农村党员干部现代远程教育工程和农村中小学现代远程教育工程合作共建村级基层服务点75万个，其中配备文化信息资源共享专用设备的有31.5万个。截至2008年底，文化信息资源共享工程资源量达到 73.91TB。

5. 农村中小学现代远程教育工程 这是由教育部、国家发展和改革委员会、财政部自 2003 年以来共同实施的一项农村中小学教育信息化工程，2007 年底全面完成。到 2007 年底，该工程共投入 111 亿元，配备教学光盘播放设备 40.2 万套，卫星教学收视系统 27.9 万套，计算机教室和多媒体设备 4.5 万套，工程覆盖了中西部 36 万所农村中小学，受益农村中小学生达 1.6 亿人，并基本形成了适应农村中小学教学需求的资源体系。

6. 其他国家重点工程 包括科技部的《星火农业科技“110”信息服务项目》、商务部的《信福工程》、全国供销合作总社的《新网工程》、广播电视总局的《广播电视村村通工程》等。

（三）在政府主导下动员各种社会资源参与发展

在政府主导和带动下，农业与农村信息化得到了社会的普遍关注和支持。

各大电信运营商肩负历史使命和社会责任，对农村通讯基础设施建设作出了突出的贡献。从 2004 年开始，原信息产业部组织当时的六大运营商在全国范围展开了发展农村通信、推动农村通信普遍服务的划时代工程——村村通电话工程。2005 年底按期实现第一阶段任务，达到全国 95％以上行政村通上电话的目标。第二阶段任务是继续实施行政村通电话项目、增加农村电话普及率并将村通工程向自然村延伸，构建农村信息服务平台和开发应用农村适用信息资源，“十一五”末基本实现全国村村通电话，乡乡能上网。到 2008 年底，累计完成工程投资约 460 亿元，共计为约 13 万个行政村及自然村新开通电话，96％的乡镇开通了宽带。与此同时，中国移动、中国电信、中国联通等公司还在完善农村信息服务平台、推进“信息下乡”活动中作出了积极的探索和贡献，大大改善了农村信息化的面貌。

2003 年山东邮政首先创新拓展服务功能，积极参与农资配送服务。通过几年来的探索和实践，依托邮政系统信息流、资金流和物流“三流合一”的平台优势，在电子商务网络的支撑下，农村邮政物流逐步形成了连锁经营＋配送到户＋科技支撑的综合服务模式，受到广大农民、涉农企业以及政府的欢迎。目前，全国邮政物流累计为农村配送农资、消费品和农产品（行情论坛）的价格总额达 400 多亿元，配送生产生活资料近千万吨；配送产品涉及三大行业4 300多种单品，其中农资产品达 73％；服务农资生产企业 960 多家；服务农民近亿户。为进一步推进该项工作，国务院办公厅转发了交通运输部、国家发展和改革委员会、财政部、农业部、商务部、国家工商总局 6 部委《关于推动农村邮政物流发展的意见》，计划到 2012 年，基本建成“布局合理、双向高效、种类丰富、服务便利”的农村邮政物流服务体系。

国家发展和改革委员会于2008年开始国家信息化试点，其中24个单位被列入了新农村综合信息服务项目第一批试点名单。试点单位涉及各类农业信息服务机构、农业产业化龙头企业、农产品批发市场、电信运营商、信息技术企业。除此以外，中国致公党、中国扶贫开发协会等一些民主党派和社会团体也积极参与了农村信息化的建设。

（四）城乡数字鸿沟开始缩小

随着农业与农村信息化的推进，我国城乡数字鸿沟开始缩小。根据国家信息中心信息化研究部的研究，2007年中国城乡数字鸿沟指数为0.64，尽管仍然存在有较大的数字鸿沟，但总体上看，城乡数字鸿沟呈现稳步缩小态势，2002—2007年缩小了13.5%。

从2007年起中国农村网民连续两年大幅度增加。据中国互联网信息中心公布的数据，2007年底中国农村网民数量达到5 262万人，比上年增长了127.7%，城乡互联网差距首次出现明显缩小。到2008年底，新增农村网民3 190万人，农村网民规模达到8 460万人，年增长率超过60%，远高于城镇网民35.6%的增长率。

在城市家庭计算机拥有率连续几年快速增长的情况下，城乡计算机相对差距指数连续几年稳定在0.95（农村比城市落后95%），到2007年还做到略有缩小（为0.93）。

城乡电话差距进一步缩小。2002年全国有85.2%行政村通电话，到2008年底已达到99.7%，农村固定电话普及率由2002年的11.7%上升到2007年的16.1%，农村移动电话由2000年的4.3%上升到2007年的77.8%。

城乡电视差距逐年减少。农村居民彩电拥有量从2000年的48.76部/百户增长到2007年的113.89部/百户。城乡相对差距指数由2000年的67.82下降到2007年的43.51%。

国家在家电下乡试点成功之后，自2009年2月1日起，电脑也正式进入家电下乡行列，农民购买电脑与家电一样可以获得政策补贴。

四、农业与农村信息化典型案例

政府主导，动员社会广泛参与，是我国政治制度上的优势。目前，按照“平台上移、服务下延”的原则，在全省范围集中推进，并取得明显成效的有宁夏回族自治区、吉林省和浙江省。

（一）宁夏——新农村信息化工作省域示范

宁夏回族自治区党委、政府为把推进农村信息化作为一项战略性举措，下发了《关于贯彻落实国民经济和社会发展信息化“十一五”规划的实施意见》，明确了宁夏要走一条“平台上移、服务下延，低成本、高效益”的农村信息化之路。经过两年多的建设，农村信息化建设取得了很好成效，破解了资源整合、信息共享、长效机制建设等制约信息化建设的难题；初步建立了涉农信息资源和服务平台，实现了“三网融合”，组建了农村信息员队伍，在全国率先实现了村村通互联网、村村有信息服务站的目标。2008 年，工业和信息化部授予宁夏“国家级社会主义新农村信息化工作省域示范”。

农村信息基础设施建设实现跨越式发展。宁夏初步建成了大容量、高速率、覆盖全自治区城乡的信息通信网络。实现了 77%的行政村通宽带；通过无线技术解决约了 600 多个山区行政村上网问题；全区农村宽带用户为 2.9 万，IPTV 用户3 200个，全区出口网络总带宽达 30GB/S。

农村综合信息服务站普及到所有行政村。在全区完成了2 802个农村信息服务站的建设，把政府服务、电影院、图书馆、文化站、农技推广站送到了农民的家门口，

自治区涉农信息资源和服务平台基本建成。平台包括互联网电视 IPTV 播放中心、“三农”呼叫中心和农村综合信息网。IPTV 平台已初步实现 60 路有线电视节目的实时播放、3 天的时移电视服务、1 000部影片和2 000小时视频点播服务。“三农”呼叫中心整合了科技厅、科协、农牧厅等现有各类涉农呼叫，实现了专家与农民的视频、语音互动。农村综合信息网已经初步实现了党员远程教育、科技、农牧业等 8 个涉农部门的数据共享。

宁夏农村信息化试点的成功，使农民切身体会到信息技术带来的方便与快捷，有效激发了农民对信息化的需求，使农民得到了实惠。

（二）吉林——新农村信息化建设

吉林的农村信息化发展经历了 3 个发展阶段，第一步是先从农业部门做起，在农业体系内纵向发展，构建省、市、县、乡和重点村的网络平台和信息服务体系；第二阶段是农业部门协调，相关部门联合建设阶段，重点加强服务手段建设，按照全省集中统一的方式，政、事、企多方合作，动员了社会的广泛参与，建设了“三农”综合信息服务平台，实现了门户网站、呼叫中心（12316 新农村热线）、短信平台（12582 农信通）等多种服务渠道的整合；第三阶段，是全省统筹建设、整体推进的阶段。在推进过程中，由于重视利益机制，内在发展动力强，走出了一条低成本建设和运行的道路，效益明显。

综合服务能力不断增强。从开始由吉林省农业委员会主办，到第二阶段 4 个部门联建，到第三阶段由省纠风办监督、协调，40 个涉农部门共同参与，服务

能力不断增强。呼叫中心的电话日接访量由开始的1 000个左右增加到5 000～6 000个，峰值达8 700个，短信平台定制用户达到45万，全省农民的认知度达到70%。

服务手段多样，易于接受。呼叫中心主要采用人工接转、值班专家咨询、复杂和重要的问题直接转到相关专家的手机上解答的形式，主要解决个性化服务问题，农民亲切地称为"挂专家号"。共性问题主要通过网站发布，短信平台推送，省、市两级电台、电视台、报刊现场直播、专题专栏宣传。

服务效果显著。通过各部门合作，到2008年，吉林全省已建设改造了3 000多个村级信息服务点，从事信息服务的管理和技术人员已达到1 869人。呼叫中心目前形成了550人的专家服务团队，每天处理4 000～5 000个咨询电话，平均每个电话时长15～20分钟，从建立来已累计回答了全省农民450万个专题咨询。短信平台的定制用户已达45万户。编辑出版的《12316新农村热线——新农村建设丛书》已达189个分册。

2009年4月，国家发展和改革委员会将吉林新农村信息化建设列入首批国家信息化试点单位。

（三）浙江——农民信箱

2005年9月，浙江省启动"浙江百万农民信箱工程"，"农民信箱"定位为一个由政府主导的，集个人通信、电子商务、电子政务、农业技术服务、办公交流、信息集成等功能于一体的面向"三农"的公共服务平台。由浙江省农业厅和浙江移动公司为主承建，其他通信运营企业参与建设，省、市、县3级农业部门负责管理、维护和培训，乡镇基层干部、农业技术人员、农村工作指导员等承担推广应用任务。平台为农民量身订制，立足用户需要，力求方便实用，以实名制注册，使用全免费。通过农民信箱，农民、客商和农村干部能借助电脑和手机短信进行网上双向交流，可以在网上推销、采购农产品。

到2009年初，注册用户已突破200万个。3年多来，利用农民信箱产销平台，浙江先后开展杨梅、葡萄等22场专场活动，累计发布买卖信息82万条，达成交易额51亿元以上，全省节省营销成本2.3亿元，节省电话费、纸张等行政成本1.1亿元。仅2008年初举办的网上农业博览会就成交了2.7亿元，浙江农民信箱已引起全国同行和客商关注，不少农民通过这个平台尝到了甜头，走上科学发展现代农业的路子。比如，绍兴县建刚信息服务部，依托农民信箱搞花卉信息代理，仅3年时间就在网上成交500多笔，成交额达到3 000多万元。

另外，浙江还用农民信箱的手机短信提示功能，发送台风、强冷空气、病虫防治等灾害预报信息，及时指导农民采取减灾措施，3 年来帮助农民减少因灾损失 45 亿元。

农民信箱工程的实施，大大提高了浙江省农民群众应用互联网的积极性，在此基础上，浙江省在 2008 年又继续推出了“浙江农民信箱万村联网工程”，为农村、农业企业、“农家乐”提供免费的自助建站服务。建立了浙江新农村万村联网集群平台，平台通过信息整合，整体宣传浙江新农村建设成果，为农业增效、农民增收、农村繁荣作出积极的贡献。

五、近期发展及展望

随着我国农村改革和城乡统筹的步伐加快，农业与农村信息化将迎来一个新的发展时期，以信息化推进现代农业发展和社会主义新农村建设，已经成为党中央、国务院和各级政府、社会各界的共识。目前各级各地及有关部门正在结合制定国民经济和社会发展第十二个五年规划，加紧研究出台有关农业与农村信息化的规划，已经着手在新的领域启动一些信息化项目。

在食品安全管理监督方面，动物标识及疫病可追溯体系建设将会全面展开。北京、上海、四川、重庆 4 省（直辖市）开展的动物标识及疫病可追溯体系建设试点工作以及全国面上的工作已经取得重大进展。规章制度逐步完善，二维码牲畜耳标佩带工作全面推进，中央数据库雏形基本建成，各地数据采集设备逐步到位，宣传培训工作已经陆续开展。

在农村社会管理和公共服务方面，按照城乡经济社会发展一体化新格局，有关部门将启动农村社会保障、农村医疗卫生等领域建设等电子政务工程，一些地方已经分别开展了村务和村财公开、农村基本情况数据库建设、土地承包流转管理、农民工就业信息服务等信息化试点。

关于农业与农村信息化的推进策略，应该采取点面结合重点推进、尊重首创典型引路、从“要农民上”到“农民要上”、构造农村信息化的管理体制、推广成功经验等策略。发挥农民和村级组织这个主体的积极性，引导他们投身信息化，福建省泉州市推广“世纪之村”的做法给人们带来新的启示。“世纪之村”是由泉州南安市新农民培训学校（民办非企业单位）开发和运行的信息化服务平台。是一个农民自主开发，自我管理，自己使用，自身受益的信息服务系统。平台整合了村务管理公开、村财管理、村级计生、农村社区服务、农村市场和科技服务等多种功能。信息点设在各行政村中的已经具备上网条件的食杂店、电信代办点、供销合作社、合作医疗点，不需另外增加建设投资。这种发展模式，贴近农村实际，具有自身活力。这种模式得到了当地政府支持，并为每个信息员提供每月 100 元的公益服务补贴。启用一年以来，已在南安市全市 416 行政村的 500

个信息点推广应用，成效显著。2008 年底泉州市党委和政府已决定在全市2 300个行政村全面推广。

解决“最后一公里”问题，是当前和今后长时期内农业与农村信息化的难点问题。其解决思路，首先是要摸准需求保证供给，需要发挥多重力量的作用，同时注意运用多种服务手段。在继续做好公益性服务的同时，要加强农村商务信息服务，重点是解决农产品买难卖难的问题，目标是使生产者、经营者和消费者利益公平化。

体制改革和制度推进是农业与农村信息化持续发展的根本保障。上述宁夏、吉林、浙江等省都在领导体制、协调机制、制度保障方面取得了经验。2009 年 5 月 31 日，工业和信息化部制定了《农村综合信息服务站建设和服务基本规范(试行)》，进一步规范农村综合信息服务站的建设、管理和使用，文件下发后得到了各地的积极反响。

与世界经济一体化相适应，与各国缩小数字鸿沟行动相呼应，是当前和今后农业与农村信息化必须解决的问题。主要发达国家农业信息化与农村信息化的做法和经验，对我国农业与农村信息化有着很好的借鉴作用，要加强有关学习与应用。

（见《中国信息化进程》，人民出版社，2009 年 9 月）

我国农村信息化发展进入新阶段

农业部信息中心副主任、副研究员郭永田

（2009 年 5 月）

我国农村信息化起步于 20 世纪 90 年代中期，进入 21 世纪以来，随着全球信息化浪潮的迅速蔓延，在国家信息化战略和党中央央国务院支农惠农政策的强力推动下，农村信息化取得全面发展，成效十分显著。

一、农村信息化组织体系日益完善

适应信息化发展的大趋势，自 20 世纪 90 年代以来，各省陆续设立了农村信息化工作组织机构，农村信息化组织系统日益健全，到 2007 年，100％的省级农业部门、97％的地（市）级农业部门、80％以上的县级农业部门、67％的乡镇建立了农村信息化管理或服务机构，为农村信息化发展提供了组织保障。同时，农村信息化工作队伍不断壮大，目前直接面向广大农民群众提供信息服务的农村信息员队伍已达 25 万余人。

二、农村信息化基础设施建设取得重大进展

为推进农村信息化，国家投入大量人力物力实施了一批重要基础通信工程，推动农村信息化基础设施建设上了一个新台阶。

1. 加快农村广播电视网络建设 到 20 世纪 90 年末，我国 72.3 万个行政村中仍有 11.7 万个广播电视覆盖盲区行政村，535.8 万个自然村中仍有 56.3 万个广播电视盲区自然村，共计 1.48 亿农民听不到广播、看不到电视。为此，国家自 1998 年起在全国实施了“广播电视村村通工程”。到 2007 年，共投入 40 多亿元资金加强农村地区广播电视节目发射、转播、传输、监测基础设施建设，完成了全部 11.7 万个已通电行政村和 10 万个 50 户以上已通电自然村的“村村通广播电视”工程建设，修复了 1.5 万个“返盲”行政村，有效解决了近 1 亿农民群众收听收看广播电视难的问题，使我国广播、电视人口综合覆盖率分别从 1997 年的 86.02％和 87.68％提高到 2007 年的 95.4％和 96.6％。

2. 加快农村地面通信基础设施建设 为解决农村通信基础设施落后问题，国家从2004年起在全国范围开展了以发展农村通信、推动农村通信普遍服务为目标的重大基础工程——村村通电话工程。2004—2007年国家和电信运营企业累计投资200多亿元，在农村地区铺设通信电缆50多万公里，建成移动通信基站2万多个，完成6.9万个无电话行政村通电话，使全国已通电话的行政村比重由2003年年底的89.94%上升到2007年的99.5%；其中农村移动通信网络乡镇覆盖率达到98.9%，行政村覆盖率达到93.6%，人口覆盖率达到97%。村村通电话工程不仅明显提高了电话网络在农村的覆盖率，同时也极大促进了农村互联网的发展。截至2008年底，全国98%的乡镇能上网、95%的乡镇通宽带，部分行政村也具备了宽带或窄带上网能力。

3. 加快农村空中远程通信网络建设 为解决广大农村地区地面通信网络建设难度大、成本高的问题，中央有关部门利用卫星通信技术建设了覆盖范围广、不易受地形地貌影响的农村空中远程通信网络。中组部2003年启动了“农村党员干部现代远程教育工程”，到2006年，初步建成了覆盖全国主要农村地区的党员干部现代远程教育卫星数字专用网络，共建设乡镇终端接收站点近1万个、村级站点18.8万多个，培训农村党员干部和农民群众达2亿多人次。教育部启动了“农村中小学现代远程教育工程”，到2006年完成近20万套卫星教学收视系统、35万套多媒体教学设备建设，覆盖18.7万所农村小学、3.5万所农村中学，使1亿多中西部农村中小学生受益。文化部2002年启动建设“全国文化信息资源共享工程”，通过卫星和互联网等手段，将优质文化信息资源传送到基层，截至2007年底，共投入资金16亿多元，建设省级分中心，市、县支中心，乡镇、街道、村及社区基层服务点共计10.8万个，并与农村党员干部现代远程教育工程、农村中小学现代远程教育工程合作建设基层服务点20多万个，初步搭建了覆盖全国的服务网络。农业部根据农业发展需要，建设了覆盖到省的广域卫星网络，并与各级农业部门共同建设了覆盖全国500多个县的电视、电话、电脑“三电合一”网络，为广大农民群众提供农业和农村经济信息咨询服务。

三、农村信息化服务平台体系迅速发展

全国省级、地（市）级、县级农业部门建设农业局域网的比例分别由2000年的65%、12%和1%，上升到2007年的100%、80%以上和40%以上；全国省级、地（市）级、县级农业部门建设了农业信息网站的比例分别由2000年的87%、40%和16%，上升到2007年100%、83%和60%以上。以农业部建设运行的“中国农业信息网”为龙头、各省农业部门信息网站为骨干、各种社会力量举办的农业信息网站为依托的全国农业农村信息网站体系迅速发展壮大。中国农

业信息网已形成集74个频道、38个专业子网站、31个省级农业网站为一体的农业系统网站群，日均点击量超过600万次，访问量居国内农业网站首位、世界农业网站第二位。其他中央有关部门也纷纷建设或参与建设农业农村信息服务网站，商务部建设了新农村商网，开展农村商务信息服务。国家气象局建设了联通33个省（自治区、直辖市及计划单列市）、270多个地级市、1 300多个县的中国兴农网，直接为“三农”提高农业气象和经济信息服务。到2009年6月30日，在中国农业信息网上登记注册的全国农业网站已达5 320个。

四、农村信息化资源开发利用取得成效

一是农业农村信息采集渠道不断完善。农业部在全国农业系统建设了近40条信息采集渠道，自下而上涵盖了种植业、畜牧业、渔业、农垦、农机化、乡镇企业、农村经营管理、农业科教、农产品市场流通等主要行业和领域；部署信息采集点8 000多个，建立了信息采集指标体系和报送制度，通过远程联网采集、报送农村各行和领域的生产动态、供求变化、价格行情、科技教育、自然灾害、动物疫情、农民收入、质量安全、资源环境等信息。二是建立了一批重要农业农村信息数据库。农业部相继建设了包括农产品贸易、农产品价格、农村经济统计、农业政策法规、农产品生产动态、农业科技与人才、农村能源与环保等在内的50多个数据库，积累了大量重要基础数据。各省级农业部门也相继建设涵盖农村生产、供求、价格、科技、政策等各领域的数据库系统，几乎涵盖了农村各个方面的信息，为农村信息服务提供了数据资源保障。三是形成了一批有重要价值的农业农村信息资源开发利用成果。各级农业部门通过对农业农村信息的采集、存储、分析、利用，及时开发成有价值的信息产品进行发布以服务农业农村经济，或者提供给有关部门决策参考以指导农村发展。目前，仅农业部开发利用各类农村信息资源形成的网上信息联播、分析报告、监测报告、预警报告、信息快报、信息动态、信息月历、信息日历等就达几十种，成为指导农业农村经济发展的重要参考依据。

五、农村信息化服务模式多样化发展

随着以现代信息技术为支撑的广播电视网络、通讯网络、计算机网络等现代信息网络在农村的不断延伸，结合不同地区新农村建设的需要，各地探索、创建了多种不同的农村信息化服务模式，推动了农村信息化服务的多元化发展。从当前全国各地农村信息化服务发展的实践看，主要可以归纳为以下几种模式：

1. 以广播电视网络为载体的农村信息服务模式 广播电视是当前农村影响最广泛、受众最多、最受农民群众欢迎的现代化传媒，也是当前农村最现实、最

有效的信息传播渠道。目前，包括中央电视台七频道在内的中央、省级、地市级、县级电视台大都开辟了专门的农业农村信息服务专栏或者建设了专门的农业农村服务频道，宣传党的农业农村方针、政策，广播实用农业技术、市场信息，传播先进文化娱乐节目，丰富农民精神文化生活等。实践证明，广播电视信息服务对促进社会主义新农村的经济、政治、文化、社会建设和基层党的建设，推进“三农”事业健康发展发挥了十分重要的作用。

2. 以互联网为载体的农村信息服务模式 随着互联网络的迅猛发展，专门为“三农”服务的涉农网站迅速发展，形成了以政府主办的综合信息服务类网站为主导、以企业主办的商务服务类网站为支撑、以各类社会组织和民间资本主办的资讯服务类网站为基础的、多层次、多元化的网站服务体系，使网站服务在农村不断延伸、普及，不少地方如北京、上海等的一些郊区县农村已实现村村有网站、家家能上网。网站服务由于其开放、互动、共享、个性化、多媒体、跨地域、跨时空、动态在线、即时更新、随时访问、高效便捷等特征，突破了传统媒体由于时空间隔而造成的信息传输障碍，为广大农村网民和农业工作者开辟了一个全新的信息服务空间。网站服务覆盖了农牧渔各行各业，产前、产中、产后各个环节，政策、市场、生产、消费、科技各个领域的信息、知识、咨询等服务，已成为当前全面宣传党的政策和传播社会主义先进文化的前沿阵地、动态反映农事农情和新农村建设的重要信息平台、迅速普及农业农村经济社会知识和科学技术的重要渠道、便捷提供农村公共文化服务的有效窗口，对于改变我国广泛分散、规模狭小的农户经济发展状况具有特殊的重要意义。

3. 以移动通信网络为载体的农村信息服务模式 随着我国无线移动通信业务的快速发展，由于其无线连接、广泛覆盖、方便快捷、随时、随地、随身等特点，更适合解决农村信息“最后一公里”问题。因此，以手机为信息终端、以无线网络为载体、以短信为主要内容的农村信息服务模式在农村得到迅速发展，深受农民群众欢迎。2007 年以来我国新增的移动用户中超过 60％为农村用户，其中中国移动以提供短信服务为主的农信通用户超过了2 000多万。各地农业部门根据当地农业农村发展需要，与移动通讯部门紧密合作，开发建设了多种基于无线网络和移动终端，以提供短信和语音服务为主要内容的移动服务平台和网络，有效推动了农村信息化发展。浙江省建设的农民信箱体系，以移动网络和互联网络相结合，以手机和电脑为信息终端，以现有农技推广服务体系和移动通信运营服务体系为支撑，以发送手机短信和邮件信件为主要服务内容，对全省农民和涉农服务人员实行实名制注册和免费使用，把信箱和手机相捆绑，通过手机或电脑任一终端随时发送短信、信件，实现了农产品供求的直接对接、公共信息的及时公开、自然灾害的快速预报、农民咨询的及时答复等服务。目前全省实名制用户已达150万个，几乎覆盖了全部的行政村，每年发送短信和邮件1亿多条（封），真正实现了农村信息进村入户。江苏基于移动网络和手机终端建设了"农村新时空"信息服务平台，以手机短信方式发布政策、生产、市场、价格、产品、科技、劳务等信息，每年为20多万农村手机用户提供短信服务，在江苏洪泽县等地方，农业"短信通"业务已覆盖了全县1/3的农户，成为农民种田"新帮手"。陕西省移动通信部门与省、市、县、乡、村五级农业部门合作，建设了"农信通"综合信息服务平台，通过农业专家组在线咨询，以短信、语音等多种手段发布和定制实用化、实时化、本土化的涉农信息，为农村客户提供方便的一站式服务，全面解决了农村信息"入村入户"的落地问题，目前全省已发展用户200多万，受益农民超过300万。广东省农业部门和移动通信部门共同推进农村"信息化田园"服务工作，打造"村村有基站，人人有邮箱"的信息化环境，以移动通信网络为载体，大力推进信息化和谐田园（通过农信通、村务通、廉信通等信息化手段开展科技、教育、管理、医疗等信息服务，缩小城乡数字鸿沟，提升农村信息化管理和服务水平，促进城乡协调发展）、信息化科技田园（通过农技STK卡、农民培训信箱、动物标识溯源系统等信息化手段推动农业生产科学化管理，为广大农民提供科学生产、科技信息等服务，推动科技兴农）、信息化商贸田园（通过农信供销通、农信"千里眼"、农信"蒲公英"等信息化手段展示农村特色产品和开展农村商贸交易服务，提升农村商贸交易信息化应用水平）、信息化产业田园（通过农企通、农村"掌上门户"、农民"务工通"等信息化手段推动农业企业、专业化合作组织和农民群众的信息交流，形成良性持续发展的信息化产业互动，推动农村产业化经营）等服务。

4. 以"三网"融合为平台的农村信息服务模式 以电话、电脑、电视为信息终端，以现有的电话网络、计算机网络、电视网络为依托，以音频信息、视频信息、数据信息应用平台整合为基础，各地开发、建设了一大批融合电话、电视、电脑功能于一体的农业信息综合应用平台，形成了一种符合农村需要，深受农民欢迎的新型农村信息服务模式，农民只需要通过现有的电话、电视或者电脑3种形式之一，即可实现与综合应用平台的对接联系，获取相关服务信息。这种模式的农村信息服务又细分为多种不同的形式。如农业部在总结各地经验基础上，与各地一起推广建设的"三电合一"服务模式，把电话、电脑、电视应用整合为一个应用平台开展服务，已覆盖全国500多个县市。吉林的12316新农村热线特服号模式、上海12316农科热线服务模式、广西的96118农村致富信息热线模式等，都是由多位专家通过语音系统和互联网络系统，与农民实现远程视频界面的高度可视化互动信息服务。浙江、湖北等地的农技 110 电话语音信息服务系统、广东的 123“三农”信息化语音服务系统等模式，都是以电话热线为纽带，以有线广播、电视、互联网络、卫星系统等多终端设备形式应用为基础的公共信息服务网络平台，农民只要用一部电话就能以最低的成本、最快的速度获取农业科学技术、政策法规、市场行情等方面的信息，深受农民欢迎。

六、农村信息化受益面日益扩大

一是广播电视在农村迅速普及。农村每百户彩色电视机拥有量由 2000 年的 48.7 部上升到 2007 年的 94.4 部，接近翻了一番。全国广播综合人口覆盖率、电视综合人口覆盖率 2007 年上升到 95.4%、96.6%，这主要是广大农村地区广播、电视覆盖范围不断扩大带动的，因为城市广播电视覆盖早已基本普及。二是农村电话用户规模不断扩大。农村固定电话总规模由 2000 年的5 171万户增加到 2007 年的11 686万户，年均增长 12.35%；固定电话人口普及率由 2000 年的 6.4%上升到 2007 年的 15.85%；每百户拥有的固定电话、移动电话分别由 2000 年的 26.38 部、4.32 部上升到 2007 年的 68.36 部、77.84 部，分别增长 2.59 倍、18.02 倍。三是电脑和互联网络应用在农村迅速发展。农村每百户家用电脑拥有量由 2000 年的 0.47 部上升到 2007 年的 3.68 部，年均增长 34.18%。到 2007 年农村网民数量达到5 262万人，较上年增长 127.7%，互联网农村人口普及率达 7.1%，比上一年的 3.1%，翻了一番多。四是农村电子政务开始起步。各级农业部门广泛使用电脑及网络开展农业行政管理工作，沿海发达地区农村和北京、上海等大中城市郊区农村，比较普遍地开始使用移动农信通、计算机网络等进行村务管理、应急管理、生产指导等。

农村信息化内涵丰富，涉及面广，是国民经济和社会信息化的重要方面。虽然目前我国农村信息化与城镇信息化仍有较大差距，城乡“数字鸿沟”仍然明显存在，但随着我国农村信息化的不断发展，信息化已经成为深刻影响农村经济、社会、文化发展的一个重要方面，已经成为社会主义新农村建设的一项重要内容，在农村经发展和社会进步中将发挥越来越重要的作用。

主要参考文献：略

（见《电子政务》杂志，2009 年第 5 期，此稿略有删改）

论我国农业农村信息化发展机制

农业部信息中心主任、研究员郭作玉

（2009 年 10 月）

一、引子

凡事皆需培育或创新一个好的发展机制，机制科学则事物发展顺利，反之难达目的。什么是发展机制？

发展，我同意“百度百科”的说法，即发展是指事物由小到大、由简到繁、由低级到高级、由旧物质到新物质的运动变化过程。事物的发展原因是事物联系的普遍性，事物发展的根源是事物的内部矛盾。物质是运动的，运动是物质的根本属性，向前的、上升的、进步的运动即是发展。

机制，在《现代汉语词典》中，关于“机制”的解释，分 4 层意思：①机器的构造和工作原理；②有机体的构造、功能和相互关系；③指某些自然现象的物理、化学规律；④泛指一个工作系统的组织或部分之间相互作用的过程和方式。

发展机制，先举几例以助理解：

【例 1】汽车为什么能跑起来？因为人类发现了发动机原理，发明和生产出了动力系统、传动系统、承载系统、控制系统等，把各个系统有机地组合起来，构成了一个整体，具备了相当的行为能力。

【例 2】人为什么有生命能劳动？因为源于一定的机理。人拥有生命，在于依靠若干子系统支撑，如指挥、供血、呼吸、消化、泌尿、视力、听力、嗅觉、骨骼等诸多子系统，这些系统复合一起，构成了一个有机体，拥有了相当的行为能力。

【例 3】天空为什么是蔚蓝色的？因为这一自然现象背后有规律在起作用。因为，大气本身是无色的，阳光进入大气时，波长较长的色光，如红光，透射力大，能透过大气射向地面；而波长较短的紫、蓝、青色光，碰到大气分子、冰晶、水滴等时，容易发生散射现象，被散射了的紫、蓝、青色光布满天空，就使天空呈现蔚蓝色了。

【例 4】农业农村信息化为什么能够得到发展？因为，它有一个发展的机制。如有客观的需求，产生了推动力，利益驱动了有关行为主体，行为主体是多元的，有互补性，其行为呈现多种方式，各行为主体及其行为方式构成了一个整体，具备了发展的能力。

由上可知，发展机制就是：①一个事物（机器、人、自然现象、一个工作系统）的运行原理、内部构造、功能及相互关系、相互作用的过程和方式、规律，等；②建立在一种“运行原理”之上，有合理的内部构造，每个构造部分要发挥应有的功能，各构造部分要协同发挥作用，需要整体发挥作用；③核心是解决动力和可持续发展问题，动力来自需求，有持续不断的动力供给才能保持事物不断发展，贵在可持续发展；④是一个事物获得发展的原始基础和最根本的条件。

二、农业农村信息化的原始推动力

农业农村信息化有很多的需求，这些需求就是农业农村信息化发展机制中的动力源，即原始推动力，类似汽车的动力系统。

（一）满足对农产品数量和质量的需求，需要推进信息化

我国有 13 亿人口，民以食为天，需要大量的农产品供给，今天对农产品质量和食品安全又提出了更高的要求，这需要信息、管理、政策、物质、人力、科技等多方面的投入。在各项投入中，都需要信息技术和信息化。如统计、分析、决策、管理，需要利用信息技术及其设备；制定政策，需要调研，需要汇总、分析、计算，需要借鉴国内外经验教训，因此需要信息技术及其设备、信息网络、信息资料；物质投入，包括信息设备硬件及其软件的投入；人力投入，包括提高人员素质方面对信息知识、信息技术、信息设备等掌握与应用成本的投入；科技投入，目前最突出的是生物技术和信息技术的投入。

（二）满足提高市场竞争力的需求，需要推进信息化

今天，国内外农产品市场已是买方市场，竞争十分激烈。农产品的生产、加工、经营、消费都要遵循市场规律，受市场规律这只“看不见的手”拨动。市场规律主要是价值规律、供求规律和竞争规律，目前最值得研究的是竞争规律。为了取得有利竞争地位，就要提高商品或服务的市场竞争力。当前，提高市场竞争力的一个有力武器就是利用信息技术和信息化。首先是获取市场信息，找准对农产品数量和质量的需求、市场空间及可能获得的市场份额，然后是很有效率地去组织生产与贸易。

（三）满足发展现代农业的需求，需要推进信息化

发展现代农业，在生产条件控制、生产技术传播和市场信息传递、动植物疫

病灾害防控、农产品质量安全追溯、农业生产指挥调度等方面都离不开信息技术。必须充分利用计算机、微电子、通讯、光电、遥感等多项现代信息技术装备农业，实现农产品生产、加工、储藏、运输和市场营销等领域和环节的科学化和智能化，实现农业生产管理、经营管理、市场流通、资源环境保护利用和科学技术等方面的信息化，从而达到提升农业产业整体素质，提高农业效益和竞争力的发展目标。

（四）满足建设社会主义新农村的需求，需要推进信息化

新农村建设的目标是：生产发展、生活宽裕、乡风文明、村容整洁、管理民主。要实现这些目标，必须发挥农业农村信息化的重要作用。一要通过信息技术及设施的应用，切实改善农业农村发展条件，提高农业生产经营和农村经济与社会管理效率。二要通过网络渠道提供信息服务，加快政策、科技、市场、气象信息和文化知识向农村的传播，支持亿万农民享用各种信息资源，帮助农民改变传统的生产生活方式。三要建立城乡之间信息传递、共享、互动的平等关系，缩小城乡“数字鸿沟”，促进农村公共事业发展和社会文明程度的提高。

（五）满足转变政府职能的需求，需要推进信息化

农业领域广，时空变化大，生产的稳定性和可控性程度较低，信息需求类型多样，区域差异明显，对政府服务和支持的需求十分迫切。推进现代农业和社会主义新农村建设，政府必须充分利用信息化的手段，以更加灵活多样、更讲究效率的方式进行调控与服务。一是积极推行政务公开，通过广播、电视、通信网络等适用手段，建立快捷、便利的信息渠道，及时发布信息，推进公共服务信息化。二是建立反应灵敏的信息监测系统，及时获取经济运行和社会动态，以有效地进行调控。三是要将现代信息技术及信息服务融于“三农”工作，不断创新管理与服务方法，提高行政管理效率。

三、政府和市场两大层面多元主体共同发挥作用

推进农业农村信息化，从社会实践上看，政府和市场两大层面多元行为主体在共同发挥作用。这种现象，系由现行经济体制所决定。因为今天是市场经济制度，我国的经济资源乃至社会资源已不仅仅是政府所控制，而是分散在政府和各市场主体手中，它们均有力量来做这个事。政府要履行自己的职责，追求和实现经济与社会发展的目标，为此必须采取一定的行动。如中国共产党“十六大”报告提出，“信息化是我国加快实现工业化和现代化的必然选择。”市场行为主体，其生命力就是追求经济利益，哪里可以追求到经济利益就往哪里去。这样，政府和市场虽动机不同，却是在共同做一件事，社会效益是一致的，即协同推进农业农村信息化。

（一）政府层面多元主体发挥的作用

政府层面发挥的作用，是来自多元行为主体的整体行为。这些行为主体，是从中央到地方各级党委、政府部门；财政力量支持的有关事业单位，包括有关新闻单位、信息中心、技术推广部门，以及有关教育、科研系统，等等。

为了解决农产品的供求平衡，不断提高人民群众的生活水平，发展现代农业，建设社会主义新农村，中共中央、国务院高度重视推进农业农村信息化，在理论认识、指导思想、战略部署、政策制定、采取措施等不同层面上都下了很多工夫，发挥了重要作用。

如党的十七大报告指出，我们要全面认识工业化、信息化、城镇化、市场化、国际化深入发展的新形势新任务，深刻把握我国发展面临的新课题新矛盾，更加自觉地走科学发展道路。十七届三中全会提出，要不断促进农业生产经营信息化，推进农业信息服务技术发展。

2005 年以来中共中央连续 5 个 1 号文件都强调要加强农业农村信息化建设。其中 2007 年中共中央 1 号文件，把发展现代农业当作社会主义新农村建设的首要任务，把“农业信息化”当作现代农业的主要标准之一，对加快农业信息化建设作了专题部署。2008 年中共中央 1 号文件提出要积极推进农村信息化并作专题部署。2009 年中央 1 号文件再次提出要“发展农村信息化”。

中共中央办公厅、国务院办公厅 2006 年发布《2006—2020 年信息化发展战略》，提出把缩小城乡数字鸿沟作为统筹城乡经济社会发展的重要内容。

工业和信息化部等部门 2009 年编制的《电子信息产业调整和振兴规划》，提出要提高信息技术服务“三农”水平，加速推进农业和农村信息化。

农业部从 2001 年起发布了 5 个相关文件：2001 年《“十五”农村市场信息服务行动计划》，2006 年《农业部关于进一步加强农业信息化建设的意见》和《“十一五”时期全国农业信息体系建设规划》，2007 年《农业部关于开展全国农村信息化示范工作的通知》和《全国农业和农村信息化建设总体框架》。同时，积极建设“金农工程”、推进“三电合一”信息服务工程和实施“农村信息化示范工程”。

各级地方政府高度重视农业农村信息化，纷纷采取切实行动，把此项事业发展列入了当地经济与社会发展规划之中，不少省（自治区、直辖市）作出了专题规划。不断加大投入，建设了不少信息化项目。信息服务方面有许多创新。

（二）市场层面多元主体发挥的作用

目前，电信企业、IT 企业、信息服务商等企业看好农业农村市场，抢占农业农村市场已成热潮，成为推进农业农村信息化的生力军。这些企业，按性质可分为国有企业、民营企业、混合所有制企业、外资企业等。应该看到，民以食为天，企业赢利是其天职，受利益驱动，它们大搞技术开发、产品研制与应用，在创造了社会效益的前提下获得了自己的经济效益，这个社会效益就是推进了农业农村信息化，就是在推进农业农村信息化方面发挥了重要作用。

如中国移动，2006 年在全国推出“农信通”品牌，提供数十项涉农信息服务，目前用户总数5 000多万。同时，建设了 3 万多个农村信息服务站，布置了 61 万台农村信息机，12582 务工易为农民工提供了近 8 万个工作岗位，农政通为 5 万多农村组织提供了服务。

如上海农业信息有限公司，近年来出色地完成了“上海农产品安全监控信息平台”等国家级信息化项目和上海市重点项目。同时，建设和维护了上海农业网络系统，为郊区农业龙头企业、营销组织、行政村等建网站1 400多个，培训农村信息员1 080名，建农村信息服务站 800 多个；承办了“上海农科热线”系统的运营，全年 365 天 24 小时免费为全国农民提供农业科技、市场信息咨询。

市场主体从事信息化服务针对性更好，创新性更强，方法更灵活。政府与市场主体并驾齐驱，市场主体所起的作用将会越来越大。

四、多种发展模式

推进农业农村信息化，政府和市场发挥着双重作用。政府层面或市场层面都拥有多元行为主体，由于其性质不同，各自的行为模式也就不同，即使同一性质的行为主体，其行为方式也可能有所不同。总的看，目前我国农业农村信息化发展模式可分为三大类型：政府主导型发展模式、企业主导型发展模式、政府＋企业混合型发展模式。每一类型中，又可分为多种具体的行为模式。

（一）政府主导型发展模式

政府层面的行为主体，主要从事优化环境、基础建设和公益性服务。如站在全局的高度，建立组织体系；搭建骨干网，实现“村村通”；发展远程教育；建设政府网站；进行信息分析与发布；制定与发布农业农村信息化发展规划；出台有关政策；牵头组织与推动市场力量发挥作用。在该类型发展模式中，又可分为多种具体的发展模式。如中共中央组织部农村党员干部现代远程教育工程，工业和信息化部“村村通电话工程”，农业部“三电合一”农业综合信息服务平台，商务部新农村商务信息服务工程；省及以下地方也有很多的创造，如浙江农民信箱、河南三门峡“三电一厅”、甘肃金塔模式，等等。

（二）企业主导型发展模式

企业信息化，主要是从事基础建设和商业性信息服务。在该类型发展模式中，可以分为多种具体的发展模式。如农业产业化龙头企业信息化模式、批发市场期货市场信息化模式、合作经济组织信息化模式、农村经纪人信息化模式，企业＋企业信息化合作模式，等等。如农村经纪人信息化模式——中国猪 e 网，目的是为了销售猪药及有关医疗器械，网上特设猪猪报价、猪猪技术、猪猪商城、康大夫诊所等栏目，发展了 18 万规模养猪户会员，开发了信息产品“吉祥三宝”——猪 e 手机报、猪 e 周刊、猪 e 短信。如北京任我在线科技发展有限公司的“农超对接”，探索农业合作社与连锁小超市的农业电子商务服务，支持农产品从农业合作社到社区便民店的电子化流通。

（三）“政府＋企业”混合型模式

即通常所说的“政府搭台，企业唱戏”。如 2009 年 7 月，农业部与中国移动签署共同推进农业农村信息化战略合作框架协议，双方拟在农业产业信息化改造、农业生产经营信息服务、农村信息服务站建设、现代农业示范区信息技术应用、农业生产指挥调度系统建设等 5 方面展开合作，未来 3 年中国移动拟投入 700 亿元用于农村基础通信网络和信息化建设。如宁夏回族自治区新农村信息化的做法，政府投入4 500万元，吸引了 3 亿元民间投入，在信息服务方面引入电子商务公司。如福建省武夷山市，2006 年 5 月由中国扶贫开发协会牵线搭桥与微软公司、北京慧点科技和英特尔公司一起签订了合作建设“数字武夷”新农村信息化项目协议，微软公司支持武夷山市人民币 100 万元的软件产品。

五、可持续发展

作为新技术革命最重要的力量之一，作为新兴的生产力，新中国成立 60 年来信息技术得到了日益广泛的应用，农业农村信息化得到了飞速的发展。

目前，全国各省（自治区、直辖市）、97％的地市、80％以上的县农业部门设置了信息管理与服务机构，50％的乡镇成立了信息服务站，发展了 10 多万人的农村信息员队伍。全国有 7 万多个农业产业化龙头企业、15 万个农村合作组织、近 100 万经营大户以及 200 多万农村经纪人能够定期得到信息服务。农户差不多都拥有了电视、固定电话和手机。农村网民群体在我国网民发展速度中进步较快。遥感、卫星定位、地理信息系统、农业专家系统、农业自动化、互联网络、多媒体等信息技术，在大城市周围、沿海发达地区、大农业集中发展区域的使用越来越多。如在新疆生产建设兵团和黑龙江农垦总局，精准播种、精准灌溉、精准施肥、精准植保、精准田管、精准收获等六大精准技术得到了比较好的应用，收到了良好的效果。近年农业部推广的动物标识及疫病可追溯体系，以二维码耳标识别方式，采用专用移动智能终端，记录各环节的全程信息，为动物疫病防控和食品安全提供了技术保障。农业部使用的“农机跨区作业服务直通车”系统，能对供求信息自动配对、撮合交易。

在总结成就时，必须看到，就国内信息化的发展现状看，与工业、交通、卫生、教育等其他部门相比，与城市信息化相比，农业农村信息化发展仍然严重滞后，地区之间的发展很不平衡，对信息技术应用和信息服务的需求还远远未能满足，与党和政府对农业农村信息化发展的要求相比，与国家信息化发展战略的要求相比，农业农村信息化的发展仍然存在不小的差距。

出现问题和存在差距的原因是多方面的，目前各方对此讨论和给出的“解”多种多样。可以说，从农业农村信息化发展机制上继续创新是非常必要的。下面，仅试谈几点：

（一）从实际出发，不断创新思维和工作思路

目前实践是什么样子，有哪些需求亟待满足，怎样“供给”，有哪些好的做法及经验，怎样推广这些好做法及经验，当前有哪些新技术新方法，国际上发达国家是怎么做的，首先需要总结和研究，需要认识好把握好。孙子兵法讲，知彼知己者百战不殆。农业农村信息化的实践在不断发展，我们的思维、观点和工作思路必须不断跟进，还要展望未来，研究发展趋势，做好必要的理论、战略和措施准备。

（二）政府层面应切实发挥好主导和引导作用

一是进一步搞好顶层设计和环境建设，包括重视理论和战略研究、尽快出台有关法规、制定新政策，当好立法者、管理者、教练员和裁判员，为此需要进一步强化有关职能部门，强化工作条件和手段，制定科学的工作考核指标。二是进一步加大财政投入，不断强化基础设施建设，延伸信息高速公路。三是进一步做好公益性服务，办好政府网站，搞好政务公开、在线办事、网上互动服务，多建设一些公共数据库，做好信息资源共享和知识共享等。四是注意减少一些政府部门直接从事的服务事业，多让企业或市场中介去做，可以通过招投标方式实现服务外包。五是注意扶持一些急需却难以赢利或者微利的市场服务行为，如减免其税负、降低贷款利率等。六是需要政府搭台、企业唱戏才能做成的事情，要尽可能地放手去做。

（三）支持非政府组织发挥好作用

非政府组织（non-government organization，简称 NGO）主要是指“处于政府与私营企业之间的那块制度空间”，是现代社会结构分化的产物，具有组织性、民间性、非营利性、自治性和志愿性。目前，其在世界上尤其市场经济发达国家发展很快，作用重大。我国改革开放以来，涉农非政府组织如学会、研究会、基金会、联盟、行业协会、技术协会、合作经济组织等越来越多，对应用信息技术、推进农业农村信息化已经发挥了良好的作用，今后应进一步发挥好这一块的作用。如列入发展规划内容，政策上、资金上给予支持。

（四）有关企业应进一步在有效满足市场需求方面狠下工夫

目前，农业农村信息化有巨大的市场发展潜力，很多相关企业技术及产品成熟、资金雄厚，亟待寻求和扩大用户市场，关键是怎么有效对接。实现有效对接，不但要摸准需求，还要分清需求的轻重缓急，对于比较急迫的需求也存在有无条件满足的问题，应该注重挑选相对急迫又有条件实现的事情来做。怎样甄别？需要对用户需求作第一手的调研，对满足需求的条件作认真的准备。如一家一户农民与大市场对接所需要的信息，增加收入所需要的信息，信息服务商一定要到农民中间直接调研，精确把握其具体所需，然后下工夫研究办法，花工夫寻找出有用的信息并提供个性化服务。政府公益性信息服务满足的应该是基础性的、一般性的信息需求，市场商业化的信息服务应该是能够满足农民特殊的、直接关系到经济行为结果的信息需求。能够真正帮助农民（或其他用户）产生经济效益的行为，必能得到经济回报。

（五）帮助农民进一步发挥好信息化推动者的作用

农民一方面是农业农村信息化的受益者，通常讲要使其受益，另一方面对这一事业的发展也具有推动作用。首先应多对农民进行宣传和培训，提高思想认识和利用的能力。其次是互动，争取农民多反馈意见和建议。第三，提高农民的购买力。农机补贴是提高农民购买力的一种表现。信息技术及产品利用，接受信息服务，政府也可以考虑给予补贴。农业农村信息化发展好了，劳动生产率提高，农民收入增加，购买力提高，对农业农村信息化发展也会起到推动作用。

（六）重视实行兼顾效率的公益性信息服务

有人说，农民支付能力低，政府应该拿钱支持享受免费的信息服务。出发点肯定好，但是如果完全免费，效果未必理想。因为根据社会消费心理，如果是免费的服务，质量问题就不好挑剔了，如果付了钱则会挑剔。而这种挑剔是信息服务者不断提高服务质量的原动力。免费的信息服务缺乏这种源动力，难以良性发展。再者，如果免费，可操作性也不强。怎么计算需求与供给，政府要拿多少钱才能实现预定目标；由政府埋单，信息服务商可能重点去满足政府而不是去满足农民；对服务数量和质量的测度、评价也难。解决收费与农民消费能力低的矛盾，低资费是个好办法。如内蒙古农信通“三农”指导服务系统的做法，向农民用户收费 2 元/月。如果农民连 2 元都拿不出，可以针对部分贫困地区进行补贴，政府补 1 元、农民自己出 1 元，不购买信息服务者不享受补贴，类似农机补贴。总之应该让使用者出些钱，才是完整的价值链，才能长效运行。广大小规模生产经营的普通农户，是一个庞大的用户群，薄利多销使得低资费也能支撑信息供应体系的正常运转。在此，有必要说明，公益性服务并不只是不收费一种，低于市场价格收费的产品和服务供给也是公益性。2008年中共中央1号文件“在全国推广资费优惠的农业公益性服务电话”的说法，已经权威地说明了这一点。参照国内外经验，纯公益性基本等同于福利性，福利性则讲不起效率，我们要的应该是能够兼顾效率的公益性服务。

（七）不拘一格发展农业农村信息化事业

一县、一乡、一企业比较贴近农户，有利于开展直接的、针对性很强的信息服务，已有很多成功的事例，应认真总结经验和推广，政府对此应给予一定的扶持。现在看，全国范围或省（自治区、直辖市）范围内的信息服务在不少地方也证明可行，叫“平台上移、服务下延”。如中国移动农信通在全国或多省范围内的做法，吉林12316新农村热线、内蒙古农信通“三农”指导服务系统等省（自治区、直辖市）的做法，能够对用户进行有效的信息服务。这是因为，网络时代已经把世界变成了一个平面，在网络里大家是平行的和距离无碍的，加之市场经济体制提供了制度基础，各种要素可在同一空间内优化配置。就组织方式而言，单枪匹马、弱弱相扶、强强联合、不同所有制混合都可以。信息服务也可以考虑引入外资，如商品流通领域引进家乐福、沃尔玛一样。

总之，农业农村信息化发展机制的构建与完善，应与我国的信息化发展战略密切结合起来，与完成“三农”发展的中心任务密切结合起来，围绕解决好动力和可持续发展问题，坚持政府主导和引导、多元力量推动的原则，正确对待与处理好各方关系，调动好各方积极性，形成整体功能与效用，保证合理顺畅发展。该发展机制，不是“一锤定音”或“一蹴而就”的，应不断地调试调适，还应不断地进行创新。譬如汽车，人是发明者、生产者和驾驶员，起操控作用，却代替不了发动机、传动装置、承载装置、轮子和操控系统，人和物一起发挥作用才行，但人可以依据“机制”研究不断地改进它，推动其不断发展，使之越来越好。

（原载：2009年12月，《中国信息界》杂志封面文章）

农业信息技术发展及其对现代农业的影响

中国农业科学院农业信息研究所所长 许世卫

近几年来，随着现代信息技术的迅猛发展，计算机技术、通讯技术向农业产业的渗透日趋明显，农业信息科技出现综合化、集成化、自动化、智能化等特点，农业信息技术与现代农业的结合越来越紧密。用信息技术改造传统农业、装备现代农业，用信息手段提供市场信息服务，用信息服务让农民共享城市文明、缩小城乡差距，是发展现代农业、建设社会主义新农村的重要途径。

一、我国农业信息技术发展历程

农业信息技术的发展是农业科技进步的重要体现，同时也为现代农业建设提供了强大的动力。进入农业发展新阶段后，人们越来越认识到信息化在农业发展中的重要性。随着科学与技术的不断进步，农业信息技术正在和人力资本、土地资源、农业投入品等一样，对农业效率和产业竞争力产生决定性作用。

我国农业信息科技从传统数据收集、情报调研、行情分析等研究内容来看，起步于20世纪50年代，建立了一套信息收集、分析、传播的方法。但以现代信息技术支撑的农业信息科技发展，相对于国外来讲起步较晚。我国于1982年引进第一台计算机开展农业科学研究与计算。在计算机等现代信息技术进入我国农业近30年时间内，我国农业信息科技研究与应用工作已经走过了3个发展阶段。

第一个阶段，是20世纪80年代的艰难起步阶段。这个阶段是现代意义上农业信息学科的初始阶段，进行了诸多计算机技术应用于农业生产与管理的研究实践活动。如开展农业资源信息管理、农业规划和决策分析、农业生产实时处理过程中的科学计算等。到这一阶段末期，全国农业部门拥有微机已超过千台，开发的国家农作物品种资源数据库、县级农业土地资源数据库、农业生产经济统计资源数据和农业科技情报信息库已具有较高水平，有的已接近80年代的国际水平。

第二个阶段，是20世纪90年代的逐步发展阶段。这一阶段，国家计委出台了《“八五”国家应用电子计算机改造传统产业规划要点（草案）》，提出“从现在开始要抓住计算机技术在农业增产增收中的应用”，之后科研人员大力开展农业模拟模型、农业专家系统和农业资源管理研究。在系统工程、信息管理系统、农业遥感、决策支持系统、地理信息系统等技术领域相继开展了研究。在信息资源管理方面建成了包括《中国农林文献数据库》、《中国农业文摘数据库》、《中国农作物种质资源数据库》等在内的农林数据库56个。开发出上千个适合于各类作物的智能化专家系统，研发了一批基于农业专家经验和知识的农业专家系统平台和基于模拟模型的作物栽培模拟优化决策系统，农业遥感信息采集分析技术已广泛用于作物估产、农业资源测量、病虫害及其他农业灾害预测预报和环境检测等方面。

第三个阶段，是21世纪之后的学科成熟与广泛应用阶段。目前农业信息科学对象进一步细化，研究方法逐步成熟，学科理论逐步形成，学科体系逐步明确。在“十五”、“十一五”国家农业信息科技相关研究项目的促进下，全国各科研单位、高等农业院校科技工作者大力开展农业信息科技创新工作，出版了不少理论性专著，解决了农业信息科技领域中的一批关键理论与技术问题。如在农业信息技术方面实现了作物模型、遥感、地理信息系统的有机结合，建立了生猪营养成分利用模拟模型，建立了作物冠部生长和作物根部生长虚拟三维模型，建立了辅助决策数据库和模型库，实现模型库系统和数据库系统的有机结合，实现了远程实时网络视频传输、数据采集、无线传播、实时图像传输、实时交互声音和文字传输功能，构建了软件和硬件一体化的精确农业生产技术平台，从信息采集、信息处理到精确实施等主要环节实现业务化运转。

二、农业信息技术对现代农业影响

发展现代农业，就是要用现代物质条件装备农业，用现代科学技术改造农业，提高农业机械化和信息化水平，转变农业发展方式，提高农业发展质量。尤其是农业信息获取技术、农业信息处理技术和农业信息服务技术等现代信息技术在农业产业中的不断渗透，加快了传统农业向现代农业转变的进程。

（一）实时性、自动化的多源农业信息获取技术，提高了农业信息采集的时效性和准确性

快速准确获取农业生产等早期信息，及时采取应急措施防范农业生产因自然灾害、重大疫情等因素影响产量的大幅波动，是发展现代农业的重点和难点。当前，我国农业信息获取的时滞较长，即时性信息获取不足，尤其突发事件的即时信息获取更为困难，部门之间信息共享障碍仍然存在，迫切需要应用农业信息获取技术提高信息采集的及时性和准确性，为现代农业发展提供基础信息支撑。

随着3S技术、无线传感器、物联网、云计算、Agent模式、Web挖掘等智能化数据采集与挖掘技术的广泛应用，将大幅提升农业生产风险、农产品消费、农产品市场价格、灾后农产品供求等领域的相关数据采集能力，获取数据的时效性、动态性、准确性、针对性增强。农业遥感技术就是通过卫星或飞行器上安装的传感器，对地面上的农作物进行监测分析的一项技术，利用遥感技术可实现气象灾害信息、病虫害信息、环境污染信息、土壤退化信息、产量信息等农情即时信息采集。农业地理信息系统就是对农业地理空间关系进行模拟、对与农业地理空间相关的农业信息进行管理的一种信息系统，通过该系统可以实现对土地资源、森林资源、农业气象条件、农作物生长情况等进行立体的、多角度的、可视化的描述和相关信息的综合开发利用。传感器是一种检测装置，能感受到被测量的信息，并能将检测感受到的信息，按一定规律变换成为电信号或其他所需形式的信息输出。集成应用传感器技术、无线传感器自组织网络技术、GPRS无线传输等技术，构建农田信息无线采集环境，可实现对空气温湿度、土壤温湿度、光照等农田环境因子数据的实时获取、环境因子数量的分布统计。物联网可通过射频识别（RFID）、红外感应器、全球定位系统、激光扫描器等信息传感设备，按约定的协议把任何物品与互联网连接起来，进行信息交换和通讯，以实现智能化识别、定位、跟踪、监控和管理。利用物联网技术可以实现农业小环境的温度、湿度、光照、降雨量等，土壤的有机质含量、温湿度、重金属含量、pH等，以及植物生长特征等信息进行实时获取传输并利用。基于PDA的生产过程信息自动采集技术，可实现农作物播种、施肥、灌溉等农田管理信息的实时采集；基于规则的Web实时抓取技术，可实现农产品市场信息的实时获取；基于XML（可扩展标记语言）的农情信息资源分类映射方法，可实现多源异构信息的自动分类映射和智能融合，解决了大量分布式数据结构不统一、数据字典不规范的问题。

（二）智能化的农业信息处理技术与方法，提升了农业生产管理效率

信息处理技术是指以数据处理技术、模拟模型技术、虚拟现实技术和地理信息系统技术等对农业信息按需求进行处理分析，生成能对指导农业经营和生产的有用信息，为农业发展提供咨询服务和决策支持。

农业领域普遍存在着“数据丰富而知识贫乏”现象，数据不加以整理就难以成为有用信息，信息不加以分析就难以成为知识，而知识不用智慧加以创新应用就难以转化成生产力。数据挖掘技术就是要从大量的、不完全的、模糊的、随机的数据中提取隐含的潜在未知有用的信息和知识的过程，能有效地从浩瀚的数据中深入寻找各种因素的相互联系，发现各种因素及其动态变化与农业生产规律之间的规律与知识，用于指导农业生产经营活动。云计算是一种新兴的共享基础架构的方法，可以将巨大的系统池连接在一起以提供各种 IT 服务。提供资源的网络被称为“云”，“云”中的资源在使用者看来是可以无限扩展的，并且可以随时获取，按需使用，随时扩展。农业信息标准化技术通过制定和推广应用统一的信息分类分级、记录格式及其转换、编码等技术标准，建立采集规范、内容丰富、内涵统一、普遍适用的农产品信息标准，实现不同层次、不同部门信息系统间的信息共享和系统兼容，提高信息的利用效率。虚拟农业技术是利用农业仿真技术，将先进的信息技术和虚拟现实技术应用于复杂的农业生产、管理、规划、资源配置、商品流通等各个领域中，对农业各个环节的研究对象进行模拟、仿真和再现，实现研究对象与环境的交互和可视化。在虚拟环境下开展农业研究，大大降低实验成本，缩短研究周期，直接得到可视化的过程和定量的实验结果。

（三）多模式农业信息服务技术，实现基层信息个性化、协同式精准服务

在现代农业建设中的诸多工作中，信息服务已经成为现代农业与农村经济发展的重要内容，影响着现代农业建设的效率，左右着现代农业建设的进程。尤其作物品种优化布局辅助决策技术、个性化推送服务技术、多源信息协同服务技术、普适性农业信息嵌入式服务技术、农业市场信息可定制服务技术等农业信息精准服务技术的应用，对加快传统农业向农业转变具有重要意义。

针对农作物品种优化布局决策手段落后、灵活性不足等问题，通过采用作物品种优化布局辅助决策技术，研制具有灵活建模功能的农业生产优化布局组件，开发作物品种优化布局辅助决策计算机网络系统，将为农业管理决策提供易用、可定制的智能化辅助决策工具，为区域农作物布局优化决策提供了重要的辅助手段。个性化推送服务技术，是专门针对目前我国农业信息服务个性化不强和精准性不足的问题，通过建立基于向量空间模型的农业用户个性化需求偏好模型，建立基于网络、短信息、可寻址广播的个性化信息推送服务模式。针对农业海量信息整合困难、服务功能无法协同的难题，多源信息协同服务技术通过创建数据字典与元数据映射技术方法，实现农业信息底层融合。普适性工具的嵌入式服务技术，是为适应基层信息服务工具对便捷性、可移动性、低成本性的实际需要，研发出农业生产知识文本语音转换装置、基于 GPS 和嵌入式技术的移动服务终端、互动式农业知识服务系统等技术产品，实现了农业生产信息深度分析、知识互动等服务。农业市场信息可定制服务的技术，是专门针对农产品市场信息服务不及时、不到位等问题，集成农产品市场信息和知识异构数据，研发农业新品种、良种电子商务交易平台，农产品价格信息发布预测系统、食物安全信息共享与公共管理系统（CFS），满足我国不同区域、不同用户的信息需求。通过采用普适终端自助型、专家坐席互动型信息服务模式，为农业生产、经营与流通管理提供精确指导。

三、农业信息技术引领现代农业发展展望

信息技术作为当代最活跃的技术领域，正在对现代农业进程发挥着深刻的影响。加快农业信息化建设，充分利用信息技术改造传统农业，对农业生产的各种要素实行数字化设计、智能化控制、精准化运行、科学化管理，是加快转变农业发展方式、实现农业现代化的必然选择。伴随着信息技术的快速发展和现代农业建设对农业信息技术需求的增加，未来呈现以下几大趋势：

（一）信息智能获取技术的应用将提升现代农业的安全保障水平

农业信息获取是信息科技应用于农业产业的基础条件。农业信息获取存在着范围广、数量多、周期长、稳定性差、系统性差、可控性差等问题。农业信息技术的发展提高了农业信息的采集能力和力度，我国农业信息数据获取已经实现了由“传统静态”到“智能动态”的转变，自动获取、智能搜索等方法已经在当前的数据采集中广泛应用，对监测对象实现了智能化监控，农业信息获取与信息资源的开发快速增长。通过各种技术手段采集的农业生产、农业气象、农业资源环境、农产品市场、农作物生长等不同类型的农业信息，形成了呈几何级增长的海量农业信息数据，在这些基础上通过数据库技术构建了各种庞大的农业信息数据库。

现代农业的安全保障，需要通过分析影响农产品综合生产能力的诸多因素，提早提出预警并采取各项应对措施，减少产量损失，从而大幅度提升农产品综合生产能力。当前，我国农业信息获取的时滞较长，即时性信息获取不足，尤其突发事件的即时信息获取更为困难，部门之间信息共享障碍仍然存在。随着遥感监测、无线传感、GPS、RS、Agent 模式、Web 挖掘等智能化数据采集与挖掘技术的广泛应用，将大幅提升农业生产风险、农产品消费、农产品市场价格、灾后农产品供求等领域的相关数据采集能力。利用遥感技术实现气象灾害信息、病虫害信息、环境污染信息、土壤退化信息、产量信息等农情即时信息采集；利用网络自动抓取技术实现海量农业信息的智能采集、自动分类标引处理、信息资源整合及信息检索利用等服务功能；利用射频识别、红外感应器、激光扫描器、全球定位系统等技术实现信息智能化识别、跟踪、定位、监控和管理。

（二）大型复杂系统的开发应用将提升现代农业的生产管理决策水平

农业信息系统的开发应用经历了由单项功能到复合功能、由单机环境到网络环境、由单个系统到组件集成、由繁琐操作到简便易行的发展阶段。将专家群体、统计信息、经济理论及研究方法和计算机技术有机地结合起来，集成人工智

能、多媒体、数据仓库和网络通信等信息技术，通过技术的集成形成综合管理信息系统成为当前发展的主流。

20世纪90年代以来，国家“金农”工程、国家科技支撑计划“农产品数量安全智能分析与预警关键技术支撑系统及示范”等一系列重大科学工程和科研项目，通过协作研究和示范，将农业预警系统覆盖到农业的各个应用领域。食物生产、食物安全、市场流通、疫病监控等生产和管理工作中的预警系统近年来不断出现，并在生产实践中得到应用。

农业智能分析预警系统是应用智能化技术代替传统方法，将大量的复杂事件的信息经过智能化的研判系统，自动形成分析和预警结果，是一种快捷、准确、有效地进行信息分析和预警系统。近10年来，农业分析预警系统的开发应用取得了一些进展，预警系统本身表现为由单项功能到复合功能、由单机环境到网络环境、由单个系统到组件集成、由繁琐操作到简便易行。今后，农业生产、消费、管理可能会变得越来越复杂，需要集成各类专业性预警系统开展综合性分析，从而必将促成新一代大型复杂农业智能分析预警系统的问世，以满足未来农业智能分析预警的需求。如农产品数量安全智能分析预警系统将开发集农产品生产、农产品消费、农产品市场价格等融为一体的综合性智能分析预警系统。

（三）农业信息智能服务技术的突破将提升现代农业的发展质量与效益

农业信息智能服务是我国农业信息化的核心内容和重要任务。目前进行这种服务的条件已初步具备，一是信息网络扩大，二是多种智能化系统研究完成。中国目前超过98%的乡镇实现了宽带连接、电话村村通的比重达到了99.6%，广播电视基本实现了全覆盖，手机用户超过8亿，即时通信用户规模达到3.04亿。以“建立信息应用系统，构筑农业信息网络，造就信息服务队伍”为目标的“金农工程”，提出依托国家传送基干网和电信业务网、广播电视网、计算机信息网，初步形成了从中央到地方、覆盖面比较广泛的农业信息网络。具有监测分析功能的应用系统不断出现，如食品安全监测预警系统，市场分析与监测系统，作物分析与预警系统已投入使用，农业政策支持、粮食安全与食物保障预警、食物安全信息共享与公共管理、农产品质量安全动态信息监测、城市流通蔬菜污染监测等工作的服务水平大幅度提高。

农业信息智能服务技术是在农业信息技术的基础上，紧密围绕提高农业综合生产能力、抗风险能力和市场竞争能力，助推现代农业科学化发展和兼顾高产、优质、高效、生态、安全农业综合目标的有效技术系统，是针对农业生产经营的不同对象、不同需要，为提供个性化、精准化、智能化服务而采取的有效技术。

通过农业信息智能服务，可以科学指导农业生产、管理和经营，帮助农民快速、准确、全面地了解复杂多变的国内外市场，指导农民进行生产经营决策，避免生产的盲目性、盲从性；可以借助集约化、机械化等手段，简化管理程序、降低劳动强度、提高劳动效率，减少农业用工数量，提高农业生产的自动化水平，从而相对解决劳动力成本上升问题；可以通过风险分析，进行早期发现、早期预警、早期干预，防止生产消费的大起大落，从而相对保障农业生产的稳定性；可以通过点对点的个性化服务，有针对性地迅速普及农业科技知识、及时传输农业市场信息，有利于提高农民素质和培养新型农民，增加农业产业科技含量和附加值，促进农业增效和农民增收，从而相对提高农业比较效益；可以通过指导产业规划、教育培训，整合农业资源，推进“田间”管理数字化，实现精准灌溉、施肥和用药，从而相对缓解农业可持续性挑战。

参考文献（略）

附录

中国农村信息服务案例调研报告[①]

农业部信息中心与联合国粮农组织 2009—2010 年

《中国农村信息服务案例研究》合作课题

一、研究背景

信息化是加快实现我国工业化、城镇化、市场化和国际化的必然选择。因为我国已经逐步确立了市场经济体制，主要依靠市场配置资源，决策主体实现了多元化，人们对信息化的需求逐渐增多。农村信息服务是我国推进农业农村信息化的主要内容之一，是一项急迫而十分重要的任务。自 20 世纪 90 年代末期以来，我国农产品由短缺转为供求基本平衡、丰年有余，并逐渐出现买难卖难现象，市场约束越来越明显，时时处处需要市场信息导向，市场信息服务越来越重要了。再就是中国已经加入了 WTO，面对国际市场竞争，各个层次和各个决策主体都需要掌握国际市场信息。

随着我国改革开放的深入，信息技术的巨大进步与普及应用，我国农民的市场主体地位逐步确立，其信息需求日益强烈，多元化信息服务主体与多种农村信息服务模式应运而生，实践的发展，需要我们对已有的农村信息服务方式方法进行总结，对确实有效的农村信息服务模式加以推广。所以，2003 年和 2009 年，联合国粮农组织（FAO）与中国农业部信息中心合作，开展了两轮中国农村信息服务案例研究。2003 年以浙江省缙云县、兰溪市，安徽省舒城县、芜湖县，宁夏回族自治区吴忠市利通区，吉林省扶余县 4 省（自治区）的 6 个县市为案例，对中国农村信息服务开展了专题研究。2009 年 5 月始，在原来6个县市的基础上，新增云南省玉溪市红塔区、重庆市南川区两个案例，启动了新一轮的调查研究。

二、调研对象基本情况

首先，从区位、经济和人口结构看。浙江省处于东部地区，经济发达；安徽

① 本文选编自农业部信息中心与联合国粮农组织《中国农村信息服务案例研究》合作课题

省处于中部地区、吉林省处于东北地区，经济条件居中；云南省、重庆市地处西南、宁夏地处西北，均属于欠发达地区。从人口结构看，调研县市农业人口比重较大，除利通区农业人口比重为53%外，其他县市都在80%以上。因此8个调研县区具有较强的农村信息服务案例代表性。

第二，从农民受教育水平看。只有兰溪、芜湖农民相对较高，分别有73.6%和57.1%的受访农民是高中或中专以上学历，其他6个地区50%以上的农民都是初中及以下水平。这种受教育程度结构说明农村信息服务工作的开展是有一定难度的。

第三，从农户拥有的信息设备情况看。电视机仍是农村普及率最高的信息设备，除南川区、扶余县拥有率为80%、85%以外，其他地区都在95%以上；多数地区电话机拥有率在60%以上；手机拥有率大幅提高，跟2003年相比，舒城从30%提高到90%，缙云从3%提高到58%；计算机拥有率有所提高，但水平仍很低，2003年调研时，最高的兰溪市只有0.5%。目前，缙云、芜湖两县分别达到6%和8%。农村信息化基础设施的改善以及信息设备普及率的提高都为更好地开展信息服务工作打下了坚实的物质基础。

第四，从农民获取信息渠道看。调研结果表明，在农户常用的几种信息获取渠道中，手机短信的使用频率仅次于电视和报纸杂志，高于固定电话和互联网。与2003年相比，利通、缙云、芜湖地区利用手机短信获取信息的农户比重分别提高61.4百分点、53.6百分点和40个百分点。此外，农村居民使用互联网的人数也大大增加，不少地方甚至超过热线电话或语音电话使用率。扶余、南川等网络基础条件较差的地区电话的使用率则超过互联网使用频度。

三、农村信息服务模式

（一）信息服务站模式

形成条件：信息中心和信息服务站是依托政府行政部门设立的专门机构，拥有一定的农业科技人才资源，专职从事农村信息服务；当地政府部门重视并积极推动，能够整合多部门资源，在政策环境、办公场所条件、资金投入等方面给予支持和优惠；所在区域的村或农户对某一种或某一类农产品生产有一定规模，对信息有较强需求。

运行主体：依托县农业等部门成立县级信息服务中心，乡镇成立专门的信息服务机构，或依托涉农机构成立乡镇级信息服务站；在对信息有较强需求的村，依托村委会、“种养加销”大户、涉农企业、团体组织成立村级信息服务点，建立较为完善的县、乡镇、村三级信息服务组织。目前已发展成由农业部门为主，扩大到农业、林业、农机、畜牧水产、气象、电信、民政、司法等部门共同建设的局面。

服务对象和内容：主要服务对象是服务站所在地区的农民、专业协会以及农业企业。服务内容由原来以农业科技、市场信息服务为主，拓展到政策、气象、农村社会、文化信息服务，以及农业补贴、民政、计划生育、民事纠纷处理等便民服务。例如，舒城县各乡镇利用自己的信息点，按月或季度公布所属村级事务和财务收支情况，既方便农村居民通过网络了解村务动态，也方便接受群众监督。

服务方式和手段：与2003年相比，目前的信息服务方式和手段更加现代化，除了延续原有的服务方式和手段外，更加注重利用互联网、手机短信等现代传播手段提供信息服务。

信息流程：信息服务机构主要向农民或企业提供信息咨询服务，信息内容涉及有关农产品的生产技术、市场情况、产品供求、政策等公共信息。一些服务机构还向农户或企业提供技术培训、网上信息查询与发布等服务。农户或企业可直接向各级服务站反馈信息需求。

运行机制：政府负责信息服务站的基础设施建设，一般免费为服务站提供电脑、打印机、电话等服务设备；县级和乡镇信息服务站的日常运行经费一般由财政供给或挂靠单位供给，村级服务站日常运行经费由村委会、"种养加销"大户、涉农企业、团体组织自行解决。

服务模式推广：信息服务站模式是农业部在2001年发起并要求各地推广的模式[①]，因此在各地政府的推动下，服务站模式在我国各地得到较好的推广。特别是随着科技部在农村实施"科技进村入户"工程，工业和信息化部实施"村村通"工程，中共中央组织部实施"农村党员干部现代远程教育"工程，以及商务部实施"新农村商务信息服务"工程等，信息服务站的服务设施水平得到不断提高，其模式也得到不断的推广和变化。截至2009年12月，100%的省级农业部门设立了开展信息工作的职能机构，97%的地（市）级农业部门、80%以上的县级农业部门都设有信息化管理和服务机构，70%的乡镇成立信息服务站，村级各类农村信息服务站总计逾100万个。（引自中华人民共和国农业部《2009中国农业农村信息化发展报告》）

（二）农民之家模式

形成条件：在市（县）、乡镇有集中的农资销售场所，而且是本区域农民购买农资的主要场所。本地政府对农民之家给予适当的政策和资金支持。如提供农技专家坐堂服务、提供宣传材料。经济条件好的地区可免费提供触摸屏、远程诊

① 农业部2001制定的《"十五"农村市场信息服务行动计划》中明确指出要"积极推进省、地（市）、县信息平台和乡镇信息服务站建设"

断系统、电话等服务设备。

运行主体：农民之家是由农业部门牵头，林业、水利、科技、教育等部门合办，农资经销商是乡（镇）农民之家的运行主体，设立固定的服务场所，在销售农业生产资料的同时传授农业生产技术知识。

服务对象和内容：农民之家的服务对象主要是创办地区内、外的所有农民、专业协会、农业企业等。农民之家主要提供信息咨询服务和农用生产资料销售服务，一些乡镇农民之家还以当地特色产业为主导，开展产前、产中和产后等一系列信息与技术服务，有些地方如宁夏利通区扁担沟镇建立便民服务中心，设置国土、农机、农技、农经、民政、林业、水务、计生、咨询、法律等10个方面的服务窗口，既提供信息咨询服务又提供办事服务。

服务方式和手段：免费发放一些技术资料，提供专家坐堂、热线电话咨询和技术培训等服务。其中提供坐堂（商店式）服务仍是主要服务方式和手段，销售人员或农业专家现场宣传农业信息和解答农户的问题。近年来，更多的农民之家通过互联网、触摸屏、远程诊断系统、电话等现代信息服务设备从事服务。

信息流程：农民之家通过农技专家、销售员，利用宣传材料、网络查询与发布形式向农户提供咨询服务，也提供农业生产技术培训服务。农民通过农民之家反馈信息需求，农资销售员对反馈信息进行整理后给予解答或向相关政府部门反映。

运行机制：政府负责向农民之家提供专家坐堂服务、提供信息宣传材料，免费提供电脑、触摸屏、远程诊断系统、电话等信息服务设备，经济条件较好的地区可对场所租金进行适当的补贴，日常运维经费由生产资料经销商自行承担，政府牵头整合涉农部门的人力资源，建立规章制度，明确服务主体责任，提高服务效果。

服务模式推广：农民之家服务模式的“敞开式、集农技咨询、农技推广、信息服务、经营功能于一体的农技服务场所”做法，在浙江省兰溪市最为典型。近年来，各地结合实际，在推广深度和内容上进行了适当的拓展。如云南红塔地区以“农业信息网络系统＋专家咨询服务＋农资超市服务平台”做法，建设乡镇农民之家服务模式；江西瑞昌市通过“村委会出地、供销社搭台、经营户唱戏”构筑村级农民之家服务模式；河南洛阳市依托农资连锁经营企业，开展网上服务、专家网上坐诊、现场技术指导、发布信息公告等服务。

（三）协会－合作组织模式

形成条件：协会和合作经济组织的会员生产达到一定规模，协会和合作经济组织能够为会员提供产前、产中和产后一条龙服务，并能够获取一定的经济效益；协会和合作经济组织有提高会员生产技术水平和了解市场信息的需求；政府对协会和合作经济组织在设备、信息资源和政策上给予支持。

服务主体：农民专业协会和农民合作经济组织在为会员提供统一生产资料购买和农产品销售的基础上，为了提高会员的生产技术水平和增加会员收入，为会员提供某类农产品的产前、产中和产后销售的信息服务。

服务对象和内容：协会主要向成员提供信息服务，有的还义务向周围农户提供信息服务。服务内容更侧重于提高会员的生产技术水平和帮助会员增收，因此服务覆盖到会员生产的产前、产中和产后，包括主要会员农户所生产的某类农产品的技术和市场信息等方面的咨询服务，组织统一购买生产资料、销售产品，一些协会还增加了帮助会员办理贷款等金融业务的服务内容。

服务方式及手段：与2003年相比，更加普遍采用互联网、手机等新的服务方式及手段。

运行机制：在经济条件比较好的地区，政府可免费向协会和合作经济组织提供电脑、电话等信息服务设备，协会和合作经济组织建立专门的机构或指定专人从事信息服务。信息服务的日常运行经费由协会和合作经济组织自行解决。由于农民合作经济组织是独立法人，有一定的经营收入，信息服务的资金更多地依赖组织的经营收入。

信息流程：协会和合作经济组织从当地政府部门、网络、杂志等获取有关政策、技术和市场公共信息，并对信息进行筛选、分析形成本会员所需的服务信息。协会和合作经济组织可邀请农技专家对会员进行技术培训，会员可直接向协会和合作经济组织反馈所需信息。

服务模式推广：由于协会和合作组织有提高会员生产技术和增加收入的责任，而且农村合作经济组织是法人，可以开展经营活动，有一定的经济收入，信息服务的运行经费有保障，因此协会和合作经济组织有向会员提供信息服务和技术培训的动力，该模式具有较强的可持续发展能力。吉林扶余县信息协会现已发展食用菌等18个专业分会和基地，比2003年增加了10个，协会会员由1 300多户增到3 000多户。山东东营“百姓科技”模式是以信息协会为龙头、以“百姓科技使者”为支撑、以农民为主体的信息服务模式，目前延伸到山东6个地市20多个县，发展会员5万多户①。

(四)“政府+企业”模式

形成条件：政府+企业模式是随着我国现代农业发展的推进、农户对信息需求逐渐增强的情况下出现的。一方面，面对农业农村农民巨大的信息需求以及所需信息的差异性、复杂性，政府不可能包揽所有的信息资源开发和信息服务。另

① 引自中华人民共和国农业部《2009中国农业农村信息化发展报告》

一方面，企业具有网络设备、信息通道、信息资源和技术人才等优势，但缺乏组织体系、信息资源和农业技术人才方面的实力，而两者联合起来以后，能够充分发挥各自优势，在提高服务质量的同时获取一定的经济效益，实现可持续发展。它是对政府主导信息服务的有益补充，是在市场经济条件下农村信息服务模式的创新，已经显现出很强的生命力。

运行主体：政府和企业联合主办，发挥各自资源优势，政府提供一部分启动资金、农业专家资源、信息资源、政策补贴，组织服务队伍，企业投入渠道建设、运维资金，网络通信设备、基础设施条件、资费优惠支持，组建企业性质的或市场化运作的信息服务机构。

服务对象和内容：服务对象是掌握现代通讯手段的农户、“种养加销”大户、涉农企业经营者、经纪人和协会合作组织、中介机构的领办者。主要提供交互信息咨询、手机短信服务等所有涉农领域信息内容服务。

服务方式及手段：主要手段是现代化的通讯网络、视频设备，热线电话、手机短信、视频节目以及纸介质信息资料等。

运行机制：政府依托行政资源、信息资源和人才优势，提供优惠政策、信息资源；企业依托自身网络设备、信息通道、信息资源和技术人才等方面的有利条件，提供信息服务设备，有的专业信息公司负责信息资源的开发，提供针对性强的实用信息。其中公共信息为免费，专业性很强的信息为有偿服务，所获资金收益一部分作为运维费用，实现可持续发展。

信息流程：政府与企业组成的信息服务机构直接向农户提供公共服务信息和专业服务信息，农户直接向服务机构反馈信息需求。

服务模式推广：中国移动、中国联通、中国电信等电信运营商成功打造了各自的农村信息服务平台。中国移动的“农信通”平台服务在全国 27 个省（自治区、直辖市）进行了推广。中国联通“农业新时空”服务覆盖了全国 26 个省（自治区、直辖市），在多个省（自治区、直辖市）合作运行的 12316 热线取得很好的应用效果并逐步在全国范围进行推广。中国电信推出的“信息田园”综合信息服务平台整合了来自政府各个部门、涉农企业和农业合作组织等各类信息资源，基于电话、短信、互联网、IPTV、乡镇号簿等各种信息通信手段，为广大农村用户提供了包括政策、科技、市场行情、产业指导、务工信息、医疗教育等多种服务；截至 2008 年 9 月，中国电信已在全国建成信息化示范镇 1 400 余个，宽带互联网已覆盖 93%的乡镇和 52%的行政村①。除了三大电信运营商，其他一

① 引自中华人民共和国农业部《2009 中国农业农村信息化发展报告》

些IT企业和信息服务企业也积极与各级政府开展合作。如福建省武夷山市，2006年5月与微软公司、北京慧点科技和英特尔公司签订了合作建设“数字武夷”协议，开展农村信息服务；内蒙古海芯公司与内蒙古农牧业厅、内蒙古移动公司合作开展基于手机的农村信息服务等。

四、农村信息服务的成效

（一）促进农民增收

1. 促进农产品销售，增加农民收入　信息服务机构收集了政策、科技和市场信息，为农民提供种养和市场行情信息；利用互联网发布农产品供求信息，为广大农民解决销售难问题。在农产品销售旺季，积极开展农产品网上销售，引导农民运用现代营销手段，搞活农产品流通，有效地解决了农产品难卖、贱卖问题。如云南研和镇的白蘑菇、石头番茄，李棋镇的草莓及山区的秋冬萝卜等在农业网站上发布以后，省内外客商了解到了供求情况，来电来函进行业务洽谈，增加了订单，拓宽了农产品的销售渠道，增加了农民收入。除了通过互联网销售农产品外，信息服务机构还通过各种渠道帮助农民寻找到致富门路，促进农产品销售，增加农民收入。如浙江兰溪市农业部门通过加大农业信息服务，帮助柏社乡下蒋坞村对该村杨梅无公害生产规程、商品包装和品牌申报等方面进行指导，杨梅价格比其他地区高出1倍多，全村杨梅年增收80万元以上。

2. 帮助农民采用新技术、新品种，增加农民收入　信息服务机构通过对农民提供技术培训和指导，帮助农民采用新技术、新品种，进行科学生产，提高产品质量，促进农民增收。如浙江兰溪市农业部门通过技术指导对枇杷进行品种改良，实行蔬果套袋，品质大幅提升，一只枇杷卖到2元钱，人均收入达到1.2万元。

（二）促进农业生产发展

1. 促进农业结构调整　信息服务机构结合本地农业生产条件，把适宜在本地区生产的新品种、新技术，以及新农资信息及时提供给农民，引导农民调整产业结构。如浙江兰溪市近几年来共引进新品种新技术170余项，供应良种20多万千克，农药化肥500余吨，畜禽鱼类饲料370吨，为兰溪农业产业结构调整起到了积极作用。安徽芜湖县通过信息服务，帮助农民从种植水稻逐步向经营农副产品转变，目前从事农副产品生产的农户所占比重已经越来越大。此外，服务机构还通过培育和发展壮大本地优势、特色产业，引导农业产业化开发由内向型向外向型和出口创汇型农业发展，使农业结构调整向科学化、合理化、高效益方向发展。

2. 促进农业生产力水平提高　信息服务机构通过印发宣传资料，开展科技下乡、现场咨询、技术培训等形式指导农户生产，推广农业生产技术，引进先进技术成果，促进了新技术、新品种、新设备、新成果的推广应用，提高当地农业生产力水平。如扁担沟镇黄沙窝村奶牛合作社通过推广流动挤奶车，解决了合作社 269 户散户的挤奶难题，奶源质量得到了保证，合作社奶源质量整体提升。

（三）促进村务公开，提高农民社会事务参与程度

信息服务机构利用自己的信息平台，按月或季度公布村级事务或财务收支情况。同时村级服务点通过在村组设立信息发布栏，组织群众召开信息发布会，开通热线电话和利用村大喇叭等多种简便快捷的方式把信息送到群众中去，提高信息服务的时效性和入户率。既方便村民了解村务动态，促进村务公开，也方便接受群众监督，促进了农民参与社会事务的程度。

（四）提高农民信息意识，促进农村经济发展

经过几年来农村信息服务的开展，农民对信息的重要性逐步有了深刻认识，在生产经营过程中对科技信息、市场信息更加关注，上门寻找新品种、新技术的农民增多。无论是农民还是加工企业都能主动利用“农民信箱”发布销售和求购信息，遇到生产技术难题，也会首先想到信息服务机构。信息的方便使用让农民尝到了甜头，由过去的“送信息”转变成现在的“要信息”。如浙江农民之家每年举办十几次农技培训，每次培训都有几百人听课，几小时的课都会注意听，培训后大家还会相互交流，使得农技推广工作开展的效果更好。

五、农村信息服务发展的制约因素

（一）信息需求方面

1. 农民整体素质不够高，利用信息的能力不够强 目前在农村从事农业生产的多为老人、妇女，年龄偏大，文化素质较低，思想观念比较陈旧，小富即安的小农意识较为普遍。不少农民就生产谈生产，对新形势下信息的重要作用认识不足，获取信息、交换信息的能力比较弱。另外，农民固守传统思维模式，凭借个人经验从事农业生产，不适应信息技术、农业种养新技术迅速发展的形势，获取、甄别信息的能力较弱。

2. 农民的生产规模小，信息需求不旺 目前我国农民生产经营规模较小，对于单个农民而言，信息对其农业生产收益贡献率相对不太明显，同时新技术以及市场的不确定性带来的风险相对较大，农民人均收入不够高、抵御风险的能力不够强。因此，农民一般采取稳中求发展的态度，在一定程度上抑制了农户对信息需求的迫切性。

（二）信息供给方面

1. 信息资源不足，信息质量不高 突出表现在市场类信息资源缺乏。目前

各级信息服务机构有农业技术推广的经验和人才，但缺乏市场信息的获取渠道和采集、开发能力，很难收集到全面、准确、时效性强的信息。目前信息服务机构市场信息主要自行通过网络进行采集，由于经费问题不能派出相关的考察人员进行实地调研，无法验证信息的真实性和有效性，对未来趋势预测的准确性还不够，引导农民进行生产决策的作用有限。

2. 农业信息服务人才缺乏 首先，从人员数量上看，目前各级信息服务机构大部分是挂靠在相关机构，信息员大都是兼职的，真正从事专业信息服务的人员数量很少。其次，从人员知识更新看，随着农村种养品种的多样化以及市场供需形势的快速变化，需要及时为农民提供最新的种养技术和市场信息，而现有多数技术人员知识陈旧、过时，难以适应市场需求。第三，从人员知识结构上，农业信息服务不仅要熟悉农业市场经济运行规律和农业专业知识，还需精通信息的采集、处理、发布等网络操作。目前，这类复合型人才十分匮乏，尤其是乡镇、村更为明显，存在年轻人电脑操作比较熟练但农业专业知识比较欠缺，而中年人对农业生产及农产品市场价格规律有较多经验但却不会操作和使用电脑的问题。

（三）信息渠道方面

1. 农村网络化水平比较低，信息渠道比较传统 与2003年相比，农民经济条件普遍提高，更多农民有能力购买手机、电话、电视和电脑。但目前农村的网络化水平仍然比较低，农民电脑拥有率不高，支付网络服务费用还有一定的困难，因此农民利用网络获取信息的程度还比较低，大部分地区的农民主要依靠电视、广播、信息宣传栏等传统渠道获取信息，处于被动接受而不是主动获取的阶段。而信息服务机构是在越来越多地利用互联网作为信息服务的主要工具。

2. 信息传输渠道不够畅通，影响信息时效性 随着信息技术迅速发展，过去配置的设备已明显落后，跟不上发展的需要。特别对于信息服务站，由于其主要依靠政府资金投入开展信息服务，但一些乡镇、村信息服务站缺乏经费，无法通过网络采集和发布信息，还是主要通过逐级传达、开会等获取信息，然后通过广播、信息宣传栏等传统方式发布信息，由于传播渠道不完善，农民得到信息的时效性有限，特别是市场信息较难起到应有的效果。

（四）机制体制方面

1. 建设管理体制不够健全 农村信息化建设管理体制还不健全，缺乏宏观的规划和组织协调，“一个媳妇多个婆”，成为制约农村信息服务发展的因素。体制上的重复交叉产生了诸多弊端，严重地制约了信息流及其他生产要素的合理流动和最佳配置。在这种情况下，如果政府拿出资金搞信息化建设，会出现部门争资金、争项目，最终又产生了重复建设问题。

2. 财政资金投入不足 农村信息服务总体上还是以政府为主体、资金主要靠政府筹措，财政资金投入不足是制约信息服务发展的主要因素。调查发现，在开展信息服务地区，当地政府一般是利用国家有关农村信息化工程进行信息服务体系建设。由于信息化工程往往是上级部门一次性配备硬件设施，没有后续投入，也没有工程的运维费用，从而形成一些信息服务机构的信息服务设施老化，无法及时得到更新和维护，致使一些信息服务站点无法正常运行。特别是对于一些没有集体经济收入的村级信息服务点，虽然有电脑、打印机等服务设施，但由于无法支付日常的上网费，不能有效开展服务，无法保障各级信息服务机构正常运转。

六、推动农村信息服务发展的关键因素

（一）发挥政府的主导、引导和扶持作用

农业在我国有着十分特殊的重要地位，13 亿人口的吃饭问题关系到经济发展的环境和社会的稳定。而发展农业农村经济，做好信息服务是非常关键的事业。调查发现，政府的认识、重视和支持，发挥好主导和引导作用，是搞好农村信息服务工作的重要基础。一是要进一步搞好顶层设计和环境建设，包括重视理论和战略研究、尽快出台有关法规、制定新政策，当好立法者、管理者、教练员和裁判员；二是进一步加大财政投入，不断强化基础设施建设，延伸信息高速公路；三是进一步做好公益性服务，办好政府网站，搞好政务公开、在线办事、网上互动服务，多建设一些公共数据库，做好信息资源共享和知识共享等；四是减少一些政府部门直接从事服务事业，多让企业去做，可以通过招投标方式实现服务外包；五是注意扶持一些急需却难以赢利或者微利的市场服务行为，如减免其税负、降低贷款利率等；六是需要政府搭台、企业唱戏才能做成的事情，要尽可能地放手去做。除了加大财政支持以外，政府应出台有关政策，减免或优惠农业系统网络通道费用、乡村信息服务组织和农民的通信网络费；对农业信息的发布、传播，有关媒体多提供无偿或优惠支持；对从事农业信息服务的实体给予符合 WTO 政策的补贴和税收方面的优惠。

（二）发展三种类型的信息服务

目前我国农村信息服务大体上共有 3 种类型：第一种是财政支持的公益性信息服务，如服务站模式和农民之家模式，政府应不断加大财政投入，保证农民能够获得基本的信息服务。如宏观的政策信息、市场分析预测信息、农业科技知识等信息服务，在农村信息服务事业中发挥好主导和引导作用。第二种是政府＋企业模式，属于政府补贴、收费低于市场一般价格的信息服务，即农民能够享受价格优惠的半公益性信息服务。政府搭台，企业唱戏，优势互补，运转机制有较好

的灵活性和适应性，有良好的发展预期。第三种是纯粹市场性质的商业化信息服务。其投资主体都是企业，信息资源开发和服务行为等一切成本均由企业负担，信息服务有很强的针对性、专业性、技术性，并且直接与生产经营活动取得经济效益密切相关。目前，该类型虽已产生，但数量有限、成长艰难，因为我国农村信息服务市场发育还处在初级阶段，不够成熟，但从长远看，这种类型是有生命力的，动力和可持续发展的机制比较好。3 种类型的农村信息服务方式，具有鲜明的互补性，目前在中国都很重要，都需要扶持。

（三）提高信息服务资源的保障水平

调查发现，对农民的信息服务内容，仍然存在信息资源开发不够、有效信息不足、针对性不够、时效性不强的问题。一是更加注重本地信息资源开发，如围绕地方农业主导产品、特色产品、有竞争优势产品等信息资源。二是认真整合各部门的网络资源、信息资源、人才资源，发挥农村信息服务合力的作用。三要加强农产品市场行情的分析和预测，加强科技、政策、气象信息服务，引导农民科学地进行生产决策和适应市场，不断提高信息服务的针对性和有效性。

（四）利用信息服务手段，改善信息传输渠道

针对城乡信息基础设施条件的差距、东中西部地区的差距，中央政府投入应重点向农村地区特别是中西部地区倾斜，加强信息服务网络基础设施建设。第一，要充分利用现有的条件，利用好各种传统信息传播手段，如通过电视、广播、报刊、简报、光盘、黑板报、宣传栏等多种途径传播信息，扩大信息覆盖面，保障及时获得有效的信息服务。第二，特别注意利用手机短信（彩信、语音等）提供服务。手机在全国农村使用已经十分普遍，使用短信资费低廉，与其他媒介相比，其传播特性具有即时性、分群性、成本低的优势，适应农村信息传播所要求的即时性、针对性和地域性需求，是当前我国信息传播、解决“最后一公里”接入的最有效终端设备。第三，要重点推进基于网站开展信息服务的新型模式。

（五）提高信息服务队伍水平

服务队伍包括各类服务主体的工作人员。要不断地增加信息服务工作人员的配置，同时加强培训工作，提高他们的信息服务素质、工作技能，使他们能适应工作要求。培养他们有针对性的采集、加工、分析信息的能力，提高他们计算机网络知识及应用能力，帮助农民获取真实可靠、有用的信息。同时，也要对农民进行普及教育和培训，提高其科技文化素质，提高信息化意识和信息消费能力。

（六）发挥农民推动信息服务发展的作用

首先，农民是农村信息服务的受益者，同时对信息服务发展也具有推动作用。应多对农民进行宣传和培训，提高认识和利用信息的能力。其次是互动，争取农民多反馈意见和建议。第三，提高农民信息服务购买力，政府可以给予农村信息技术及产品利用补贴，农村信息服务发展好了，劳动生产率提高，农民收入增加，购买力进一步提高，对农村信息服务发展也会起到推动作用。

（注：1. 课题组成员：联合国粮农组织 Michael Riggs 等，中国农业部信息中心郭作玉　张魁林　钟永玲　韩福军　李婷婷　闫东浩　饶晓燕　杨　硕　刘　涵　丛　琳　徐佳男等；2. 此报告列入本书出版，经农业部信息中心孟丽编写）

后　记

当这本散发着浓重墨香的《百宝箱——中国信息化与现代农业案例及分析》呈现在读者面前时，“2010 信息化与现代农业博览会”已经落幕半年。

信息化与现代农业发展是一项伟大的社会实践活动。“2010 信息化与现代农业博览会”是展示成就、交流经验的历史性盛会。在博览会筹备之初，我们就形成共识，此次博览会意义重大，机会难得，一定要做好资料收集工作，把这些宝贵的实践活动记载下来，以备研究、参考、进一步推进实践。在博览会筹备期间，我们多次发出通知，要求并强调各单位提交参展项目书面材料说明，每个项目1 000字。博览会结束时，共收到参展项目文字材料 310 多份。其中，江苏、浙江、内蒙古、重庆、湖北等省（自治区、直辖市）提供的材料数量位居前列，上海、广西、黑龙江、辽宁、福建等省（自治区、直辖市）提供的材料质量可圈可点。

博览会结束后，我们组织人员对项目做得比较好、材料写得也比较好的案例进行了修改、补充。此外，在全国又进行了一部分约稿组稿。两部分加在一起共 200 篇。对其予以分类，大体分为生产、经营、管理、服务 4 个部分。对此，认真撰写了分析报告，其中总报告 1 篇、分报告 4 篇。琢磨璞玉，美玉出焉。

近年来，在信息化与现代农业发展方面，业界多篇理论分析文章脱颖而出。如农业部副部长陈晓华的《推进农业信息化 促进现代农业发展》，国家信息化专家咨询委员会常务副主任周宏仁博士的《信息化与我国现代农业的发展》，中国农业科学院党组书记薛亮的《农业信息化与现代农业》，等。我们将其文章收录，作为本书的理论探讨篇。

经过半年多的努力，《百宝箱——中国信息化与现代农业案例及分析》终于面世了。这本书凝聚了许多人的心血。案例部分，农业生产信息化案例由郭永田牵头，钟永玲、张燏、白玲等人参与编写；农业经营信息化案例由吴秀媛牵头，娄晓岚、杨硕、张祚本、李婷婷、王开等人参与编写；农业服务信息化案例由曹庆波牵头，王昕、张文静、王晓平等人参与编写；农业管理信息化案例由杜维成牵头，田伟、张博宁、徐佳男等人参与编写。分析部分，由郭作玉牵头，钟永玲、汤艳丽、徐伟平、张祚本、刘涵、闫东浩、张燏等参与讨论，其中总报告《信息化与现代农业发展分析》由徐伟平执笔、分报告《农业生产信息化分析》由钟永玲执笔、分报告《农业经营信息化分析》由刘涵执笔、分报告《农业服务信息化分析》由张燏执笔、分报告《农业管理信息化分析》由闫东浩、汤艳丽执笔。全书由郭作玉终审。编务工作，由张祚本、张燏、闫东浩负责。

“问渠哪得清如许？为有源头活水来。”在本书付梓之际，谨衷心感谢支持我们承办信息化与现代农业博览会的农业部、工业和信息化部的领导，农业部市场与经济信息司、工业和信息化部信息化推进司的领导，以及有关专家、学者和社会各界的朋友们，同时感谢他们对我们编辑本书方面所给予的大力支持和帮助，感谢水利部水利信息中心蔡阳主任、国家气象局公共气象服务中心孙健主任、国家农业信息化工程技术研究中心赵春江主任等做出的重要贡献，感谢各省（自治区、直辖市）博览会筹备组的同志们，付出了许多辛勤劳动，组织典型参展，提供了许多优秀案例材料，感谢所有案例材料的作者。

由于时间仓促、水平有限，本书肯定有不足之处，恳请广大读者批评指正。

编　者

2011年6月

图书在版编目（CIP）数据

百宝箱：中国信息化与现代农业案例及分析/郭作玉主编．—北京：中国农业出版社，2011.5
ISBN 978-7-109-15655-5

Ⅰ.①百… Ⅱ.①郭… Ⅲ.①信息化—关系—农业现代化—中国文集 Ⅳ.①S320.1—53

中国版本图书馆 CIP 数据核字（2011）第 084093 号

中国农业出版社出版
（北京市朝阳区农展馆北路 2 号）
（邮政编码 100125）
责任编辑 殷华

北京中兴印刷有限公司印刷 新华书店北京发行所发行
2011 年 6 月第 1 版 2011 年 6 月北京第 1 次印刷

开本：700mm×1000mm 1/16 印张：31.5
字数：560 千字 印数：1～3000 册
定价：98.00 元